RENCONTRES
260

Série *Colloques, congrès et conférences sur la*
92

Montaigne à l'étranger

Ouvrage publié avec le soutien
du Centre de l'université de Chicago à Paris

Montaigne à l'étranger

Voyages avérés, possibles et imaginés

Sous la direction de Philippe Desan

PARIS
CLASSIQUES GARNIER
2016

Philippe Desan est professeur de littérature française à l'université de Chicago. Il a notamment publié *Montaigne. Les formes du monde et de l'esprit* (Paris, 2008) et *Montaigne. Une biographie politique* (Paris, 2014). Il a dirigé le *Dictionnaire de Michel de Montaigne* (Paris, 2008) et édité les *Essais de 1582* (Paris, 2005) et le *Journal du voyage en Italie* (Paris, 2015). Il est rédacteur-en-chef de la revue *Montaigne Studies*.

ISBN 978-2-406-05992-9 (livre broché)
ISBN 978-2-406-05993-6 (livre relié)
ISSN 2103-5636

INTRODUCTION

Montaigne fut un grand voyageur… du moins dans ses livres. En effet, à part le célèbre périple en Italie, par l'Allemagne et la Suisse, on ne connaît de façon certaine aucun autre voyage de l'essayiste à l'étranger. Ce ne sont pourtant pas les occasions qui lui manquèrent. Il aurait pu suivre le duc d'Anjou en Pologne, se rendre en mission en Espagne pour Catherine de Médicis, ou encore embarquer pour l'Angleterre comme le faisaient nombre de bordelais à son époque. Autant de séjours à l'étranger qui n'eurent pas lieu, ou du moins sont non ou mal documentés. Plusieurs allusions dans les *Essais* attestent pourtant d'une connaissance effective des pays étrangers, mais sans pour autant donner de précisions[1]. La frontière entre voyages avérés et voyages imaginaires est donc assez mal définie. Il faut se faire une raison : Montaigne connaît principalement le monde grâce à ses lectures. C'est par exemple dans les livres qu'il découvre le Nouveau Monde et prend connaissance de l'infinie variété des mœurs et coutumes rencontrées sur terre. Peu importe d'ailleurs si les voyages sont réels, le plus important est qu'ils soient possibles :

> Aussi en l'estude que je traitte de noz mœurs et mouvemens, les tesmoignages fabuleux, pourveu qu'ils soient possibles, y servent comme les vrais. Advenu ou non advenu, à Paris ou à Rome, à Jean ou à Pierre, c'est tousjours un tour de l'humaine capacité, duquel je suis utilement advisé par ce recit. (I, 21 105 C)[2]

L'imagination se joint à l'expérience pour ne plus former qu'une seule catégorie de l'« estranger ». Advenus ou non advenus, les voyages de Montaigne à l'étranger servent tous de la même façon à son étude des mœurs.

---

1   Sur ces voyages possibles à l'étranger, voir Jean Balsamo, « Voyage(s) », dans Philippe Desan (dir.), *Dictionnaire de Michel de Montaigne*, Paris, H. Champion, 2007, p. 1207-1211.

2   Nous citons les *Essais* dans l'édition Villey-Saulnier publiée par les Presses Universitaires de France. Nous donnons dans le texte les numéros de livre, chapitre et page entre parenthèses.

Contrairement à beaucoup de ses contemporains qui condamnent
ce qu'ils n'entendent pas – « Tout ce qui nous semble estrange, nous
le condamnons, et ce que nous n'entendons pas » (II, 12, 467 A) –,
Montaigne apprécie quant à lui ce qu'il y a de singulier et de curieux
chez les étrangers, et il recherche même leur compagnie :

> J'ay honte de voir noz hommes enyvrez de cette sotte humeur, de s'effaroucher
> des formes contraires aux leurs : il leur semble estre hors de leur element
> quand ils sont hors de leur village. Où qu'ils aillent, ils se tiennent à leurs
> façons et abominent les estrangeres. Retrouvent ils un compatriote en Hongrie,
> ils festoyent cette avanture : les voylà à se ralier et à se recoudre ensemble,
> à condamner tant de meurs barbares qu'ils voient. Pourquoy non barbares,
> puis qu'elles ne sont françoises ? (III, 9, 985 B)

Dans les *Essais*, les descriptions des « mœurs et creances sauvages » (II,
12, 573 C) abondent. Côtoyer des étrangers, c'est se découvrir soi-même.
Pour comprendre l'autre, il faut donc sortir de chez soi, se transporter
physiquement dans des lieux éloignés qui révéleront nos propres idiosyn-
crasies culturelles. Voyager, c'est apprendre à interroger nos habitudes.
Le questionnement permanent de la morale qui nous habite passe irré-
médiablement par le voyage et la découverte de terres inconnues. Dans
une marge de l'Exemplaire de Bordeaux, Montaigne écrit : « Il semble
que ce soit raison, puis qu'on parle de se retirer du monde, qu'on regarde
hors de luy » (I, 39, 245 C), mais ce retrait implique une connaissance
géographique des contours et des limites du monde. Pour se retirer du
monde, il faut d'abord en avoir fait l'expérience et le connaître. Regarder
hors de la tour, du château, de Bordeaux, de Paris, du monde…, c'est
concevoir une dimension planétaire pour l'homme, lui donner un espace
imaginaire universel qui transcende sa constitution locale ou nationale
par la coutume. Montaigne fera de son livre un anti-monde, c'est-à-dire
un territoire sans limites et sans frontières qui lui permettra de mettre
« en branle » son esprit pour partir à la recherche de l'étrange. Une telle
découverte nécessite l'expérience directe de l'autre, et pour cela il faut
partir à sa rencontre, loin de chez soi. Voir le monde « hors du château »
est aussi important que de s'imaginer « hors de luy », car à un moment
donné il faut bien se lancer sur les routes. Les livres ont leurs limites, car
ils ne procurent qu'une faible autorité au jugement. Montaigne éprouve
le besoin de faire l'expérience directe des autres, de voir de ses yeux la

diversité et la vicissitude des choses afin d'offrir son témoignage comme garantie de son jugement. L'aspect bénéfique des entretiens avec des étrangers est souvent évoqué dans les *Essais* et le *Journal*.

Le phénomène d'élargissement de la pensée proposé par Montaigne par le biais du voyage a besoin d'être transposé dans d'autres langues de manière à s'adapter au « suffisant lecteur » d'une autre nation, d'un autre continent. C'est précisément cet effort critique qui consiste à rencontrer *Montaigne hors de chez lui*, à l'étranger, qui nous permet d'élargir l'horizon d'attente des *Essais*. Il en ira bientôt de même avec la réception de l'essayiste qui se propagera comme les ondulations concentriques produites par le jet d'une pierre dans une marre, dépassant rapidement les confins de la Guyenne pour acquérir une dimension nationale et se répandre bientôt jusqu'à Genève et Anvers (bastions protestants), Venise (havre républicain), Londres (centre intellectuel), et conséquemment dans toute l'Europe du début du XVIIᵉ siècle. Si Montaigne est rapidement devenu un auteur universel, il fallait bien qu'il fasse personnellement l'expérience de l'étrange et de l'étranger. Le voyage vers Rome lui permit de comparer ses pratiques culturelles à celles de ses voisins et de rendre compte des comportements étrangers aux siens. En ce sens, le journal du voyage de Montaigne possède plus de valeur en tant que pratique critique que comme document littéraire lui-même. Montaigne s'essaya littéralement aux comportements qu'il découvrit, relevant systématiquement les différences culturelles rencontrées en Allemagne, en Suisse et en Italie. Il les adopta pour un temps, juste pour voir ce que cela faisait d'être à son tour un étranger pour lui-même. Les comparaisons culturelles conduisent à une meilleure compréhension des systèmes moraux et politiques trop souvent pris pour argent comptant. Relever les différences représente le passe-temps préféré de Montaigne et de ses secrétaires en Allemagne et en Italie. La différence devint d'ailleurs la marque de fabrique de Montaigne et les *Essais* en sont la preuve. Peu importe donc si les voyages sont réels, possibles ou imaginaires ; Montaigne est toujours à l'étranger quand il explore des territoires étranges et insolites.

La tour de Montaigne ne doit pas être considérée comme le seul lieu de l'expérience montaignienne. La bibliothèque fournit certes une fenêtre sur le monde, mais rien ne remplace les immersions culturelles directes. Le corps doit suivre l'esprit. Bon cavalier, on sait que l'essayiste parcourait facilement la France à dos de cheval. Sa fascination pour les us et coutumes étrangers le tirait forcément vers ce qu'il appelle les « terres étrangères ». Quand Montaigne sort de son château, il est de fait en voyage, car le mouvement à cheval forme une des composantes essentielles de l'écriture montaignienne. Ainsi qu'il le rappelle à plusieurs reprises dans les *Essais*, « [s]on esprit ne va, si les jambes ne l'agitent » (III, 3, 828 C). C'est pour cette raison que le *Journal du voyage de Michel de Montaigne en Italie, par la Suisse & l'Allemagne en 1580 & 1581*, découvert en 1770 et publié quatre années plus tard par Meunier de Querlon, occupe une place centrale dans le corpus montaignien. Ce manuscrit aujourd'hui perdu est la seule preuve de son expérience immédiate de pays étrangers ; le seul récit qui permette de valider bon nombre de voyages virtuels mais néanmoins présents dans les *Essais*. Le mouvement de l'écriture s'explique par le mouvement du corps. Bref, le journal du voyage de Montaigne en Italie sert d'étalon et de référence quand il s'agit de mettre l'auteur à l'épreuve de l'autre, un autre toujours « étranger » puisque différent par sa langue, ses habitudes de table, ou tout autre usage culturel régional ou national. C'est précisément ce Montaigne à l'étranger, physiquement et virtuellement – c'est-à-dire le voyageur avéré, possible et imaginaire –, qui fait l'objet de ce volume.

Dans « De l'institution des enfants », Montaigne recommande d'entreprendre des voyages en pays étrangers, cela dès le plus jeune âge afin d'exposer l'enfant aux langues vivantes :

> pour en rapporter principalement les humeurs de ces nations et leurs façons, et pour frotter et limer nostre cervelle contre celle d'autruy. Je voudrois qu'on commençast à le promener des sa tendre enfance, et premierement, pour faire d'une pierre deux coups, par les nations voisines ou le langage est plus esloigné du nostre, et auquel, si vous ne la formez de bon'heure, la langue ne se peut plier. (I, 26, 153 A)

Si les voyages forment effectivement la jeunesse, dans le cas de Montaigne ils influencèrent aussi son écriture. Pour entrer dans une culture étrangère, il faut faire l'effort d'apprendre sa langue. La connaissance de l'étranger passe inexorablement par l'apprentissage de la langue.

> J'ay veu autresfois parmy nous des hommes amenez par mer de lointain pays, desquels par ce que nous n'entendions aucunement le langage, et que leur façon, au demeurant, et leur contenance, et leurs vestemens estoient du

tout esloignez des nostres, qui de nous ne les estimoit et sauvages et brutes ? qui n'atribuoit à stupidité et à bestise de les voir muets, ignorans la langue Françoise, ignorans nos baisemains et nos inclinations serpentées, nostre port et nostre maintien, sur lequel, sans faillir, doit prendre son patron la nature humaine ? (II, 12, 467 A)

À plusieurs reprises dans les *Essais*, Montaigne se plaint des difficultés qu'il a de communiquer avec ceux qui ne parlent pas sa langue. Il se méfie des « truchements », c'est-à-dire des traducteurs qui altèrent trop souvent les propos rapportés. Plutôt que de dépendre de ces intermédiaires, Montaigne préfère s'exprimer grâce à des langues inventées à partir de plusieurs systèmes linguistiques, y compris la gestuelle et autres signes corporels. Il est un adepte du *pidgin*, un langage qu'il avait lui-même dû développer dans sa jeunesse pour communiquer avec les gens de sa maison : « Quant à moy, j'avois plus de six ans avant que j'entendisse non plus le François ou de Perigordin que d'Arabesque » (I, 26, 173 A).

Presque un demi-siècle plus tard, en Italie, confiant de sa capacité à transmettre sa pensée aux étrangers, Montaigne choisit de « baragouiner » un minimum d'italien pour se faire comprendre. Ainsi, dans la partie du journal rédigée dans cette langue, il explique comment s'y prendre :

Je conseillois, en Italie, à quelqu'un qui estoit en peine de parler Italien, que, pourveu qu'il ne cerchast qu'à se faire entendre, sans y vouloir autrement exceller, qu'il employast seulement les premiers mots qui luy viendroyent à la bouche, Latins, François, Espaignols ou Gascons, et qu'en y adjoustant la terminaison Italienne, il ne faudroit jamais à rencontrer quelque idiome du pays, ou Thoscan, ou Romain, ou Venitien, ou Piemontois, ou Napolitain, et de se joindre à quelqu'une de tant de formes. (II, 12, 546 B)

Après quelques recommandations fondées sur sa propre expérience au-delà des monts, Montaigne se présente en expert. Surpris de sa facilité à échanger des points de vue avec les étrangers, il n'hésite pas à écrire dans une langue étrangère. Tout lui était désormais permis. S'il ne comprenait pas grand-chose à l'allemand, Montaigne avait néanmoins réussi à conduire des discussions politiques et théologiques avec les hommes d'Église qu'il avait rencontrés outre-Rhin et en Suisse. Périgourdin d'origine, il se sentait peut-être étranger en France, et il lui parut donc normal de faire un effort pour se faire comprendre. Gasconnismes et tournures singulières abondent dans ses écrits, mais ce sont toujours des marques rapportées. Ces particularités du langage donnent pourtant une dimension unique à ses écrits. Grâce aux voyages, les commerces de Montaigne se propagent de par l'Europe : « Je voudrois premierement bien sçavoir ma langue, et celle de mes voisins où j'ay plus ordinaire commerce » (I, 26, 173 A). On peut imaginer que son long séjour à l'étranger donna à Montaigne la possibilité de développer une langue bien à lui, sans se soucier des reproches que l'on pourrait lui faire, cela à partir de sa propre expérience de la langue italienne qu'il pratiqua après son premier départ de Rome en 1581.

Les séjours réels et imaginaires de Montaigne à l'étranger permettent de nous interroger sur le statut du journal de voyage dans l'œuvre de cet auteur. La plupart des contributions à ce volume abordent divers aspects de son voyage avéré en Allemagne, en Autriche, en Suisse et en Italie, mais d'autres ont choisi de poursuivre la voie de l'imaginaire afin de pousser plus loin cette réflexion sur les possibilités de « l'étranger », un terme fondamental qui permit de définir et de peindre le célèbre moi de Montaigne.

Philippe DESAN
University of Chicago

LE *JOURNAL* DU VOYAGE DE MONTAIGNE
DANS LA TRADITION LITTÉRAIRE
DU RÉCIT DE VOYAGE EN ITALIE

De l'aveu même de leur auteur, les *Essais* sont un livre sans exemple, « le seul livre au monde de son espece, et d'un dessein farousche et extravaguant[1] » (II, 8). Le *Journal de voyage* de Montaigne (ou plus exactement le *Journal du voyage en Italie par la Suisse et l'Allemagne*, titre que le chanoine Prunis avait porté sur la couverture du manuscrit) ne mérite pas moins ce qualificatif, à la fois par son objet et par sa situation, tous deux « extravagants », dans la tradition littéraire française, du moins si Montaigne en avait fait un livre. Or le dédain et la négligence qu'il a témoignés à ce texte, dont il devait considérer l'aspect ponctuel plus que les virtualités poétiques rappellent aussi qu'il savait hiérarchiser ses extravagances : si la première pouvait avoir un sens et correspondre à un « horizon d'attente », la seconde en revanche n'en avait guère à son époque, et le *Journal* connut le même sort que les quelques autres récits analogues portant sur le même sujet, dus à d'autres Français. Vers 1580 en effet, il existait bien des discours sur l'Italie, mais non pas des formes reconnues et codifiées pour rendre compte d'un voyage fréquent parmi les élites françaises, et encore moins de récit-journal du voyage d'Italie en français. Le genre auquel Montaigne se consacra pendant plusieurs mois, en reprenant un chantier ouvert par son secrétaire et dont nous ignorons dans quelle mesure il en avait eu l'initiative, était encore dans les limbes ; il s'agissait d'un genre en train de se constituer, dont seule une perspective rétrospective, la nôtre, dans le cadre d'une histoire de la littérature, met en évidence la nature inchoative, pour en estimer la juste valeur.

Or en dépit de sa mauvaise tradition textuelle et de ses lacunes, nous lisons le *Journal* comme un texte établi, doté d'une forme de légitimité

---

1 Montaigne, *Les Essais*, éd. J. Balsamo, M. Magnien, C. Magnien-Simonin, Paris, Gallimard, coll. « Bibliothèque de la Pléiade », 2007, p. 404.

et d'autorité, au même titre que les *Essais* (quand nous ne le lisons pas pour nous éviter l'effort d'affronter les *Essais*). Son évidence éditoriale est telle que la question de son extravagance comme de sa singularité ne se pose plus. Le *Journal* du voyage de Montaigne est non seulement le plus connu des récits-journaux de voyage en Italie de la Renaissance française, mais c'est aussi le seul à être connu et à être lisible, au point de faire oublier tout ce qui existait ou n'existait pas à côté de lui. Et comme tout ce qui concerne Montaigne, il est considéré dans une sorte d'espace autonome, unique, hors de tout contexte et de toute comparaison. Son prestige est tel qu'il se suffit à lui-même, en même temps qu'il est considéré comme la référence déterminante qui donnerait à comprendre de façon définitive le voyage d'Italie en tant qu'expérience humaine et en tant que pratique culturelle pour les siècles suivants, en une sorte de *continuum* historique et visuel élargi à l'Europe[1].

Il s'agit pourtant, stricto sensu, d'une *invention* de la seconde moitié du XVIIIe siècle, époque à laquelle il a été non seulement publié, mais aussi découvert, alors qu'on ignorait jusqu'à son existence, que Montaigne avait négligé de signaler, voire qu'il avait pris soin de dissimuler. Cette publication répondait alors à une curiosité renouvelée portant sur l'auteur des *Essais* considéré comme un grand ancêtre des Lumières. Elle correspondait aussi à un goût nouveau pour les voyages et leurs récits, à une véritable « dromomanie » des élites européennes. Le *Journal*, édité et publié en 1774, rencontra un grand succès. On en trouve des exemplaires dans toutes les grandes collections, à un moment où la littérature de voyage faisait l'objet d'une valorisation bibliophilique[2]. Il

---

1   Sur l'expérience du voyage d'Italie dans la culture européenne, en particulier dans ses aspects pratiques et visuels, voir A. Brilli, *Le Voyage d'Italie. Histoire d'une grande tradition culturelle du* XVIe *au* XIXe *siècle*, [1987], Paris, Flammarion, 1989.

2   Cette valorisation bibliophilique trouve son expression la plus achevée dans le *Catalogue des livres de la bibliothèque de feu François-César Le Tellier, marquis de Courtenvaux*, Paris, Nyon, 1782, qui présente la collection la plus complète de livres de voyage de l'époque. Le *Journal* de Montaigne est recensé sous le n° 2049 (in-4° sur grand papier, relié en veau fauve). La présence du *Journal* est attestée dans de nombreuses autres collections de l'époque, ainsi par exemple le *Catalogue des livres de la bibliothèque de feu M. le duc d'Aumont*, Paris, De Bure, 1782 (*Journal du voyage*, Paris, 1774, in-4°, veau écaille), le *Catalogue des livres de la bibliothèque de M. le baron d'H[olbach ou Heiss]*, Paris, De Bure, 1782 (*Journal de voyage*, 2 vol. in-12°, veau marbré, filets dorés), le *Catalogue des livres de la bibliothèque de feu M. de Querlon*, Paris, Gobreau, 1782 (*Journal du voyage*, 1774, 2 vol., petit papier), le *Catalogue des livres du cabinet de feu M. Chastre de Cangé de Billy*, Paris, de Bure, 1784 (n° 743 : *Journal du voyage*, in-4°, veau marbré), le *Catalogue des livres de feu M. Tronchin*,

avait à la fois la saveur de l'inédit et la valeur d'un incunable précieux qui témoignait des origines de ce goût. Mais tel quel, il s'inscrivait aussi dans une tradition de relations de l'Italie déjà bien établie depuis un siècle et qui ne cessait de s'enrichir, en partie par l'exemple du « Grand Tour » à l'anglaise[1], auquel les *Essais*, à travers la médiation de Francis Bacon, avaient donné des bases théoriques[2]. Ces conditions conduisirent à interpréter rétrospectivement le *Journal* de Montaigne, en valorisant en lui tout ce qu'il faisait apparaître en termes de curiosité, à en faire le journal d'un touriste avant l'heure, et à orienter son rapport à l'Italie dans un sens moderne, très éloigné des raisons réelles, personnelles et politiques, qui avaient conduit Montaigne à entreprendre ce voyage, qui n'était nullement un « Grand Tour », et à en faire le récit selon un mode singulier.

Le *Journal* du voyage de Montaigne a suscité depuis une trentaine d'années un nombre important de travaux, dont Concetta Cavallini a établi le recensement détaillé[3]. Il est généralement considéré comme une source documentaire fiable pour connaître l'activité de Montaigne sur le mode le plus direct et le plus détaillé, à un moment décisif de sa carrière politique, en offrant au jour le jour une mine de détails et d'anecdotes. Cette matière est d'autant plus prisée qu'elle fait entièrement défaut pour la période précédente, celle qui a mené Montaigne à la fois aux honneurs et aux *Essais*. Dès 1775, l'abbé Talbert, le premier, utilisait cette source dans son *Éloge* de Montaigne. Quelques travaux ont cherché à éclairer le voyage de Montaigne dans le cadre des usages sociaux et des « pratiques » politiques de l'époque. Considéré dans une perspective littéraire, le *Journal* a fait l'objet de travaux plus nombreux, portant sur son écriture, en distinguant soigneusement ce qui appartient au secrétaire et à Montaigne, attentifs à ses sources documentaires, aux

---

premier *médecin du duc d'Orléans, et de M. Tronchin fils*, Paris, de Bure, 1784 (n° 632 : *Essais*, Londres, 1771, 10 vol., veau marbré, et *Journal du Voyage*, 1774, 3 vol. in-12°, veau marbré), le *Catalogue des livres de la bibliothèque du prince de Soubise, Maréchal de France*, Paris, Leclerc, 1788 (n° 5944 : *Voyage de Montaigne en Italie*, Paris, 1774, in-4°).

1   Sur cette notion, voir E. Chaney, *The Grand Tour and The Great Rebellion : Richard Lassels and "The Voyage of Italy" in the Seventeenth Century*, Genève, Slatkine, 1985.

2   F. Bacon, *Essays or Counsels civil and moral*, Londres, 1597-1625, chap. XVIII, « Of Travel » ; voir la notice consacrée au personnage dans Ph. Desan (dir.), *Dictionnaire Michel de Montaigne*, Paris, H. Champion, 2004, p. 89-90.

3   C. Cavallini, *'Cette belle besogne'. Étude sur le* Journal de voyage *de Montaigne. Avec une bibliographie critique*, Fasano/Paris, Schena Editore, 2005.

formes narratives et descriptives, voire à son imaginaire. Rares en revanche sont les travaux qui l'ont examiné en termes génériques. Le *Journal* de Montaigne a parfois été mis en relation à la littérature de voyage en général ou rapporté à des récits de voyage d'origine et de périodes diverses[1], mais il n'a guère été examiné dans la tradition spécifique du *Voyage d'Italie*, en comparaison avec d'autres textes contemporains français ou étrangers de même nature[2]. Cette comparaison seule permettra d'identifier les éléments topiques, pour mettre en évidence par contraste la singularité du *Journal* de Montaigne.

LE VOYAGE D'ITALIE ET SES RELATIONS

Si l'on examine l'ensemble du XVIᵉ siècle, on pourra noter le contraste entre d'une part, le nombre des Français qui se rendirent en Italie et la fréquence du voyage d'Italie, et d'autre part, la rareté des textes français publiés, relatant cette expérience en tant que voyage, et des discours liés à celle-ci. Certes, l'on connaît quelques « voyages » princiers, en particulier les récits poétiques des campagnes militaires de Charles VIII, les relations du retour de Henri III, les occasionnels liés aux missions diplomatiques[3]. Ces textes politiques ou de propagande sont recensés avec raison dans les répertoires bibliographiques du voyage en Italie, même s'ils ne correspondent pas stricto sensu au voyage tel que nous le concevons. Ils correspondaient sans doute au principal objet (la politique des Princes) et au genre le plus notable (le discours de célébration) auxquels les contemporains de Montaigne accordaient une véritable autorité et un intérêt en tant que « voyage d'Italie » et par rapport auxquels ils pouvaient juger leur propre discours personnel.

---

1   Ainsi L. Monga, « Écriture viatique et fiction littéraire : voyageurs et secrétaires autour du *Journal* de Montaigne », *Montaigne Studies*, vol. XV, 2003, p. 9-20.

2   La seule étude sur le sujet est due à L. Monga, « Itinéraires de Français en Italie à l'époque de Montaigne », dans E. Balmas (dir.), *Montaigne e l'Italia*, Genève, Slatkine, 1991, p. 438-452.

3   On se reportera à V. Castiglione Minischetti, G. Dotoli et R. Musnik (éd.), *Le Voyage français en Italie des origines au XVIIIᵉ siècle. Bibliographie analytique*, Fasano/Paris, Schena/Éditions Lanore, 2006, p. 75-105. Sur la cinquantaine de titres cités, seul six correspondent à un récit de voyage stricto sensu.

À côté de l'Italie des Princes, l'expérience italienne individuelle des Français de la seconde moitié du XVIe siècle était liée à des raisons variées : militaires jusqu'à la fin des années 1550, diplomatiques, religieuses, commerciales, universitaires ou de formation. Cette expérience est attestée dans de nombreux cas par des témoignages d'archives, ainsi les documents universitaires signalés jadis par Émile Picot et exploités systématiquement par Nicole Bingen, qui permettent de reconstruire de façon très précise cette présence française en Italie et ses réseaux français. Elle n'a toutefois suscité que de rares prolongements rédigés destinés à en rendre compte. Sans doute convient-il de préciser les choses. Les mentions à de tels voyages et séjours ne manquent certes pas dans la littérature de l'époque. Blaise de Vigenère évoque les souvenirs de ses séjours romains au détour des notes de ses *Tableaux de Philostrate* ou de son commentaire à Tite Live. Montaigne lui-même, en toute indépendance de son *Journal*, fait dans les *Essais* plusieurs allusions à son voyage, auquel il consacre la grande réflexion du chapitre « De la vanité ». En 1610 encore, Pierre de Lancre, un de ses lointains cousins, lui-même conseiller au Parlement de Bordeaux, rappelle dans son *Tableau de l'Inconstance*, au détour d'une comparaison entre le tempérament des Italiens et des Français, qu'il connaît bien l'Italie, où il était allé à l'occasion des années saintes de 1575 et de 1600, et Turin en particulier, où il fut reçu docteur en 1579 ; il en développe plusieurs anecdotes[1]. Mais toutes ces mentions sont allusives. Leur fréquence, au mieux, permet de reconstituer un voyage probable. Ainsi les nombreuses digressions à ce sujet, éparses dans l'œuvre de Brantôme, ont été utilisées par l'éditeur moderne de celui-ci pour rédiger à sa place le récit du voyage qu'il avait fait et dont il n'avait pas laissé de relation détaillée. S'ils n'avaient pas eu à leur disposition le *Journal*, les biographes de Montaigne auraient été réduits à procéder de même et à reconstruire son séjour à Rome ou aux bains de la Villa à partir de quelques fragments.

Certains voyageurs avaient pris des notes au cours de leur voyage. Il s'agissait le plus souvent de simples indications portant sur l'itinéraire, les postes, les dépenses. Parfois plus détaillées, sous la forme de « brouillards

---

1   Pierre de Lancre, *Tableau de l'inconstance et instabilité de toutes choses*, Paris, Veuve L'Angelier, 1610, f. 427-441.

de mémoire[1] », elles leur ont servi plus tard pour rédiger ou faire rédiger cet épisode de leur existence et l'intégrer dans le contexte plus vaste de mémoires, un genre qui se développa à cette époque et qui commença à faire l'objet de publications au début du XVIIᵉ siècle. Le futur maréchal de Bassompierre laissa sous cette forme un intéressant récit de voyage en Italie en 1596-1597[2]. L'exemple le plus connu, le plus maîtrisé et le plus intéressant à mettre en relation à Montaigne, est celui de Jacques-Auguste de Thou, qui fit deux voyages en Italie, en 1573-1574 et en 1589. De Thou tint un journal détaillé de son itinéraire et de ses rencontres, qui lui servit à récrire plus tard, en latin et à la troisième personne, le récit d'un voyage qui prenait sens comme la préparation à une carrière au sein de la grande Robe parisienne et de la République des Lettres[3]. Il en est de même du voyage de Claude Expilly, qui séjourna à Padoue entre 1580 et 1582, au moment même où Montaigne fit une brève étape dans la cité. On ajoutera le voyage de Peiresc. L'un et l'autre de ces voyages avaient fait la matière probable de notes et d'un récit-journal, mais ils ne furent mis en forme définitive que quarante ans plus tard, pour être inscrits dans des *Vies*, comme des récits d'une haute portée symbolique, destinés à illustrer une vocation érudite et sa confirmation. Dans tous ces cas, le voyage d'Italie apparaît comme un épisode d'une carrière et une partie d'un plus grand ensemble, sans faire l'objet d'un développement autonome. Les notes et les récits-journaux qui en rendaient compte ont tous été perdus, sans avoir fait l'objet d'une publication séparée.

On pourra également évoquer, parmi les « souvenirs de voyage » et les textes liés à cette expérience, l'*album amicorum* ou *Stammbuch*, que cultivaient certains voyageurs allemands ou nordiques entre le XVIᵉ et le XVIIᵉ siècle dans le cadre de leur *peregrinatio academica*, conjuguant souvenirs des rencontres, culture héraldique et représentations figurées des *admiranda*. Mais si les Français ont parfois inscrit leur contribution dans certains de ces recueils, il ne semble pas qu'ils aient pratiqué ce

---

1   L'expression est de J.-A. Rigaud, *Recueil des choses rares d'Italie*, Aix-en-Provence, J. Tolosan, 1601, f. A3.

2   *Journal de ma vie. Mémoires du maréchal de Bassompierre*, éd. Marquis de Chantérac, Paris, Renouard, 1870, p. 46-57.

3   J.-A. de Thou, *Vita* [1611], éd. A. Teissier-Ensminger, Paris, H. Champion, 2007, p. 261-335, et p. 741-759 ; voir J. Balsamo, « Jacques-Auguste de Thou et l'expérience italienne », dans *Jacques-Auguste de Thou. Écriture et condition robine*, *Cahiers V.-L. Saulnier*, nᵒ 24, 2007, p. 37-52.

genre, à l'exception d'un voyageur venu à Padoue et Venise en 1575, dont on conserve des fragments de l'album[1].

De façon significative en revanche, la matière italienne liée à des séjours réels nourrit plusieurs œuvres poétiques françaises de l'époque. Il s'agit principalement d'une matière amoureuse, variation sur la topique pétrarquiste, ou lyrique, longuement développée par Joachim du Bellay et Olivier de Magny, et par quelques *minores*, Jacques Grévin, Claude Turrin, François de Louvencourt, voire Pierre Bricard, qui rapporta d'Italie un *canzoniere* en langue italienne rempli de détails concrets sur sa vie universitaire et le charme des dames de Padoue[2]. Peu de poètes toutefois ont composé une véritable poésie du voyage d'Italie, élaborée à partir de récits-journaux. Du Bellay se servit partiellement de cette forme et donna quelques exemples ponctuels dans ses *Regrets*, ainsi qu'Adrian de Gadou dans son *Hermitage* (1573), qui offrait déjà une variation sur le modèle poétique donné par Du Bellay. On connaît un long *Voyage* poétique anonyme (1535)[3], transmis par un manuscrit de l'ancienne collection de Thomas Phillips. Par sa singularité dans la littérature française du temps, ce poème, qui de surcroît développe à une date précoce tous les lieux du *Voyage d'Italie*, demanderait à être étudié de façon précise. Il faut attendre deux générations pour retrouver un exemple comparable d'une poésie « itinéraire » liée à l'expérience d'Italie. Il fut donné par un lettré bourguignon, lui-même lecteur des *Essais*, Claude-Enoch Virey (1566-1636), auteur de *Vers itinéraires* relatant un voyage daté des années 1592-1593, de Paris à Venise et de Venise à Rome[4]. Ce texte, objet d'une longue élaboration érudite et poétique, a été rédigé vers 1615 et n'a été publié que récemment[5]. Comme le

---

1   Voir J. Balsamo, « Un *Album* Veneto per Guillaume Lotin de Charny », dans M. Rippa Bonati *et alii* (dir.), Mores *Italiæ 1575*, Cittadella, Biblos, 2007, p. 208-211. Sur le genre, voir C. Schwarz, *Studien zur Stammbuchpraxis der Frühen Neuzeit*, Frankfurt, Peter Lang, 2002 ; W. Ludwig, *Das Stammbuch als Bestandteil humanisticher Kultur. Das Album des Heinrich Carlhack Hermeling (1587-1592)*, Göttingen, Vandenhoeck & Ruprecht, 2006.

2   Voir M. Malinverni, « Bricard e Petrarca », dans J. Balsamo (dir.), *Les Poètes français de la Renaissance et Pétrarque*, Genève, Droz, 2004, p. 471-490.

3   Voir R. Cooper, « "Avec le temps" : le voyage poétique en Italie de trois jeunes Français. 1535 », *Bibliothèque d'Humanisme et Renaissance*, vol. LXVI, 2004, p. 499-524.

4   L'exemplaire des *Essais* (Paris, Rigaud, 1617) ayant appartenu à Virey a figuré dans la vente de livres anciens et Modernes, Paris, Alde, 25 novembre 2008, n° 122.

5   Cl.-E. Virey, *Vers itinéraires*, éd. A. Bettoni, Paris, Société des Textes Français Modernes, 1999.

Journal de Montaigne, il s'agit d'une invention moderne, qui met en évidence le fait qu'il semble n'y avoir guère eu de place à l'époque pour la publication d'un *Voyage d'Italie* en français, même (ou surtout) dans une forme poétique. L'exemple de Virey a toutefois son importance, en révélant les modèles sur lesquels il est établi et avec lesquels il cherche à rivaliser à titre privé : d'une part le modèle de la poésie hodœporique néo-latine, inspirée d'Horace, de Rutilius Namatianus, d'autre part l'*elogium urbium* dans la tradition d'Ausone, qui représentait à la fin du XVIᵉ siècle le seul genre codifié où trouvait à s'inscrire le voyage en termes littéraires[1]. Germain Audebert, un érudit orléanais, en donna l'exemple le plus remarquable avec ses trois poèmes consacrés à Rome, à Venise et à Naples, publiés séparément à l'initiative de son fils Nicolas Audebert, et célébrés comme des chefs d'œuvre du genre. L'exemple est d'autant plus intéressant que ce dernier avait laissé de son propre voyage d'Italie un journal exceptionnellement riche, rédigé en français, dont il négligea la publication, marquant clairement par son choix quelles étaient les hiérarchies littéraires de son temps. Montaigne ne semble pas avoir connu ces textes, de même que le Bordelais Ausone ne semble guère l'avoir beaucoup marqué, au contraire de Pierre de Brach, qui fut un des rares Français à illustrer dans sa langue cette forme de poésie hodœporique. Dans ses *Essais*, il semble avoir cherché à se distinguer des pratiques savantes et culturelles néo-latines qui caractérisaient la grande Robe et la *Respublica litteraria*. Sa pratique personnelle du journal de voyage ressortit peut-être à une même opposition.

Dans la seconde moitié du XVIᵉ siècle, le récit du voyage en Italie fait par un simple particulier, surtout s'il restait anecdotique et personnel, ne constituait pas encore le sujet digne d'un genre littéraire autonome en langue française. Plusieurs centaines de Français, parmi les plus ins-truits, firent ce voyage, l'on ne connaît qu'un seul récit de voyage qui ait été publié, celui de Jacques de Villamont en 1595[2], remarquablement

---

1   Voir J. Balsamo, « La cité humaniste : topiques urbaines et tradition hodœporique à la fin de la Renaissance », dans E. Crouzet-Pavan, D. Crouzet et P. Desan (dir.), *Cités humanistes, cités politiques (1400-1600)*, Paris, Presses de l'Université Paris Sorbonne, 2014, p. 201-222.

2   J. de Villamont, *Les Voyages divisez en trois livres. Le premier contenant la description des villes et forteresses de l'Italie et les antiquitez et choses sainctes et modernes qui s'y voyent*, Paris, C. de Monstr'œil et J. Richer, 1595. L'ouvrage a connu 19 éditions ou émissions jusqu'en 1620. Chateaubriand le cite encore comme une référence pour son propre *Itinéraire de Paris à Jérusalem*.

détaillé et précis, qui connut un grand succès, attesté par une vingtaine d'éditions dans différents centres éditoriaux jusqu'en 1620. C'est que le *Voyage d'Italie* de Villamont se présentait comme la synthèse de trois genres consacrés au voyage : il offrait une variation moderne et française sur le genre des *mirabilia Romæ*, un guide de voyage très concret et une longue introduction, exceptionnellement détaillée, à un récit de pèlerinage en Terre sainte. Ce dernier genre en revanche, qui a fait l'objet de nombreux travaux, avait une autorité reconnue à l'époque de Montaigne ; il concentrait, avec les récits du Nouveau-monde, l'essentiel de la littérature de voyage[1]. Au cours du seul XVIᵉ siècle, plus de vingt récits de pèlerinage ou *Voyages de Jérusalem* avaient été publiés, auxquels s'ajoutaient de nombreux récits restés inédits. Le récit de voyage en Italie pouvait ainsi tirer sa légitimité éditoriale et d'une certaine manière littéraire en relation à un genre bien plus prestigieux, dont il suivait les codes et les formes, en particulier ce que l'on pourrait appeler une « topique du pèlerinage ». Ce n'est pas un hasard si le premier récit-journal publié, consacré à la seule Italie était encore un récit de pèlerinage, lié à l'Année sainte 1600, *Le Bref recueil des choses rares d'Italie*, de Jean-Antoine Rigaud, publié en 1601, à Aix-en-Provence. Ce n'est pas un hasard si cet aspect est si important dans le journal de Montaigne : la pratique pieuse de celui-ci était une affaire privée, mais, autorisée par la tradition et les modèles du récit de pèlerinage, elle constituait la principale ressource narrative d'un journal de voyage, le principal des « lieux » d'un genre à la recherche de sa définition[2].

Le genre du *Voyage d'Italie* se développa véritablement dans la seconde moitié du XVIIᵉ siècle, entre 1656 et 1727, comme un genre aristocratique ou savant, pour s'amplifier dans la seconde moitié du XVIIIᵉ siècle, avec un net infléchissement vers l'expression de la curiosité et du goût pour les arts. Précédée en 1644 par le *Voyage en Italie, Allemaigne, Pays Bas unis* du duc de Rohan, rédaction vers 1635 d'un voyage effectué en 1600, la publication du *Journal du voyage* de Montaigne dans le dernier quart

---

1   Voir M.-C. Gomez-Géraud, *Le Crépuscule du grand Voyage : les récits de pèlerinage à Jérusalem (1458-1612)*, Paris, H. Champion, 1999.
2   Sur cet aspect, voir L. A. Colliard, « Montaigne, Gregory Martin and Rome », *Bibliothèque d'Humanisme et Renaissance*, vol. L, 1988, p. 637-659. Gregory Martin, prêtre anglais du collège de Reims séjourna à Rome en même temps que Montaigne et laissa le manuscrit d'une *Roma sancta*, description de la Ville renouvelant le genre des *mirabilia Romæ* et de la *descriptio urbis*.

du XVIIIe siècle s'inscrit dans ce contexte tardif et cette évolution, dans lesquels l'expérience individuelle du voyage d'Italie s'était codifiée en rituel culturel et social en s'enrichissant d'une légitimation littéraire. La critique portée par l'éditeur du *Journal*, en forme de *captatio benevolentiæ* à destination des premiers lecteurs met en évidence un certain décalage et souligne le fait que la relation de Montaigne appartient à un autre temps, moins policé, qu'elle constitue les prémices d'un genre qui a connu depuis des développements plus maîtrisés :

> Or, nous ne pouvons le dissimuler : le goût trop constant de Montaigne pour la recherche de ces eaux ne répand pas beaucoup d'agrément dans son Journal ; c'est même ce qui le rend parfois ennuyeux et d'une grande sécheresse. Mais il ne faut point regarder ce Journal comme un ouvrage que Montaigne eût la moindre idée de rendre public, au moins dans l'état où il est[1].

En revanche, le contexte de la rédaction du *Journal* est celui de la fin du XVIe siècle, dans lequel l'expérience individuelle du voyage elle-même, dans sa variété, n'est pas encore nettement codifiée, ni dans ses formes ni dans son expression, sinon dans ses aspects savants et universitaires[2] ; elle ne connaît pas encore une forme porteuse d'une véritable autorité, dans laquelle elle puisse être exprimée de façon acceptable au moment du passage de la culture humaniste à une nouvelle culture mondaine.

LE RÉCIT-JOURNAL :
UN GENRE INCHOATIF

Le *Journal* du voyage de Montaigne prend sens dans ce contexte et en relation à ces genres. Il n'est pas pour autant un *unicum*. Si le récit-journal d'un voyage en Italie ne constitue pas un genre établi et publié avant le tournant du siècle, il a donné lieu à plusieurs expériences individuelles dans les années 1570-1590, qui méritent d'être prises en considération pour être rapportées à la fois au voyage de Montaigne et à

---

1   Meunier de Querlon, *Discours préliminaire*, dans *Journal du voyage de Michel de Montaigne*, Rome/Paris, le Jay, 1774, p. XXXVII.
2   Sur ces modifications, voir J. Balsamo, « Le voyage d'Italie et la formation des élites françaises », *Renaissance & Reformation*, vol. XXVII, n° 2, 2003, p. 9-22.

son *Journal*, qu'elles contribuent à éclairer. On conserve en effet quelques autres récits-journaux, restés manuscrits, ainsi le *Journal* des voyages du négociant rochelais Jean Godefroy (1568-1571)[1], le *Voyage* du sieur Leblanc (1579), un autre gentilhomme de la Chambre[2]. Légèrement postérieur au *Journal* de Montaigne, le *Mémoire du voyage faict en Italie*, de Charles de Villeroy-Neufville, marquis d'Arlincourt, est le récit d'un voyage de formation, par un jeune homme âgé de 17 ans, fils du premier secrétaire d'État ; sa rédaction très sommaire, proche parfois de la liste ou de l'agenda, s'accompagne d'une variété d'informations et de remarques originales, dont de précises descriptions de jardins[3]. Ce journal fait regretter la disparition de la relation analogue qu'aurait pu tenir Charles d'Estissac, le jeune seigneur que Montaigne avait été chargé d'accompagner à Rome, en qualité de mentor. D'autres journaux sont connus par des copies tardives. Leydet, un des inventeurs du *Journal* de Montaigne, transcrivit un fragment du *Voyage d'Avignon à Rome l'an 1593* de Jean Tarde, vicaire général du diocèse de Sarlat[4]. Certains de ces récits-journaux ont fait l'objet d'une édition savante moderne, la plupart dans le cadre de la remarquable entreprise éditoriale promue par Emanuele Kanceff dans les années 1980 et à laquelle Luigi Monga, à qui il convient de rendre hommage, ont donné une contribution décisive.

Le plus remarquable et le plus détaillé de ces journaux est le *Voyage d'Italie* de Nicolas Audebert, relation minutieuse d'une *peregrinatio academica* rédigée vers 1588 à partir de notes prises au cours d'un long séjour d'étude dans la Péninsule, entre 1574 et 1578. Conservé à la British Library, le manuscrit d'Audebert a été redécouvert à la fin du XIXe siècle et son importance pour la connaissance de l'épigraphie antique, de l'archéologie et de l'histoire de l'art a été immédiatement soulignée. Il n'a en revanche fait l'objet que d'une édition tardive et confidentielle, dans une collection consacrée au voyage d'Italie qui ne semble pas avoir

---

1   *Journal de voyages de Jean Godefroy (1568-1571)*, La Rochelle, BM, ms. 5.
2   *Relation du voyage du S. Leblanc en Italie*, Dijon, Bibliothèque municipale, ms. 314 (551). Il s'agit en fait d'une copie établie au XVIIe siècle d'un récit de voyage en Terre sainte, dont une partie est consacrée à l'Italie.
3   C. de Villeroy-Neufville, *Mémoire de Tout mon Voege faict en Italie lan 1583 avec les choses remercables que j'ay veues*, BnF, ms. 14660 : in-4°, 42 feuillets. Sur l'auteur, voir E. Picot, *Les Français italianisants au XVIe siècle*, Paris, H. Champion, 1906, t. II, p. 260-261.
4   J. Tarde, *Voyage d'Avignon à Rome l'an 1593. Voyage à Rome en l'an 1614*, éd. F. Moureau et M. Tetel, Genève, Slatkine, 1983.

eu de suite[1]. D'autres récits décrivent une expérience italienne hors de ce cadre savant. Le *Discours viatique de Paris à Rome*, rédigé par un gentilhomme anonyme, à partir de notes prises entre septembre 1588 et juin 1589, relate un long voyage qui mena son auteur à Rome puis à Naples et à Malte, où l'accueil qu'il reçut laisse supposer qu'il venait accomplir une mission sur laquelle le récit reste très discret[2]. Le *Voyage de Provence et d'Italie*, copie datée 1596 d'un récit effectué en 1588, est dû à un gentilhomme bien introduit dans les milieux diplomatiques, qui assiste aux célébrations du mariage de Christine de Lorraine avec le Grand duc de Toscane, et qui note avec beaucoup d'attention les eaux des villes d'Italie[3]. Contemporain des *Discours viatiques*, il en croise plusieurs fois le même itinéraire et évoque des rencontres communes parmi d'autres voyageurs français.

Ces récits appartiennent à la génération de Montaigne et à celle de ses contemporains, fussent-ils plus jeunes que lui. Les autres récits conservés ou édités sont plus tardifs. Certains prolongent cette expérience sociale et littéraire du voyage en termes analogues, ainsi le très intéressant *Voyage d'Italie* anonyme de 1606, riche de longues descriptions et de remarques politiques[4]. D'autres, plus élaborés, témoignent de la transformation du genre et le passage d'une relation de voyage individuel en une relation d'Italie, offrant un discours général sur le pays visité, ainsi les *Voyages en Italie* (1603-1612) de Pierre Bergeron. Ceux-ci toutefois ne trouvèrent pas à être publiés, en dépit de l'activité éditoriale de leur auteur[5].

On ajoutera à ces textes français d'autres journaux de voyages de la même époque, qui élargissent à d'autres lieux d'Europe une expérience viatique similaire et les modes de l'exprimer : en particulier le *Journal* du voyage en terre d'Empire (1593-1598) et en Pologne, fait par Jacques Esprinchard, un ami de Pierre de L'Estoile et de Simon Goulart[6].

---

1   N. Audebert, *Voyage d'Italie*, éd. A. Olivero, Rome, Lucarini Editore, 1981-1983.
2   L. Monga (éd.), *Discours viatique de Paris à Rome et de Rome à Naples (1588-1589)*, Genève, Slatkine, 1983. Le voyage est attribué à un certain Argilliers par V. Castiglione, G. Dotoli et R. Musnik (éd.), *Le Voyage français en Italie des origines au XVIIIe siècle, op. cit.*, p. 79.
3   *Voyage de Provence et d'Italie*, éd. L. Monga, Genève, Slatkine, 1994.
4   *Voyage d'Italie (1606)*, éd. M. Bideaux, Genève, Slatkine, 1982.
5   P. Bergeron, *Voyages d'Italie (1603-1612)*, éd. L. Monga, Genève, Slatkine, 2004 ; sur l'auteur, voir G. Holtz, *L'Ombre de l'auteur. Pierre Bergeron et l'écriture du voyage à la fin de la Renaissance*, Genève, Droz, 2011, en particulier, p. 254-265.
6   Voir L. Chatenay, *Vie de Jacques Esprinchard Rochelais et Journal de ses voyages au XVIe siècle*, Paris, SEVPEN, 1955 ; J. Balsamo, « Jacques Esprinchard en Allemagne : aux origines

ESQUISSE D'UNE TOPIQUE

Le récit-journal de voyage rend compte d'une expérience viatique. Celle-ci lui donne son cadre narratif, et définit une double topique, à la fois spatiale et rhétorique ; les « lieux » du voyages deviennent des « lieux » du discours. Le voyage d'Italie suit un itinéraire déterminé par une destination, se déploie dans des lieux et suit des usages *communs*. La pratique du voyage détermine une première fonction du journal et l'apparente au livre de raison, qui est de *compter* (les distances, les dépenses) et d'enregistre les détails matériels : changes, hébergement, locations de chevaux, organisation des postes, conversion des unités françaises en unités italiennes[1]. Le *Journal* de Montaigne, tenu à l'origine par un secrétaire, est rempli de ces considérations matérielles ; l'épisode vénitien du *Voyage de Provence et d'Italie* se clôt sur une table des changes[2].

Le voyage d'Italie est codifié dans son itinéraire. La singularité des voyages de Montaigne ou Virey, réside dans leur longue préface par la Suisse et l'Empire. Ce voyage enfin a un but : il s'agit en fait dans la plupart de cas d'un voyage de Rome, suivant les deux ou trois chemins principaux, avec des étapes obligées : à l'aller, la *via ducale*, au retour, le chemin des dévotions, par Foligno, Tolentino, Lorette surtout, un sanctuaire objet d'une vénération toute particulière des Français. Sur cette trame, les voyageurs brodent leurs propres variations, parfois clairement affirmées comme telles, excursions dans l'espace, digressions ou développements singuliers dans le récit : Malte pour le voyageur anonyme de 1588, les bains de Lucques pour Montaigne, où se rend aussi un autre voyageur, qui décrit en détail les formes des cures et note le nom des personnages qui les fréquentent[3]. Si tous vont à Rome, beaucoup cherchent à pousser vers Naples, qui attire les voyageurs à la fois pour le prestige classique de son site, célébré dès l'antiquité, et pour l'intérêt aristocratique de la ville moderne. Montaigne, pour des raisons

---

du voyage savant (1597-1598) », *Romanic Review*, vol. 94, 2003, p. 27-42.

1   C'est la matière du journal d'Yves Demayre, *Comptes inédit d'un voyage en Italie en 1573, pour y faire enquête sur la mort de Gilles Chasteigner*, [1572], éd. P. de Chabot, Vannes, Lafolye, 1896.

2   *Voyage de Provence et d'Italie*, p. 109.

3   *Ibid.*, p. 118.

qui demanderaient à être connues, ne fit pas le voyage de Naples qu'il évoque pourtant à plusieurs reprises dans son récit.

Le voyage met en jeu une expérience visuelle. Ce n'est pas d'emblée sur le mode de la libre découverte celle d'un regard naïf, curieux ou au contraire d'un « regard empêché », mais celle des choses à visiter et à voir, des *admiranda*, qui sont d'autres « lieux » à décrire. Le récit que fait Montaigne de sa visite à la Bibliothèque vaticane est bien connu. Son récit est organisé suivant une description, complétée par un catalogue :

> Je fus voir la librairie du Vatican, qui est en cinq ou six salles tout de suite ; Il y a un grand nombre de livres […] Item une Bible imprimée en parchemin, de celles que Plantin vient de faire en quatre langues, laquelle le Roy Philippe a envoyée à ce Pape comme il dit en l'inscription de la relieure ; l'original du livre que le Roy d'Angleterre composa contre Luther, lequel il envoya, il y a environ cinquante ans, au Pape Leon dixiesme (*JV* 111-113)[1].

Cette description repose en fait sur un ensemble de « lieux », que l'on retrouve développés par d'autres visiteurs[2]. Ainsi, au mois de janvier 1589, un autre gentilhomme français visita la même bibliothèque, dont il laissa une description :

> J'ay veu l'antienne bibliotheque en laquelle il y a six chambres, toutes pleines de livres quasi tous escritz à la main ; entre les livres l'on nous a monstré […] Henri d'Angleterre contre Martin Luther, envoyé au pape […] la Bible envoyée au pape par le roy d'Espagne ; elle est en parchemin et la suscription dessus[3].

Ces deux fonctions, voir et dire, voir et écrire, sont régies par une même méthode, l'apodémique et son prolongement rhétorique, dont les « lieux » avaient été élaborés par la tradition hodœporique[4]. La théorie du voyage avait été mise en forme savante durant cette grande période d'élaboration systématique des savoirs qu'a été le XVIᵉ siècle[5]. En 1577, Theodor Zwinger en publia l'ouvrage fondateur, la *Methodus apodemica*

---

1   Montaigne, *Journal de voyage*, éd. F. Rigolot, Paris, Presses Universitaires de France, 1992. Nous donnons la pagination de cette édition dans le texte.
2   Sur ce « lieu », voir J. Balsamo, « Montaigne et quelques Italiens : la conversation dans la bibliothèque », *Studi francesi*, vol. 163, 2011, p. 3-15.
3   *Voyage de Provence et d'Italie, op. cit.*, p. 73.
4   Sur ce point, voir A. Bettoni, introduction à Virey, *op. cit.*, p. L-LXXIV.
5   Voir J. Stagl, *Apodemiken. Eine räsonierte Bibliographie der Reisetheoretischen Literatur der 16., 17., und 18. Jahrhunterten*, Paderborn, Schöningh, 1984 ; pour son application au voyage de Montaigne, voir L. Monga, « Itinéraires de Français en Italie… », art. cité.

(Bâle, Episcopus). On ignore si Montaigne avait lu ce livre à l'occasion
de son propre voyage, mais en tout cas, il rencontra son auteur au
cours de son séjour à Bâle (*JV* 15)[1]. Une génération après le voyage de
Montaigne, la même théorie fut codifiée en termes vulgarisés dans les
traités d'éducation. En dépit de leurs différences formelles, qui tiennent
aussi aux conditions de leurs auteurs, tous des Français cultivés à défaut
d'être des lettrés, les récits-journaux que nous conservons offrent des
traits communs : une même matière et un même traitement rhétorique
ou littéraire qui permet à ces voyageurs de comprendre une expérience
vécue en l'ordonnant en « lieux » et en savoirs, pour en rendre compte.
Le voyage et son récit mettent ainsi en œuvre un savoir préalable, base
d'un savoir dynamique, qui se constitue au fil du chemin. Certaines
disparates, certaines ruptures, certaines erreurs mettent en évidence le fait
que le récit-journal ne se confond pas entièrement avec les notes prises
en route, mais qu'il se complète et s'enrichit de lectures, en amont et
en aval, lors d'une seconde rédaction ou de la mise au net, qu'il repose
sur un pré-texte et renvoie à autant d'intertextes. Montaigne se plaignait de n'avoir pas apporté avec lui le gros volume de la *Cosmographie*
de Munster, et le secrétaire rappelle qu'il était « aidé de diverses cartes
et livres qu'il se faisoit lire le soir, et le jour alloit sur les lieux mettre
en pratique son apprentissage » (*JV* 101). On conserve son exemplaire
des *Antichità della città di Roma* (1558) de Lucio Mauro, un des guides
de Rome qui permirent ses visites et leur relation[2]. Audebert laisse
en blanc dans son manuscrit les références exactes à Pline, indiquant
une vérification à faire. Le *Discours viatique* renvoie plusieurs fois à la
Descrittione d'Italia de Leandro Alberti.

Ces lieux inscrits dans l'espace, dans une culture, se précisent comme
« lieux » d'un discours conscient de lui-même et de ses ressources. D'un
côté, la narration repose sur un ensemble de formules méta-textuelles,
qui ressortissent à la réflexion du voyageur narrateur sur son objet et à
des fonctions de régie ou d'attestation : ainsi les nombreuses remarques
sur le statut imprécis du texte, sur l'inutilité de faire telle description,

---

1   Le secrétaire désigne Zwinger par une périphrase, « celuy qui a fait le *Theatrum* ». Voir
     F. Garavini, « Montaigne rencontre Theodor Zwinger à Bâle : deux esprits parents »,
     Montaigne Studies, vol. V, 1993, p. 191-206, en particulier p. 195.
2   Le volume, provenant de l'ancienne bibliothèque des Carmélites de Bordeaux et signalé
     en 1854, est conservé à Bordeaux, Bibliothèque municipale (P.F. 6918, Rés. Coffre);
     Montaigne 1533-1933, Bordeaux, Delteil, 1933, pl. **XXX**.

objet de tant de descriptions antérieures, sur les sources de la documentation, toutes les formes de prétérition ou au contraire d'insistance.
D'autre part, il développe les « lieux » communs qui ressortissent à
la méthode apodémique et aux *admiranda*, qui eux-mêmes ont leurs
lieux « propres » : les possessions, l'organisation politique et les formes
de gouvernement des régions traversées, les villes principales et l'ordre
de leur description (étymologie, histoire, illustrations), ainsi que le
précise Bergeron : « Quant à Rome, il faut considérer le pays, le lieu de
sa situation, sa fondation et ses parties antiques et modernes conférées
ensemble, puis son estat, seigneurie et changemens[1] ». S'ajoutent le
relevé des inscriptions et des monuments de l'Italie antique, élargi aux
épigraphes modernes, les cérémonies de l'Italie catholique, les visites
protocolaires ou de courtoisie, les rencontres savantes, à l'intérieur
d'un système de recommandations, les usages et les mœurs, costumes
et formes alimentaires, les arts et les techniques. La visite des jardins
et leur description, constituaient un de ces lieux privilégiés du voyage
et de sa relation, dans laquelle Montaigne inscrivait et sa propre expérience et son propre discours[2]. C'est dans ce contexte par exemple, que
s'ébauche lentement un discours sur les arts visuels, témoignant d'une
difficile initiation des Français à la peinture, qui eut lieu précisément
entre le voyage de Montaigne (1581) et le voyage anonyme de Provence
et d'Italie (1596), premier à noter le *Jugement* de Michel-Ange[3]. On
ajoutera enfin un ensemble de lieux « identitaires », développant une
série de remarques sur la présence politique et militaire française dans
la Péninsule, le souvenir des guerres d'Italie, à Pavie ou à Sienne, et
une célébration nationale sans cesse répétée, que Montaigne développe à
l'instar de tous les autres voyageurs, ainsi lorsqu'il note à Lorette : « Il y
a au chœur une enseigne de nos Roys pendue, et non les armes d'autre
Roy » (*JV* 143), de même que les autres voyageurs noteront avec fierté
la splendeur de l'ex-voto offert par Henri III en 1584[4].

---

1 Bergeron, *Voyages en Italie*, *op. cit.*, p. 115.
2 J. Balsamo, « La description des jardins d'Italie par les voyageurs français (1574-1606) »,
   dans *Architecture et jardins*, Nantes, Éditions du Conseil Général de Loire-Atlantique,
   1995, p. 73-79.
3 Sur cette question, voir J. Balsamo, « Les écrivains français du XVIᵉ siècle et la peinture
   italienne : réévaluation d'un épisode de l'histoire du goût », *Studi di letteratura francese*,
   vol. XXI, 1996, p. 29-54.
4 Voir aussi Audebert, *op. cit.*, p. 208-209 ; *Discours viatiques*, *op. cit.*, p. 176 ; *Voyage de
   Provence et d'Italie*, *op. cit.*, p. 90-92 ; Bergeron, *op. cit.*, p. 206-210.

Le voyage d'Italie de Montaigne s'inscrit dans un usage des élites françaises de son temps, à la fois comme une expérience viatique assez habituelle et comme pratique littéraire plus rare. Mais, sur une expérience analogue et dans une forme semblable, Montaigne et son secrétaire disent-ils pour autant la même chose que leurs contemporains ? Il ne s'agit pas de réduire le *Journal du voyage* à une sorte de discours commun et en particulier à un « discours sur l'Italie », ce qu'il est, en bien des points d'un itinéraire commun. Mais c'est précisément en relation à ce discours commun et à ses « lieux » que peut s'apprécier la singularité de ce récit-journal, par les légers écarts qu'il révèle ou par des choix fondamentaux, ainsi l'adaptation en français et sous une forme synthétique de l'ancienne pratique humaniste du relevé des inscriptions, l'attention portée à l'alimentation, la part accordée au discours médical privé et surtout la rédaction en italien d'une longue partie du *Journal*. Celui-ci, plus que les autres, apparaît comme une « mise à l'essai » : essai linguistique, essai politique[1], mise à l'essai de l'Italie en général[2], mise à l'essai de soi-même. Un seul autre récit-journal offre une réflexion critique de nature analogue, portant à la fois sur le voyage et sur la politique française, le *Voyage* anonyme de 1606. Mais à cette date, le voyageur, à défaut d'avoir pu connaître le *Journal* de Montaigne, avait déjà pu lire ses *Essais* et en suivre la leçon.

Jean BALSAMO
Université de Reims

---

1   J. Balsamo, « Le *Journal de voyage* de Montaigne, essai politique », dans F. Sciacca (dir.), *Studi in memoria di Enzo Sciacca*. t. 2. *Liber Amicorum*, Milan, A. Giufrè Editore, 2008, p. 41-58.
2   Voir M. Bideaux, « Le Journal de voyage de Montaigne : un "Essai" sur l'Italie ? », dans *Montaigne e l'Italia, op. cit.*, p. 453-465.

MOMENTS APODÉMIQUES
DANS LE *JOURNAL DE VOYAGE*
DE MONTAIGNE

La réflexion que je voudrais ici consacrer à la pensée du voyage chez Montaigne se nourrira pour commencer de deux silences qui, si l'on peut dire, se répondent : l'un, dans le *Journal de voyage* ; l'autre, dans l'historiographie contemporaine sur les arts de voyager.

Lors de son séjour à Bâle, à l'automne 1580, Montaigne prend soin de rendre visite à quelques savants illustres, conformément à l'un des rites bien établis de la pratique humaniste du voyage. Son secrétaire consigne : « Nous y vismes force gens de sçavoir, comme Grinaeus, et celuy qui a fait le *Theatrum*, et ledit medecin (Platerus), et François Hotman. Ces deux derniers vindrent souper avec Messieurs, lendemain qu'ils furent arrivés[1] » (*JV* 15-16). À ma connaissance, la critique n'est jamais parvenue à interpréter de façon suggestive le fait que Theodor Zwinger, auteur d'un monumental *Theatrum vitæ humanæ* dont Montaigne semble avoir possédé un exemplaire, fasse l'objet d'un traitement différencié dans cette énumération, où il n'est pas ouvertement nommé[2]. Dans un article érudit consacré aux amitiés bâloises de Montaigne, Marie-Louise Portmann, d'autant plus intriguée par ce demi-silence qu'elle souligne les intérêts communs qui pouvaient rapprocher les deux hommes, en est réduite à supposer que le nom de Zwinger a été omis parce qu'il posait trop de problèmes phonétiques à une oreille française[3]. Dans la

---

1   *Journal de voyage de Michel de Montaigne*, éd. François Rigolot, Paris, Presses Universitaires de France, 1992. Je cite le *Journal* dans le texte d'après cette édition.

2   Sur la présence possible d'une édition du *Theatrum vitæ humanæ* dans la bibliothèque de Montaigne, voir Pierre Villey, *Les Sources et l'évolution des* Essais *de Montaigne*, 2 vol., Paris, Hachette, 1908, t. I, p. 241-242. La seule preuve avancée d'une certaine familiarité avec l'œuvre de Zwinger est précisément le passage du *Journal de voyage* que je viens de citer.

3   Marie-Louise Portmann, « Les amis bâlois de Montaigne », dans François Moureau et René Bernoulli (dir.), *Autour du Journal de voyage de Montaigne, 1580-1980*, Genève/Paris, Slatkine, 1982, p. 79.

mesure où Zwingli et les Zwingliens sont nommés à au moins sept reprises dans le *Journal de voyage*, on ne m'en voudra sans doute pas de réexaminer la question sous un nouvel angle.

On peut difficilement se contenter de poser que certains centres d'intérêt, tel le trésor des innombrables comportements humains recensés par les Anciens, sont partagés par Zwinger et Montaigne : encore faut-il bien mesurer tout ce qui sépare, sur le plan méthodologique et épistémologique, le disciple de Ramus, fervent adepte des classifications, des tableaux synoptiques permettant de maîtriser la prolifération du divers, et l'auteur des *Essais*, qui ne cesse de déjouer de telles ambitions cognitives[1]. Or, s'il est un domaine qui occupe Zwinger et Montaigne à l'époque de leur rencontre, et qu'ils abordent selon des perspectives radicalement divergentes, c'est bien celui de la réflexion sur les manières de voyager. Parue à Bâle en 1577, la *Methodus apodemica* de Zwinger, qui deviendra bientôt l'un des grands classiques du genre apodémique, a pour objectif d'ordonner la pratique du voyage afin de la rendre pleinement profitable à une formation humaniste[2] : à grand renfort d'arborescences, elle dresse la typologie des finalités du voyage, de ses modalités et, surtout, des réalités qui devront être consignées. En pédagogue averti, Zwinger illustre sa méthode par la « description » de quatre villes prestigieuses sur le plan de la connaissance : Bâle (*Athenæ Helveticæ*), Paris (*Athenæ Gallicæ*), Padoue (*Athenæ Italicæ*) et l'Athènes antique (*Athenæ Græcæ*). Sans même entrer dans le détail de ces stocks de données fortement

---

1   À cet égard, les travaux de Fausta Garavini me paraissent induire en erreur dans leur précision même. S'ils suggèrent effectivement que Montaigne a utilisé le *Theatrum* de Zwinger (dans l'édition bâloise de 1565 et dans l'édition parisienne de 1571), ils ne mettent en avant que des similitudes de surface sans jamais prendre la mesure des différences entre les deux savants sur le plan épistémologique. Voir, au choix, l'une ou l'autre des études suivantes : « Montaigne et le *Theatrum vitæ humanæ* », dans Claude-Gilbert Dubois (dir.), *Montaigne et l'Europe*, Mont-de-Marsan, Éditions InterUniversitaires, 1992, p. 31-45 ; « Montaigne rencontre Theodor Zwinger à Bâle : Deux esprits parents », *Montaigne Studies*, vol. V, 1993, p. 191-205 ; « Au "sujet" de Montaigne : de la leçon à l'écriture du moi », dans *Carrefour Montaigne*, ETS/Slatkine, Pise/Genève, 1994, p. 63-93. Par ailleurs, on ne peut pas considérer que la périphrase « celui qui a fait le *Theatrum* » témoigne de façon évidente de la célébrité du livre de Zwinger et, parallèlement, hésiter sur l'identification du livre et de l'auteur en question : « mais il peut s'agir aussi du célèbre géographe Abraham Oertel (1527-1598), dont le *Theatrum orbis terrarum* connut un grand succès » (Montaigne, *Journal de voyage*, éd. Fausta Garavini, Paris, Gallimard, 1983, p. 397, n. 72).

2   Theodor Zwinger, *Methodus apodemica in eorum gratiam qui cum fructu in quocunque tandem vitæ genere peregrinari cupiunt*, Bâle, Eusebii Episcopii Opera, 1577, rééd. Strasbourg, 1594.

structurés, on comprend bien que le principe d'organisation et de systématisation qui les sous-tend est profondément étranger à l'esprit de Montaigne. Tout en partageant la conviction que le voyage revêt une fonction éducative, les deux humanistes souscrivent à des conceptions incompatibles de l'*expérience viatique* : en ce qu'elle apparaît comme une forme d'anti-méthode, la promenade montaignienne met en crise le projet de régulation et de standardisation propre à l'*ars apodemica*, qui, pour sa part, relègue volontiers les déambulations capricieuses dans la catégorie de l'anti-voyage, selon l'opposition topique entre *peregrinari* et *vagari*. Si Zwinger et Montaigne se sont entretenus des bonnes manières de voyager, on peut penser que le frottement des cervelles a produit quelques étincelles : il n'est pas invraisemblable que Montaigne, *en voyage*, ait préféré taire le nom de celui pour qui il était à peu de choses près le contraire d'un voyageur...

Le second silence qui m'aidera à penser mon objet est en quelque sorte symétrique au premier. Dans l'étude désormais classique de Justin Stagl sur les *artes apodemicæ*[1], les réflexions que Montaigne consacre au voyage dans l'essai « De la vanité » (III, 9) ou dans le *Journal* sont totalement ignorées au profit de l'étude de Zwinger et d'autres auteurs humanistes du même ordre, tels Hieronymus Turler (*De arte peregrinatione et agro Neapolitano*, Strasbourg, 1574) ou Hilarius Pyrckmair (*Commentariolus de arte apodemica seu vera peregrinandi ratione*, Ingolstadt, 1577). Ce qui tout à la fois explique et rend très critiquable cette absence, c'est le projet ambitieux de Stagl, qui consiste à intégrer les anciennes conceptions et fonctions du voyage dans une archéologie des sciences sociales, à situer la culture viatique de la Renaissance aux origines de la sociologie et de l'ethnographie. Indépendamment des risques d'anachronisme impliqués par une telle approche, il est important de signaler à quel point elle est déséquilibrée, bancale en ce qu'elle ne considère que la dimension systématique de l'étude des sociétés. Pour Stagl, seul ce qui est assimilable à un protocole, à un programme de recherche ou à un questionnaire semble faire signe en direction de la modernité : d'où l'importance qu'il accorde à la méthode de Zwinger et de quelques autres, sans prendre en compte la qualité du regard, le sens du relatif, la disponibilité aux formes d'autrui qui, chez Montaigne, mais aussi chez un Jean de Léry

---

1   Justin Stagl, *A History of Curiosity. The Theory of Travel 1550-1800*, Coire, Harwood Academic Publishers, 1995.

ou tel missionnaire jésuite, contribuent tout autant à l'invention d'une nouvelle forme d'anthropologie[1]. Parce qu'il opère sans même s'en rendre compte la réduction de l'ethnographie à la sociologie, Stagl ne peut pas accueillir Montaigne dans son archéologie des sciences sociales ; parce qu'il assimile la qualité d'une enquête à son seul caractère systématique, il se condamne à n'écrire qu'une bien curieuse histoire de la curiosité.

De ce rapport discrètement problématique à Zwinger, j'aimerais tirer l'occasion de réfléchir une nouvelle fois, et peut-être différemment, à l'art du voyage chez Montaigne. Non pour répéter ce qui a déjà été dit depuis longtemps sur sa façon singulière de voyager, ni pour revenir sur les quelques grands principes qu'il énonce en la matière, mais pour mieux situer les lieux et les conditions d'émergence de ce qu'il faut considérer comme une véritable *ars apodemica*, si fragmentaire et diffuse soit-elle. Sur cette base, je tenterai ensuite de proposer – voire de revendiquer – une conception à la fois plus large et plus fine de l'apodémique.

Pour franchir un premier pas dans cette voie, il convient à mon sens de réévaluer les rapports qui existent entre le *Journal de voyage* et le chapitre « De la vanité ». Parce que les *Essais* sont un espace privilégié de réflexion et de retour sur soi, on est généralement porté à croire que le *Journal de voyage* enregistre seulement une expérience, une *praxis*, alors qu'il revient à l'essai de l'interroger, d'en livrer le commentaire et d'en tirer les leçons. Or, cette façon de voir reflète une hiérarchie des genres, un partage symbolique entre les œuvres canoniques et les autres plutôt qu'elle ne procède d'une confrontation rigoureuse des textes. Il suffit de rappeler ici quelques rapprochements bien connus, le plus souvent proposés par les éditeurs du *Journal*, pour l'établir de façon définitive.

À propos de son goût pour l'immersion culturelle, pour l'*accommodatio*, Montaigne écrit dans « De la vanité » : « Quand j'ay esté ailleurs qu'en France et que, pour me faire courtoisie, on m'a demandé si je vouloy estre servy à la Françoise, je m'en suis mocqué et me suis tousjours jetté aux tables les plus espesses d'estrangers[2] ». Dans les pages helvétiques du

1   Sur la qualité du regard de Montaigne et de Léry, je me permets de renvoyer à mon livre *Le Voyageur aux mille tours. Les ruses de l'écriture du monde à la Renaissance*, Paris, H. Champion, 2014, en particulier chap. VIII, X et XIII.
2   Montaigne, *Les Essais*, éd. Pierre Villey, Paris, Presses Universitaires de France, coll. « Quadrige », 1988, III, 9, p. 985 C.

Journal de voyage, on trouve déjà un commentaire parfaitement explicite sur cette volonté d'éprouver les formes d'autrui : « M. de Montaigne, pour *essayer* tout à fait la diversité des mœurs et façons, se laissoit partout servir à la mode de chaque païs, quelque difficulté qu'il y trouvast » (*JV* 23, c'est moi qui souligne).

Selon le même esprit, la critique que l'essai adresse aux « hommes enyvrez de cette sotte humeur de s'effaroucher des formes contraires aux leurs », à ceux qui cherchent « des Gascons en Sicile » plutôt que des Grecs ou des Persans[1], semble faire écho à deux passages précis du *Journal de voyage*. À propos de Padoue, le secrétaire, plutôt que de dresser un catalogue d'informations à la façon de Zwinger, préfère en effet enregistrer un commentaire critique de son maître :

> Nous y fusmes tout le lendemain et vismes les escoles d'escrime, du bal, de monter à cheval, où il y avoit plus de cent gentilshommes François ; ce que M. de Montaigne comptoit à grande incommodité pour les jeunes hommes de nostre pays qui y vont, d'autant que cette societé les accoustume aux mœurs et langage de leur nation, et leur oste le moyen d'acquerir des congnoissances estrangieres (*JV* 66-67).

Un mois plus tard, à Rome, c'est la ville entière qui pose au voyageur ce genre de problème : « M. de Montaigne se faschoit d'y trouver si grand nombre de François qu'il ne trouvoit en la rue quasi personne qui ne le saluast en sa langue » (*JV* 91).

Dernier exemple, particulièrement célèbre : la façon dont Montaigne commente sa manière libre de cheminer, aux antipodes de tout itinéraire programmé. Le chapitre « De la vanité » énonce ce principe dans les termes suivants : « Moy, qui le plus souvant voyage pour mon plaisir, ne me guide pas si mal. S'il faict laid à droicte, je prens à gauche ; si je me trouve mal propre à monter à cheval, je m'arreste. [...] Ay-je laissé quelque chose à voir derriere moy ? J'y retourne ; c'est tousjours mon chemin. Je ne trace aucune ligne certaine, ny droicte ny courbe[2] ». À cet égard, le *Journal de voyage* propose un développement peut-être plus suggestif encore dans sa formulation :

> Quand on se plaingnoit à luy de ce qu'il conduisoit souvent la troupe par chemins divers et contrées, revenant souvent bien près d'où il estoit parti (ce

---

1   *Ibid.*, p. 985 et 986 B.
2   *Ibid.*, p. 985 B.

qu'il faisoit ou recevant l'avertissement de quelque chose digne de voir, ou
changeant d'avis selon les occasions), il respondoit qu'il n'alloit, quant à luy,
en nul lieu que là où il se trouvoit, et qu'il ne pouvoit faillir ny tordre sa voye,
n'ayant nul project que de se proumener par des lieux incognus ; et pourveu
qu'on ne le vist pas retomber sur mesme voie et revoir deux fois mesme lieu,
qu'il ne faisoit nulle faute à son dessein (*JV* 61).

Ces quelques parallèles permettent clairement d'écarter l'idée selon
laquelle le *Journal de voyage* livrerait une sorte de matériau brut qui
ferait ensuite, et ensuite seulement, l'objet d'un processus d'élaboration
philosophique au sein de l'essai. Les éléments qui passent ici d'un texte
l'autre ne sont pas de simples notations comparables à la description
d'un monument ou d'une coutume étrangère : ils concernent le voyage
même plutôt que le monde arpenté, et témoignent déjà d'une dimension
réflexive, critique, parfois discrètement normative. En d'autres termes,
il y a bel et bien une pensée du voyage dans le *Journal*, et c'est même
d'elle que semble se nourrir exclusivement l'art de voyager exposé dans le
chapitre « De la vanité ». N'en déplaise à ceux qui sous-estiment encore
l'intelligence de la littérature viatique, le lieu privilégié de l'apodémique
montaignienne n'est pas l'essai, mais bien le *Journal de voyage*.

Et ce constat en amène un autre : plutôt que de restreindre l'*ars
apodemica* à un certain nombre de textes philosophiques ou didactiques,
il est à la fois pertinent et profitable sur le plan heuristique de s'efforcer
de la débusquer partout où elle se loge, et notamment dans les relations
de voyage elles-mêmes. Si l'on ne peut contester l'apparition dans les
années 1570 d'un *genre apodémique* dont la *Methodus* de Zwinger offre
en quelque sorte le paradigme, il importe de reconnaître également
l'existence d'un *mode apodémique* qui peut être activé, de façon ponc-
tuelle ou intermittente, au sein d'une grande diversité de textes. C'est
le fonctionnement de ce mode qu'il importe maintenant d'étudier au
sein du *Journal de voyage* afin de préciser encore les lieux et de définir
les conditions de possibilité d'un discours apodémique chez Montaigne.

Dans le *Journal* comme dans tout texte viatique, il est possible de distinguer différents degrés de discours apodémique, selon que les modalités
du voyage s'y trouvent simplement mentionnées ou commentées, selon que
le commentaire porte sur une situation précise ou le voyage en général,
sur les conditions matérielles ou des aspects plus intellectuels, ou encore
qu'il se charge ou non d'une dimension prescriptive. Sans décliner ici

toute la palette de ces possibilités, je proposerai trois exemples permettant de bien mesurer l'écart qui peut exister entre les degrés élémentaires du mode apodémique et ses manifestations les plus élaborées.

À l'occasion du passage de la petite troupe par Mulhouse, le secrétaire note la chose suivante : « M. de Montaigne y alla voir l'eglise ; *car* ils n'y sont pas catholiques » (*JV* 14, c'est moi qui souligne). Contrairement à ce que pourrait penser un lecteur pressé, cette phrase ne se contente pas de rapporter simplement une action du voyageur : à travers la conjonction de coordination et ses implications, elle suggère que cette action est motivée par un principe apodémique. S'il y a un lien de cause à effet entre le caractère réformé du lieu de culte et la visite de Montaigne, c'est bien que celui-ci s'intéresse de façon privilégiée à ce qui lui est étranger, qu'il sélectionne en fonction d'un critère d'altérité (ici, religieuse) les objets sur lesquels porter son attention. On voit que le discours sur l'art de voyager demeure dans cet exemple largement implicite, au point que l'activation du mode apodémique dépend uniquement de la lecture compétente d'un seul terme.

À l'opposé, dans la partie du *Journal* rédigée en italien, Montaigne peut exprimer de la façon la plus directe qui soit un conseil pratique pour les futurs voyageurs : « Qui ne voyage en Italie qu'avec des chevaux de voiture n'entend pas bien ses intérêts : car il me paroît plus commode de changer de chevaux de lieu en lieu que de se mettre pour un long voyage entre les mains des voituriers » (*JV* 252).

Ces considérations logistiques sont elles-mêmes très éloignées, sur un autre plan, des regrets profondément instructifs que Montaigne formule lors de ses pérégrinations allemandes :

> M. de Montaigne trouvoit à dire trois choses en son voyage : l'une qu'il n'eust mené un cuisinier pour l'instruire de leurs façons et en pouvoir un jour faire voir la preuve chez luy ; l'autre qu'il n'avoit mené un valet Alleman ou n'avoit cherché la compaignie de quelque gentilhomme du païs : car de vivre à la mercy d'un belistre de guide, il y sentoit une grande incommodité ; la tierce, qu'avant faire le voyage, il n'avoit veu les livres qui le pouvoient avertir des choses rares et remerquables de chaque lieu, ou n'avoit un *Munster* ou quelque autre dans ses coffres (*JV* 32).

Dans ce triple manque s'exprime désormais une véritable philosophie du voyage, une conscience des diverses stratégies, au demeurant parfaitement transposables à d'autres espaces géographiques, qui permettraient de mieux s'imprégner de la différence des lieux et des coutumes.

Le *Journal* propose ainsi une vaste gamme de moments apodémiques plus ou moins développés, plus ou moins substantiels sur le plan d'une pensée du voyage. Or, cette gamme ne se déploie nullement de façon homogène dans l'ensemble de la relation et, pour rendre compte de ce phénomène, la réflexion sur l'*ars apodemica* doit également prendre en considération la complexité énonciative qui caractérise le texte[1]. Sur ce plan, un premier constat s'impose avec force : si les remarques concernant les modalités pratiques se trouvent assez équitablement réparties, celles qui expriment une véritable conception du voyage se concentrent, à quelques rares exceptions près, dans la partie rédigée par le secrétaire. Le lieu privilégié de l'apodémique montaignienne, ce n'est donc pas le *Journal de voyage* de façon globale, mais plus précisément les pages de celui-ci où Montaigne ne tient pas la plume.

Faut-il en conclure aussitôt que l'art de voyager de Montaigne est paradoxalement le fait de son secrétaire ? Sans rouvrir le débat sur les mérites attribuables à l'un et à l'autre, il faut remarquer que l'immense majorité des commentaires apodémiques d'une certaine portée (et notamment ceux que l'on retrouvera transposés dans l'essai « De la vanité ») sont, comme nous avons pu nous en rendre compte à plusieurs reprises, des jugements que le secrétaire attribue à son maître et qu'il introduit selon une grande diversité de formules : « M. de Montaigne disoit » ; « M. de Montaigne trouvoit » ; « M. de Montaigne se faschoit » ; « M. de Montaigne regrettoit », « il respondoit », « à son avis », etc. Même lorsque ce n'est pas explicitement le cas, l'évocation du comportement de Montaigne, de ses gestes et de son apparence, semble toujours motivée par l'existence d'un principe apodémique qui lui est cher :

> Quand il passa par l'Eglise Nostre Dame, ayant un froid extreme (car les froids commencerent à les piquer au partir de Kempten, et avoient eu jusques lors la plus heureuse saison qu'il est possible), il avoit sans y penser le mouchoir au nez, estimant aussi qu'ainsi seul et très-mal accommodé, nul ne se prendroit garde de luy. Quand ils furent plus apprivoisés avec luy, ils luy dirent que les gens de l'eglise avoient trouvé cette contenance estrange. Enfin il encourut le vice qu'il fuyoit le plus, de se rendre remarquable par quelque façon ennemye du goust de ceux qui les voyoient ; car, en tant qu'en luy est, il se conforme et range aus modes du lieu où il se treuve ; et portoit à Auguste un bonnet fourré par la ville (*JV* 42).

---

1   Ce dispositif énonciatif, et les questions qu'il soulève, sont présentés de façon très précise par François Rigolot dans l'introduction à son édition du *Journal de voyage*, p. XII-XIX.

Sous la plume du secrétaire, il n'est en définitive que deux remarques apodémiques qui pourraient témoigner d'une certaine autonomie énonciative. La première n'est pas sans lien avec deux des trois regrets exprimés par Montaigne :

> C'est un malheur que, quelque diligence qu'on fasse, il n'est possible que des gens du pays, si on n'en rencontre de plus habiles que le vulgaire, qu'un estranger soit informé des choses notables de chaque lieu ; et ne sçavent ce que vous leur demandez. Je le dis à propos de ce que nous avions esté là cinq jours [à Baden] avec toute la curiosité que nous pouvions, et n'avions ouï parler de ce que nous trouvasmes à l'issue de la ville : une pierre de la hauteur d'un homme qui sembloit estre la piece de quelque pilier, sans façon ny ouvrage, plantée à un coin de maison pour paroistre sur le passage du grand chemin, où il y a une inscription latine que je n'eus moyen de transcrire ; mais c'est une simple dedicace aux Empereurs Nerva et Trajan (*JV* 25-26).

Quant à la seconde remarque, bien connue, on ne sait trop s'il faut y voir une critique adressée par le secrétaire à la xénophilie de son maître, ou le signe ultime de la lucidité de celui-ci : « Il mesloit, à la verité, à son jugement un peu de passion du mespris de son païs, qu'il avoit à haine et à contrecœur pour autres considerations ; mais tant y a qu'il preferoit les commodités de ce païs là sans comparaison aux françoises, et s'y conforma jusqu'à y boire le vin sans eau » (*JV* 32). On voit qu'il serait excessif de vouloir rapporter à Montaigne la totalité des commentaires relevant d'un art de voyager ; toutefois, un examen rapproché des structures énonciatives dans lesquelles ces considérations sont inscrites permet d'aboutir au constat suivant : le lieu privilégié de l'apodémique montaignienne, ce n'est pas de façon globale la partie du *Journal* rédigée par le secrétaire, mais plus précisément les moments où celui-ci rapporte au discours indirect ou au discours narrativisé les jugements de son maître.

Si la présence du secrétaire est nécessaire à l'émergence d'un discours apodémique substantiel au sein du *Journal de voyage*, c'est donc surtout en tant qu'il observe son maître voyager d'une façon singulière et, plus encore, qu'il prend soin de retranscrire les différents propos qui viennent éclairer ou légitimer telle ou telle attitude. En ce sens, on pourrait dire que le lieu privilégié de l'apodémique montaignienne a été la parole de Montaigne en voyage, et que ce lieu ne nous est en partie accessible que grâce au dédoublement caractérisant la première partie du *Journal*.

De telles conditions de possibilité, on en conviendra, paraissent très spécifiques, et de nature à décourager d'entrée de jeu une enquête plus large sur la présence d'un discours apodémique dans le vaste corpus des relations de voyage de l'Ancien Régime. Cependant, nombre de ces textes offrent eux aussi des dispositifs de dédoublement qui sont propices à l'émergence d'un mode apodémique : c'est par exemple le cas dans le paratexte, où l'auteur commente sa propre démarche, mais aussi lorsque d'autres voyageurs sont évoqués et souvent critiqués, ou lorsque le narrateur expérimenté prend lui-même ses distances à l'égard du néophyte qu'il était au moment du voyage. La littérature de voyage prémoderne ne se réduit pas à des témoignages sur le lointain ; elle contient un ensemble de savoirs sur le voyage lui-même, une riche apodémique qui n'a pas encore été dégagée et qui, contrairement à l'humanisme restreint de l'*ars apodemica* instituée en tant que genre, embrasse des horizons larges et des expériences radicales de la différence culturelle.

Frédéric TINGUELY
Université de Genève

DONNÉES QUANTITATIVES
SUR LE *JOURNAL DU VOYAGE*
DE MONTAIGNE

Le journal du voyage de Montaigne en Italie, par la Suisse, l'Allemagne et l'Autriche représente un périple de 5 100 kilomètres qui s'étend sur presque quinze mois – du 4 septembre 1580 au 30 novembre 1581. Il ne faut pas confondre le départ du château avec le départ du voyage vers l'Italie. En effet, même si Montaigne quitte son château le 22 juin 1580, le voyage jusqu'à Paris ne fait pas partie du *Journal du voyage*[1] en Italie. Montaigne se rendit à Paris pour remettre au roi un exemplaire de ses *Essais* qui étaient sortis des presses de Simon Millanges en avril de la même année. C'est après avoir rencontré Henri III à Saint-Maur-des-Fossés et assisté au siège de La Fère qu'il entreprit son voyage vers Rome où il se mit en attente d'une nomination comme ambassadeur intérimaire ou extraordinaire, en remplacement de Louis Chasteigner, sieur de La Rochepozay. Le roi lui avait fait miroiter un poste d'ambassadeur en Italie[2]. Montaigne s'est donc absenté 525 jours de son château, mais le *Journal* ne recouvre que 450 jours. En effet, entre le départ de sa seigneurie pour Paris et le début du voyage pour rejoindre Rome, il s'écoula 75 jours.

Pour mieux comprendre les enjeux du *Journal*, il est important de présenter un ensemble de données quantitatives qui nous

---

[1] Lors de la première impression du journal en 1774, Meunier de Querlon choisit *Journal du voyage de Michel de Montaigne en Italie, par la Suisse & l'Allemagne en 1580 & 1581* comme titre. Aujourd'hui on préfère généralement *Journal de voyage de Montaigne*. Sur les implications d'un tel titre, voir notre article, « Le *Journal du voyage* de Montaigne est-il un journal de voyage ? », dans Véronique Ferrer, Olivier Millet et Alexandre Tarrête (dir.), *La Renaissance au grand large. Mélanges en l'honneur de Frank Lestringant*, Genève, Droz, à paraître en 2017.

[2] Sur les circonstances de cette ambassade, voir Philippe Desan, *Montaigne. Une biographie politique*, Paris, Odile Jacob, 2014, p. 317-394.

permettront d'avoir une meilleure vue d'ensemble de ce texte qui demeure difficile à appréhender dans la mesure où il fut, pour une moitié, rédigé par un premier secrétaire et, pour l'autre moitié, par Montaigne lui-même – bien que d'autres mains soient aussi présentes. De plus, pour une bonne partie – environ 25 % –, Montaigne s'exprima dans une langue qui n'était pas la sienne. À cela s'ajoute le fait que le *Journal* semble avoir été deux choses différentes dans le temps : d'abord, dans sa fonction initiale, le compte rendu de choses vues et de personnes rencontrées en chemin vers Rome, ceci dans la perspective d'un enregistrement de type « secrétariat », et, ensuite, après le premier départ de Rome, l'écriture d'un « touriste » qui semble principalement concerné par son corps et la maladie de la gravelle qui le fait souffrir.

Le *Journal* représente donc un texte hétérogène, de par les langues employées et surtout par la diversité de ses scripteurs. Trop souvent, ce journal, dont nous ne possédons malheureusement plus le manuscrit original[1], a été étudié dans sa continuité avec les *Essais*, comme s'il avait servi à préparer l'édition de 1582, voire celle de 1588. Il faut pourtant se méfier d'un tel amalgame. En effet, la nature et le contexte du journal sont très différents du livre de Montaigne. Malgré la difficulté à interpréter ce texte, faute d'en posséder l'original, le journal n'en reste pas moins un document important pour comprendre ce qui poussa Montaigne à se rendre en Italie. Il nous offre également une rare vision de la vie quotidienne d'un voyageur à la Renaissance, par la richesse de ses détails touchant à la logistique des déplacements et au coût des séjours dans différentes villes d'Europe, notamment la location des chevaux, l'hébergement lors des étapes, et autres frais associés à un périple relativement long et complexe pour l'époque. Alors que le journal a fait l'objet de nombreuses études sur l'imaginaire du voyage, ou encore sur la topographie et la description des lieux traversés, les données quantitatives, qui abondent pourtant dans ce document, n'ont pas encore fait l'objet d'une présentation systématique. Nous proposons de pallier ce manque de données objectives en présentant ici quelques graphiques et analyses quantitatives qui

---

1   Sur l'histoire de la découverte du *Journal*, voir notre introduction à Montaigne, *Journal du voyage en Italie* [facsimilé de l'édition de 1774], Paris, Société des Textes Français Modernes, 2014.

devraient permettre d'aborder le *Journal du voyage* en Italie de façon quelque peu différente.

Revenons d'abord sur la question des différents scripteurs du journal. La présence dans le *Journal* de plusieurs mains ne causa aucun problème pour les premiers éditeurs de ce document. Encore aujourd'hui, cette particularité est assez largement ignorée par la critique qui s'accorde pour faire du premier secrétaire de Montaigne un simple « domestique » à la solde de son maître. Cet employé de maison aurait rédigé la première partie du journal sous la dictée[1], ou du moins l'autorité, de Montaigne. Quant aux autres scribes dont la présence est avérée par deux remarques d'un des premiers copistes du manuscrit – Guillaume-Vivien Leydet –, ils sont tout simplement passés sous silence. Meunier de Querlon évacua très vite cet obstacle éditorial en assurant au lecteur que le secrétaire écrivait toujours sous le commandement de son employeur qui s'exprimait à la troisième personne du singulier.

Sur les 87 625 mots du *Journal*, le premier secrétaire en écrivit 42 460 (soit environ 48 %), Montaigne a quant à lui rédigé – dans le meilleur des cas, et en ne tenant pas compte des autres mains présentes dans le manuscrit – 45 165 mots (soit environ 52 %) dont 21 350 en italien (Figure 1). Notons en effet que, dans la seconde partie qui va de Rome aux bains de la Villa, Leydet indique qu'au début « Montaigne continue de sa propre main, depuis la page 112 jusques à la [blanc], quoiqu'il y ait quelques interruptions d'une autre main[2] ». Montaigne décida de limoger son premier secrétaire le 13 ou le 14 février 1581 pour une raison qui demeure inconnue. On sait qu'en février il espérait encore être nommé ambassadeur à Rome. L'embauche d'un second secrétaire sur place est tout à fait compréhensible, car Montaigne était encore dans une logique de remplacement de son secrétaire. Ce n'est qu'à la fin du mois d'avril qu'il apprit la nomination de Paul de Foix comme ambassadeur, et surtout l'acceptation de cette nomination par Grégoire XIII. Un secrétaire n'était alors plus essentiel et Montaigne put juger une telle dépense superflue.

---

1   Dans la préface à son projet d'édition du journal, l'abbé Prunis écrit : « quoique cette relation soit écrite en partie par un secrétaire, on ne doit point oublier que c'est toujours sous la dictée du maître », cité par François Rigolot, *Journal de voyage de Michel de Montaigne*, Paris, Presses Universitaires de France, 1992, p. 302.
2   Cité par François Rigolot, *ibid.*, p. 109.

	Mots	%
Texte rédigé en français par le premier secrétaire (Mours-Rome)	42 460	48 %
Texte rédigé en français par Montaigne et un second secrétaire (Rome-Bains de la Villa)	22 110	25 %
Texte rédigé ou dicté en italien par Montaigne	21 350	25 %
Texte rédigé en français par Montaigne (Mont-Cenis-château de Montaigne)	1 705	2 %
Total	87 625	

FIG. 1 – Nombres de mots rédigés
par les différents scripteurs.

Montaigne se résolut à quitter la Ville éternelle pour prendre du recul par rapport à ce qu'il ressentit comme un véritable échec politique. C'est alors que débuta un tout autre « voyage », à savoir la seconde partie du *Journal*, dans un premier temps rédigée en français, puis ensuite en italien. Leydet mentionne une fois de plus que, dans le manuscrit du journal, la partie en italien est « escrite d'une autre main, et même de plusieurs mains ». Comme Prunis, il ajoute : « sans doute sous sa dictée[1] ». Montaigne aurait alors pu passer à l'italien avec le second secrétaire embauché à Rome. Il aurait aussi pu se débarrasser de ce second secrétaire après avoir appris que le poste d'ambassadeur venait de lui échapper. Il est malheureusement impossible de juger le degré exact d'intervention de ce second secrétaire et donc de connaître précisément le nombre de mots rédigés par Montaigne lui-même, aussi bien à Rome, ensuite jusqu'aux bains de la Villa, et finalement dans la partie rédigée en italien.

Sur le plan linguistique, le journal peut être découpé en quatre parties, en fonction des scripteurs et des langues employées : 1) une première partie rédigée par le premier secrétaire en français, qui s'étend du 5 septembre 1580 au 15 février 1581 – soit 164 jours –; 2) une seconde partie également en français, en partie écrite par un second secrétaire et en partie par Montaigne lui-même, du 16 février 1581 au

---

1   Bnf, ms., Périgord 106, f. 19v.

12 mai 1581 – soit 87 jours – ; 3) une troisième partie écrite en italien par Montaigne lui-même, et parfois d'une autre main (le second ou un troisième secrétaire ?), mais probablement sous la dictée de Montaigne, qui va du 13 mai 1581 au 1ᵉʳ novembre 1581 – soit 172 jours – ; et enfin 4) une quatrième partie de la main de Montaigne en français sur le chemin du retour entre le Mont-Cenis et le château de Montaigne, du 1ᵉʳ novembre 1581 au 30 novembre 1581 – soit 30 jours (Figure 2).

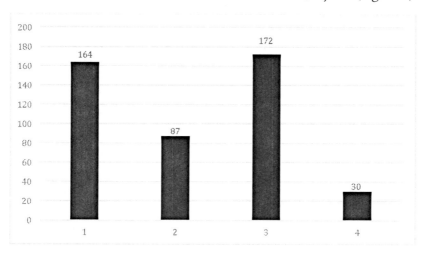

Fɪɢ. 2 – Nombres de jours de rédaction par les différents scripteurs
(1 : premier secrétaire ; 2 : second secrétaire et Montaigne ;
3 : Montaigne et autres mains en italien ;
4 : Montaigne en français).

Durant son voyage, Montaigne effectua 126 étapes. La plupart de ces étapes ne sont en fait séparées que par des haltes d'une nuit. Il faut en effet distinguer les relais (une seule nuit) des séjours (plusieurs nuits). Les relais représentent des arrêts obligatoires pour permettre à Montaigne et à ses compagnons de se restaurer et de se reposer ; alors que les séjours répondent à une logique différente puisqu'ils marquent des interruptions prolongées, c'est-à-dire au moins deux nuits et donc une journée entière dans un seul lieu. Les relais et les séjours se situent en Italie (70), France (38), Allemagne (12), Suisse (4) et Autriche (2) (Figure 3). Généralement, et pour des raisons de sécurité, Montaigne préfère passer la nuit dans les villes, mais parfois, lorsque la distance est trop importante entre deux cités, c'est en chemin qu'il est forcé de s'arrêter. Les auberges et hostelleries qui parsèment ses déplacements tiennent lieu de « postes ». Ces postes où Montaigne et sa troupe ne s'arrêtent qu'une nuit doivent être considérées comme des relais car elles permettent aux voyageurs de changer de chevaux. Certes, Montaigne peut y rencontrer des gens intéressants, mais c'est généralement par hasard ; alors que durant les séjours d'au moins deux jours, il côtoie sciemment et quelquefois de façon programmée et préméditée, des hommes d'Église, des humanistes, des politiques, de riches marchands, ou encore profite de ces arrêts pour visiter des monuments ou des curiosités locales jugés dignes d'un détour. Les séjours sont donc plus que des relais, puisque Montaigne choisit d'interrompre pour un temps sa progression.

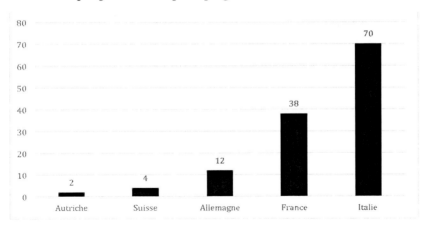

FIG. 3 – Relais et séjours par pays.

Les distances parcourues lors des étapes – c'est-à-dire entre deux lieux de repos – varient de 10 kilomètres pour la plus courte, des bains de Lucques à San Colombano, à 67 kilomètres pour les deux étapes les plus longues, de Schongau à Ausbourg en Allemagne et de Narni à Foligno en Italie. Montaigne effectue en moyenne une quarantaine de kilomètres par jour. On sait qu'il pouvait couvrir le double d'une seule traite, mais, pour un voyage aussi long, sa progression était freinée par les bagages transportés à dos de mulets et les laquais qui faisaient la route à pied.

La troupe de voyageurs ne dépassait donc guère 40 à 45 kilomètres par jour (Figure 4). En France, la distance entre deux postes variait entre 6 et 8 lieues[1] – soit entre 30 et 40 kilomètres – alors qu'en Italie les postes étaient généralement plus espacées. Un bon cavalier – comme c'était le cas de Montaigne – avait ainsi la possibilité de rallier jusqu'à deux postes par jour – soit environ 50-70 kilomètres. Les voyageurs devaient louer des chevaux à la journée entre deux postes, bien que, comme nous allons le voir, différents systèmes existaient en Europe pour le louage des chevaux. Un cheval coûtait environ 20 sols pour la journée, avec pourtant de sensibles variations de prix selon les régions. De par sa qualité de noble, Montaigne était dispensé de verser les nombreux droits de péage sur les routes et les ponts. En fait, au XVIe siècle, en France, un nombre important de voyageurs échappaient aux péages et autres droits de séjour dans les cités. C'était le cas pour le roi, sa famille et leur personnel, les ambassadeurs, les vivandiers qui conduisaient à la cour leurs marchandises, les princes, les chevaliers, les bourgeois, les marchands qui avaient acquis des fiefs, les présidents, avocats, conseillers et procureurs du roi, ainsi que les gentilshommes de la maison du roi (ce qui était le cas de Montaigne). Montaigne fut donc exempté de ces droits de passage – du moins en France – qui s'étaient multipliés durant la seconde moitié du XVIe siècle, malgré les revendications du Tiers État qui voyait là une entrave à la libre circulation des hommes et des marchandises et donc à l'enrichissement des villes[2].

Durant la première partie du voyage jusqu'à Rome, Montaigne alterne parfois entre des étapes courtes, de 20 à 30 kilomètres, et des étapes plus longues, de plus de 40 kilomètres. Il évite les hostelleries qui n'ont pas bonne réputation et n'hésite pas à faire un détour pour être mieux logé. Dans son journal, notre voyageur tient même une liste des bons et mauvais établissements dans lesquels il s'arrêta en Italie : « La meilleure auberge où j'eusse logé depuis Rome jusqu'ici, étoit la poste de Plaisance, et je la crois la meilleure d'Italie, depuis Vérone ; mais la plus mauvaise hôtellerie que j'aye trouvé dans ce voyage est le Faucon

---

1   Voir Jean-Pierre Levraud, « La lieue de Montaigne », *Bulletin de la Société des Amis de Montaigne*, n° 15-16, 1999, p. 99-122.

2   Voir Jean Bonnerot, « Esquisse de la vie des routes au XVIe siècle », *Revue des Questions Historiques*, troisième série, t. XIX, juillet 1931, p. 46.

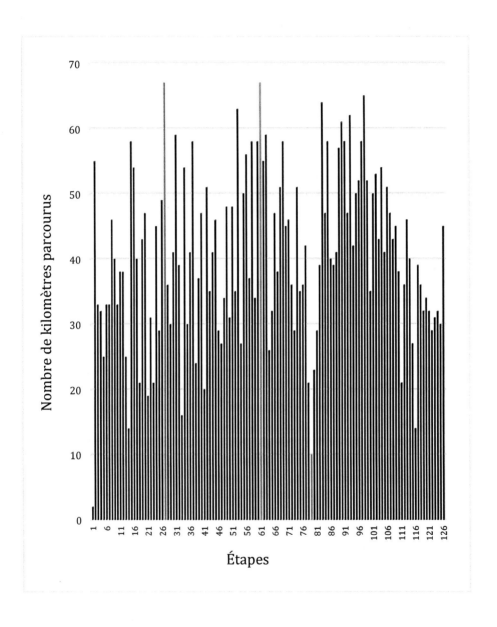

FIG. 4 – Kilomètres parcourus par étape.

de Pavie » (III, 423)[1]. Nous ne savons rien des conditions climatiques rencontrées par Montaigne et sa troupe – le secrétaire ne mentionne jamais ce sujet –, mais il est évident que la pluie ou le froid devait aussi ralentir la progression vers les villes relais. À la fin de son voyage, alors que Montaigne est sur le chemin du retour pour prendre ses fonctions de maire à Bordeaux, le nombre de kilomètres parcourus diminue de manière graduelle, avec pourtant une dernière étape de plus ce 45 kilomètres pour rejoindre son château. En effet, à l'exception de l'ultime halte, il ne fait plus que des étapes d'une trentaine de kilomètres par jour. Son manque d'empressement sur le chemin du retour suggère une certaine réticence à prendre ses fonctions administratives à Bordeaux.

Montaigne mit un peu moins de deux mois pour rejoindre Rome. Ce premier trajet fut interrompu par un séjour de neuf jours aux bains de Plombières, car Montaigne fut atteint de coliques néphrétiques – maladie de la gravelle – alors qu'il s'apprêtait à entrer en Allemagne. De passage à Mauvages, petit village situé à quarante kilomètres de Bar-le-Duc, Montaigne ressentit les premières douleurs liées au passage d'une pierre dans le canal urinaire. Le secrétaire précise que son maître changea ses plans et « laissa le dessein qu'il avoit aussi faict de voir Toul, Metz, Nancy, Joinville et St. Disier, comme il avoit délibéré, qui sont villes épandues autour de cette route, pour gaigner les beings de Plombieres en diligence[2] » (I, 17). Ce détour par Plombières n'était donc pas prévu. Contrairement à ce que l'on a pu affirmer, il est donc faux de dire que Montaigne se rendit en Allemagne et en Italie pour séjourner aux bains et soigner sa maladie de la pierre[3]. Dans le

---

1 Sur la qualité et la condition des auberges et des repas proposés aux voyageurs en Italie à l'époque de Montaigne, voir Alba Ceccarelli Pellegrino, « Vitto e alloggio in Italia per i primi "turisti" europei : Montaigne e alcuni suoi contemporanei », dans Ena Balmas (dir.), *Montaigne e l'Italia. Atti del Congresso internazionale di studi di Milano-Lecco (26-30 ottobre 1988)*, Genève, Slatkine, 1991, p. 529-544.

2 Le secrétaire donne ici des noms de villes dans le désordre, car ces villes ne se trouvent pas sur le même trajet et ne pouvaient donc pas être toutes visitées sans que nos voyageurs effectuent plusieurs aller et retour entre les villes énumérées. Nous citons le *Journal du voyage* d'après l'édition princeps de 1774, en trois volumes, établie par Philippe Desan, *Montaigne, Journal du voyage en Italie* [facsimilé de l'édition de 1774], Paris, Société des Textes Français Modernes, 2014. Nous donnons dans le texte les numéros de tomaison et de page.

3 Tout au long de son voyage, Montaigne souffre de coliques néphrétiques, une maladie décrite par le corps médical comme provoquant l'une des douleurs les plus aigües chez l'homme. Il nous fait part des souffrances qu'il éprouve à passer des « pierres », c'est-à-dire

Journal, les séjours aux bains sont le résultat de circonstances imprévues (attaques de la gravelle) et ne représentent jamais le but du voyage. De même, les étapes répétées aux bains de la Villa, près de Lucques, n'avaient pas été planifiées au départ de France puisque, après son premier séjour à Rome, Montaigne choisit de résider aux bains dans l'attente de nouvelles de la cour. Il énonce clairement cette attitude d'expectative. Ainsi, le 1er septembre, alors qu'il séjourne aux bains de la Villa depuis le 14 août, il écrit dans son *Journal* : « [...] si j'eusse reçu de France des nouvelles que j'attendois depuis quatre mois sans en recevoir, j'eusse parti sur le champ » (III, 285). Ce lieu de villégiature lui permet certes de soigner sa maladie, mais ses longs séjours aux bains de Lucques ne s'expliquent nullement par sa maladie. Il attend sur place des instructions pour se rendre vers le lieu encore inconnu de sa prochaine mission ou affectation. Dès que Montaigne reçut des nouvelles de France, il quitta les bains.

Dans la première partie du voyage rédigée par le secrétaire, on peut dire que Montaigne ne traîne guère en chemin. Nos voyageurs connaissent la destination finale de leurs pérégrinations ; ils s'acheminent résolument vers leur objectif sans pour autant se presser. Rome est assurément la raison de leur voyage et le *Journal* ne doit pour cette raison pas être considéré comme un « tour d'Europe ». Montaigne effectue presque les deux tiers de ses étapes en Italie. Cependant, il faut souligner que les déplacements et les étapes dans ce pays, surtout après le premier départ de Rome, ne sont pas de même nature que ceux qui le mènent à Rome dans la première partie du *Journal*. Bien que Montaigne fasse quelques rares détours et s'arrête à Plombières pour « passer une

---

des calculs rénaux dont la taille peut facilement atteindre celle d'une cerise. Montaigne en décrit l'apparence, comme aux bains de la Villa où il évacue une des plus grosses pierres qu'il ait jamais rendue, indiquant qu'elle fut « de la grandeur et longueur d'une petite pomme ou noix de pin, mais grosse d'un côté comme une fève et avoit exactement la forme du membre masculin ». Au total, on compte une vingtaine de références aux douleurs produites par la gravelle dans le *Journal*. On constate que le nombre de jours de repos entre les étapes est plus important lors d'une attaque de coliques néphrétiques. Cependant, la corrélation n'est pas suffisamment évidente pour émettre l'hypothèse que les souffrances de Montaigne furent la cause directe des courtes étapes lors de son voyage. Enfin, il est intéressant de souligner que les coliques sont décrites à la fois par le secrétaire, dans la première partie du voyage jusqu'à Rome, ainsi que par Montaigne lui-même jusqu'à son retour à son château. Ces descriptions sont évidemment plus fréquentes lors des séjours aux bains de la Villa où Montaigne rendit quatre pierres en trois jours.

pierre », le trajet de Mours – proche de Beaumont-sur-Oise – à Rome est relativement direct – c'est-à-dire qu'une destination s'impose dès le départ de la région parisienne – ; il en va de même pour son itinéraire après le second séjour à Rome – du 1er au 15 octobre 1581 – jusqu'à son château, c'est-à-dire lors du retour, avec un crochet par Lyon pour y endosser une lettre de change chez un banquier et acheter des chevaux. Le passage par la Suisse et l'Allemagne peut aussi s'expliquer par le fait que Montaigne sait à l'avance quand il doit approximativement arriver dans la Ville éternelle : nulle précipitation, mais une progression programmée et déterminée. L'itinéraire choisi répond à ce que l'on pourrait considérer comme une « expérience politique et religieuse » de Montaigne en terres réformées.

Dans ces deux cas – de Mours à Rome et de Rome à Montaigne –, il s'agit bien d'itinéraires avec une destination en vue, alors que les déplacements en Italie – c'est-à-dire après le premier départ de Rome, le 19 avril 1581, et jusqu'à ce que Montaigne apprenne sa nomina-tion à la tête de la marie de Bordeaux, le 7 septembre[1], alors qu'il séjournait aux bains de la Villa –, dépendent pour leur part d'étapes improvisées comprenant de multiples aller-retour. Après avoir quitté Rome, Montaigne explore les régions environnantes et se comporte en « touriste ». Il a du temps à perdre et ses déplacements ne sont plus de même nature. Montaigne passe à un rythme de déplacement très différent. Il visite Florence (9 jours), Pise (23 jours), Lucques à deux reprises (16 et 7 jours), et fait surtout deux séjours relativement longs aux bains de la Villa (43 et 28 jours). Montaigne anticipe des instructions de Paris et patiente dans l'espoir d'une éventuelle nomi-nation pour un poste d'ambassadeur en Italie, non plus à Rome, mais dans une autre ville[2]. Si Montaigne séjourne si longtemps aux bains, ce n'est donc pas pour des raisons médicales, mais bien parce qu'il attend un message du roi. S'il choisit de rester sur place en Italie, c'est certainement parce qu'il compte recevoir une mission politique ou diplomatique dans ce pays. Dans la seconde partie du *Journal* rédigée en italien, on a le sentiment que Montaigne improvise et choisit ses

---

1   Ce n'est que le 1er octobre, à son arrivée dans la Ville éternelle, que Montaigne prit connaissance de la lettre des jurats de Bordeaux qui lui annonçaient son « élection » à la mairie de Bordeaux.

2   Voir nos arguments sur ce point dans *Montaigne. Une biographie politique, op. cit.*

étapes au hasard, ou du moins avec une planification qui ne va pas au-delà de l'étape suivante. Il ne se rend nulle part en particulier, mais passe son temps à attendre patiemment.

Deux villes d'Italie – Florence et Pise – requièrent quelque explication supplémentaire. D'abord Florence, ville dans laquelle Montaigne et sa troupe avaient déjà fait étape en chemin vers Rome. Après une première villégiature aux bains de la Villa, Montaigne prit la route vers cette ville où il passera neuf jours. Cette destination s'explique par le fait que notre voyageur venait de passer un mois et demi aux bains où il avait dépensé d'importantes sommes d'argent dans l'organisation d'un bal et autres événements liés à la sociabilité de ce lieu de villégiature. On se rappellera notamment qu'il avait couvert de cadeaux un bon nombre de curistes, principalement des femmes. Montaigne était tout simplement à court d'argent. Florence était la capitale financière de la région et notre voyageur savait qu'il pourrait y échanger des lettres de change avec des banquiers florentins qui possédaient des succursales en France. Ainsi, la première chose qu'il fit en arrivant à Florence fut de rendre visite à Antoine de Gondi, banquier qui, nous dit Montaigne, « fait sa résidence à Lyon ». Il reçut de Gondi « beaucoup d'honnêteté », ce dernier lui faisant même « envoy[er] de très-bons vins », certainement en marque de reconnaissance pour une affaire conclue (III, 131). Montaigne avait déjà voulu voir la maison des Gondi lors de son premier court séjour à Florence les 22 et 23 novembre 1580. S'il resta plusieurs jours à Florence, c'est parce qu'il eut la chance d'y arriver la veille de la Saint Jean, c'est-à-dire juste à temps pour assister aux célèbres courses de chars et de chevaux à l'intérieur des murs de la cité. Montaigne rendit également visite aux courtisanes, et son dîner avec Silvio Picolomini, qui lui parla d'escrime et de stratégie militaire, lui fit le plus grand plaisir. Mais il ne s'attarda guère à Florence « la belle », jugeant finalement que « cette ville n'est pas bonne pour les étrangers » (III, 147) car les chambres dans les établissements hôteliers étaient « plus cheres qu'à Paris beaucoup, et qu'a Venise mesme » (II, 67).

Le séjour prolongé à Pise (23 jours) au mois du juillet 1581 intervient entre deux résidences aux thermes de la Villa. Non satisfait de l'auberge dans laquelle il avait passé la première nuit, notre voyageur décida de louer une maison pour un mois. L'hôte se chargeait de faire la cuisine et de fournir les meubles. Montaigne visite les divers monuments et églises de la ville, se lie avec une troupe de comédiens à qui il fait livrer du poisson, et joue à la *Riffa* – sorte de lotto – pour passer le temps. Il rend visite à deux médecins réputés, est atteint d'une nouvelle crise de la gravelle, et décide de repartir pour Lucques après avoir rendu des urines troubles. Pise ne semble pas avoir été la ville idéale pour un séjour plus long. En effet, Montaigne nous apprend que les habitants y sont très pauvres et qu'« a l'exception de l'Arno et de la beauté du canal qu'il offre en traversant la ville, comme aussi des Eglises, des ruines anciennes, et des travaux particuliers, Pise a peu d'élégance et d'agrément » (III, 211). C'est certainement ce manque d'agrément, combiné avec une attaque de coliques néphrétiques, qui causa le départ de Montaigne pour Lucques, ville marchande qu'il appréciait et où il n'avait aucune difficulté à trouver « partout compagnie de femmes et d'hommes avec qui je pouvois converser et m'amuser pendant quelques heures du jour ; puis les boutiques, les Eglises, les places, et le changement de lieu, tout cela me fournissoit assez de moyens de satisfaire ma curiosité » (III, 235-237). Pise avait fini par l'ennuyer[1].

À part Rome, ce sont surtout ses résidences répétées à Lucques et aux bains de la Villa qui constituent la grande majorité du séjour de Montaigne en Italie. Les étapes françaises sont quant à elles divisées en deux parties distinctes, à savoir une première partie rédigée par le premier secrétaire qui va de Mours à l'entrée en Suisse, puis une seconde partie, de la main de Montaigne, qui commence à la sortie d'Italie par la commune de Lanslebourg-Mont-Cenis jusqu'au château de Montaigne. La Suisse, l'Allemagne et l'Autriche ne représentent qu'un septième du nombre total des étapes. Montaigne passe par la Suisse afin de se rendre aux bains de Baden et par l'Autriche dans le seul but de rencontrer l'Archiduc Ferdinand d'Autriche. Son séjour à Innsbruck fut l'objet d'une déception importante, car il ne réussit pas à être reçu par l'Archiduc qui résidait alors au château d'Ambras. Ferdinand refusa de recevoir Montaigne, s'excusant qu'il ne rencontrait pas les Français, ennemis de la maison d'Autriche. Montaigne ressentit cette rebuffade comme un affront et s'en plaignit amèrement à ses compagnons. Il fut contraint de revenir sur ses pas pour passer une seconde nuit à Innsbruck.

---

1   Sur le séjour de Montaigne à Pise, voir Alessandro D'Ancona, *Pisa nel MDLXXXI dal Giornale di Viaggio di Michele de Montaigne con illustrazioni*, Pise, Tipografia T. Nistri, [1884].

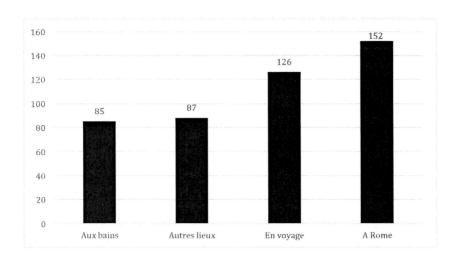

FIG. 5 – Nombre de jours passés aux bains, à voyager,
à Rome et dans d'autres villes.

Sur les 450 jours de voyage entre Mours et le retour au château de
Montaigne, 126 consistent en déplacements à cheval et 324 se rapportent
à différents séjours dans des villes européennes ou aux bains, dont
152 jours à Rome (Figure 5). Lors de son voyage en Italie, Montaigne a
donc passé plus d'un quart (28 %) de son temps sur les routes d'Europe à
dos de cheval. Ce chiffre confirme non seulement qu'il était un excellent
cavalier, pouvant rester en selle pendant huit à dix heures par jour : « Je
me tiens à cheval sans démonter, tout choliqueux que je suis et sans
m'y ennuyer, huit à dix heures » (III, 9), mais il nous permet aussi de
nous interroger sur la difficulté à établir un itinéraire pour un voyageur
de cette époque. On se demandera par exemple comment Montaigne
s'orientait dans l'espace des pays qu'il traversait, le long des routes et
des chemins qu'il suivait. On a vu qu'il n'avait probablement pas préparé ce voyage avant son arrivée à Saint-Maur-des-Fossés. Le secrétaire
nous apprend que son maître regretta trois choses lors de ce voyage :

> M. de Montaigne trouvoit à dire trois choses en son voïage : l'une, qu'il n'eût
> mené un cuisinier pour l'instruire de leurs façons et en pouvoir un jour faire
> voir la preuve chez lui ; l'autre qu'il n'avoit mené un valet Allemand, ou n'avoit
> cherché la compagnie de quelque Gentilhomme du païs (car de vivre à la

mercy d'un bélitre de guide, il y sentoit une grande incommodité) ; la tierce,
qu'avant faire le voyage, il n'avoit veu les livres qui le pouvoint avertir des
choses rares et remarcables de chaque lieu, ou n'avoit un *Munster*, ou quelque
autre dans ses coffres. (I, 100-101)

Montaigne n'avait pas eu le temps d'emporter avec lui un exemplaire
de la *Cosmographie* de Münster ou autres descriptions topographiques des
lieux qu'il allait traverser. Cet aveu est une preuve supplémentaire que
le voyage en Italie n'était pas prévu quand Montaigne quitta son château
en juin 1580. Faute d'avoir emporté des guides de voyage, nos voyageurs
furent souvent contraints d'embaucher des guides locaux et durent se
laisser conduire d'une étape à l'autre. Il fallait pourtant posséder une vision
d'ensemble suffisamment claire pour planifier toutes ces étapes et surtout
calculer leur durée en fonction des relais et des postes disponibles en pays
étrangers. Mais ces guides, que connaissaient-ils au-delà de leur région ?
Comment pouvaient-ils réconcilier l'étape locale à la destination finale
du voyage ? Les recommandations relatives aux déplacements se faisaient-
elles de bouche-à-oreille, d'auberge à auberge, de logis en logis ? Autant
de questions qui compliquèrent les 126 relais et étapes de Montaigne[1].

On constate également que Montaigne résida cinq mois à Rome, soit
exactement un tiers de son séjour à l'étranger. Cette « interruption »
doit être considérée et étudiée à part, car elle marque une résidence prolongée qui s'étend dans la longue durée. En ce sens, le séjour romain ne
représente pas une étape. À Rome Montaigne n'a rien d'un touriste ; il
se considère en mission. Tout permet d'affirmer qu'il comptait s'établir
dans cette ville pour une période assez longue. Les personnes qu'il y
rencontre dénotent un désir d'établir des liens. Montaigne apprend
par exemple la topographie de la ville, car il pense y résider pendant
plusieurs mois, voire plusieurs années.

Après son premier séjour romain, Montaigne n'avait plus de destination précise ; il vagabonda sur les routes pour passer le temps. On lui
avait promis un autre poste en Italie et c'est la raison pour laquelle il ne
quitta pas ce pays. Il s'arrêta dans plusieurs cités italiennes, notamment
à Lucques (23 jours), Florence (9 jours), Pise (23 jours), ou encore Sienne
(2 jours) et Viterbe (2 jours). Les séjours de la seconde partie du *Journal*

---

1   Nous remercions George T. Diller de nous avoir posé ces questions. Nous n'avons bien
    entendu que des réponses partielles.

sont généralement plus longs. En effet, à part la crise de coliques néphrétiques qui avait poussé Montaigne à se rendre à Plombières pendant
dix jours, seuls des arrêts à Baden (4 jours) et à Venise (6 jours) avaient
ralenti la progression vers Rome. Les bains s'offrirent alors à lui comme
un lieu de sociabilité temporaire où il pouvait attendre patiemment de
nouvelles instructions de France. La vie y était beaucoup moins chère qu'à
Rome. Montaigne rapporte en détail les conditions de son hébergement
et les frais encourus durant son premier séjour aux bains de la Villa :

> Mon hôte se nome le Capitene Paulini, et en est un. Il me donna une salle,
> trois chambres, une cuisine et encore un'apant pour nos jans, et là dedans huit
> lits, dans les deus desquels il y avoit pavillon ; fournissoit de sel, serviete le
> jour, à trois jours une nape, tous utansiles de fer à la cuisine, et chandeliers,
> pour unse escus, qui sont quelques sous plus que dix pistolets pour quinze
> jours. (II, 299)

Mais Montaigne voulait surtout oublier une expérience qui avait mal
tourné. Rome était désormais derrière lui. Les bains près de Lucques
lui permirent de penser à autre chose tout en soignant sa maladie de la
gravelle. Durant son voyage, Montaigne passa environ trois mois dans
diverses stations thermales : en France à Plombière (10 jours), en Suisse
à Baden (4 jours), et surtout en Italie aux bains de la Villa pendant plus
de deux mois (71 jours). Comme nous l'avons suggéré, les séjours dans
ces stations thermales ne semblent pas avoir été programmés à l'avance.
La logique du voyage est en effet différente après le premier départ de
Rome. Voici comment sont réparties les arrêts de plus d'une journée
(au minimum deux nuits) en chemin vers Rome :

Plombières :	10	Venise :	6
Bâle :	1	Ferrare :	1
Baden :	4	Bologne :	2
Augsbourg :	3	Florence :	1
Padoue :	1	Sienne :	1

Et après le premier séjour de 139 jours à Rome :

Lorette :	2	Sienne :	2
Lucques :	2	San Quirico :	1
Bains de la Villa :	43	Viterbe :	2

Florence :	9	Rome :	13
Pise :	23	Milan :	1
Lucques :	7	Lyon :	7
Bains de la Villa :	28	Limoges :	1
Lucques :	7		

On dénombre un total de dix-huit séjours de plus d'une journée dans divers thermes ou villes, avec parfois des résidences répétées à Rome, Florence, Sienne, Lucques et aux bains de la Villa. La grande majorité des relais et séjours se situe en Italie (Figure 6). Les arrêts de plus d'un jour sont plus nombreux après le premier départ de Rome (Figure 7). Il en va de même pour la durée de ces étapes qui s'allonge sensiblement après avoir quitté la Ville éternelle. Rome reste de loin la ville où Montaigne passe le plus de temps : il y patiente pendant 139 jours dans l'attente d'une nomination de novembre 1580 à avril 1581. Un second séjour de 13 jours dans cette ville s'explique par le fait qu'il récupère ses malles avant de prendre le chemin du retour vers Bordeaux. Montaigne effectue également deux longs séjours aux bains de la Villa durant l'été 1581. Le premier séjour est de 43 jours et le second de 28 jours. Entre temps, il s'arrête aussi dans les villes de Florence, Pise, et Lucques ; des haltes prolongées que l'on pourrait qualifier de résidences de villégiature.

Tous ces chiffres nous permettent de faire plusieurs remarques. Le parcours entre deux villes demande une organisation logistique considérable. En effet, si Montaigne, Charles d'Estissac et Bertrand de Mattecoulon voyagent à cheval, les valets et les gens de maison progressent pour leur part à pied. Le matin, les laquais et les muletiers précèdent généralement leurs maîtres, car ils ont la responsabilité d'acheminer les bagages vers l'étape suivante. Le secrétaire précise que les équipages de Montaigne et d'Estissac comprenaient chacun un muletier : « Audit Beaumont, M. d'Estissac se mesla à la trope pour faire même voyage, accompaigné d'un jantil'home, d'un valet de chambre, d'un mullet, et à pied d'un muletier et deux lacquais, qui revenoit à nostre equipage pour faire à moitié la despense » (I, 2-3). Les coffres sont presque toujours montés sur des « mulets de bagage » car les chariots ou autres véhicules sont généralement plus lents. De plus grande taille que l'âne, le mulet est un animal robuste issu d'un croisement entre un âne et

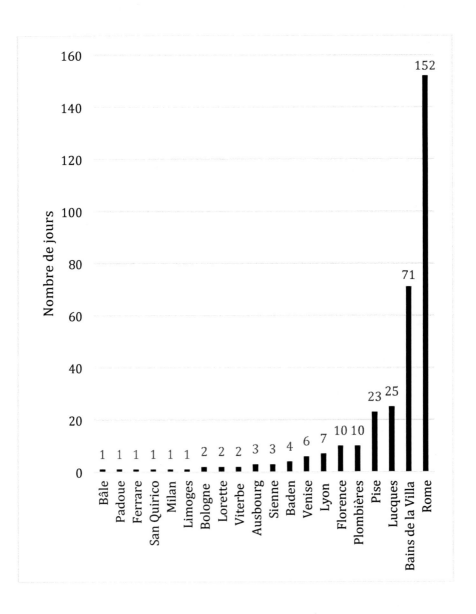

Fig. 6 – Villes et lieux où Montaigne
passe au moins une journée entière.

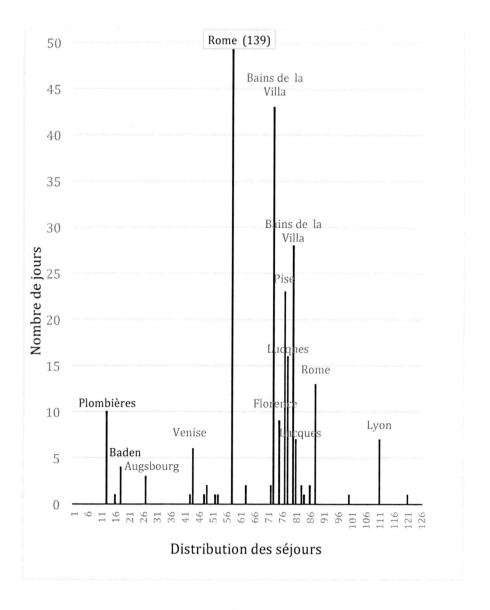

FIG. 7 – Distribution des séjours
de plus d'un jour durant le voyage.

une jument, héritant ainsi des qualités respectives de ses parents : la taille et la force du cheval, la robustesse et le calme de l'âne. Le mulet de bât était fortement apprécié à la Renaissance et souvent préféré aux chariots pour les longs déplacements. Très résistant et pouvant transporter de lourdes charges, il valait d'ailleurs souvent plus cher qu'un cheval. Ainsi, sur le chemin du retour, à Limoges, Montaigne paiera 90 écus pour un mulet. Dans le *Journal*, le secrétaire parle néanmoins de « l'inconvéniant du mulet de coffres, qui se blessoit, nous arresta par force, et fumes contreins de louer une charrete pour le lendemein, à trois escus par jour ; le charretier qui avoit quatre chevaus, se nourrissant de là » (I, 104). Mais c'est là un incident assez rare. De plus, le mulet ne requiert aucun « voiturin », contrairement aux chevaux qui tirent des charrettes. Dans le cas du voyage de Montaigne, les mulets voyagent fréquemment devant les gentilshommes à cheval, car ils se déplacent à un train régulier. À Battaglia, Montaigne « parti[t] devant avec le mulet » (II, 18), c'est-à-dire tôt le matin, de même à Montefiascone quand, en parlant des bagages de son maître, le secrétaire remarque que « son [Montaigne] mulet [...] aloit devant » (II, 77-78). La progression vers Rome dépendait donc largement de la bonne santé des mulets et du travail des muletiers qui avaient la lourde responsabilité d'arriver avant le début de la nuit à l'étape suivante. Si les muletiers et les laquais passaient plus de douze heures par jour sur les routes, Montaigne et ses compagnons, qui eux voyageaient sans bagages, ne passaient en moyenne que six heures à cheval entre deux relais.

Étant donné que Montaigne, son jeune frère Bertrand de Mattecoulon, son secrétaire et le sieur d'Estissac voyagent à dos de cheval, ils ont le choix de partir relativement tôt le matin afin d'arriver à l'étape suivante au début de l'après-midi, ou encore de dîner dans la ville étape pour partir au début de l'après-midi et arriver à l'étape suivante en début de soirée. Ce sont là deux modèles distincts de progression entre les villes qui sont tous deux présents dans le *Journal* : soit un départ tôt le matin (vers 7 heures) et un arrêt-étape après environ six heures de cheval, c'est-à-dire au moment du dîner (vers 13 heures), soit un départ après le dîner (vers 14 heures) pour arriver au prochain relais pour le souper (vers 19 heures). Montaigne préfère quant à lui partir tôt le matin, sans déjeuner. C'est même parfois sur son cheval qu'il prend son premier repas de la journée. Le voyage vers Rome se déroulant du début septembre à la fin du mois de novembre, nos voyageurs doivent aussi tenir compte de la longueur des journées, car ils ne voyagent jamais après la tombée de la nuit.

En Italie, Montaigne loue généralement des chevaux à la journée, mais il existe diverses pratiques commerciales pour ce genre de transport. Ainsi, à Turin, Montaigne débourse cinq écus et demi par cheval pour une durée de six jours jusqu'à Lyon. Les chevaux sont dans ce cas nourris par le loueur qui accompagne Montaigne. À Rossiglione, le secrétaire décrit en détail le système de louage en vigueur dans cette ville :

> Les logis de ce chemin sont des meilleurs, d'autant que c'est le grand chemin ordinere de la Poste. Ils prennent cinq juilles [*giuli*] pour cheval à courre, et à louer deux juilles pour poste ; et à cete mesme reison, si vous les voulés pour deus ou trois postes ou plusieurs journées, sans que vous vous mettés en nul souin du cheval, car de lieu en lieu les hostes prenent charge des chevaus de leurs compaignons ; voire, si le vostre vous faut, ils font marché que vous en puissiés reprandre un autre ailleurs sur vostre chemin. Nous vismes par experience qu'à Siène, à un Flamant qui estoit en notre compaignie, inconnu, estrangier, tout sul ; on fia un cheval de louage pour le mener à Rome, sauf qu'avant partir, on païe le louage ; mais au demeurant le cheval est à vostre mercy, et sous vostre foy que vous le metrés où vous prometés. (II, 78-79)

Dans d'autres cas, par exemple à Fornoue, Montaigne est obligé de louer des chevaux à chaque poste au prix de trois ou quatre jules par cheval – alors qu'il déboursait seulement deux jules pour le même service dans d'autres villes italiennes. Mécontent des importantes variations de prix, il se plaint à Fornoue de « ces frippons de montagnards » : « de façon que tous les jours il m'en coutoit plus d'un écu pour le louage d'un cheval, encore me comptoit-on deux postes où il n'y en avoit qu'une » (III, 403). Entre Rome et Lorette, Montaigne loue des chevaux pour six écus et 50 sols pièce, mais le loueur qui accompagne les chevaux a dans ce cas la responsabilité de les nourrir en route. Notre voyageur remarque que « ce marché est incommode, d'autant qu'ils hastent vos journées, à cause de la despanse qu'ils font, et puis vous font treter le plus escharsement qu'ils peuvent » (II, 254). De nombreux autres exemples montrent la difficulté pour Montaigne à comprendre la logique des tarifs de louage des chevaux en Italie. Il doit marchander à chaque fois et le résultat est le plus souvent assez frustrant. Le *Journal* rend compte de la complexité pour mettre en place une logistique efficace entre les étapes. L'irritation de Montaigne est plusieurs fois rapportée par le secrétaire qui explique comment son maître doit sans cesse surveiller sa bourse et parfois se quereller avec les loueurs de chevaux ou « vetturins » qui font le voyage avec eux.

Le *Journal* met principalement en évidence des préoccupations d'ordre matériel. Il reste sur ce point tout un travail à faire sur le coût du voyage de Montaigne en Italie à partir des informations qui nous sont présentées dans le *Journal*. Montaigne dut par exemple s'acquitter journellement des frais encourus dans les hostelleries, les auberges et les postes. On ne sait malheureusement pas s'il tenait une comptabilité de ses dépenses, mais le secrétaire suggère que Montaigne comparait fréquemment les prestations et leurs coûts. Lors d'une première étape à Florence, il écrit : « Il [Montaigne] voulut, pour essayer toutes les commodités de cette ville, come il faisoit des autres, voir des chambres à louër, et la condition des pansions ; il n'y trouva rien qui vaille » (II, 66-67). La partie du journal rédigée en italien montre bien le souci permanent qu'avait Montaigne de faire des économies. Il compare presque toujours le prix des denrées et des services en France, en Allemagne, en Suisse et en Italie. Il est aussi prêt à dépenser un peu plus pour recevoir un meilleur service. Montaigne remarque ainsi que la vie est plus chère en Allemagne, mais les services généralement supérieurs à l'Italie. Nos voyageurs devaient donc constamment tenir compte des variations de prix et régler leurs étapes en fonction du coût des chevaux de louage et des employés (guides et voituriers) qu'ils devaient embaucher localement.

Comme c'était alors la pratique sur les routes d'Europe, les hôtes venaient fréquemment au-devant des voyageurs pour faire la publicité de leur hostellerie. Les prix étaient souvent négociables et, après avoir fait jouer la compétition entre les différents établissements, Montaigne n'hésite jamais à marchander pour obtenir un meilleur prix, quoiqu'il reconnaisse n'être guère expert en ce genre d'exercice. Dans les *Essais*, il se réclame « tendre negotiateur », un terme qui s'applique certes à la diplomatie et à la politique, mais concerne aussi les transactions économiques dans le *Journal*. À ce sujet Montaigne constate que les étrangers déboursent généralement plus que les voyageurs locaux ou nationaux quand ils s'aventurent sur des routes loin de chez eux. Ainsi, à Bade il se plaint par exemple des suppléments imposés arbitrairement aux étrangers dans les auberges et les hostelleries.

Contrairement aux *Essais* qui repoussent à l'arrière-plan les préoccupations mondaines et commerciales liées à la vie quotidienne, le *Journal* fournit de précieuses données sur le coût du périple entrepris par Montaigne et sa troupe. Les voyageurs – dans la première partie du *Journal*, c'est le secrétaire qui donne les chiffres – sont toujours soucieux de convertir les monnaies locales en livres tournois[1]. Il est en effet difficile de comparer les prix en Europe. De plus, deux systèmes (livre tournois et livre parisis) ont cohabité pendant longtemps, la livre tournois étant surtout utilisée au sud de la Loire et la livre parisis dans le nord du pays, bien que cette dernière ne fut que très peu utilisée face au système tournois[2]. Pour ne pas arranger les choses, à l'époque de Montaigne, le système parisis était plus fort d'un quart que le système tournois et une livre parisis – équivalant donc à 20 sous ou sols parisis – valait 25 sous ou sols tournois. Les voyageurs devaient donc constamment convertir les prix en fonction des régions traversées. L'inflation galopante de la fin des années 1570 rendait cette tâche encore plus difficile[3].

À Bâle, le secrétaire remarque que « [L]a charté [est] pareille qu'en France autour de Paris. Les chevaus ont plus d'avoine d'ordinere qu'ils n'en peuvent manger » (I, 58) ; en haute Allemagne, « [l]a charté […] est plus grande qu'en France ; car à nostre conte l'home et cheval despanse pour le moins par jour une escu au soleil » (I, 102). À Augsbourg, « [l]es gens de cheval païent deux bats pour entrer, et les gens de pied un » (I, 141-142) ; alors qu'à Munich, « on peut faire estat pour la despense à quatre livres par jour home et cheval, et quarante solds home de pied, pour le moins » (I, 150-151).

---

1   Voir Ferdinand De Saulcy, *Recueil de documents relatifs à l'histoire des monnaies frappées par les rois de France depuis Philippe II jusqu'à François Ier*, 4 vol., Paris, Imprimerie nationale, 1879-1892.

2   Natalis de Wailly, « Mémoire sur les variations de la livre tournois », *Mémoires de l'Académie des Inscriptions et Belles-Lettres*, t. XXI, 2e partie, 1857.

3   En 1577 un édit avait tenté de contrôler l'inflation galopante en instaurant l'étalon « soleil » qui assimilait l'unité de compte à une pièce standard, l'écu soleil. Voir Philippe Hamon, « Noblesse rurale et argent, 1450-1650 : quelques perspectives », dans *L'Argent des campagnes : échanges, monnaies, crédit dans la France rurale d'Ancien Régime*, journée d'étude de Bercy (décembre 2000), Paris, Comité pour l'histoire économique et financière de la France, 2003, p. 87-102.

À Bade, les voyageurs louent « Quatre chambres garnies de neuf licts, desqueles les deux avoint poiles et un being, nous coustarent un escu par jour chacun des maistres ; et des serviteurs, quatre bats, c'est-à-dire, neuf solds, et un peu plus pour chaque ; les chevaux six bats, qui sont environ quatorze solds par jour » (I, 77). Vers la fin de son voyage, à Ronsiglione, Montaigne continue de rapporter ses dépenses et explique comment il a « loué les chevaux jusqu'à Lucques, chacun à raison de vingt jules, et le voiturier étoit chargé d'en payer la dépense » (III, 373). À San Chirico, il constate que « [l]es chevaux de voiture pour y aller étoient hors de prix ; mais pour le retour, on les laissoit presque pour rien » (III, 375). Le *Journal* offre non seulement de riches informations sur le coût de la vie en Europe, mais il démontre aussi que Montaigne se préoccupe constamment de questions matérielles et mondaines.

Montaigne trouve la vie excessivement chère dans certaines régions d'Italie. Ainsi, il se plaint qu'« au départ de Sarrezana, où nous fûmes forcés de payer quatre jules par cheval pour une poste » (III, 391). Ailleurs encore, il constate qu'un cheval de bât, destiné à transporter ses coffres, lui coûte « sept solds » par jour, alors que dans une autre province les prix sont tout simplement doublés. À plusieurs reprises, Montaigne et le secrétaire dressent un tableau peu flatteur des loueurs de chevaux qui « rançonnent impitoyablement les voyageurs sur la dépense de la table et sur celle des chevaux », ajoutant même être « entre les mains d'une nation sans regle et sans foi à l'égard des étrangers » (III, 401). Ce genre de commentaire sur la difficulté rencontrée par un voyageur étranger de ne pas se faire escroquer lorsqu'il s'aventure hors de son pays reste d'actualité. Le *Journal* offre une mine d'informations quantitatives liées au coût du voyage de Montaigne en Italie. Il reste encore à exploiter ces données afin de présenter une étude plus complète qui nous permettrait de mieux évaluer l'impact financier de ce périple de quinze mois sur la bourse de Montaigne.

Une approche matérielle et quantitative du *Journal du voyage en Italie* permet de poser des questions qui vont au-delà des simples observations littéraires et stylistiques liées au genre des récits de voyage. Il faut par exemple rappeler qu'un des fondements historiques du journal est pré- cisément le livre de Raison ou de compte. En ce sens, le manuscrit tenu par Montaigne et ses secrétaires lors du voyage en Italie s'apparente à bien des égards à l'origine comptable du journal[1], du moins par son contenu. Ce document porte une lumière nouvelle sur les années 1580 et 1581 et permet d'aborder le séjour romain de Montaigne dans le cadre d'une carrière politique et diplomatique ambitionnée par l'auteur des *Essais*. C'est pour cette raison que le journal de Montaigne et de ses secrétaires doit faire l'objet d'une lecture différente, permettant de contextualiser son origine, sa rédaction, et son abandon une fois que Montaigne commença une nouvelle carrière politique à la tête de la cinquième ville de France. Le voyage à Rome répondait à d'autres temps et d'autres ambitions qui s'estompèrent une fois que Montaigne prit ses fonctions à la mairie à Bordeaux.

Philippe DESAN et Carl FRAYNE
University of Chicago

---

1   Nous avons développé ailleurs cette analogie entre la forme de l'essai et la comptabilité à partie double à la Renaissance. Voir Philippe Desan, *L'Imaginaire économique de la Renaissance*, Paris, Presses de l'Université Paris-Sorbonne, 2002, chap. VII : « La comptabilité de Montaigne ».

« SI GRAND PLAISIR À LA VISITATION D'ALLEMAIGNE »

Montaigne en terres germaniques

Le 27 octobre 1580 à Bolzano, Michel de Montaigne écrit une lettre au célèbre juriste François Hotman à qui il a rendu visite à Bâle quelques semaines auparavant[1]. Montaigne logeait dans cette ville tyrolienne près de la frontière linguistique germano-italienne et était sur le point de quitter le territoire germanophone. Dans cette lettre, il tire la conclusion de son séjour en Suisse et en Allemagne. Non seulement le destinataire mais encore la scène sont choisis avec soin. François Hotman que Testoni Binetti a qualifié à juste titre d'« *uno degli scrittori più importanti e degli esponenti più influenti del partitio ugonotto*[2] » était une des personnalités les plus exposées dans la période troublée des guerres de religion. En tant que publiciste, jurisconsulte et maître des requêtes cet érudit d'origine silésienne est un connaisseur des affaires diplomatiques et des cours et villes d'Allemagne[3]. Ce réfugié calviniste à Bâle était en tout cas un

---

1   Michel de Montaigne, *Journal de voyage*, éd. François Rigolot, Paris, Presses Universitaires de France, 1992, p. 57 suiv. Nous citons dans le texte le *Journal de voyage* d'après cette édition.

2   Saffo Testoni Binetti, *Il Pensiero politico Ugonotto. Dallo studio della storia all'idea di contratto* (1572-1579), Florence, Centro editoriale Toscano, 2002, p. 103.

3   Une bonne base pour la biographie de François Hotman offre toujours l'article de Pierre Bayle dans le *Dictionnaire historique et critique* (Amsterdam, chez P. Brunel, *et al.*, 1730, 4ᵉ éd., 4 vol. in-folio, t. II, p. 813-818), qui le présente de manière suivante : « en Latin *Hotomanus* (a), a été un des plus savans Jurisconsultes du XVIᵉ siècle », p. 813. Les recherches biographiques modernes commencent par les traités toujours dignes d'être lus de Rodolphe Dareste, *Essai sur François Hotman*, Paris, Auguste Durand, 1850 ; *Id.*, « Dix ans de la vie de François Hotman (1563-1573) », *Bulletin de la Société de l'Histoire du Protestantisme Français*, vol. 25, 1876, p. 529-544. Outre l'étude de Binetti, les publications suivantes ont été consultées avec profit : Donald R. Kelley, *François Hotman. A revolutionary's ordeal*, Princeton, Princeton University Press, 1973 ; Gerhard Menk, « Landgraf Wilhelm IV von Hessen-Kassel, Franz Hotman und die hessisch-französischen Beziehungen vor und nach der Bartholomäusnacht », *Zeitschrift des Vereins für Hessische Geschichte und Landeskunde*, vol. 88, 1980-1981, p. 55-82 ; Jacqueline Boucher, « Hotman, François », dans Arlette

interlocuteur intéressant pour Montaigne qui – comme Philippe Desan
l'a montré dans sa biographie de Montaigne – espérait obtenir le poste
d'un ambassadeur intérimaire ou plénipotentiaire à Rome[1].

Hotman, converti au protestantisme en 1547, est intervenu de manière
cruciale dans les évènements du « siècle des ténèbres[2] ». Hotman qui s'est
échappé avec difficulté du massacre de la Saint-Barthélemy, s'est fait une
réputation de pamphlétaire ardent et surtout d'auteur de la *Francogallia*,
l'œuvre parue en latin en 1573 qui traite des sujets délicats comme la
légitimation du pouvoir et le droit à la résistance contre des souverains
tyranniques[3]. Sur ordre d'Antoine de Navarre, cet adepte de Calvin
a effectué plusieurs missions diplomatiques[4] et Montaigne avait sans
aucun doute eu connaissance de la participation possible de Hotman à
la publication du *Discours de la servitude volontaire* de La Boétie[5].

Grâce au *Journal de voyage*, il est prouvé que Montaigne accompagné par Charles d'Estissac a dîné le 30 septembre 1580 avec François
Hotman et Felix Platter à Bâle. Le contexte dans le *Journal de voyage* laisse
supposer qu'ils se sont entretenus sur des questions constitutionnelles
et religieuses, probablement surtout sur des différences et divergences
chez les protestants[6]. La lettre est donc adressée à une personnalité qui

Jouanna, Jacqueline Boucher, Dominique Biloghi, Guy le Thiec (dir.), *Histoire et dictionnaire des guerres de religion*, Paris, Robert Laffont, 1998, p. 980-983 ; William Spellman,
« Hotman, François », dans Jo Eldridge Carney (dir.), *Renaissance and Reformation 1500-
1620. A biographical Dictionary*, Westport/Londres, Greenwood Press, 2001, p. 199 suiv.

1   Philippe Desan, *Montaigne. Une biographie politique*, Paris, Odile Jacob, 2014, p. 318.
2   Formulation chez Nicolas Bricaire de la Dixmerie, *Éloge analytique et historique de Michel
    Montagne, suivi de Notes, d'Observations sur le Caractère de son style & le génie de notre Langue ;
    Et d'un Dialogue entre Montagne, Bayle & J. J. Rousseau*, Amsterdam/Paris, Valleyre, 1781,
    p. 10 ; *cf.* Hans-Jürgen Lüsebrink, « Überzeitliche Aufklärung. Zur *Éloge de Montaigne*
    (1781) von Nicolas Bricaire de la Dixmerie », dans Jan Standke et Holger Dainat (dir.),
    *Gebundene Zeit. Zeitlichkeit in Literatur, Philologie und Wissenschaftsgeschichte. Festschrift für
    Wolfgang Adam*, Heidelberg, Universitätsverlag Winter, 2014, p. 397-405.
3   Mario Turchetti, « François Hotman (1524-1590), Franco-Gallia », dans Volker Reinhardt
    (dir.), *Hauptwerke der Geschichtsschreibung*, Stuttgart, Alfred Kröner Verlag, 1997, p. 290-293 ;
    Isabelle Bouvignies, « La Francogallia de François Hotman (1524-1590) et l'historiographie
    français », *Bulletin de la Société de l'Histoire du Protestantisme français*, n° 152, 2006, p. 199-219.
4   Boucher, « Hotman », *Histoire et dictionnaire des guerres de religion*, art. cité, p. 981.
5   Binetti, *Il Pensiero politico Ugonotto, op. cit.*, p. 183 suiv. ; voir aussi Pierre Michel dans
    l'introduction de son édition : *Michel de Montaigne, Journal de voyage en Italie*, éd. Pierre
    Michel, Paris, Le livre de poche, 1974, p. 53 suiv.
6   Le *Journal de voyage* contient pour ainsi dire une « transcription » de cet entretien qui
    résume : « M. de Montaigne jugea qu'ils estoient mal d'accord de leur religion pour les
    responses diverses qu'il en receut ; les uns se disant Zwingliens, les autres Calvinistes, et

a effectué des fonctions politiques de même que Montaigne – même si celle-ci est d'un autre bord – et qui a fait des expériences comparables dans la guerre civile faisant rage en France. De toute évidence, une relation de confiance s'est établie avec Hotman lors de leur conversation. Il est le seul érudit protestant à qui Montaigne s'adresse par une lettre privée dans le *Journal de voyage*. Pour Pierre Michel cette lettre est un témoignage d'une « sympathie réciproque[1] ».

La lettre n'est pas seulement mise en évidence par la dignité du destinataire, elle gagne aussi en importance par la date et le lieu choisis pour sa rédaction. Montaigne, qui met de façon réfléchie des césures dans son *Journal de voyage* – il suffit de penser au passage, commenté avec précision, à la langue italienne pendant son premier séjour à Bagni della Villa et le retour à son propre idiome plus tard au Mont Cenis[2] – choisit un moment étant encore marquant aujourd'hui pour chaque voyageur à l'étranger, le passage élémentairement perceptible d'un espace de communication à une autre région linguistique – un changement qui signifie également en règle générale un changement important de la culture.

Montaigne enregistre avec une sensibilité particulière ces changements. Il remarque avec attention les différences dans le mode de vie de la région germanophone entre les habitants de la Suisse et l'Empire[3]. Dans son rapport sur la visite des régions germanophones, qu'il perçoit de manière générale comme une unité malgré de différences existantes, prédomine globalement une vision bienveillante, parfois même idéalisée.

Dans la lettre à Hotman rédigée à Bolzano les expériences faites entretemps aboutissent à un bilan. Rétrospectivement, on médite sur le sens et le but de ce voyage : « qu'il avoit prins si grand plaisir à la

---

les autres Martinistes », Montaigne, *Journal de voyage*, p. 16. Voir à ce sujet Marie-Louise Portmann, « Les amis bâlois de Montaigne », dans François Moureau et René Bernouilli (dir.), *Autour du Journal de voyage de Montaigne 1580-1980*, Genève/Paris, Slatkine, 1982, p. 77-87.

1   Ainsi dans l'introduction de l'édition du *Journal de voyage*, p. 54.

2   « *Assaggiamo di parlar un poco questa altra lingua* » (JV 167) ; « Ici on parle François ; ainsi je quitte ce langage estrangier, duquel je me sers bien facilement, mais bien mal assurement » (JV 227).

3   Jean-Marie Compain, « Montaigne en Allemagne », dans Claude-Gilbert Dubois (dir.), *Montaigne et l'Europe*, Bordeaux, Éditions InterUniversitaires, 1992, p. 211-222 ; Claude Blum, Philippe Derendinger et Anne Toia (dir.) *Journal de voyage en Alsace et en Suisse (1580-1581)*, Paris, H. Champion, 2000. Wolfgang Leiner, « Du voyage en pays germaniques ; intertextualité et portée du *Journal de voyage* de Montaigne », dans Zoe Samaras (dir.), *Montaigne : Espace, voyage, écriture*, Paris, H. Champion, 1995, p. 55-64.

visitation d'Allemaigne, qu'il l'abandonnoit à grand regret, quoy que ce fust en Italie qu'il alloit » (*JV* 57 suiv.). La joie de visiter l'Allemagne était si grande que Montaigne regrette de devoir quitter ce pays pour atteindre sa destination initiale qu'était l'Italie.

Quel grand compliment exceptionnel pour les habitants au nord des Alpes, pas de trace d'une nostalgie d'Italie qui va entraîner plus tard la génération de Winckelmann et Goethe ! Reste à savoir à quoi ce « grand plaisir » tenait exactement. On trouve une première réponse dans la suite de la lettre à Hotman : Certes, Montaigne admet qu'il y avait aussi en Allemagne l'escroquerie habituelle des patrons – « l'exaction des hostes » (*JV* 58) –, mais quand on met un terme à ce mal transfrontalier – et Montaigne a une idée sur comment y parvenir – il reste quand même un jugement extrêmement favorable sur les régions germanophones en Suisse et dans l'Ancien Empire.

« Tout le demeurant luy sembloit plein de commodité et de courtoisie, et surtout de justice et seureté » (*JV* 58). Les quatre termes – *commodité, courtoisie, justice* et *sûreté* – décrivent de façon concise les quatre particularités caractéristiques que Montaigne apprécie tout particulièrement dans l'espace linguistique et culturel allemand :

- la commodité et le confort de la vie quotidienne
- la courtoisie des habitants
- l'organisation de la vie commune par des normes juridiques
- la sécurité qui règne dans les villes

Ces quatre champs thématiques représentent en même temps la structure de notre exposé qui essaie de décrire le phénomène Montaigne à l'étranger dans sa matérialité historique et biographique. Si on considère le périple à Rome non pas comme « un voyage touristique, mais bien [comme] un déplacement politique pour le compte du roi » – comme Philippe Desan le suggère dans son livre *Montaigne. Une biographie politique*[1] – ce sont surtout les trois derniers aspects de la lettre qui évoquent la dimension politique de ce voyage.

---

1   Desan, *Montaigne, op. cit.*, p. 319.

COMMODITÉ

La *commodité* – elle se manifeste pour Montaigne surtout dans le confort des auberges dont l'allure attrayante correspond tout à fait à l'aspect charmant des villes décorées par des puis et des maisons somptueusement peintes. Il parle avec enthousiasme des « logis très-magnifiques » (*JV* 20). Certes il y a des différences dans l'équipement et lors de son passage en territoire germanophone, Montaigne et son groupe de voyageurs doivent se contenter de temps à autre de chambres rudimentaires – « les chambres chetifves » (*JV* 17) – mais c'est une exception. Montaigne vante toujours les mérites de l'équipement opulent des chambres avec leurs poêles en faïence somptueux et la décoration de fer forgé. Il souligne sans réserve que les artisans allemands surpassent les français en habileté. Il constate avec étonnement que depuis Épinal même les maisons les plus modestes sont équipées de fenêtres vitrées et il ne peut parler qu'avec admiration des brochettes raffinées qui sont maintenues en marche dans les cheminées par des moulins à vent (*JV* 16 suiv.). Il note méticuleusement les noms des auberges et sur une grande partie, son récit sur son voyage en Suisse, la Souabe, la Bavière et l'Autriche se lit comme un « guide Michelin de l'époque moderne » !

Il est tout particulièrement fascinant qu'on puisse encore identifier quelques auberges qui existent jusqu'au jour d'aujourd'hui et font de la publicité avec l'hôte célèbre Montaigne. Le 7 octobre 1580, Montaigne était à Schaffhausen « où il y a très-bon logis à la Couronne » (*JV* 27). L'hôtel *Krone* au Kirchhofplatz 7 a été démoli plus tard selon les renseignements des archives municipales de Schaffhausen[1], mais l'auberge *Kronenhof* existe encore aujourd'hui au lieu d'origine et le propriétaire actuel Peter Pirnstill est fier de cet invité illustre[2]. Que le nom d'une auberge puisse même devenir le centre d'une controverse philologique, qui est étroite-ment liée à la transmission compliquée du *Journal de voyage*, montre le récit du secrétaire sur la nuit passée dans la petite ville Markdorf dans

---

1   Selon les informations données par Marlise Wunderli, Stadtarchiv Schaffhausen, du 12 septembre 2013.
2   Selon les informations données par l'hôtelier Peter Pirnstill dans un courriel du 18 sep-tembre 2013.

l'arrondissement du Lac de Constance. On peut lire dans l'édition princeps de Meunier de Querlon : « SMARDORFF, deux lieues, qui est une petite ville Catholicque, à l'enseigne de Coulogne (a), & logeames à la poste qui y est assise pour le passage d'Italie en Alemaigne, pour l'Empereur[1] ». Cette phrase reste énigmatique, car que signifie « à l'enseigne de Coulogne » ? La ville alémanique Markdorf n'a jamais été sous la domination – sous le pavillon – de Cologne. Louis Lautrey, l'éditeur émérite de la première édition critique du *Journal de voyage* a essayé de donner un nouveau sens à cette phrase par une réorganisation de ses mots : « une petite ville Catholicque, et logeames à l'enseigne de Coulogne[2] ».

Au fond, c'est une bonne amélioration conjecturale, qui ne résout cependant pas le problème – car une auberge *l'enseigne de Coulogne* n'a jamais existé à Markdorf selon l'archiviste de la ville Manfred Ill[3]. Toutefois, il y avait dans cette ville – comme Montaigne l'a remarqué à juste titre – un relais de poste tenu par la famille Thurn-Taxis[4] qui se trouvait dans l'auberge *Zum Ochsen* existant encore aujourd'hui. Apparemment, le secrétaire – ou Montaigne lui-même – s'est trompé lors de la dictée/la rédaction. Mais un coup d'œil dans la copie *Leydet* prouve qu'il ne s'agit pas d'un simple malentendu, car il est écrit ici : « ville catholique à leveque de cologne[5] ».

Certes, ceci est également faux, car Markdorf appartenait à l'évêque de Constance et non à l'archevêché de Cologne, mais cela explique ce que le secrétaire/Montaigne qui ont confondu Constance et Cologne voulaient vraiment dire : Markdorf, une ville catholique appartenant à l'évêque de Constance – voici leur intention. François Moureau a signalé l'erreur commise par Meunier de Querlon dans son édition de la copie *Leydet*[6], Fausta Garavini[7] et François Rigolot[8] ont repris à juste titre

---

1   Je cite d'après l'édition suivante : *Journal du voyage de Michel de Montaigne en Italie. Par la Suisse & L'Allemagne en 1580 & 1581. Avec des Notes par M. de Querlon*, 3 vol., A Rome ; et se trouve à Paris, Chez Le Jay, Libraire, rue Saint-Jacques, au Grand Corneille, M.DCC. LXXIV, t. I, p. 92, note (a) : *Cologne*.

2   *Montaigne, Journal de Voyage*, éd. Louis Lautrey, Paris, Hachette, 1906, p. 102.

3   Article « Gastrokritik aus Dichtermund », *Südkurier* du 13 août 2010.

4   Voir le commentaire de Pierre Michel dans *Montaigne, Journal de Voyage, op. cit.*, p. 87, note 92.

5   « La Copie Leydet du "Journal de Voyage" présentée et annotée par François Moureau », dans F. Moureau (dir.), *Autour du Journal de voyage de Montaigne, op. cit.*, p. 122.

6   Moureau, « La Copie Leydet », art. cité, p. 115.

7   *Michel de Montaigne, Journal de voyage*, éd. Fausta Garavini, Paris, Gallimard, 1983, p. 110.

8   Montaigne, *Journal de voyage*, éd. Rigolot, p. 30.

la version du chanoine Guillaume-Vivien Leydet dans leur édition du *Journal de voyage* – dans ce qui est actuellement la meilleure traduction allemande de Hans Stilett, Montaigne passe toujours la nuit dans l'hôtel fantôme *Wappen von Köln*[1] !

Les nouvelles sur la nuit passée à Innsbruck sont moins spectaculaires : « Nous logeasmes à La Rose, très-bon logis » (*JV* 50). L'auberge *Zur Goldenen Rose* aujourd'hui disparue se trouvait en-dessous des arcades à l'entrée de la vieille ville, directement sur la route qui mène sur Wilten au Brenner. Aujourd'hui, le magnifique bâtiment encore conservé sert de salle d'exposition pour des objets en cristal et seulement le plafond en bois, une table du coin et le panneau *Zur Goldenen Rose* de l'ancienne auberge sont encore préservés[2]. Dans cette auberge, Montaigne était impressionné par le fait que les plats étaient servis sur des assiettes en étain et fait l'éloge des lits pourvus de rideaux et richement décorés mais qui étaient trop petits et étroits pour lui.

Une telle perturbation désagréable du bien-être pendant le sommeil n'existait pas à Bressanone, l'une des dernières étapes dans la région germanophone : « fusmes logés à l'Aigle, beau logis » (*JV* 55). En plus de Montaigne, l'empereur Maximilien Ier, Charles Quint et Cosme de Médicis ont passé la nuit dans cet hôtel *Goldener Adler*, transformé aujourd'hui en hôtel romantique. L'histoire mouvementée de cette auberge est, grâce à des documents d'archives, bien documentée depuis le début du XVIe siècle et précisément décrite avec pleines d'anecdotes dans *Brixner Häusergeschichte* d'Ignaz Mader[3]. Les propriétaires actuels, une famille appelée Mayr, chérissent la tradition de cette maison et sont – comme le montre la page web – très fiers de la visite « de l'écrivain et philosophe français Michel de Montaigne[4] ».

---

1   *Michel de Montaigne, Tagebuch der Reise nach Italien über die Schweiz und Deutschland von 1580 bis 1581, übersetzt, herausgegeben und mit einem Essay versehen von Hans Stilett*, Frankfurt am Main, Eichhorn, 2002, p. 60.

2   Hugo Klein, *Der Gasthof « Goldene Rose » in Innsbruck*, Selbstverlag, 1924 ; *ibid., Alt-Innsbrucker Gaststätten. Historische Plaudereien*, Innsbruck, Universitätsverlag Wagner, 1962, p. 9 ; Christiane Oberthanner u. Iris Kathan, Gasthaus Goldene Rose (Innsbruck), page d'accueil : Forschungsinstitut Brenner-Archiv, Lexikonliteratur in Tirol.

3   Ignaz Mader, *Brixner Häusergeschichte*, ergänzt von Anselm Sparber, Innsbruck, Universitätsverlag Wagner, Schlern-Schriften 224, 1963, p. 88 *sq.*

4   Page d'accueil : www.goldener-adler.com. Informations données par la propriétaire, Maria Mayr, dans un courriel du 18 septembre 2013.

En Italie, Montaigne se rappelait avec nostalgie le standard des auberges allemandes. Il regrette de retrouver à Rovereto le bas niveau qu'il connaît bien de la France et regrette l'absence de « la netteté des chambres et meubles d'Allemaigne et leurs vitres, mais encore leurs poesles à quoi M. de Montaigne trouvoit beaucoup plus d'aisance qu'aux cheminées » (*JV* 60). En résumé, on peut dire que les auberges dans la région germanophone se rapprochent de l'idéal de Montaigne sur le plan de la perfection de l'hôtellerie, qu'il développe dans son essai *De la vanité*, l'essai tardif, dans lequel les expériences du grand voyage en Allemagne et en Italie sont prises en compte : « J'advoue, qu'en voyageant, je n'arrive guère en logis, où il ne me passe par la fantasie, si j'y pourray estre, et malade, et mourant à mon aise : Je veux estre logé en lieu, qui me soit bien particulier, sans bruict, non maussade, ou fumeux, ou estouffé[1] ».

La diversité et la variété des plats font également parties de la commodité dans la région germanophone appréciée par Montaigne (*JV* 17 suiv.). Montaigne est un voyageur curieux, il se méfie des conseils des visiteurs qui ont été en Allemagne et en Italie avant lui[2]. Il est ouvert aux changements et aime bien se mettre à la place des gens locaux pour mieux comprendre leurs us et coutumes. Le secrétaire note à Baden : « M. de Montaigne, pour essayer tout à fait la diversité des mœurs et façons, se laissoit partout servir à la mode de chaque pais, quelque difficulté qu'il y trouvast » (*JV* 23). Il s'agit des célèbres *lunettes* de Sainte-Beuve qui note de manière approbatrice par rapport au comportement de Montaigne à l'étranger : « Il ne ressemblait pas à ceux qui portent partout avec eux les lunettes de leur village ; il prenait celles de chaque endroit où il passait, sauf à n'en croire en définitive que ses propres yeux[3] ».

Pour Montaigne, il n'y a rien de plus désagréable que d'être démasqué comme étant un étranger à cause de son comportement – comme cela s'est produit à Augsbourg (*JV* 42). Juste après son départ de France, il note méticuleusement les changements dans les modalités de servir, dans

---

1   Montaigne, *Les Essais*, éd. Jean Balsamo, Michel Magnien et Catherine Magnien-Simonin, Paris, Gallimard, coll. « Bibliothèque de la Pléiade », 2007, p. 1029. Indication sur ce passage chez Leiner, « Du voyage en pays germaniques », art. cité, p. 61.

2   M. de Montaigne disoit « Qu'il s'estoit toute sa vie mefié du jugement d'autruy sur les discours des commodités des pays estrangiers » (*JV* 55).

3   Charles Augustin Sainte-Beuve, *Causeries sur Montaigne*, éd. François Rigolot, Paris, H. Champion, 2003, p. 205.

l'ordre des plats, dans la préparation des poissons et de la viande, dans la manière de savourer le vin. Il ne lui a pas fallu longtemps pour constater : « Leur service de table est fort different du nostre » (*JV* 17). Par souci de plonger dans les coutumes des habitants, il ne craint pas les difficultés de communication, n'évite aucun plat inhabituel et essaie même les salades de chou blanc – « des salades de choux cabus » (*JV* 31 suiv.). Montaigne va même jusqu'à boire selon la coutume locale le vin sans eau.

Christian Coulon a constaté à juste titre dans son livre aussi instructif qu'amusant *La table de Montaigne* : « L'Allemagne apparaît comme un véritable 'pays de cocagne', un paradis terrestre, une terre d'abondance[1] ». L'opulence des plats de viande et de légumes est louée sans cesse. Montaigne apprécie les rôtis épicés de manière inhabituelle à son goût, qui sont souvent farcis aux fruits. Il ne se lasse pas de crabes frais, qui faisaient partie intégrante des repas allemands au Moyen Âge et à l'Époque moderne[2].

Dans l'ensemble, Montaigne a une très haute opinion de la qualité de la cuisine allemande. Il fait l'éloge des Suisses surtout parce qu'« ils sont toutesfois excellens cuisiniers, notamment de poisson » (*JV* 17) et à Constance, il constate même que les cuisines de la noblesse française ne sont pas comparables aux établissements allemands en ce qui concerne la commodité des auberges et la saveur des plats : « et cela d'un si bon goust, aux bons logis, qu'à peine nos cuisines de la noblesse Françoise luy sembloient comparables » (*JV* 31). La constatation surprenante suivante s'inscrit dans la même ligné d'admiration du pays étranger qui est également considéré comme « *aemulatio* » par rapport à sa patrie : un cuisinier qui aurait pu lui préparer les plats à la manière allemande après son retour en France est une des trois choses que Montaigne regrette de ne pas avoir emporté en voyage (*JV* 32). Un cuisinier allemand dans une cuisine française : On ne peut guère imaginer un plus grand hommage au mode de vie allemand !

Ce passage souvent commenté, qui a été écrit après la visite de Lindau, nous mène au second thème de notre contribution, à savoir l'estime de la courtoisie des habitants de la Suisse et de l'Ancien Empire.

1   Christian Coulon, *La Table de Montaigne*, Paris, Arléa, 2009, p. 115.
2   Trude Ehlert, « Les manuscrits culinaires médiévaux témoignent-ils d'un modèle alimentaire allemand ? », dans Martin Bruegel et Bruno Laurioux (dir.), *Histoire et identités alimentaires en Europe*, Paris, Hachette Littérature, 2002, p. 121-136, p. 127.

COURTOISIE

•

Montaigne décrit respectueusement les rapports courtois que les gens locaux montrent en général entre eux et envers les étrangers. L'écart de conduite grossier de l'aubergiste de l'auberge *Der Adler* à Constance était une exception (*JV* 29). Montaigne ne regrette pas seulement d'avoir oublié d'emporter un cuisinier mais aussi de ne pas avoir engagé un servant ou cherché à établir le contact avec la noblesse locale pour mieux comprendre le pays et ses habitants. Les deux lui auraient épargné les humeurs et l'ignorance des guides qu'il qualifie de « belistre » (*JV* 32), un gros mot fort usité à l'époque pour vaurien, coquin, gueux.

La troisième omission que Montaigne nomme en faisant preuve d'autocritique est le fait de ne pas avoir consulté de guide touristique avant le voyage et de même avoir oublié de prendre avec lui la *Cosmographie universelle* de Sebastian Münster[1]. On sait que Montaigne possédait le guide célèbre de la Renaissance[2] – le *Strabon de l'Allemagne*[3] – mais on ne sait pas s'il l'a acquis avant ou après le voyage[4]. Au Fonds Payen de la BnF, il y a un exemplaire qui porte une note manuscrite de Montaigne, les autres traces de lecture ne sont pourtant pas de sa main – comme Frank Lestringant l'a prouvé de façon saisissante[5].

Le « Münster » était particulièrement fiable pour les parties en Suisse et en Allemagne du Sud. Montaigne a repris quelques informations de

---

1   Au sujet de Sebastian Münster, voir la monographie exemplaire de Karl Heinz Burmeister, *Sebastian Münster. Versuch eines biographischen Gesamtbildes*, Bâle et Stuttgart, Helbing & Lichtenhahn, coll. « Basler Beiträge zur Geschichtswissenschaft », 1963 ; et l'article de Frank Lestringant, « Münster (Sébastien) (1489-1552) », dans Colette Nativel (dir.), *Centuriae Latinae. Cent une figures humanistes de la Renaissance aux Lumières offertes à Jacques Chomarat*, Genève, Droz, 1997, p. 571-574.

2   Gilbert de Botton et Francis Pottiée-Sperry, « À la recherche de la "librairie" de Montaigne », *Bulletin du bibliophile*, n° 2, 1997, p. 254-298 ; n° 63, p. 289 : Sébastien Munster, *La Cosmographie universelle*, Bâle, Heinrich Petri, 1565 ; Karl Heinz Burmeister, *Sebastian Münster. Eine Bibliographie mit 22 Abbildungen*, Wiesbaden, Guido Pressler, 1964, p. 82.

3   Meunier de Querlon désigne ainsi Sebastian Münster : « C'est-à-dire la Cosmographie de Sebastian Munster, surnommé le Strabon de l'Allemagne », Montaigne, *Journal de voyage* (1774), I, 92, note a.

4   François Rigolot, « Introduction », dans Montaigne, *Journal de voyage*, p. XX.

5   Frank Lestringant, « Montaigne topographe et la description de l'Italie », dans Enea Balmas (dir.), *Montaigne e l'Italia*, Genève, Slatkine, 1991, p. 623-642, p. 629 suiv. ; description de l'exemplaire du Fonds Payen BnF : Rés. f. Z. Payen 494.

cet érudit allemand – comme l'origine du nom de la ville de Bâle[1] – et en effet, la *Cosmographie* lui aurait rendu bien des services pour les différents sites touristiques visités. Le « Münster » lui aurait été sans doute d'un apport considérable ainsi que l'œuvre de Josias Simler *La republique des Suisses [...] nouvellement mise en françois* (Paris 1577) qu'il a prise avec lui dans la traduction de l'auteur protestant Innocent Gentillet[2]. Dû à l'appartenance de l'auteur à la Réforme, le livre a été confisqué par la censure pontificale et a été rendu à Montaigne seulement après des mois de vérification : petits éclaircissements apportés sur le caractère explosif des livres dans cette période de changements tourmentée !

Il est bien connu que Montaigne était plus intéressé par les gens que par les édifices et les œuvres d'art. Dans son *Discours préliminaire*, Meunier de Querlon a déjà qualifié Montaigne à juste titre de « véritable Cosmopolite, qui regardoit tous les hommes comme ses concitoyens naturels[3] » – un portrait qui a amené son traducteur allemand Johann Heinrich Friedrich Ulrich à faire cette remarque très juste : « *Montagne war ein Mann von ganz besondern Gemüthsart. Was andere Reisende sich zum Hauptzweck machten war ihm nur Nebending. Er reiste mehr um die Menschen und ihre Oeconomie kennen zu lernen als ihre Paläste zu sehen[4]* ». Michel de Montaigne apprécie l'attention que les autorités des villes lui portaient pour son accueil à Bâle et Schaffhausen. Vivant dans une époque dans laquelle le quotidien politique était marqué par le cérémonial, il enregistre exactement les signes de déférence : les longues allocutions prononcées de temps en temps en français en présence des hôtes et des invités se trouvant là la tête nue, la remise de cadeaux de bienvenue, le « vin d'honneur » servi ainsi que le service particulièrement courtois lors des banquets. Il enregistre de manière approbatrice le contact avec les domestiques qui ont le droit de manger et boire à la table des seigneurs. Ce fait lui paraît être aussi digne d'attention qu'il le mentionne deux fois en l'espace de peu de pages.

---

1   Voir le commentaire de Rigolot dans Montaigne, *Journal de voyage*, éd. citée, p. 15, n. 17.
2   Commentaire de Garavini dans Montaigne, *Journal de voyage*, éd. citée, p. 222, n. 547 et de Rigolot dans Montaigne, *Journal de voyage*, éd. citée, p. 120, n. 57.
3   Meunier de Querlon, *Discours préliminaire*, reproduit dans l'édition de Rigolot, Montaigne, *Journal de voyage*, éd. citée, p. 307-324, p. 313.
4   *Michael von Montagne Reisen durch die Schweiz, Deutschland und Italien. In den Jahren 1580 und 1581. Aus dem Französischen. Mit Zusätzen*, 2 vol., Halle 1777 und 1779, t. I, p. 302, note f.

Quand il y a une chose que Montaigne doit blâmer auprès des Allemands, c'est leur tendance à l'ivrognerie – un vice qu'il dénonce déjà dans les *Essais* quand il constate dans son essai *De l'yvrognerie* de manière peu flatteuse pour les Allemands le fait suivant : « Les Allemans boivent quasi esgalement de tout vin avec plaisir : Leur fin c'est l'avaller, plus que le gouster[1] ». On trouve un portrait semblable dans le *Journal de voyage*, alors que les traits négatifs – la vantardise, le tempérament coléreux et fougueux ainsi que la consommation excessive d'alcool – sont édulcorés dans la même phrase par la mise en valeur de leur sincérité et honnêteté : « Ils sont glorieux, coleres et yvrognes ; mais ils ne sont, disoit M. de Montaigne, ny traistres ny voleurs » (*JV* 33). Tout particulièrement lors des conversations, il apprécie la franchise de ses partenaires qui traitent même des questions politiques et théologiques délicates « sans ambition et affectation » (*JV* 14).

Montaigne est déjà frappé par cela lors d'une des premières conversations avec un gentilhomme de Mulhouse, qui admet sans réserve que le fait d'être des partisans de la Réforme n'empêche pas les mercenaires suisses de soutenir le roi français dans la lutte contre les huguenots[2]. C'est surtout la coexistence pacifique, mais pas forcément sans tension, des différentes confessions – les adeptes de Luther, Zwingli et Calvin d'un côté et les adeptes de l'église catholique de l'autre – qui impressionne Montaigne venant d'un pays bouleversé par des guerres de religion : cette *justice*, l'organisation de la coexistence par des normes juridiques qui règle le quotidien dans les régions germanophones.

JUSTICE

Par la lecture d'écrits théologiques de provenance protestante, Montaigne s'est déjà bien préparé dans son pays à la visite du pays de la Réforme. Heureusement, il n'avait pas pris ces livres hérétiques avec lui lors de la fouille par la commission de censure romaine s'épargnant

---

1 Montaigne, *Essais*, II, 2, p. 362.
2 *Cf.* Raymond Oberlé, « Montaigne à Mulhouse », dans F. Moureau (dir.), *Autour du Journal de voyage, op. cit.*, p. 27-36.

ainsi des ennuis – comme il le constate ensuite à Rome avec soulagement (*JV* 92). Attentif et bien préparé, il note juste après avoir quitté la France l'appartenance confessionnelle de chaque ville suisse et allemande.

La visite des églises fait partie de ses premières activités – comme à Mulhouse. Il enregistre d'un regard connaisseur les changements à l'intérieur de l'église ainsi que par rapport au rituel : « MELHOUSE [...] Une belle petite ville de Souisse, du canton de Basle. M. de Montaigne y alla voir l'eglise ; car ils n'y sont pas catholiques. Il la trouva, comme en tout le pays, en bonne forme ; car il n'y a quasi rien de changé, sauf les autels et images qui en sont à dire sans difformité » (*JV* 14)[1]. Grâce aux études approfondies de Raymond Oberlé et Michel Hermann, on est parfaitement informé sur le déroulement de cette « journée Moulhousienne » et on sait que surtout les éloges sur la « tolérance religieuse » pratiquée prétendument à Mulhouse tracent une idylle qui n'a jamais existé dans la réalité historique[2]. Tout de même, les observations de Montaigne – vivement intéressé aux débats de la religion– fournissent « de précieux renseignements sur de petites cités paisibles et un mode de vie – en terres germaniques – qui allait disparaître dans la guerre de Trente Ans[3] ».

Ce voyageur curieux reconstitue à partir d'inspection et avec méticulosité le patchwork du paysage confessionnel en Suisse, en Allemagne du Sud et en Autriche, comme il s'est formé suite à la Réforme et au principe « *cujus religio, ejus religio* » appliqué depuis la paix religieuse d'Augsbourg. En tenant compte des faits historiques et des données régionales, cet « homme politique » – comme Antoine Compagnon l'appelle à juste titre[4] – et expert dans le domaine juridique fait la différence entre la constitution spéciale des villes et cantons suisses. Et il marque dans l'Empire les manifestations de villes purement luthériennes, réformées ou de vieux-croyants qu'il distingue correctement des communautés de confessions mélangées – comme à Augsbourg ou Lindau (*JV* 31). Montaigne voit aussi les limites de la tolérance du *jus reformandi*, qui

---

1   Voir Michel Hermann, « L'attitude de Montaigne envers la Réforme et les Réformés dans le *Journal de voyage* », dans Moureau, *Autour du Journal de voyage, op. cit.*, p. 37-54.
2   Oberlé, « Montaigne à Mulhouse », art. cité, p. 34.
3   Gilles Banderier, « Allemagne », dans Philippe Desan (dir.), *Dictionnaire de Michel de Montaigne*, Paris, H. Champion, 2007, p. 25 suiv.
4   Antoine Compagnon, *Un été avec Montaigne*, Paris, Éditions des Équateurs, 2013, p. 9.

correspond au *jus exiliendi*, quand il constate que les partisans de la Réforme à Landsberg en Bavière doivent se taire ou que dans la petite ville impériale de Wangen seule la religion catholique est tolérée (*JV* 33).

Encore et toujours, Montaigne compare la situation dans son pays aux conditions dans la région germanophone – et cette comparaison était le plus souvent en faveur des conditions d'outre-rhin. Également à Bâle et Lindau – comme à Mulhouse –, Montaigne remarque avec surprise que l'intérieur des églises n'a pas été démoli et que des tableaux ainsi que des pierres tombales antérieurs à la Réforme sont restés complètement intacts. La destruction des tableaux dans les églises de Constance – la ville est redevenue catholique après une longue phase luthérienne – est explicitement mentionnée comme une exception.

L'état bien conservé et très soigné des églises en Suisse et dans l'Ancien Empire doit étonner un visiteur qui vient lui-même d'un pays dans lequel les maisons de Dieu sont ravagées par les opposants dans les combats de la foi. La destruction des églises dans sa ville natale de Bordeaux fait partie des expériences traumatisantes de Montaigne sur lesquelles il doit toujours revenir[1]. Cette impression s'est gravée dans la mémoire de Montaigne aussi profondément qu'il va se rappeler plus tard à Rome, à la vue des ruines antiques, les églises catholiques détruites par les huguenots[2] – une comparaison qui a déclenché une violente polémique à la parution de l'édition princeps du *Journal de voyage*[3]. Déjà sur les premières pages du journal, Montaigne parle des « troubles Huguenots » ou de « nos guerres civiles » (*JV* 3-4). Seulement huit ans sont passés depuis le massacre de la Saint-Barthélemy, un évènement que Montaigne ne mentionne expressément ni dans les *Essais* ni dans le *Journal*, mais qui est omniprésent malgré ce silence, comme l'a formulé Géralde Nakam de manière inimitable : « Mais tous les Essais crient ces massacres[4] ».

---

1 Montaigne, *Essais*, III, 9, p. 1011.

2 « Que les bastiments de cette Rome bastarde qu'on alloit asteure attachant à ces masures antiques, quoy qu'ils eussent de quoy ravir en admiration nos siècles presens, luy faisoient resouvenir proprement des nids que les moineaux et les corneilles vont suspendant en France aus voustes et parois des eglises que les Huguenots viennent d'y demolir » (*JV* 100).

3 Au sujet de la polémique autour de ce passage, voir Wolfgang Adam, *Verspätete Ankunft. Montaignes Journal de voyage im 18. Jahrhundert. Rezeption eines frühneuzeitlichen Textes*, Heidelberg, Universitätsverlag Winter, 2012, p. 84 suiv.

4 Géralde Nakam, *Montaigne et son temps. Les événements et les Essais. L'histoire, la vie, le livre*, Paris, Gallimard, 1993, p. 189.

Montaigne ne tombe nulle part en Suisse et en Allemagne sur des excès de violence similaires. C'est avec étonnement qu'il prend connaissance de la cohabitation organisée par des réglementations légales même dans des villes de confessions mélangées. Immédiatement à Mulhouse, il constate avec satisfaction : « Il print un plaisir infini à voir la liberté de bonne police de cette nation » (*JV* 14). Le mot *nation* n'est évidemment pas employé au sens du futur usage moderne, mais désigne de façon générale les habitants germanophones dans la région du Rhin Supérieur, même si Montaigne reconnaît tout à fait la complexité de la structure du pouvoir postérieure à la Réforme qui est particulièrement embrouillée à Mulhouse. Mulhouse – ville libre d'Empire située au centre d'une province catholique faisant partie des terres d'Autriche antérieure des Habsbourg – est la seule d'entre les villes protestantes qui professe la foi réformée, contrairement aux métropoles luthériennes Strasbourg et Colmar. La communauté conserve adroitement son indépendance dans une vacance du pouvoir fragile marquée par de différents facteurs comme le pouvoir impérial, la confédération, la Décapole et le rayonnement culturel et économique français[1].

La situation politique déjà fragile en soi est devenue encore plus embrouillée par la confessionnalisation commencée au premier tiers du XVIᵉ siècle et ne pouvait être préservée que par le respect rigoureux des principes juridiques – des efforts que Montaigne enregistre plusieurs fois vacillant entre étonnement et admiration. Surtout la constitution des villes suisses en grande partie autonomes a suscité son intérêt, et pour le visiteur de la France, il est remarquable que la confession commune à une religion renforce le sentiment d'union des citoyens :

> mais quand une ville n'a qu'une police (car les villes de Souisse ont chacune leurs loix à part et leur gouvernement chacune à part soy, ny ne dependent en matière de leur police les unes des autres, leur conjonction et colligence, ce n'est qu'en certaines conditions generales), les villes qui font une cité à part et un corps civil à part entier à tous les membres, elles ont de quoy se fortifier et se maintenir ; elles se fermissent sans doute, et se resserrent et se rejoingnent par la secousse de la contagion voisine (*JV* 24).

Le b.a.-ba pour la coexistence pacifique dans un milieu conflictuel est le strict respect du droit. Montaigne consigne de nombreux exemples

---

1   Oberlé, « Montaigne à Mulhouse », art. cité, p. 29.

dans son journal qui ne seraient pas possibles de la même manière
dans son pays. Il note comment les obligations envers l'église catholique sont remplies rigoureusement dans la ville luthérienne de Bâle.
Les citoyens protestants allouent 50 000 francs suisses à leur ennemi
l'évêque catholique et ne remettent pas en question la forme traditionnelle de l'élection épiscopale. Dans des villes de confessions mélangées
comme Augsbourg ou Lindau les citoyens décident eux-mêmes de leur
appartenance religieuse et respectent plus au moins les accords passés :
« Toutes les villes imperiales ont liberté de deux religions, Catholique
et Lutherienne, selon la volonté des habitans. Ils s'appliquent plus ou
moins à celle qu'ils favorisent » (*JV* 31). Les abbayes catholiques dans des
régions principalement protestantes ne sont pas pillées et les privilèges
comme les prébendes de l'Église ancienne ne sont pas abrogés.

La confession de Montaigne à la foi de l'Église ancienne est bien
connue et formulée d'une manière claire et nette dans son chapitre « Des
prieres », dans lequel il se qualifie de membre « de l'Église Catholique
Apostolique et Romaine, en laquelle je meurs, et en laquelle je suis
nay[1] ». En tant que fidèle adepte de l'Église catholique, il assiste aux
messes en Allemagne du Sud et en Autriche. Il enregistre avec étonnement des différences dans le rituel et le cérémonial également dans
la religion qui lui est familière. Ainsi, il s'étonne à Hornussen de la
séparation des places entre les hommes et les femmes et il a été frappé
par l'attribution seulement de la troisième travée dans l'église à lui et
sa compagnie noble, tandis que des hommes de rang social inférieur
ont occupé les places de devant. À la différence de la coutume dans son
pays, les deux premières travées ne sont pas réservées aux personnes
supérieures en pays catholiques habsbourgeois (*JV* 19).

Mais il assiste avec un intérêt particulier à des célébrations de la sainte
Cène, des baptêmes et mariages dans les communes protestantes. Il fait
un rapport précis sur les divergences pendant la messe protestante par
rapport à la prédication et l'eucharistie. Pour s'informer de la complexité
de la Réforme, Montaigne cherche à dialoguer dès le début avec des
ecclésiastiques protestants. Il exprime sans cesse son étonnement sur
l'hostilité, la haine même, qui existe entre les adeptes des « nouvelles
religions » (*JV* 58)[2]. La déclaration d'un théologien luthérien à Isny

---

1   Montaigne, *Essais*, I, 56, p. 335.
2   La formulation « nouvelles religions » est utilisée par Montaigne.

montre avec une clarté brutale la profondeur de la discorde entre les protestants quand il admet en toute franchise lors d'une conversation privée – « tout detroussement » (*JV* 36) – qu'il préférerait écouter cent messes catholiques que de participer à une seule sainte Cène de Calvin.

Les informations sérieuses sur les religions étrangères comptaient plus pour Montaigne que la polémique comme le prouvent les conversations sérieuses qu'il avait eues avec des humanistes amis à Bâle et surtout la rencontre avec Johannes Tilianus à Kempten à qui Montaigne, ne maîtrisant pas l'allemand, a demandé un exemplaire de la nouvelle version de la *Confession d'Augsbourg* de 1577. Montaigne, qui a probablement discuté en latin avec cet érudit originaire d'Augsbourg, regrette que la formule de concorde, qui pourrait servir de modèle aussi à son pays, n'existe pas dans la *lingua franca* de la *respublica litteraria* (*JV* 36). Cette « charte » religieuse de l'Ancien Empire, rédigée par Mélanchthon pour la première fois en 1530, qui excluait toutefois les réformés de la convention, est – malgré ce déficit corrigé seulement en 1648 – pour ainsi dire l'exemple révélateur allemand du règlement juridiquement contraignant des champs de conflit confessionnels par la coopération des représentants de théologie et du pouvoir politique sous le signe de la *justice*. Cela est formulé clairement et très justement dans le *Journal de voyage* dans la phrase : « une confession nouvelle, que les Lutheriens ont faite, où tous des docteurs et princes qui la soustiennent sont signés » (*JV* 36).

Les importantes différences qui découlent de la doctrine de la prédestination et de l'ubiquité par rapport à la foi catholique sont prises constamment pour sujet des grands colloques théologiques entre Montaigne et les théologiens protestants. Pourtant, les explications présentées avec volubilité par les ecclésiastiques protestants ne peuvent pas convaincre Montaigne (*JV* 33 suiv.). Les déclarations des théologiens illustrent seulement ce qu'il va constater plus tard sur la base de ses expériences en Allemagne par rapport à l'impact de Luther dans le chapitre « De l'experience » : « J'ay veu en Allemagne, que Luther a laissé autant de divisions et d'altercations, sur le doubte de ses opinions, et plus, qu'il n'esmeut sur les escritures sainctes. Nostre contestation est verbale[1] ». Montaigne, qui aime bien s'informer sur les faits sur place, aurait bien voulu visiter Zurich, le fief de Zwingli, toutefois la peste qui

---

1   Montaigne, *Essais*, III, 13, 1116 ; à ce sujet voir l'observation pertinente d'Antoine Compagnon : « À ses [Montaigne] yeux, tous les troubles du monde – procès et guerres,

s'y est déclarée empêchait sa visite. Mais à Baden en Suisse, le curiste Montaigne pouvait au moins discuter avec un ecclésiastique protestant de Zurich. Le cours de cette conversation lui montre que malgré toute la rancœur dans le conflit on traitait parfois des controverses théologiques avec pragmatisme du côté réformé. Dans le cas de la doctrine de la pré-destination, l'adepte de la Réforme admettait qu'en tant que théologien, il adopte une position médiane entre Calvin et Luther, mais qu'on ne voulait pas importuner la commune avec cette vive discussion : « luy respondit qu'ils tenoient le moyen entre Geneve et Auguste, mais qu'ils n'empeschoient pas leur peuple de cette dispute » (*JV* 24).

Par la suite, la déclaration du pasteur protestant, dans laquelle il révèle être adepte de la doctrine plus extrême de Zwingli parce qu'elle serait la plus proche de l'idée du Christianisme primitif, est consignée. La recherche de la pureté de la doctrine dans le Christianisme primitif, c'est d'ailleurs une idée que François Hotman a soutenu avec verve dans son œuvre de jeunesse *De statu primitivae ecclesiae* (Genf 1553)[1]. Dans cet entretien, Montaigne prend acte sans polémique de la position d'un représentant d'une autre confession à laquelle il ne se rallie pas, mais qu'il respecte dans son caractère sérieux.

Malgré toute la tolérance envers l'autre orientation religieuse de la Réforme, Montaigne ne laisse jamais planer le doute sur son apparte-nance à l'église romaine. Les protestants – quelle que soit leur orienta-tion – sont qualifiés de « secte et Huguenotes » (*JV* 35) et ne sont pas ex aequo en tant qu'institution avec l'*ecclesia* catholique. De nombreuses énonciations laissent apparaître la sympathie de Montaigne pour la foi ancienne, par exemple quand il constate en termes élogieux que le duc bavarois a conservé son territoire à l'écart de la contamination de la Réforme : « car ce prince, plus que nul autre en Allemaigne, a maintenu son ressort pur de contagion, et s'y opiniastre » (*JV* 38). Et le lecteur du journal a presque l'impression qu'il constate avec soulagement à Trente : « Quant aux nouvelles religions, il ne s'en parle plus depuis Auguste » (*JV* 58). Sans garder ses distances, il fait un rapport sur les reliques gardées dans les églises catholiques en Bavière et au Tyrol et sur les miracles d'hostie qui se sont produits sur ces lieux. Montaigne et son

---

litiges privés et publics – sont liés à des malentendus sur le sens des mots, jusqu'au conflit qui déchire catholiques et protestants », Compagnon, *Un été avec Montaigne, op. cit.*, p. 30.

1   Boucher, « Hotman », dans *Histoire et Dictionnaires des guerres de religion*, art. cité, p. 980.

attitude nuancée envers ce phénomène – cela est un sujet à part[1]. Dans notre contexte, il est à noter que même aux territoires germanophones-reformés, Montaigne, influencé par la théologie d'Augustin, reste attaché à l'acceptation des miracles comme signe de la toute-puissance divine, et qu'il ne se rapproche même pas intellectuellement de la critique de miracle protestante. Montaigne cherche volontiers à dialoguer avec les jésuites ; à Augsbourg, Innsbruck et Hall, il est invité dans les maisons somptueuses de cet ordre, qu'il va fêter plus tard à Rome comme une « pepiniere de grands hommes » (*JV* 121) et comme fer de lance de la Contre-Réforme.

SÛRETÉ

La quatrième qualité des pays germanophones – mise en évidence par la particule *surtout* – que Montaigne indique est « la seureté », un mot clé dans sa pensée[2]. Le phénomène de la *seureté* objective et ressentie se manifeste sur plusieurs niveaux. La sécurité, c'est d'abord, sur le plan propre à la créature, l'intégrité corporelle : l'absence de toute menace d'agression du voyageur par des bandits ou d'attaque contre les biens transportés. Encore aujourd'hui, le sentiment de sécurité est donné à la population par la présence visuelle et acoustique de la police ou du pouvoir de l'État – cela était encore plus important dans les phases agitées de l'Époque moderne. Montaigne trouve extrêmement rassurant que dans la plupart des villes suisses et allemandes des veilleurs de nuit parcourent les rues et annoncent l'heure à haute voix. Il mentionne cette coutume explicitement à Baden en décrivant minutieusement la pratique de ce

---

1   Voir à ce sujet Mathurin Dréano, *La Pensée religieuse de Montaigne*, Paris, Gabriel Beauchesne, 1936, p. 298 suiv. ; Amy Graves, « Miracles », dans *Dictionnaire de Michel de Montaigne*, *op. cit.*, p. 766-768 ; Wolfgang Adam, « Wunder in Michel de Montaignes Journal de voyage », dans Christoph Strosetzki et Dominique de Courcelles (dir.), *Mirabiliratio. Das Wunderbare im Zugriff der frühneuzeitlichen Vernunft*, Heidelberg, Universitätsverlag Winter, 2015, p. 91-111.
2   Sur cette thématique, voir le chapitre instructif « Sauberkeit und Recht und Sicherheit : Montaignes Deutschlandbild », dans Wolfgang Leiner (dir.), *Das Deutschlandbild in der französischen Literatur*, Darmstadt, Wiss. Buchgesellschaft, 1989, p. 33 suiv.

service d'ordre qui servait moins à la défense d'ennemis extérieurs qu'à la prévention de grandes incendies – un danger réel et constant pour les villes de construction étroite médiévale – et à éloigner les voleurs et les éléments antisociaux (*JV* 25). Dans les régions germanophones, la sécurité dans les rues est largement garantie – un fait rassurant pour le voyageur qui va lui manquer tout de suite en Italie. La peur de bandits dans des régions considérées comme peu sûres avait souvent une influence sur l'itinéraire à l'Époque moderne. Montaigne renonce ainsi à aller de Bologne à Lorette après avoir appris par un Allemand que celui-ci avait été victime d'une agression à Spolète. Il rattrapera plus tard en partant de Rome cette visite prévue de longue date en ce lieu de pèlerinage célèbre.

L'emploi du mot *seureté* dans l'essai « De la vanité » révèle encore une autre dimension de sens qui est liée à la connotation de ce terme. Montaigne évoque dans cet essai célèbre au caractère autobiographique les horreurs des guerres de religion qui ravagent depuis des décennies la France et notamment la province de Montaigne. Il constate de par sa propre expérience douloureuse : « Les guerres civiles ont cela de pire que les autres guerres, de nous mettre chacun en echauguette en sa propre maison[1] ». C'est la menace immédiate de la propriété privée, ce danger existentiel qui ne s'arrête pas à la propre maison, qui donne le sentiment d'être livré en permanence : « C'est grande extremité, d'estre pressé jusques dans son mesnage, et repos domestique. Le lieu où je me tiens, est toujours le premier et le dernier, à la baterie de nos troubles : et où la paix n'a jamais son visage entier[2] ».

Bordeaux – une ville catholique entourée de dominations principalement protestantes – a été constamment ébranlé par des troubles depuis les années soixante du XVIe siècle[3]. Montaigne pourrait penser à l'attaque des protestants du château Trompette le 26 juin 1562 et au régime de terreur qui suivait de Blaise de Monluc ou bien il pourrait avoir en tête les répercussions du massacre de la Saint-Barthélemy qui ont finalement atteint Bordeaux le 3-5 octobre 1572 et dont les excès ont entraîné la mort de plus de 250 victimes[4]. Montaigne raconte que

---

1   Montaigne, *Essais*, III, 9, p. 1015.
2   *Ibid.*, p. 1016.
3   Desan, *Montaigne, op. cit.*, p. 124.
4   Au sujet de ces événements voir Desan, *Montaigne, op. cit.*, p. 236 suiv.

dans ces années, il s'est couché dans sa maison probablement mille fois en ayant la peur au ventre d'être trahi ou tué pendant la nuit et avec l'unique désir que cela se passe le plus rapidement possible et sans causer de souffrance. Cette vision d'horreur nocturne cristallise dans le vers de Virgile dans *Les Bucoliques* I, 70 : « *Impius haec tam culta noualia miles habebit* » – s'exclame-t-il désespérément après le Notre Père[1]. Il est étonné que par le passé, il l'a échappé belle et que sa maison n'a pas encore été touchée par ces orages : « Et j'estime à un merveilleux chef d'œuvre, et exemplaire, qu'elle soit encore vierge de sang, et de sac, soubs un si long orage, tant de changements et agitations voisines[2] ». Cependant, il ne lui plaît pas qu'il doive cela plus à la chance qu'à sa prudence et à la justice – au fond, il vit dans une zone de non-droit, comme un hors-la-loi !

C'est justement dans ce contexte que le terme *seureté* est prononcé : « Comme les choses sont, je vis plus qu'à demy de la faveur d'autruy : qui est une rude obligation. Je ne veux debvoir ma seuréte, ny à la bonté, et benignité des grands qui s'aggreent de ma legalité et liberté ny à la facilité des mœurs de mes predecessseures, et miennes[3] ». Pour Montaigne la sécurité consiste en l'indépendance totale de la faveur ou des caprices des puissants. Mais il renonce aussi avec assurance à la bienveillance des autres qu'il a acquise grâce à ses ancêtres ou par son propre comportement : il veut agir par libre autodétermination. Le maintien de la faculté de déterminer son propre sort, le droit de partir ou de rester au même endroit – cette volonté de liberté est à la base de toutes ses actions dans les tourmentes des guerres de religion : « Toute ma petite prudence, en ces guerres civiles où nous sommes, s'employ à ce, qu'elles n'interrompent ma liberté d'aller et venir[4] ». Est-il donc étonnant que Montaigne soit fasciné par la stabilité et sécurité relatives dans les territoires germanophones qui sont divisés comme la France en régions de confessions différentes et maintiennent tout de même la paix, et représentent même dans certains cas des communautés exemplaires grâce au respect de quelques règles comme dans certaines villes suisses (*JV* 24) ?

---

1   Montaigne, *Essais*, III, 9, p. 1015.
2   *Ibid.*, p. 1010.
3   *Ibid.*, p. 1010 suiv.
4   *Ibid.*, 13, p. 1119.

C'est ici que se trouve la véritable raison de l'admiration presque démesurée des conditions en Allemagne qui va au-delà du phénomène du germanotropisme – la focalisation sur un modèle civilisationnel étranger sans les états affectifs de la phobie ou philie[1]. Le secrétaire a clairement reconnu cela et l'a consigné en tant qu'observateur, ou bien il a donné à cette autoanalyse une place éminente dans le *Journal de voyage* sur ordre de Montaigne : « Il mesloit, à la verité, à son jugement un peu de passion du mespris de son pais, qu'il avoit à haine et à contrecœur pour autres considerations » (*JV* 32).

La passion exagérée du mode de vie dans les régions germanophones est en relation directe avec le rejet agressif des conditions de son pays dont il ne peut se souvenir qu'avec une vive inquiétude même à l'étranger. Du point de vue de l'historien, il reste à noter a posteriori seulement deux facteurs : 1) Que le modèle allemand si admiré par Montaigne de la coexistence pacifique de confessions différentes a été balayé par les orages de la Guerre de Trente ans et ne pouvait subsister qu'en Suisse[2] ; 2) et que l'image si sympathique, bien qu'exagérée, de l'Allemagne comme étant le berceau de la tolérance religieuse ne pouvait malheureusement pas exercer une grande influence sur la future perception de l'Allemagne dans la perspective française à cause de la publication tardive du *Journal de voyage*[3].

Wolfgang ADAM
Universität Osnabrück

---

1   Au sujet du concept théorique analogue du model civilisationnel de gallotropisme, voir le projet ANR/DFG co-dirigé par Jean Mondot et Wolfgang Adam, *Gallotropisme et modèles civilisationnels dans l'espace germanophone (1660-1789)*. La publication des résultats sera disponible en 2015-2016.
2   Banderier, « Allemagne », dans *Dictionnaire de Michel de Montaigne*, art. cité, p. 26.
3   Voir également Wolfgang Leiner, *Das Deutschlandbild in der französischen Literatur*, *op. cit.*, p. 41.

MONTAIGNE LECTEUR DE SIMLER

Il faut d'abord mentionner le caractère souvent ténu, voire conjectural, des éléments factuels dont nous disposons pour répondre à la question posée des rapports entre Montaigne et Simler. Je voudrais à cet égard souligner d'emblée que Montaigne ne cite Simler en aucune occasion dans son *Journal* de voyage[1] et que le nom de ce dernier n'est que le résultat d'une conjecture, certes unanimement partagée, fondée sur la mention du livre intitulé *La République des Suisses*, qui est saisi[2] puis peut-être confisqué[3] à Montaigne par le censeur romain[4]. Je propose

---

1   Les citations du *Journal* seront faites en suivant l'édition donnée par François Rigolot : *Journal de voyage de Michel de Montaigne*, Presses universitaires de France, Paris, 1992.

2   Arrivé à Rome le 30 novembre 1580, Montaigne se plaint de l'absence de sécurité et surtout de liberté régnant dans la Ville éternelle comparativement à Venise et notamment « que ses coffres avoient esté visités en l'entrée de la ville pour la doane et fouillés jusques aus plus petites pieces de ses hardes, là où, en la pluspart des autres villes d'Italie, ces officiers se contentoient qu'on [les] leur eust simplement présentés. Qu'outre cela, on luy avoit pris tous les livres qu'on y avoit trouvés pour les visiter, à quoy il y avoit tant de longueur qu'un homme qui auroit autre chose à faire les pouvoit bien tenir pour perdus ; joint que les regles y estoient si extraordinaires que les Heures de Nostre Dame, parce qu'elles estoient de Paris, non de Rome, leur estoient suspectes, et les livres d'aucuns docteurs d'Allemaigne contre les heretiques, parce qu'en les combattant ils faisoient mention de leurs erreurs. A ce propos, il louoit fort sa fortune, de quoy n'estant aucunement averti que cela luy dust arriver, et estant passé au travers de l'Allemaigne, veu sa curiosité, il ne s'y trouva nul livre defendu. Toutesfois aucuns Seigneurs de là lui disoient, quand il s'en fust trouvé, qu'il en eust esté quitte pour la perte des livres » (*JV* 92).

3   Montaigne note au 20 mars, soit près de quatre mois après leur saisie, que « Ce jour au soir me furent rendus mes Essais, chastiés selon l'opinion des docteurs moines » (*JV* 119) et, après avoir détaillé les reproches que son ouvrage a encourus, il ajoute : « Il me retinrent le livre des Histoires de Souisses traduit en François, pour ce seulement que le traducteur est heretique, duquel le nom n'est pourtant pas exprimé, mais c'est merveille combien ils cognoissent les hommes de nos contrées ; et Sebon, ils me dirent que la preface estoit condamnée » (*JV* 119-120).

4   Le seul ouvrage portant ce titre et paru au moment du voyage de Montaigne est en effet le suivant : *La Republique des Suisses comprinse en deux livres, contenans le gouvernement de Suisse, l'estat public des treize Cantons et de leurs Confederez en general et en particulier, leurs balliages et jurisdictions, l'origine et les conditions de toutes leurs alliances, leurs batailles, victoires, conquestes et autres gestes memorables, depuis l'Empereur Raoul de Habspourg iusques à Charles V descrite*

donc de suivre Montaigne en compagnie de Simler, ceci en trois temps : la rencontre, le compagnon de voyage et la séparation. Mais il n'est pas inutile, auparavant, de commencer le propos par une rapide présentation d'un auteur peu connu, même si les écoliers suisses en apprennent encore aujourd'hui le nom[1].

Simler est né le 6 novembre 1530 à Kappel am Albis et il est décédé le 2 juillet 1576 à Zurich. Après les écoles à Kappel et Zurich, il fait des études de théologie à Bâle et Strasbourg. Consacré en 1549, il est pasteur, puis professeur de théologie à Zurich. À côté d'ouvrages de polémique religieuse, il publie plusieurs ouvrages d'érudition et notamment en 1566, après la mort de Konrad Gesner, sa biographie, la *Vita clarissimi philosophi et medici excellentissimi Conradi Gesneri Tigurini*. Il rédige aussi des écrits théologiques polémiques, soutient la Réforme en Pologne, en Hongrie et dans les Grisons, défend la doctrine de la Trinité et traduit en latin plusieurs œuvres de Heinrich Bullinger. En 1574, il publie en un seul volume *Vallesiae descriptio libri duo*, une histoire et guide du Valais, et *De Alpibus Commentarius*, première étude exclusivement consacrée aux Alpes et pour laquelle il est essentiellement encore cité aujourd'hui, particulièrement dans les bibliographies relatives à l'histoire de l'alpinisme. Après la mort d'Ægidius Tschudi, avec qui il était lié d'amitié, Simler propose de publier son histoire suisse restée manuscrite, mais se heurte à l'opposition de ses héritiers. Par la suite, il écrit son petit traité *De Republica Helvetiorum libri duo*, qui parait quelques jours après sa mort. Cet ouvrage, qui conciliait le droit public confédéral et l'histoire, remporta un grand succès et connut de nombreuses rééditions, enrichies par la suite d'illustrations ; traduit en allemand, français et hollandais, il constitua jusqu'au XVIIIe siècle un ouvrage de référence sur l'histoire et la structure de l'État suisse[2]. Ceci étant rappelé, venons-en à Montaigne.

---

en latin par Iosias Simler de Zurich et nouvellement mise en François, A Paris, pour Iacques du Puy Librare [*sic*] juré à la Samaritaine, près le collège de Cambray, 1578.

1   Je ne voudrai pour preuve de cette méconnaissance que la double erreur commise par les auteurs de la première édition donnée dans la collection de la Pléiade en 1962, écorchant son nom en « Simier », comme le relieur du roi sous la Restauration, et lui attribuant non pas l'ouvrage lui-même mais sa seule traduction !

2   S'agissant de la Suisse, il est nécessaire de rappeler, pour la bonne compréhension de ce qui suit, que son étendue était alors beaucoup plus réduite qu'aujourd'hui puisqu'elle ne comprenait alors que les trois cantons fondateurs (Uri, Schwytz et Unterwalden),

MONTAIGNE RENCONTRE SIMLER

Cette rencontre doit être prise en son seul sens intellectuel, car Simler lui-même est mort, on l'a vu, lorsque Montaigne se munit de son ouvrage pour s'informer sur le pays qu'il se dispose à traverser. Elle est pour nous la plus frustrante en ce sens que les circonstances nous en sont entièrement inconnues. Que peut-on cependant en dire ?

En premier lieu, relevons que l'achat par Montaigne de la première édition de la traduction française de Simler trouve certainement son cadre dans sa volonté de prendre comme compagnons de voyage des ouvrages l'instruisant sur les lieux traversés, tant sur leur topographie que leur histoire et leur régime politique. Or, il s'agissait là du premier et, en 1580, du seul ouvrage sur l'histoire de la Suisse, le seul ainsi à même de l'instruire sur les institutions politiques suisses et leur évolution. Toutefois, se limitant à ce seul sujet, l'ouvrage de Simler ne pouvait lui être d'aucune aide pour ce qui concernait les lieux dignes d'intérêt, étant bien précisé que, de manière générale, il n'existait avant le début du XVIIᵉ siècle que des « descriptions du monde » très générales et aucun « guide » au sens moderne du terme, c'est-à-dire aucun ouvrage décrivant en détail aux voyageurs les lieux et monuments dignes d'intérêt[1]. C'est cette lacune qui explique que Montaigne, toujours soucieux de voir ce qu'il y a de remarquable en un lieu, en est réduit à se renseigner auprès des habitants, souvent ignorants à son grand dépit[2].

---

puis les cinq cantons de Lucerne, Zurich, Glaris, Zug et Berne qui les rejoignirent et enfin, les derniers entrés dans l'alliance, Bâle et Schaffhouse. D'autres territoires sont soit administrés en commun (notamment Baden), soit alliés sans pour autant être des cantons (Saint-Gall, le Valais, les Grisons, Bienne ou encore les baillages d'Italie). De plus, il n'existe pas encore de « confédération » dotée d'institutions propres, mais des réunions périodiques de la Diète des huit cantons primitifs à Baden, qui tient ainsi lieu de capitale et qui sera supplantée ultérieurement dans ce rôle par Berne au début du XVIIIᵉ siècle.

1 Le traducteur anonyme de Simler, que nous allons retrouver et identifier plus bas, évoque d'ailleurs sévèrement l'ouvrage qui pouvait s'en rapprocher le plus, la *Cosmographie* de Sebastien Münster, ce dernier qualifié d'« obscur » et dont il est dit que « parfois il oublie le principal et se méconte en quelques endroits » (seconde page non chiffrée de la préface).

2 « C'est un malheur que quelque diligence qu'on fasse, il n'est possible que des gens du pays, si on n'en rencontre de plus habiles que le vulgaire, qu'un estranger soit informé des choses notables de chaque lieu ; et ne sçavent ce que vous leur demandez » (*JV* 25). Ceci à propos d'une borne miliaire que Montaigne découvre en sortant de Baden, où il

Il est malheureusement impossible de savoir où et quand Montaigne a acquis l'ouvrage de Simler. Du fait qu'il s'agit d'une édition genevoise de trois ans antérieure au départ de Montaigne en voyage[1], il est possible que Montaigne ait pu l'acquérir à Paris, l'ouvrage ne paraissant pas avoir subi les foudres de la censure royale. On en trouvera un élément de confirmation en ce que Montaigne ne mentionne pas un tel achat au cours de son voyage.

MONTAIGNE VOYAGE AVEC SIMLER

Montaigne a-t-il lu Simler et, si oui, quel profit en a-t-il retiré ? Ici encore, seuls des indices indirects peuvent être relevés.

Commençons par remarquer que l'un des sujets qui intéresse le plus Montaigne en Suisse est celui des controverses religieuses, mais non pas entre Catholiques et Réformés mais entre Protestants eux-mêmes. Or, ce sujet n'est pas abordé par Simler[2]. Ce n'est donc pas par la lecture

---

venait de séjourner cinq jours sans quiconque ne lui en parle. Le regret de Montaigne est si fort qu'il revient sur ce sujet lorsqu'il séjourne à Lindau sur le lac de Constance : « de vivre à la mercy d'un bélistre de guide, il y sentoit une grande incommodité ; [...] avant faire le voyage, il n'avoit veu les livres qui le pouvoient avertir des choses rares et remarquables de chaque lieu, ou n'avait un Münster ou quelque autre en ses coffres » (*JV* 32). Sur ce dernier point, on notera que Montaigne ne partage pas la sévérité du jugement du traducteur anonyme de Simler et a comblé ultérieurement et au moins partiellement cette lacune puisque la collection Payen comprend un Münster de 1568 lui ayant appartenu.

1   *La république des Suisses [...] descrite en latin par Iosias Simler de Zurich*, Antoine Chuppin et François Le Preux, Genève 1577, l'édition originale latine ayant paru la même année chez Christophe Froschouer (neveu) à Zurich sous le titre *De republica helvetiorum libri duo, auctore Iosia Simlero, Tigurino*, excudebat Christophorus Froschouerus, 1577.

2   Il convient de souligner à cet égard que l'ouvrage de Simler est muet sur tout ce qui touche aux dissensions religieuses entre cantons et entre Suisses à l'intérieur même des cantons. On en voudra pour preuve que, bien que pasteur lui-même et disciple de Zwingli, il ne fait nulle allusion aux deux guerres de Kappel pourtant récentes (1529 et 1531) et qui sont les deux premières guerres de religion en Europe, non plus qu'à la mort de Zwingli sur le champ de bataille de la deuxième guerre de Kappel en 1531. De la même manière n'apprend-on rien à sa lecture sur les controverses théologiques relatives à la présence réelle entre Zwingli et Luther qui se sont pourtant physiquement rencontrés et théologiquement affrontés au colloque de Marburg du 1er au 4 octobre 1529. Il est difficile de connaître la raison de ce silence, Simler ne s'en expliquant nulle part. On peut penser que le souci de Simler était de préserver la liberté et l'unité du peuple suisse face à ses puissants voisins

de ce dernier que Montaigne a pu être initié aux subtiles différences entre Luthériens, Zwingliens et Calvinistes, tant sur la question de la présence réelle que de la prédestination ou encore l'iconoclasme, tous thèmes mentionnés dans le *Journal*. C'est au demeurant essentiellement par le dialogue avec les ministres des cultes qu'il s'informe des cérémonies propres à chacun d'eux comme des relations existant entre communautés. Mais au total, cela ne semble pas le retenir davantage que d'autres sujets comme les manières de table ou les costumes et coiffures…

S'agissant de savoir si Montaigne a réellement lu Simler, il est évidemment impossible d'en apporter la preuve, du fait, on l'a vu, qu'il ne cite explicitement ni son titre ni son contenu. Toutefois, à mon sens, il n'est pas nécessaire de pousser le paradoxe très loin pour tirer argument *a contrario* du silence presque total gardé par Montaigne sur les institutions politiques de la Suisse et pour conclure qu'il a bien lu l'ouvrage : il n'avait en effet pas besoin de se renseigner à ce sujet, *La République des Suisses* lui fournissant toutes les réponses nécessaires[1]. De plus, Montaigne a pu constater que le régime républicain suisse n'était pas aussi éloigné des institutions françaises que le terme de « république » ne pouvait le laisser entendre : même sans souverain, les hiérarchies sociales (notamment la noblesse) sont maintenues. De toute manière, Montaigne, on le sait, est extrêmement tolérant en matière d'institutions. Que l'on se souvienne de sa position très pragmatique :

---

en omettant tout ce qui était susceptible de les affaiblir. Au demeurant, il semble que cette ambition de maintenir à tout prix l'unité entre Suisses a été à l'origine du succès durable de l'ouvrage et ce n'est évidemment pas un hasard si, par exemple, la cinquième édition datée de 1607 et due à Gabriel Cartier contient, reliée dans le même volume, à côté du texte *ne varietur* de Simler, une anonyme *Exhortation aux Suisses en général pour leur conservation contre les esmeutes et dangers du temps présent* éditée simultanément à Genève par le même Gabriel Cartier, qui en est peut-être lui-même l'auteur.

1   Le seul passage consacré aux institutions suisses se situe au moment où, à Baden, son hôte lui explique que la ville abrite des Catholiques et des Protestants, ce qui amène Montaigne à observer que lorsque deux groupes obéissent à deux lois différentes dans le même État, « cela relasche les affections des hommes, la mixtion se coulant jusques aux individus, comme il advient à Augsbourg et villes imperiales ; mais quand une ville n'a qu'une police (car les villes de Souisse ont chacune leusr loix à part et leur gouvernement chacune à part soi, ny ne despendent en matière de leur police les unes des autres, leur conjonction et colligence, ce n'est qu'en certaines conditions générales), les villes qui font une cité à part et un corps civil à part entier, à tous les membres, elles ont de quoy se fortifier et se maintenir ; elles se fermissent sans doute et se resserrent et se rejoingnent par la secousse de la contagion voisine » (*JV* 23-24).

« Non par opinion mais en vérité, l'excellente et meilleure police est
à chaque nation celle sous laquelle elle est maintenue. Sa forme et
commodité essentielle dépend de l'usage » (*JV* 22). Évidemment et
pour finir, un autre élément d'explication au silence de Montaigne sur
Simler et les institutions suisses peut être trouvé dans l'alliance ferme
et ancienne entre le roi de France et les cantons, qu'il serait trop long
de détailler ici mais que Simler expose longuement. À ce sujet, on peut
hasarder avec quelque chance d'être dans le vrai que la connaissance
des affaires suisses que Montaigne a pu acquérir auprès de Simler a pu
lui être utile pour soutenir tout au long d'une journée l'entretien avec
le seigneur suisse, « fort bon serviteur de nostre couronne » (*JV* 22),
roulant sur les relations entre le royaume de France et la Confédération
(*JV* 22). Il serait même possible d'aller plus loin et de soutenir avec
quelque vraisemblance que l'ouvrage de Simler, portant sur les institutions et l'histoire politique de la Suisse, pouvait ainsi faire partie du
« programme de lecture » permettant à Montaigne de se familiariser
avec les questions diplomatiques en vue de l'exercice des fonctions
consulaires dont Philippe Desan[1] a montré qu'elles constituaient en
réalité le véritable but du voyage à Rome.

Enfin, si l'on recherche plus précisément des rapprochements entre le
texte de Simler et celui de Montaigne, on ne trouvera guère que le fait
que ce dernier reprend la mention de Tacite que Simler fait à propos de
Baden. De même, la description, certes lapidaire, de cette cité est très
proche dans les deux ouvrages. Il faut avouer que c'est peu.

Ce qui est certain, c'est que Montaigne ne disposait pas de l'autre
ouvrage de Simler qui aurait pu lui être utile et l'inciter à porter ses
pas vers le Valais[2]. En effet, cet ouvrage répondait aux deux préoccupations manifestées pendant tout son voyage : rechercher, trouver
et essayer des sources thermales efficaces et, on l'a vu, disposer d'un
bon guide des curiosités locales. Je me limiterai à citer ce qui est
dit dans l'annexe de l'ouvrage, annexe consacrée toute entière aux
sources thermales du Valais, à propos de la source de Leukerbad (en
français Loèche-les-Bains) : « *qui laborant calculo vesicæ convenit*[3] ». Cette

---

1   Philippe Desan, *Montaigne. Une biographie politique*, Paris, Odile Jacob, 2014.
2   *Vallesiæ descriptio libri duo, de Alpibus commentarius Iosia Simlero auctore…*, Tiguri excudebat
     CH. Froschouerus, 1574. Il s'agit de l'unique édition ancienne, non traduite avant le
     vingtième siècle.
3   *Ibid.* f. 146vº.

station thermale manquera donc à la science de Montaigne qui, le rappelle Philippe Desan, dit avoir essayé « *quasi tous les bains fameux de la Chrestienté*[1] ».

MONTAIGNE QUITTE SIMLER

Paradoxalement, nous sommes mieux renseignés sur les circonstances de la séparation des deux esprits que sur celles de leur fréquentation, circonstances en effet mieux décrites et pleines d'intérêt. On sait que, dès qu'il entre dans les États pontificaux, Montaigne voit ses bagages minutieusement fouillés et tous ses livres saisis pour examen. L'usage était en effet que les ouvrages détenus par les voyageurs fussent emportés pour être soumis à un censeur spécialisé pendant un laps de temps indéfini, et ceci sans garantie d'être restitués, au point que le *Journal* précise que cette rétention de ses ouvrages « avoit tant de longueur qu'un homme qui auroit autre chose à faire les pouvoit bien tenir pour perdus » (*JV* 92). On a vu aussi qu'ils lui furent tous rendus sauf la *République des Suisses*, ouvrage confisqué au seul motif que son traducteur anonyme était hérétique, ce qui provoque l'admiration de Montaigne devant tant de connaissance des auteurs de langue française par les censeurs romains. En effet, si le terme « retenir » employé par Montaigne à propos de l'ouvrage de Simler peut certes avoir le sens de « porté à charge », ici, il doit selon moi s'entendre dans son sens matériel, par opposition à la formule introductive de l'épisode du 20 mars « ce jour au soir me furent rendus... » (*JV* 119).

Sur le fond, on pourrait toutefois s'étonner à bon droit que la confiscation de l'ouvrage s'appuie sur la qualité d'hérétique du traducteur, anonyme rappelons-le, et non, plus évidemment, sur celle de l'auteur, pasteur protestant ayant déjà publié. L'explication en est probablement ce que Montaigne lui-même a souligné : il avait affaire à un censeur français et des juges italiens et non à des connaisseurs des auteurs de langue germanique, même publiant en latin, comme Simler l'était.

---

1   *Essais*, II, 37, cité par Ph. Desan, *Montaigne. Une biographie politique, op. cit.*, p. 382.

Il est donc temps de nous intéresser au mystérieux traducteur, responsable indirect des mécomptes de Montaigne. Il s'agit selon toute vraisemblance d'Innocent Gentillet, juriste huguenot français qui n'est plus guère connu aujourd'hui que par son ouvrage dirigé contre les théories de Machiavel, qui a fait autorité en France jusqu'au XVIIIe siècle[1] et qui semble du reste cité par Montaigne[2]. Sa vie est très mal connue, les seuls éléments incontestables étant sa naissance en 1532, sa présence comme conseiller au Parlement du Dauphiné et ses longs séjours à Genève où il trouve épisodiquement refuge pour y mourir en 1588 ou 1595 selon les auteurs.

S'agissant de ses rapports avec Simler, Gentillet nous livre une précision intéressante dans sa préface : devant la mort prématurée et inattendue de Simler (même si sa première crise de goutte, la maladie qui l'emporta, remontait à quelques mois après la parution de son premier ouvrage), dit-il au lecteur, « j'ai estimé qu'il était temps de m'acquitter de la promesse que je lui fis (lorsqu'il m'envoya l'exemplaire latin) que je mettrais ces deux livres en notre langue, s'il le trouvait bon, en attendant l'autre ouvrage[3] ». Cet autre ouvrage était la grande histoire des Suisses que Simler avait projeté de faire, comme il le dit en sa préface[4]. Il est probable que Gentillet avait appris à connaître Simler et son œuvre lors de son exil à Genève, mais sans qu'il soit possible d'en savoir davantage.

Pour en revenir à la saisie de l'ouvrage, il reste à tenter d'expliquer d'une part comment le censeur pouvait savoir qui était le traducteur de

---

1   *Discours sur les moyens de bien gouverner et maintenir en bonne paix un royaume ou autre principauté divisez en trois parties etc. contre Nicolas Machiavel*, 1576. Ouvrage paru sans nom d'auteur ni d'imprimeur, le nom de Gentillet n'apparaissant qu'à partir de 1585. Pour plus de détails, on se reportera à la préface de l'édition moderne de l'*Antimachiavel*, dénomination sous laquelle l'ouvrage a été rapidement connu, donnée par C. Edward Rathé chez Droz à Genève en 1968 dans la collection *Les classiques de la pensée politique*.

2   Vient de l'*Anti-Machiavel* de Gentillet la formule ouvrant le chapitre XXVII du livre II des *Essais* intitulé « Couardise mère de la cruauté » : « Jai souvent ouï dire que la couardise est mère de cruauté ». Cette phrase étant présente dans l'édition de 1580, parue, on le sait, avant son départ en voyage, on peut donc en conclure que Montaigne était déjà lecteur de Gentillet, mais sans le savoir, avant que de l'être aussi dans sa traduction de Simler, sans le savoir non plus.

3   Recto du premier feuillet non paginé du texte figurant en tête de la *République des Suisses* sous le titre « Le translateur aux lecteurs S. ».

4   « Or, en attendant que je parachève l'histoire entière de Suisse, dès longtemps commencée, souvent entremise et que j'ai presque quittée, j'ai voulu mettre en lumière ce petit commentaire qui est comme un abrégé, etc. », *La République des Suisses*, p. 6-7.

Simler et, s'il avait appris qu'il s'agissait d'Innocent Gentillet, comment le censeur pouvait avoir connaissance de la qualité de protestant de Gentillet. La première question ne saurait recevoir de réponse en l'état de notre information. En revanche, la qualité de protestant de Gentillet pouvait plus facilement être connue dans la mesure où il avait déjà publié deux ouvrages, bien que parus sans nom d'auteur. Le premier, daté de 1574, est un ouvrage politique dans lequel il plaidait pour la paix en France entre Catholiques et Protestants[1]. Le second, paru en 1576[2], est celui qui lui a valu l'estime de ses contemporains, protestants aussi bien que catholiques, et de connaître de nombreuses éditions tout au long du siècle suivant sous le titre d'*Anti-Machiavel*. C'est très probablement le succès immédiat de ce dernier qui a valu à Gentillet d'être connu malgré sa précaution d'anonymat. En revanche, il est permis de s'interroger davantage sur le fait que le nom de Simler, pourtant présent sur la page de titre de l'ouvrage, n'ait pas retenu l'attention du censeur. On peut certes comprendre que le censeur, de langue française, ignore tout de Simler, connu dans le seul monde germanique, mais on pourrait néanmoins logiquement s'étonner que le nom de l'auteur ne suffise pas à justifier la saisie car Simler, s'il ne figure pas encore dans le premier *Index* paru en 1559, fait bien partie des auteurs hérétiques proscrits par le Concile de Trente et est bien présent dans la liste imprimée en 1564. Cette incohérence confirme le jugement souvent porté par les spécialistes de l'histoire de la censure pontificale, selon lequel le Maître du Sacré Palais et ses collaborateurs, chargés de la surveillance des ouvrages introduits à Rome, n'étaient qu'une administration comme une autre avec ses faiblesses et ses lacunes. En particulier, on voit ici qu'elle ne collaborait pas étroitement avec la congrégation de l'*Index* fondée en 1571

---

1   *Remonstrance au roi très-chrestien Henri III de ce Nom, Roy de France et de Pologne, Sur le faict des deux Edicts de sa Maiesté donnez à Lyon, l'un du X de septembre et l'autre du XIII d'Octobre dernier passé, présente année 1574 ; touchant la necessité de paix et moyens de la faire*, Francfort, 1574. On rappellera, afin d'être complet sur les publications de Gentillet antérieures au voyage de Montaigne, que la réédition de la Remonstrance en 1576 s'accompagne d'un court texte de circonstance de Gentillet, mais tout aussi anonyme, sous le titre de *Briève Remonstrance à la noblesse de France sur le faict de la déclaration de Mgr. Le duc d'Alençon, faicte le 18 de septembre, 1575*, Aygenstein, Gabriel Jason, 1576.

2   *Discours sur les moyens de bien gouverner et maintenir en bonne paix un Royaume ou autre Principauté, Divisez en trois parties : à savoir, du Conseil, de la Religion & de la police que doit tenir un Prince. Contre Nicolas Machiavel Florentin. A Treshaut et Tres-illustre Prince François Duc d'Alençon, fils et frère de Roy*, s. l., 1576.

qui, elle, était spécifiquement chargée de tenir à jour l'*Index librorum prohibitorum* institué vingt-deux ans auparavant.

Ainsi, du fait du zèle de la censure pontificale, les routes de Simler et de Montaigne se séparèrent-elles brutalement et définitivement[1]. Il ne semble pas que, par la suite, Montaigne ait fait à nouveau l'acquisition de l'ouvrage car l'on n'en retrouve nulle trace dans sa librairie non plus que parmi les citations ajoutées ensuite par ses soins aux *Essais*. Simler n'a donc été qu'un compagnon de voyage certes discret mais que l'on peut penser avoir été utile et, pourquoi pas, apprécié par Montaigne, le Montaigne politique et diplomate plus que l'auteur des *Essais*.

Jean-Étienne CAIRE
Ministère des Affaires sociales
et de la Santé

---

1   On ne saurait en effet qualifier de retrouvailles de Montaigne avec Simler l'entrée des *Essais* dans l'*Index* par le décret pontifical du 1er juin 1676!

COMME UN DÉSIR DE GRÈCE

[I]l fust allé plutost à Cracovie
ou vers la Grece par terre (*JV* 61)

Nous vinmes coucher à ROUVIGNE, cinq lieues. Petite ville tout joignant l'escueil de S. André, sur une langue de terre, dont le terroir voisin est tres-fertile en vignes et en oliviers. Le vin y est bon. M. de M. disoit que c'est la raison pour laquelle on y void quantité de boiteus, parce que le vin violent est le pere et le nourricier de la goute et de la sciatique. Les femmes [...].

Las ! on ne saura pas ce que le mystérieux « M. de M. » ou son secrétaire pensait des femmes de cette contrée, car le manuscrit découvert par votre serviteur dans le coffre d'une vieille et noble maison de l'antique Raguse (aujourd'hui Dubrovnik) est ici lacunaire. Il n'en reste d'ailleurs que des lambeaux, et celui qu'on vient de lire[1] révèle la présence de nos énigmatiques voyageurs en Istrie, plus précisément à Rouvigne ou Rovigno (aujourd'hui Rovinj), sur la côte est de l'Adriatique. C'est ce que confirme un autre fragment, amputé de ses premières lettres : « [...] LA ». Je suppose qu'il s'agit de [PO]LA, aujourd'hui Pula, autrefois important marché de tissus de laine selon Fernand Braudel[2] :

[PO]LA où nous allames le lendemain, est une des plus anciennes villes de l'Istrie, et elle se sent aussi beaucoup de son antiquité. A peine y a il presentement sept à huit cens habitans, et si l'on n'y voyoit pas des marques de son ancienne grandeur, personne ne croiroit que c'eust esté une republique, comme nous l'avons appris d'une inscription gravée sur la base d'une statuë de l'empereur Severe, où elle est appellée *Respublica Polensis*. Ce marbre est à la cour du Dome, et on faillit à le mettre aux [...]

---

1   Prière d'attendre les notes 3 et 5 pour plus de précisions sur les textes cités.
2   Fernand Braudel, *La Méditerranée et le monde méditerranéen à l'époque de Philippe II*, Paris, Armand Colin, 1979, t. I, p. 212-252.

Nouvelle et irritante lacune, que je me garderai bien de vouloir combler par de hasardeuses conjectures… Nos voyageurs quittent ensuite l'Istrie pour la Moriaquie, plus précisément pour Fiume (aujourd'hui Rijeka), port qui servait de base aux pirates Uscoques. Peu nombreux, mais redoutables, ces Serbes chassés de Bosnie par les Ottomans avaient reçu l'aval de Trieste et de l'Empereur pour les raids qu'ils lançaient contre les Vénitiens. Ici, par chance, le fragment est intact :

> Au matin, M. de M. quitta FIUME et la marine [le rivage] pour gravir, seul et à pied, les 500 degrez qui menent au convent des Franciscains. Il y vit une paincture de la Vierge offerte par le pape Urbain second en memoire du premier miracle du remuement de la Santa Casa, cette maisonnette de la Vierge en Nasaret qui a esté transportée des et puis [depuis], et pour la seconde fois, par des anges jusqu'à Lorette, au grand dam des Esclavons [Slavons] d'ici, qui ne se consolent nullement de cette perte. Ils disent que quand il fait beau, ils descouvrent au dela du golfe, du haut de leurs montaignes, le rivage d'Ancone. Ce ne sont alors que cris, protestations, promesses à Nostre Dame pour retourner à eux, regrets de luy avoir donné occasion de les abandonner. Tant que c'est merveille.

Cette fois, aucun doute possible sur l'identité de « M. de M. », car le texte est étrangement proche de celui de pages bien connues du *Journal de voyage de Michel de Montaigne* (*JV* 142-143)[1], là où il est question de Lorette, sur l'autre rive de l'Adriatique, lieu symétrique et rival de ce couvent des Franciscains de Trsat (autrefois Tersaticum). Si proche, même, qu'on pourrait penser à un plagiat. Mais lequel de ces deux documents plagie l'autre ? Suspendant mon jugement, je ne me prononce pas.

La suite manque. Rien sur l'actuelle Split (autrefois Spalato) et l'antique palais de l'empereur Dioclétien, rien sur la riche et dynamique république de Raguse ouverte aux marchands turcs, d'où les voyageurs qui étaient arrivés de Venise par bateau prenaient la route de Stambul (jadis Constantinople), cette grande capitale de l'Empire Byzantin puis de l'Empire Ottoman qu'ils atteignaient en une quinzaine de jours, allant de caravansérail en monastère, tels Jean Chesneau en 1547 ou Philippe Dufresne-Canaye en 1573[2].

---

1   *JV* : abréviation pour *Journal de voyage de Michel de Montaigne*, cité d'après l'édition de F. Rigolot, Paris, Presses Universitaires de France, 1992. Incluse dans le texte, cette référence est suivie de la pagination.
2   Yvelise Bernard, *L'Orient du XVIe siècle. Une société musulmane florissante*, Paris, L'Harmattan, 1988, p. 102-104.

Est-ce cette direction qu'ont prise un moment nos cavaliers ? Ou bien ont-ils suivi le « liseré dalmate » (Braudel) entre mer et montagne, jusqu'à Epidamne (Dyrrachium), sur la côte albanaise, pour contempler la mer où s'affrontèrent les flottes de César et de Pompée, et de là emprunter un moment l'antique *via Egnatia*, qui traversait tous les Balkans depuis la conquête romaine ? Ou plus loin encore, jusqu'au golfe d'Ambracie, lieu de la célèbre bataille d'Actium, tout aussi fratricide, entre Octave et Antoine ? On sait Montaigne attentif à toutes les guerres civiles, celles du passé comme celles de son temps… Sont-ils allés alors jusqu'au golfe de Corinthe où la ville de Lépante (aujourd'hui Naupacte) résonnait encore du bruit de la bataille navale qui avait vu tout récemment, en 1571, la Chrétienté l'emporter sur « le Turc », comme on disait alors ?

Pour le savoir, encore faudrait-il pouvoir localiser le village dont il est question dans le dernier fragment subsistant, rédigé cette fois par « M. de M. » lui-même, comme si, privé d'un secrétaire qu'il aurait congédié, il lui avait fallu mettre la main à la plume. Nous ne sommes plus sur le littoral catholique, plus ou moins sous contrôle vénitien, mais à l'intérieur des terres, en un lieu où la conquête ottomane semble s'être assez bien accommodée d'une religion orthodoxe solidement implantée :

> Nous allames au village le plus proche appellé Kainourio, c'est a dire le village neuf, pour y chercher des chevaux. J'y couchai chez un Grec, qui me receut avec l'Evesque de S., qui y estoit venu avec moi, et qui avoit le mesme dessein que nous. Nostre hoste nous traita le mieux qu'il luy fut possible, et parce que l'evesque qui estoit caloyer [moine], comme ils le sont tous, ne mangeoit pas de la viande, selon les regles de leur ordre, il nous fit un repas de raisins, de figues, de miel en rayons, d'œufs, de fromage et de melons d'eau que les Grecs appellent Aagourie.

Et c'est tout ! Le lecteur curieux de tout ce qui touche à Montaigne devra se contenter de ces pauvres notes échappées aux rats, aux vers et aux blattes… ou plutôt à mon désir de fantaisie et à ma lecture rapide du *Voyage* de Jakob Spon et George Wheler[1] ! Si j'ai cité *et adapté* ci-dessus telle ou telle page de cet ouvrage de 1678, c'est pour donner un peu de

---

1   Jakob Spon et George Wheler, *Voyage d'Italie, de Dalmatie, de Grèce, et du Levant*, Lyon, A. Cellier fils, 1678.

corps à ce qu'avait écrit le secrétaire anonyme de Montaigne (le vrai, cette fois !) à Rovere ou Rovereto, ville de l'Archiduc d'Autriche sur la route de Trente à Vérone, tandis que son maître se régalait d'oranges, de citrons et d'olives, le dimanche 30 octobre 1580 : « Je croy à la verité que, s'il eust esté seul avec les siens, il fust allé plutost à Cracovie ou vers la Grece par terre, que de prendre le tour vers l'Italie » (*JV* 61)[1]. Telles sont les paroles qui m'ont incité à offrir à Montaigne, sur la côte orientale de l'Adriatique, un petit périple à cheval auquel ses jeunes compagnons l'avaient contraint à renoncer, impatients qu'ils étaient d'arriver à Rome, but de leur voyage[2]. La phrase du secrétaire nous apprend que son maître n'était ni si pressé ni si résolu, et qu'il voyageait d'abord pour le plaisir de voyager.

ALLER « VERS LA GRÈCE »,
MAIS « PAR TERRE »

Le témoignage du secrétaire distingue une destinations précise, « Cracovie », alors capitale de la Pologne dont Henri d'Anjou, futur roi de France sous le nom de Henri III, avait été roi quelques années auparavant[3], et deux approximatives : « vers la Grèce » et « vers l'Italie ». Des directions, plutôt que des pays bien définis. En vérité, Œdipe-Montaigne n'a pas le choix, car, outre son possible projet romain d'ambassade, un contrat le lie à ses jeunes compagnons de route. Il lui faudra « prendre le tour » de l'Italie avant de retourner en France au terme d'une boucle plus ou moins longue dans la péninsule.

---

1   En dépit de cette déclaration du secrétaire, dont la supposition n'a pas été corrigée par son maître lorsqu'il a pris la plume pour lui succéder, Philippe Desan (*Montaigne. Une biographie politique*, Paris, Odile Jacob, 2014. Voir le chapitre VII, « L'appel de Rome... ») pense que Montaigne allait à Rome dans l'espoir d'y être nommé ambassadeur auprès du Saint-Siège. L'ambition d'un côté (Rome) et le désir de l'autre (Cracovie, la Grèce) ? « Nous sommes, je ne sais comment, doubles en nous-mêmes... ». À moins que ce désir n'ait pas été seulement celui d'un voyageur : plutôt que de se rendre à Rome, Montaigne aurait-il préféré suivre l'exemple de son ex-collègue du Parlement, Montaignac, envoyé en mission en Orient quelques années plus tôt (*ibid.*, p. 328) ?
2   Le jeune frère de Montaigne devait par exemple y prendre des leçons d'escrime.
3   Voir ici-même l'article d'Elisabeth Schneikert à ce sujet.

Aller en revanche « vers la Grèce », c'eût été s'éloigner de plus en plus de sa maison en délaissant la route de Vérone, Padoue et Venise pour celle d'Aquilée, Trieste et Fiume. On aurait pu ensuite longer le littoral de l'ancienne Illyrie, puis gagner l'Albanie où continuait à résonner, comme au tout premier chapitre des *Essais*, le nom célèbre de « Scanderberch, prince d'Epire », valeureux résistant à l'occupation turque, et peut-être de là, par des chemins de montagne, passer dans le monde grec et orthodoxe pour essayer d'atteindre Delphes, Thèbes, Athènes, Corinthe, voire la Morée et Sparte... si toutefois ces noms ou ces cités illustres n'avaient pas à jamais disparu.

Mais pourquoi, « par terre » et sans doute toujours à cheval, alors que l'usage le plus répandu était encore, à cette époque, de faire la traversée de Venise à Raguse par bateau ?

Première réponse possible : par souci de sécurité. On se souvient de ce qui a été dit des pirates de Fiume. Malgré leur défaite de Lépante, les Turcs n'avaient pas, d'autre part, renoncé à la maîtrise des eaux. Les chemins de terre étaient-ils plus sûrs, surtout quand on quittait le littoral ? On peut en douter, mais en France même, ils ne l'étaient guère. Un Périgourdin « assis dans le moiau de tout le trouble des guerres civiles de France[1] » était bien placé pour le savoir. Ici ou là, mêmes dangers.

Une autre réponse plus personnelle nous est donnée au chapitre « Des coches », postérieur au voyage de Montaigne :

> Je ne puis souffrir long temps (et les souffrois plus difficilement en jeunesse) ny coche, ny littiere, ny bateau, et hay toute autre voiture que de cheval, et en la ville, et aux champs : Mais je puis souffrir la licitiere, moins qu'un coche : et par mesme raison, plus aisement une agitation rude sur l'eau, d'où se produict la peur, que le mouvement qui se sent en temps calme[2].

Les services météo de l'époque auraient-ils pu rassurer Montaigne sur ce point, et lui promettre quelque bon coup de vent ? Thevet et Dufresne-Canaye, qui avaient préféré longer la côte par bateau, avaient, quant à eux, essuyé la tempête sans beaucoup d'agrément !

Une troisième réponse peut être prise du chapitre « De la vanité », là où l'auteur évoque la façon de voyager qui a ses préférences :

---

1   Montaigne, *Les Essais*, II, 6, 391, dans J. Balsamo, M. Magnien et C. Magnien-Simonin (éd.), Paris, Gallimard, coll. « Bibliothèque de La Pléiade », 2007.
2   *Essais*, III, 6, 944. Par convention, le titre est désormais mentionné sans article défini.

> Moy qui le plus souvent voyage pour mon plaisir, ne me guide pas si mal. S'il faict laid à droicte, je prens à gauche : si je me trouve mal propre à monter à cheval, je m'arreste [...]. Ay-je laissé quelque chose à voir derriere moy, j'y retourne : c'est tousjours mon chemin. Je ne trace aucune ligne certaine, ny droicte ny courbe. Ne trouve-je point où je vay, ce qu'on m'avoit dict ? comme il advient souvent que les jugemens d'autruy ne s'accordent pas aux miens, et les ay trouvez le plus souvent faux : je ne plains pas ma peine : J'ay apris que ce qu'on disoit n'y est point[1].

Il faut évidemment croiser ces propos de Montaigne auteur avec ce que le secrétaire du voyageur nous avait dit de lui une dizaine d'années auparavant : ils permettent de mieux comprendre pourquoi « Monsieur de Montaigne » était un peu contrarié de devoir se rendre à Rome avec le jeune d'Estissac et sa suite au lieu de s'aventurer librement en un pays « estrange » avec les « siens ».

« Par aventure », cette locution que Montaigne utilise volontiers dans ses écrits, pourrait bien rendre compte aussi de sa manière de voyager, qui est d'abord une manière d'être, de sentir et de bouger, héritée de « nature », renforcée par « discours ». Une telle façon de procéder, au sens propre du terme, fait en quelque sorte de cet itinérant par goût et par curiosité, ni commerçant, ni explorateur, ni « antiquaire », ni chargé de mission, l'inventeur des vacances mobiles d'aujourd'hui, du moins de celles qui, non programmées, ne prisent rien plus que la disponibilité et la surprise.

L'autre syntagme que nous interrogeons, c'est « vers la Grèce ». Faisant pendant à Cracovie, on pourrait attendre ici le nom d'une ville grecque, par exemple la plus prestigieuse d'entre elles, Athènes, même si Montaigne lui préférait sans doute la laconique Sparte. Il nous faut ici ouvrir la *Cosmographia universalis* de Sébastien Münster, au Livre IV, « De Græcia », où Athènes ne mérite qu'une manchette, trois vignettes convenues et à peine plus d'une page de texte. On peut ainsi traduire l'avant-dernière phrase de cette rapide évocation : « Au reste, l'illustre ville d'Athènes, qui autrefois fut la plus belle de toutes par ses murailles, ses monuments, ses armées, ses richesses, ses héros, son intelligence et sa sagesse, ressemble aujourd'hui à un petit bourg fortifié, et elle a pour nom Sethina[2] ».

---

1   *Essais*, III, 9, 1031.

2   *Cosmographiæ uniuersalis Lib. VI*, Bâle, H. Petri, 1550, p. 926-928 (consultable sur Gallica). Le livre IV (p. 921) a pour titre : « *Descriptio Græciæ, quæ olim una fuit ex præcipuis et*

Tel est aussi le nom que lui donneront un peu plus tard Spon et Wheler, tout au début de leur « Description d'Athènes, de Salamine, et du Golfe d'Egina », en précisant qu'il ne provient pas des Turcs ni des Grecs, mais des marins. Ces deux auteurs rappelleront aussi qu'en 1575, dans une longue lettre à l'humaniste Martin Crusius, Théodose Zygomalas, tout en confondant « Parthenon » et « Pantheon », avait ainsi décrit la sculpture qui en orne le fronton : « sur le grand portail, il y a deux chevaux qu'on diroit estre vivant[s], et se vouloir repaistre de chair humaine. On dit qu'ils sont l'ouvrage de Praxitele [en fait Phidias], où il s'est surpassé lui même et où il a donné une ame à la pierre par une expression si naturelle[1] ».

En 1584, Crusius avait publié à Bâle *Turcograeciae libri octo*, huit livres sur la « Turco-Grèce » qui doivent tout ou presque à Zygomalas et qui feront naître chez les humanistes européens un courant philhellène, non plus seulement en faveur des anciens Grecs, mais des Grecs bien vivants, fussent-ils abâtardis et leur langue devenue vernaculaire. Mais lorsqu'il se trouvait à la croisée des chemins, à Rovère, en octobre 1580, Montaigne n'avait pas lu Crusius, et pour cause. Son intérêt pour la Grèce doit donc être cherché ailleurs que dans l'engouement que cette publication fera bientôt naître pour une « Grèce » en quelque sorte actualisée.

Il nous faut par conséquent retourner dans sa « librairie » pour voir ce qui, parmi ses livres, dans le sillage des anciens Romains et des humanistes européens, aurait pu lui insuler un « désir de Grèce ».

---

insignioribus Europæ nationibus, hodie uero sub barbaro populo tota fere inculta iacet. a Turca inhabitata » (« Description de la Grèce, qui fut autrefois une des premières et des plus nobles nations d'Europe, mais qui, aujourd'hui assujettie à un peuple barbare, est presque entièrement sauvage ; elle est habitée par le Turc »). La carte jointe distingue l'Albanie et l'Epire, la Grèce proprement dite (« Griechenland » : Béotie et Attique) et la Morée (Péloponnèse). L'*incipit* du passage concernant Athènes ressemble à une épitaphe : « *In Attica regione fuit Atheniensis ciuitas, liberalium literarum et philosophorum mater* » (« En Attique fut la cité d'Athènes, mère des lettres et de la philosophie »). Montaigne a possédé au moins un exemplaire de l'édition en français de Belleforest, signé par lui au bas du titre : Sebastien Monstere, *Cosmographie universelle*, Bâle, H. Petri, 1556 (Rés. Z Payen 494). Est-ce lui qu'il regrette de ne pas avoir emporté dans ses « coffres » (*JV* 32) ?
1 Spon et Wheler, *op. cit.*, p. 79, 114.

LA CULTURE GRECQUE DE MONTAIGNE

Au XIXᵉ siècle, se fondant sur ce que l'auteur des *Essais* dit lui-même
de son « apprentisse et puerile intelligence » du grec[1], Jean-François
Payen et Paul Bonnefon pensaient qu'il ne pouvait le lire couramment
et qu'il usait donc de traductions latines ou françaises, mais aussi qu'il
ne devait pas savoir bien l'écrire, étant donné qu'ils attribuèrent tous
deux sans hésitation à La Boétie les notes grecques qu'ils avaient pu
trouver dans les marges de livres ayant appartenu à Montaigne[2].

Sur le premier point, ils avaient sans doute raison, du moins pour
la traduction en latin de Platon et Plotin par Ficin ou celle de Stobée
par Gesner, et pour la traduction en français de Plutarque par Amyot
ou celle de Xénophon par La Boétie. Quant au second, la découverte
du Lucrèce annoté, où se trouvent plusieurs mots grecs inclus dans des
phrases latines écrites par Montaigne, et surtout la redécouverte du
Térence de 1538, dans les marges duquel le jeune homme a reproduit,
dès 1553, plusieurs citations grecques parmi d'autres latines, nous permettent aujourd'hui d'en juger autrement[3].

---

1   *Essais*, II, 10, 430.
2   Reinhold Dezeimeris fut plus prudent, qui se demanda si celles d'un ouvrage de Giraldi
    ne pouvait pas être le fait de Montaigne lui-même.
3   On pourra consulter à ce sujet et pour tout le développement qui suit, outre Michael
    A. Screech, *Montaigne's annotated copy of Lucretius*, Genève, Droz, 1998, plusieurs ouvrages et
    articles abondamment illustrés d'A. Legros : « La main grecque de Montaigne », *Bibliothèque
    d'Humanisme et Renaissance*, t. 61, 1999, n° 2, p. 461-478 ; *Essais sur poutres. Peintures et inscrip-
    tions chez Montaigne*, Paris, Klincksieck, 2000 (rééd. 2003) ; « Le "Giraldus"de Montaigne
    et autres livres annotés de sa main » (dont Ausone), *Journal de la Renaissance*, vol. 1, 2001,
    p. 12-88 ; « Trois livres annotés par La Boétie et légués à Montaigne », *Montaigne Studies*,
    vol. XVI, 2004, p. 11-36 ; « Notes de lecture de Montaigne » et « Sentences peintes de la
    librairie », dans Montaigne, *Les Essais*, éd. J. Balsamo, M. Magnien et C. Magnien-Simonin,
    op. cit., p. 1183-1316, 1852-1903 (nouvelles transcriptions des notes du Lucrèce incluses) ;
    Montaigne manuscrit, Paris, Classiques Garnier, 2010 (avec la transcription inédite des notes
    du Térence) ; « Le "Lucrèce" de Lambin annoté par Montaigne, lecteur de commentaires »,
    dans P. Ford et N. Kenny (dir.), *La librairie de Montaigne*, Cambridge, Cambridge French
    Colloquia, 2012, p. 81-102. Voir aussi K. E. Christodoulou (dir.), *Montaigne et la Grèce :
    1588-1988*, Paris, Aux Amateurs de Livres, 1990 ; ainsi que les différentes notices relatives
    à la Grèce (langue, littérature, histoire, philosophie, civilisation, avec bibliographies) dans
    P. Desan (dir.), *Dictionnaire de Michel de Montaigne*, Paris, H. Champion, 2004. On peut
    aussi consulter le site des *Bibliothèques Virtuelles Humanistes* (projet « MONLOE » porté par

Quelques mots de grec autographes sur l'Exemplaire de Bordeaux (désormais EB) auraient dû toutefois ébranler les certitudes, car on pouvait, à partir d'eux, reconnaître la main grecque de Montaigne dans les marges d'un Ausone et d'un Giraldi. Les arrêts manuscrits du Parlement de Bordeaux au rapport de La Boétie auraient pu en outre conduire Bonnefon qui, le premier, en avait transcrit et publié quelques-uns, à authentifier la main latine du Sarladais dans les notes marginales d'un Egnatius (Cipelli), d'un Diogène Laërce et d'un Xénophon, à défaut de pouvoir reconnaître aussi sa main grecque dans celles d'un Appien, d'un Sophocle, d'un Strabon et d'un Victorius (Vittori)[1]. Que ce soit en français, en latin ou en grec, l'écriture de La Boétie diffère beaucoup de celle de son ami.

Un premier constat s'impose : la main grecque de Montaigne est particulièrement alerte, visiblement exercée, et, pourrait-on dire, heureuse. Du grec, Montaigne savourait donc au moins la beauté des lettres minuscules, qu'il traçait et liait avec aisance, et aussi celle des capitales carrées qu'il fit peindre, en noir sur fond blanc, au plafond de sa « librairie » pour l'orner de sentences grecques parmi d'autres latines. Plus tard, bien qu'il ait omis de corriger sur EB les citations grecques parfois fautives dans la partie imprimée[2], les quelques mots de grec qu'il y a ajoutés à la main sont exacts. Parmi eux, on retrouve « *ariston metron* », mot d'un des Sept Sages (Cléobule) qu'il avait déjà inscrit à l'âge de vingt ans dans une marge de son Térence en faisant référence à Ausone chez qui, collégien, il avait trouvé cette invitation à chercher toujours et en tout la mesure.

On pourra désormais ajouter à cette petite collecte les deux lignes de grec que je viens de découvrir à la lampe de Wood sur le plat supérieur des *Dialoghi di Amore* de Léon Hébreu conservés à Bordeaux (signature de Montaigne au titre) et qu'on peut ainsi translittérer par commodité : « *Ho d'an idèis[3] mè lege / all' eidôs siga* » (« Ce que tu sais, ne le dis pas,

---

M.-L. Demonet, CESR, Université de Tours) pour avoir accès aux fac-similés en couleur des livres annotés et à la transcriptions intégrale des notes de lecture de Montaigne et de La Boétie selon trois modes (diplomatique, régularisé, modernisé ou traduit), ainsi qu'à la liste, mise à jour, des livres de la « librairie » de Montaigne conservés.

1   Tous les ouvrages cités ici sont pourvus de la signature autographe de Montaigne au bas de la page de titre.

2   Je remercie Catherine Magnien-Simonin pour cette observation.

3   Avec iota souscrit dans le texte d'origine (subjonctif).

mais le sachant, tais-toi »). La sentence est sans rapport, semble-t-il, avec le contenu de cet ouvrage de droit. Répondant aimablement à ma demande d'information sur sa source, Jean Céard à trouvé dans Stobée[1] ce mot attribué à Solon, lui aussi l'un des Sept Sages. Quant à la main, sous rayonnement UV, aucune hésitation : c'est bien celle de Montaigne, en tous points reconnaissable, comme elle l'est aussi dans le tracé du titre court « *ANNALIVM* » inscrit au dos de la reliure en parchemin. Ce qu'avait bien vu, cette fois, Bonnefon.

Voilà qui nous ramène aux livres de la « librairie » de Montaigne conservés. Les ouvrages en grec sont au nombre de treize, et les bilingues en grec-latin au nombre de cinq depuis que Barbara Pistilli et Marco Sgattoni ont ajouté à la liste le *Lexicon Graecolatinum* d'Henri Estienne conservé à la Bodleian Library (Oxford)[2]. Soit dix-huit en tout, sur une centaine. Onze de ces volumes se signalent par la présence d'un petit « b. » que je certifie être de la main de Montaigne et que j'interprète comme initiale de « boetie », donc comme marque de provenance. La Boétie a laissé de fait sur cinq d'entre eux des notes de sa main. Il a de même annoté deux des sept autres livres en latin affectés du même signe[3]. On ne saurait affirmer que Montaigne ait lu ou essayé de lire les ouvrages en grec qui lui venaient de son ami, pas plus d'ailleurs que ceux qu'il avait déjà acquis par lui-même, certains rudimentaires ou didactiques (l'alphabet grec de Lascaris, la grammaire de Gaza), d'autres plus savants (Denys d'Halicarnasse, Apollinaire de Laodicée, Synésius de Cyrène, Eusèbe de Césarée[4]).

Il n'est pas sûr non plus que la possession, voire la fréquentation de ces livres ait inspiré à Montaigne le désir d'aller « vers la Grèce » plus que ne l'avaient fait ses années d'apprentissage du grec. Même s'il a

---

1 Par exemple dans l'édition d'Oporin dont je dispose (Bâle, 1549, Sermo III, « De prudentia », p. 45). La traduction de Gesner est particulièrement concise : « Sciens tace ».

2 La communication de B. Pistilli à ce sujet lors du colloque de Cambridge sur la bibliothèque de Montaigne (Clare College, mars 2011, org. P. Ford) sera bientôt publiée chez Droz dans les *Labyrinthes de l'esprit* (édition des journées d'études FISIER de Montréal et Cambridge).

3 A. Legros, « Dix-huit volumes de la bibliothèque de La Boétie légués à Montaigne et signalés par lui comme tels », *Montaigne Studies*, vol. XXV, 2013, p. 177-188. Il s'agit dans tous les cas d'éditions antérieures à 1563, date de la mort de La Boétie, ils pourraient bien avoir fait partie du legs et avoir été transportés quelques années plus tard de Bordeaux à Montaigne.

4 Le Synésius conservé est celui de Bèze, mais Payen a inséré une page de titre mutilée de la même édition où la signature de Montaigne est intacte : il avait donc lui aussi son Synésius. L'Eusèbe, lui aussi signé, a figuré sur des catalogues de vente, puis il a disparu.

bénéficié au début d'une pédagogie nouvelle par le jeu, à entendre l'auteur des *Essais* dire qu'on « achète trop cher », au prix d'années d'effort, la maîtrise de la langue grecque, ou encore qu'il n'a fait de Plutarque son livre de chevet que depuis qu'il est « françois », on serait même porté à penser le contraire !

Et pourtant, on le voit, quand il annote à vingt ans son Térence, citer Théocrite, Sophocle et Eschyle, consulter les *Commentaires sur la langue grecque* de Budé et le *Lexicon Græcolatinum* de Jacques Toussain[1]. Vers 1571-1572, il se sert de Stobée pour orner son plafond de sentences sur le bonheur et sur l'orgueil. L'ostentation a sa part dans ce choix d'un décor savant[2] et l'auteur du chapitre « De trois commerces » reconnaîtra s'être « tapissé et paré » de livres bien au-delà de ses besoins[3]. Ces mots disent certes, par métaphore, comment, dans les années 1550, le jeune Montaigne avait suivi une mode intellectuelle : savants et poètes, calligraphes, fondeurs et typographes s'étaient entichés de grec depuis le règne du roi François Ier, et ils avaient fait des émules[4]. Mais dans la « librairie » dont les murs sont couverts de livres, ils prennent un sens bien concret.

Avant de quitter tout à fait les livres et cette « librairie » où Montaigne venait lire, écrire ou dicter, mais aussi, selon son mot, « rêver » (d'autres contrées, d'autre croyances, d'autres mœurs), on ne peut cependant passer sous silence la présence avérée ou probable d'ouvrages de géographie, d'histoire et de voyage, anciens ou modernes, traduits ou non, qui pouvaient alimenter ses « songes ». Pour s'en tenir aux pays qui nous intéressent, Appien consacrait une partie de son *Histoire romaine* à l'Illyrie, théâtre des guerres civiles. Dans sa *Géographie* (VII, 7,4), Strabon, dont Montaigne possédait au moins deux éditions, rappelait l'itinéraire établi par Polybe :

> À partir d'Appolônia, la via Egnatia court vers l'Orient et pénètre en Macédoine. Elle a été jalonnée par des milliaires jusqu'à Kypsela [...]. Les deux routes,

---

1   On retrouve le nom de ce lecteur royal dans les notes latines du Beuther, assurément autographes en dépit d'une tradition têtue qui, depuis Jean Marchand, les attribue à Pierre Eyquem, père de Michel.

2   La présence du grec signale cette ostentation comme telle. Le premier jeu d'inscriptions du plafond lui accorde une place importante. Le second lui fera la part moins belle en un temps où l'intérêt pour la langue grecque commence à décliner.

3   *Essais*, III, 3, 871.

4   Muret, Turnèbe, La Boétie, Le Ferron, tous bien connus de Montaigne, étaient d'excellents hellénistes. Plusieurs des livres de Montaigne sont imprimés en « grecs du roi ».

qui, d'Appolônia et d'Epidamne, conduisent à cette voie se rejoignent à mi-chemin entre les deux villes. On donne le nom de via Egnatia à la route dans son entier, mais le premier tronçon qui passe par Lychnis et Pylon, et va jusqu'à la ligne de séparation entre l'Illyrie et la Macédoine, est appelée route de la Candavia, du nom d'une montagne d'Illyrie. De là elle passe près du Barnous, puis par Héraclée, le pays des Lyncestes et celui des Eordiens, et par Edessa et Pella, atteint Thessalonique[1].

Même invitation à voyager dans la *Périègèsis tès oikouménès*, ce « Voyage autour du monde » qui avait fait donner le nom de Périégète (globe-trotter) à Denys d'Alexandrie, son auteur. Quant à Pausanias, Montaigne l'allègue au début du chapitre « De l'art de conferer », mais à tort, si bien qu'on ne peut savoir s'il l'avait ou non à sa disposition. Il en est de même de son exact contemporain Theodor Zwinger, auteur d'une *Methodus apodemica* parue à Bâle en 1577, auquel il rend visite lors de son passage dans cette ville.

Il ne faudrait pas enfin oublier les récits d'Homère, d'Hérodote et d'Apulée, qui, moins méthodiques ou apodémiques, mais beaucoup plus suggestifs, communiquaient plus que tous autres livres au lecteur d'alors comme à celui d'aujourdhui[2] un vif désir de Grèce et d'Orient.

ALLER CHEZ LES GRECS, ET MÊME CHEZ LES PERSANS

Mais laissons là les livres pour aller à la rencontre des gens, car ce qui attirait Montaigne « vers la Grèce », c'était peut-être plutôt cela : les gens, les habitants actuels de ce qui fut la Grèce et qu'on peut bien appeler des « Grecs », même si, comme il est dit dans les *Essais*, « Mehemed, celuy qui subjugua Constantinople, a apporté la finale extermination du nom Grec[3] ». Ils étaient sans aucun doute, pour le voyageur cultivé, plus étrangers que ces auteurs grecs anciens qui,

---

1   Christophe Chandezon et Athanasios Rizakis, « Les voies romaines de Grèce », *Dossiers d'archéologie*, n° 343, janvier-février 2011, p. 48.
2   Tel Jacques Lacarrière, qui naguère encore cheminait avec Hérodote et parcourait la Grèce en tous sens, l'antique et la moderne.
3   *Essais*, II, 33, 766.

familiers des humanistes, continuaient à converser entre eux dans l'intimité confortable de la « librairie » tandis que le maître des lieux chevauchait sur les routes de France, d'Allemagne et d'Italie, avec le désir d'aller plus loin encore[1].

Rencontrer des Grecs est assurément l'un des souhaits de Montaigne, comme il le confie au chapitre « De la vanité » : « Je peregrine tressaoul de nos façons : non pour chercher des Gascons en Sicile, j'en ay assez laissé au logis : je cherche des Grecs plustost, et des Persans : j'accointe ceux-la, je les considere : c'est là où je me preste, et où je m'employe[2] ». Dans cette déclaration, le « Persan » est la figure hyperbolique du Grec, plus lointain que lui et plus « estrange » encore. Montesquieu s'en souviendra : « comment peut-on être Persan ? » Montaigne n'est jamais allé en Sicile. Ce qu'il avait lu chez les Anciens a pu lui en donner l'envie : l'effervescence des Athéniens lors de l'expédition d'Alcibiade, la science d'Archimède et la sagesse excentrique d'Empédocle, Denys le tyran et le « divin » Platon, les idylles de Théocrite, les combats entre Carthaginois et Romains... Il n'y aurait guère rencontré de Gascons. Plutôt des populations mêlées de Grecs, d'Albanais, d'Arabes, de Berbères, de Juifs, de Normands, d'Espagnols, ainsi que quelques Turcs. Mais quel Français aurait eu l'idée d'y aller autrement qu'en passant et par mer ? La Sicile du XVIᵉ siècle ne fait pas partie du « Grand Tour » d'Italie. Carrefour maritime, elle n'est guère alors qu'une étape pour ceux qui, marchands, diplomates ou pèlerins, se rendent au Proche-Orient[3]. Il y a donc lieu de croire, dans ce contexte, que Montaigne tient la Sicile pour un pays difficile d'accès où il n'ira jamais, pays cosmopolite, pour lui d'autant plus attractif qu'il n'est pas encore fréquenté par ses compatriotes.

---

1   Quand et pourquoi s'est-il procuré la *Description de toute l'isle de Cypre*, d'Estienne de Lusignan, publiée à Paris par Chaudière en 1580 ? Chypre : une île tour à tour byzantine, latine, vénitienne et turque (depuis 1571), mais toujours plus ou moins rattachée au monde grec.

2   *Essais*, III, 9, 1032.

3   Voir à ce sujet Hervé Brunon, « Les paysages de Sicile décrits par les voyageurs français et britanniques aux XVᵉ et XVIIᵉ siècles », dans Mariella Colin et Marie-Agnès Lucas-Avenel (dir.), *De la Normandie à la Sicile : réalités, représentations, mythes*, Saint-Lô, Archives départementales de la Manche, n° 2, 2004 p. 173-193 (halshs.archives-ouvertes. fr/halshs-00138476). Avant 1610 (premières relations imprimées), l'auteur signale que les quelques comptes rendus de voyages en Sicile conservés sont tous manuscrits. Parmi eux figurent les *Discours viatiques* d'un groupe de gentilshommes français ayant séjourné dans l'île en 1589.

C'est d'abord ce cosmopolitisme que Montaigne a en tête quand il accole au nom de « Grecs » celui d'autres « nations ». Ainsi dans son *Journal de voyage* note-t-il avec satisfaction qu'Ancona est « fort peuplée et notamment de Grecs, Turcs et Esclavons » (*JV* 143), tous gens venus d'outre-mer. Ce que recherche le voyageur comme l'auteur, ce sont les villes « les plus espesses d'estrangers[1] ». Naples, autre port marchand de la Péninsule, mais sur l'autre rive et plus au sud, là où l'ancienne civilisation grecque avait laissé des traces, Naples donc aurait pu faire l'affaire : « je m'informay que de Lorette il se peut aller le long de la marine [côte] en huict petites journées à Naples, voyage que je desire faire. Il faut passer à Pescara et à la cità de Chieto [Chieti], où il y a un Procaccio [courrier, diligence] qui part tous les dimanches pour Naples » (*JV* 143). En 1580-1581, un tel voyage l'eût fait passer des États de l'Eglise au Royaume de Naples et Sicile, soit une partie de la Grande Grèce des temps anciens. C'est, dit cette fois Montaigne en personne, un « voyage que je desire faire », presque déjà un projet. Sans doute serait-il plus tard descendu à Naples, à peine plus fréquentée que la Sicile par les simples curieux, s'il n'avait dû retourner à Bordeaux pour prendre ses fonctions de maire. Faute d'avoir pu aller « à Cracovie et vers la Grèce », un voyage « à Naples et vers la Sicile » l'aurait peut-être contenté.

L'essentiel, c'était de se rendre sur place pour sentir et observer quelque chose du « remuement » universel que l'histoire générale des peuples nous révèle, comme il est dit dans les *Essais* :

> nos anciens Francons partis du fons d'Alemaigne, vindrent se saisir de la Gaule, et en deschasser les premiers habitans : ainsi se forgea ceste infinie marée d'hommes, qui s'escoula en Italie soubs Brennus et autres : ainsi les Gots et Wandales : comme aussi les peuples qui possedent à present la Grece, abandonnerent leur naturel païs pour s'aller loger ailleurs plus au large : et à peine est il deux ou trois coins au monde, qui n'ayent senty l'effect d'un tel remuement[2].

Il s'agit donc moins pour Montaigne de se livrer aux plaisirs de l'exotisme que de constater *de visu*, en « topographe » autant qu'en philosophe, ou plutôt déjà en anthropologue, qu'il n'y a d'« homme » que mêlé et remué par l'histoire. C'est cela qui l'intéresse.

---

1   *Essais*, III, 9, 1031.
2   *Essais*, II, 23, 720.

Il lui faut pourtant aller à Rome comme prévu et laisser Venise pour une autre occasion (il compte y retourner au cours du même voyage). Au moins pourra-t-il voir là-bas, à côté des Italiens et des Français, tous catholiques, des Juifs, des Portugais, des Espagnols et la plupart des « nations » de la Chrétienté. Et en effet, dès son premier séjour dans la Ville éternelle, voilà qu'il sympathise avec un chrétien d'Orient, plus attirant encore qu'un Esclavon, un Grec, un Turc ou un Persan, en la personne d'un « vieil patriarche d'Antioche, Arabe, très bien versé en cinq ou six langues de delà », mais qui n'a, ô merveille ! « nulle connoissance de la Grecque et autres nostres » (*JV* 113). Bref, un outre-Grec, un plus-que-Persan, comparable dans une certaine mesure aux Indiens qu'il dit avoir interrogés à Rouen par l'intermédiaire d'un « truchement » (un mot d'origine turque). Disposait-il, cette fois, d'un interprète à la hauteur ou bien n'en a-t-il même pas eu besoin ? On sait seulement que l'Arabe et le Périgourdin ont noué très vite des rapports de « familiarité ». Cela allait de soi.

Alain LEGROS
CESR, Tours

MONTAIGNE
ET L'APPEL DE LA POLOGNE

Pourquoi Montaigne désirait-il aller à Cracovie ?

C'est alors que la troupe vient d'entrer en Italie par Trente, après avoir traversé l'Est de la France, la Suisse et l'Allemagne, que le secrétaire commente l'itinéraire emprunté. Il est alors trop tard pour prendre le chemin direct vers des contrées septentrionales et orientales plus lointaines. Il aurait fallu pour cela prendre plein nord à Augsbourg[1]. Comme l'avait fait Henri d'Anjou quelques années plus tôt, il aurait fallu se diriger vers Heidelberg, Worms, Mayence, Francfort, Fulda, puis traverser les terres du prince électeur de Saxe.

La référence à la Pologne apparaît à Rovereto. Cette étape donne lieu à des notations domestiques. Le secrétaire consigne des remarques sur les mets – écrevisses, escargots ou truffes –, sur la netteté des chambres et meubles, sur les lits « de duvet fort délicat ». Elles sont suivies de commentaires sur l'itinéraire :

> Je crois à la vérité que, s'il eût été seul avec les siens, il fût allé plutôt à Cracovie ou vers la Grèce par terre, que de prendre le tour vers l'Italie ; mais le plaisir qu'il prenait à visiter les pays inconnus, lequel il trouvait si doux que d'en oublier la faiblesse de son âge et de sa santé, il ne le pouvait imprimer à nul de la troupe, chacun ne demandant qu'à la retraite[2].

La perspective de découvrir une nouvelle ville ou contrée le remplit de « désir et d'allégresse » et a des vertus thérapeutiques. La tension de l'esprit vers la nouveauté et la rencontre d'étrangers « amus[ent] son mal ». Suivent les remarques bien connues et explorées par la critique sur les retours et les détours de l'itinéraire, Montaigne ne pouvant « faillir

---

1   *Cf.* l'itinéraire d'Henri d'Anjou à travers l'Allemagne, voir P. Champion, *Henri III, roi de Pologne*, Paris, Grasset, 1943.

2   *Journal de voyage*, éd. F. Garavini, Paris, Gallimard, coll. « Folio », 1983, p. 153. Toutes les références au *Journal* sont données dans cette édition.

ni tordre sa voie, n'ayant nul projet que de se promener par des lieux
inconnus ; et pourvu qu'on ne le vît pas retomber sur même voie et
revoir deux fois même lieu, [qu'] il ne faisait nulle faute à son dessein »
(*JV* 153-154). Le voyage paraît s'effectuer au gré de l'occasion, suivant
la pente du vagabondage, pour le plaisir et la curiosité. La dimension de
l'imaginaire, nourri par la nouveauté permanente, n'est pas à négliger.

Comme on le sait, la majeure partie du voyage se déroule en Italie. Les
villes dans lesquelles Montaigne s'arrête le plus longtemps sont Florence,
Rome et les Bains de la Villa. Montaigne est nourri d'Italie bien avant
le voyage, dès l'enfance. Ses liens avec l'Italie et la langue italienne sont
anciens et profonds[1]. Très tôt, tout comme le latin, ils appartiennent à
son environnement. Pierre Eyquem a participé aux guerres d'Italie, il
« avait eu part aux guerres delà les monts : desquelles il nous a laissé un
papier journal de sa main, suivant point par point ce qui s'y passa, et
pour le public et pour le privé[2] ». Sa bibliothèque est remarquable par
ses ouvrages d'auteurs italiens en langue vulgaire. La table des lectures
établie par Villey permet d'en prendre la mesure[3]. Montaigne a ainsi
fréquenté L'Arétin, L'Arioste, Boccace, Gelli, Pétrarque, Le Tasse...
autant d'auteurs cités dans les *Essais*[4]. Il raconte lui-même avoir lu,
avec les *Métamorphoses* d'Ovide, l'*Énéide* de Virgile, Térence, Plaute,
« des comédies italiennes[5] ». On se souviendra aussi de la réflexion de
Montaigne sur les historiens, Machiavel et surtout Guichardin, dont il
lit la *Storia d'Italia* dans le texte original dès 1572[6]. Montaigne a ainsi
développé selon C. Dédéyan « des affinités intellectuelles indestructibles
avec l'Italie[7] ». Qui plus est, les *Essais* sont émaillés d'allusions et de
citations indirectes d'auteurs italiens[8]. Ainsi, lorsqu'il part en voyage,

1   Concetta Cavallini, *L'italianisme de Michel de Montaigne*, Paris, Presses de l'Université de Paris-Sorbonne, 2003, p. 17-47.
2   Montaigne, *Essais*, éd. P. Villey, Paris, PUF, 1983, II, 2, 344. Il serait intéressant de savoir si le journal du père de Montaigne contenait des passages rédigés en italien.
3   Pierre Villey, *Les Sources et l'évolution des* Essais, Paris, Hachette, 1908.
4   Par exemple, pour l'Arétin, I, 51, p. 307, l'Arioste, II, 10, p. 410-411, Boccace, *ibid.*, Pétrarque, II, 10, p. 412, Guichardin, II, 10, p. 418, A. Caro et les livres de lettres, I, 40, p. 253.
5   *Essais*, I, 26, 175.
6   Voir C. Cavallini, qui fait le point sur la question, *L'italianisme de Michel de Montaigne, op. cit.*, p. 27-47.
7   C. Dédéyan, *Essai sur le* Journal de voyage *de Montaigne*, Paris, Boivin, p. 73.
8   Par ailleurs, la forme des *Essais* a vraisemblablement subi quelque influence des genres alors en vogue en Italie, comme le dialogue, la conversation ou la lettre, qui préfigure l'essai.

il emmène dans son bagage un fonds culturel, un fonds linguistique et des représentations sur cette Italie dont il foulera bientôt le sol. Qu'en est-il pour la Pologne ?

Le fonds polonais de la bibliothèque est pauvre. Montaigne possède l'*Histoire des rois et princes de Pologne* de Herburt de Fulstin, parue à Paris chez L'Huillier en 1573. Il la lit en 1586, au retour donc, dans la traduction de François Baudouin. Calviniste et protégé d'Henri d'Anjou, celui-ci était présent à Paris lors de la venue de l'ambassade polonaise en mai 1573. Il était appelé à enseigner à Cracovie mais il est mort avant[1]. Montaigne possédait aussi les notes manuscrites d'un cours de droit qu'il avait donné à Paris en 1561, notes conservées aujourd'hui à la Herzog August Bibliothek de Wolfenbüttel[2]. En haut de la page de titre, on peut lire un *ex-libris* en latin proche de celui du *Flaminio* : « Michaël montanus[3] ». Ainsi, par le contact qu'il a eu avec le traducteur avant le voyage, Montaigne a peut-être pu parler de la Pologne. Il serait sans doute intéressant de voir si ce cours de droit contient des éléments relatifs au système gouvernemental polonais. Montaigne a peut-être parcouru aussi le livre de Marcin Kromer, qui contient une description savante du pays, de la société, des institutions et du régime politique. J. D. Solikowski l'avait offert à Henri d'Anjou en 1574[4].

La matière polonaise des *Essais* est pauvre aussi. Les notations sont postérieures au retour du grand voyage. Deux notations concernent l'époque contemporaine. La plus proche convoque Étienne Báthory, « celuy que les Polonnois ont choisi pour leur Roy apres le nostre, qui est à la vérité l'un des plus grands Princes de nostre siecle, ne porte jamais gands, ny ne change pour hyver et temps qu'il face, le mesme

---

1   Voir C. Magnien, « Montaigne historien de "l'expédition" de Henri d'Anjou en Pologne (1573-1574) ? hypothèses… », dans F. Argod-Dutard (dir.), *Histoire et littérature au siècle de Montaigne*, Genève, Droz, 2001, p. 200.
2   A. Legros, *Bibliothèques Virtuelles Humanistes*, 10 juillet 2013.
3   Voir au sujet de cette découverte récente I. De Smet et A. Legros, « Un manuscrit de François Baudouin dans la "librairie" de Montaigne », *Bibliothèque d'Humanisme et Renaissance*, t. LXXV, n° 1, 2013, p. 105-111.
4   *Poloniae gentisque Reipublicae descriptionis libri duo*, Francfort, 1575. Un jeune humaniste, J. Krasinski, préparait dans le même temps une autre description du pays. Voir A. Wyczanski, « Le personnel politique en Pologne », dans R. Sauzet (dir.), *Henri III et son temps*, Paris, Vrin, 1992, p. 116.

bonnet qu'il porte au couvert[1] ». Montaigne, s'il était allé à Cracovie, aurait pu le rencontrer, puisqu'il a régné de 1575 à 1586. Son règne s'est marqué par un autoritarisme accru et le ton élogieux de Montaigne à son égard appelle une interrogation. Faut-il lire cet éloge en contrepoint de ce que Montaigne pourrait dire d'Henri III ? La seconde notation témoigne des mutilations volontaires que s'infligent en gage de fidélité et de loyauté les nobles polonais et viendrait d'Henri III lui-même, qui a assisté à un tel acte lors de son court règne polonais et au moment de son départ de Pologne[2]. Dans les *Essais* de 1588, comme le fait remarquer A. Legros, on peut relever des passages empruntés à Herburt de Fulstin. Le premier entraîne le lecteur au XIIe siècle dans la lointaine histoire polonaise. Elle concerne Jaropelc, duc de Russie qui corrompit un gentilhomme hongrois afin de porter atteinte au roi de Pologne Boleslaus III. La manœuvre conduisit à la destruction de Visilicie, grande et riche cité, mais Jaropelc en conçut un grand remords, à tel point qu'il infligea au traitre un châtiment effroyable[3]. La référence suivante est aussi relative à des temps lointains : il s'agit de Boleslaus V, dit le Chaste, et son épouse Kinge, ou Cunégonde, fille du roi Bela de Hongrie, qui maintiennent la chasteté « à la barbe des commodités maritales[4] ». Enfin, l'exemple de Jean Zischa « qui troubla la Boheme pour la deffence des erreurs de Wiclef» et voulut « qu'on l'escorchast après sa mort, et de sa peau qu'on fist un tabourin à porter à la guerre contre ses ennemis[5] » s'insère dans une suite d'exemples sur les croyances attachées à la puissance conjuratoire que peuvent avoir sur le champ de bataille les reliques des vaillants soldats. Les *Essais* présentent d'autres emprunts à Herburt, mais ceux-ci ne concernent pas directement la Pologne, il y est question des pays limitrophes. Dans le chapitre « Des Destriers », les exemples du duc de Moscovie offrant du lait de jument

---

1 *Essais*, I, 36, 227.
2 « Il est ordinaire à beaucoup de nations de nostre temps, de se blesser à escient, pour donner foy à leur parole : et nostre Roy en recite de notables exemples, de ce qu'il a veu en Poloigne, et en l'endroit de luy mesme », Montaigne, *Essais*, éd. J. Balsamo, M. Magnien et C. Magnien-Simonin, Paris, Gallimard, coll. « Bibliothèque de La Pléiade », 2007, I, 40, 269. Lorsque Henri III quitta la Pologne, le grand Chambellan de la couronne se serait administré un coup de poignard dans le bras « pour assurer son maître d'un attachement éternel », J. A. de Thou, *Histoire universelle*, Londres, 1734, t. VII, voir p. 1456, n. 2.
3 *Ibid.*, III, 1, 837 – Fulstin f. 43r°-v°.
4 *Ibid.*, III, 5, 898 – Fulstin f. 70r°.
5 *Ibid.*, I, 3, 41 – Fulstin f. 150v°.

aux ambassadeurs des Tartares et des troupes de Bajazet se réfugiant dans les carcasses encore chaudes de leur jument pour se protéger du froid russe sont issus de la même *Histoire des roys et princes de Pologne*[1]. Quant à l'exemple de George Sechel, Polonais meneur d'une révolte paysanne, supplicié de manière particulièrement cruelle par le voïvode de Transylvanie, Montaigne l'a trouvé dans l'*Histoire de son temps* de Paul Jove traduite par Denis Sauvage[2].

Ainsi, la matière polonaise est grêle et apparaît après 1588, mais l'appel de Cracovie que l'on entend dans le *Journal* manifeste l'intérêt et la curiosité. Pour C. Magnien, Montaigne aurait même commencé un ouvrage d'histoire immédiate, dont le sujet aurait été le récit de l'élection polonaise d'Henri d'Anjou, et aurait abandonné le projet, la Pologne étant sans doute un sujet trop délicat.

La dernière notation sur la Pologne demande qu'on s'y arrête : « j'estime tous les hommes mes compatriotes, et embrasse un Polonois comme un François, postposant cette lyaison nationale à l'universelle et commune. Je ne suis guere feru de la douceur d'un air naturel. (*i. e.* du pays natal)[3] ». L'idée de nationalité universelle a pour source les *Œuvres morales* de Plutarque[4], mais le choix du Polonais, sur lequel on peut s'interroger, est de Montaigne. Or le passage qui précède est quasi une profession de foi, une déclaration d'amour à Paris et la France : « je ne suis françois que par cette grande cité : grande en peuples, grande en felicite de son assiette, mais sur tout grande et incomparable en variété et diversité de commoditez, la gloire de la France, et l'un des plus nobles ornemens du monde. Dieu en chasse loing nos divisions ! ».

Cette étrange proximité de Paris et de la Pologne invite à s'interroger d'une part sur cette conciliation des antipodes géographiques, d'autre part sur le rêve d'unité et de concorde, qui est énoncé et qui a été le fait de la Pologne. L'imaginaire des lieux pourrait se doubler de considérations politiques. Quelques lignes plus haut, Montaigne donne une raison à ses pérégrinations : « je respons ordinairement à ceux qui me demandent

---

1   Fulstin, f. 204rº-vº, f. 212vº. Voir C. Magnien, art. cité, p. 201.
2   *Essais*, II, 28, 738. Paul Jove, *Histoire de son temps*, trad. de Denis Sauvage, sieur du Parc, Lyon, 1553, Guillaume Rouillé, t. I, XIII, f. 89rº. Voir C. Magnien, *ibid*.
3   *Essais*, III, 9, 1018.
4   « Socrate disait encore mieulx, qu'il ne pensait estre ny d'Athenes, ny de la Grece, mais du monde », trad. Amyot, « Du bannissement ».

raison de mes voyages : que je sçay bien ce que je fuis, mais non pas ce que je cerche. » La Pologne appartiendrait-elle à ce lointain proche, cet étranger familier susceptible de créer un appel d'air salutaire ?

Dans le *Journal*, les allusions immédiates à la Pologne sont sporadiques aussi. Henri d'Anjou, de retour de Pologne, logea en 1574 au palais Contarini à Mira, entre Padoue et Ca' Fusina ; sur la porte de celui-ci, il y a « une inscription que le roi y logea revenant de Pologne » (*JV* 161). Il était de coutume de laisser trace de son passage en apposant ses armoiries dans les hôtelleries où l'on s'arrêtait. Montaigne y sacrifie à Plombières, Augsbourg, Pise et aux Bains de la Villa. Par cette notation, Montaigne se met dans les pas du roi et cède sans doute à un petit mouvement de vanité. La notation nous montre peut-être aussi que l'épisode de Pologne reste d'actualité dans les esprits. Il est également fait référence à la Pologne à Rome, lors de l'audience du pape, dont il est dit qu'il est « d'une nature douce, peu se passionnant des affaires du monde, grand bâtisseur ». Il est cependant soucieux du raffermissement de l'église catholique puisqu'

> il a bâti des collèges pour les Grecs, pour les Anglais, Écossais, Français, pour les Allemands, et pour les Polacs, qu'il a dotés de plus de dix mille écus chacun de rente à perpétuité, outre la dépense infinie des bâtiments. Il l'a fait pour appeler à l'Église les enfants de ces nations là, corrompus de mauvaises opinions contre l'Église (JV 194).

Il est vrai que la Réforme a eu en Pologne une grande emprise, sans générer toutefois de violences, ce qui a vraisemblablement interpellé Montaigne. Enfin, de façon plus intime, Montaigne fait la connaissance d'un « Polonais, le plus privé qu'eût le cardinal Hosius, lequel [lui] fit présent de deux exemplaires du livret qu'il a fait de sa mort, et les corrigea de sa main » (*JV* 237). Selon toute vraisemblance, il s'agit de Stanislas Reske, auteur d'une oraison funèbre en latin du cardinal Hozyusz, qui a été légat *a latere* au Concile de Trente, légat du pape en Pologne à partir de 1566 et grand pénitencier sous Grégoire XIII[1]. Dans les références à la Pologne, la question religieuse est prégnante, ce qui pourrait expliquer l'appel de Cracovie formulé au début de *Journal*. Dans tout le

---

1 Le cardinal Hosius écrivait au roi Sigismond II à propos des protestants non trinitaires : « Si sa Majesté pouvait agir avec eux ainsi qu'on avait agi avec Servet à Genève ou Gentile à Berne, sa gloire serait éternelle ». Le roi fit, momentanément, la sourde oreille.

début du *Journal*, la religion est en effet un centre d'intérêt majeur. Sur les trente-quatre villes ou Montaigne passe ou qu'il mentionne, il n'en est pas une dont l'appartenance religieuse ne soit signalée[1]. Bien avant le franchissement de frontières éloignées, le voyage est un moyen de se frotter aux différentes confessions religieuses, non seulement catholiques et protestantes, mais aussi aux différents groupes du protestantisme, dont la synthèse se réalise à Baden.

Il n'en reste pas moins que l'envie de l'Est peut laisser perplexe. Pour un Gascon pétri de culture humaniste, quel attrait peut avoir la Pologne, pays fortement boisé, aux grandes plaines, au climat continental plutôt rude ? La simple curiosité touristique paraît une motivation insuffisante. La question est donc : pourquoi Montaigne a-t-il ce désir de Pologne, et plus précisément de Cracovie, dont le nom n'apparaît d'ailleurs pas dans les *Essais* ?

Nous pouvons avancer trois hypothèses : selon la première, Cracovie nourrirait un appel de l'imaginaire ; l'histoire même de Cracovie, en particulier le traitement de la question religieuse, serait une seconde piste ; enfin l'histoire immédiate, avec l'affaire d'Henri d'Anjou, est à interroger.

La Pologne représente un lointain suffisamment éloigné pour mettre en branle l'imaginaire ; elle est néanmoins accessible. Elle offre la possibilité d'une altérité familière ou d'un exotisme discret. Le Danube en est une frontière emblématique. Le fleuve borde l'Europe occidentale où s'est exercé le pouvoir des nations qui ont longtemps régulé la marche du monde, mais il marque aussi l'entrée en Europe Centrale. Il suffirait que nos voyageurs fassent un détour minime pour être aux marches d'un univers différent. Ainsi, au départ d'Augsbourg, « mercredi matin 19 octobre [...]. M. de Montaigne se plaignait fort de partir, étant à une journée du Danube sans le voir et la ville d'Ulm, où il passe, et un bain à une demi-journée au-delà qui se nomme Sauerbrunnen » (*JV* 133). Le Danube ouvre sur la possibilité d'aller au-delà. Passer outre n'est d'ailleurs pas aussi difficile qu'il y paraît : pour glisser de la Pologne à un Orient plus exotique, ne suffit-il pas d'un changement de nom ?

---

1   M. Hermann, « L'attitude de Montaigne envers la Réforme et les Réformés dans le *Journal de voyage* », dans François Moureau et René Bernoulli (dir.), *Autour du* Journal de voyage *de Montaigne*, Genève-Paris, Slatkine, 1982, p. 42.

Dans cette même ville d'Augsbourg, les pigeons de Pologne ne sont-ils pas appelés « pigeons d'Inde » (*JV* 129) ? Il est à noter que la ville de Cracovie se trouvait à l'époque de Montaigne à la frontière. Elle relève du même type d'imaginaire du seuil que le Danube. On peut élargir cette qualité à l'ensemble du pays qui constituait vis à vis de ses voisins, l'empire ottoman et la Russie, à l'égard des pays occidentaux, soit un rempart soit un seuil.

Du point de vue de l'imaginaire, l'appel vers les contrées lointaines ne correspond pas à une tension vers des lieux sauvages et déserts, à défricher et à déchiffrer. Les écrivains polonais de la Renaissance idéalisent et dépeignent en effet les contrées reculées de la Pologne comme un pays « doux, tranquille et fécond », où coulent « le lait et le miel[1] ». Les modes de vie ruraux y coexistent avec l'envergure universelle de villes prospères et ouvertes à l'héritage humaniste. La littérature développe une image mythique de ces régions, où des communautés culturelles, ethniques, confessionnelles et linguistiques variées coexistent de façon apaisée et libre. L'image construite est celle de la concorde absolue. Ainsi, le poème de Sebastian Klonowic, *Roxolania*, publié en 1584 et écrit en latin, déploie des paysages urbains où voisinent des églises catholiques romaines, des coupoles d'églises orthodoxes et des synagogues[2]. Un tel paysage incarne un idéal où toutes les valeurs sont acceptées simultanément, dans un équilibre délicat qui demande sans cesse à être réajusté, à être pesé ; une telle société, où s'exercent des potentialités humaines diverses et parfois divergentes, met en œuvre l'esprit même de l'essai montaignien. Le philosophe polonais Leszek Kolakowski définit ce type de culture comme « *cultura in statu florendi* », par opposition à un modèle de « culture stagnante[3] ». Or le modèle de culture dynamique correspondrait à l'idéal de la société jagellonne, dont Montaigne a sans doute entendu parler, peut-être par l'intermédiaire de François Baudouin.

---

1   Par exemple, Mikolaj Rey (1505-1569), Stanislas Orzechowski (1516-1566), Sebastian Petrycy (1554-1626), Jan Bartlomiej Zimorowic (1597-1677). Voir L. Ślękowa, « L'image des confins du Sud-Est dans la littérature des XVIe et XVIIe siècles », dans D. Beauvois (dir.), *Les Confins de l'ancienne Pologne : Ukraine, Lituanie, Biélorussie*, Lille, Presses Universitaires de Lille, 1988.

2   Hanna Konicka, « Archéologie des *Kresy* dans la culture polonaise à travers l'histoire », dans *Le mythe des confins*, Cultures d'Europe Centrale, n°4, 2004, p. 42-55.

3   « Prawda i prawdomówność jako wartosci kultury », dans *Fetysze i kultura*, Varsovie, PWN, 1967, p. 191-219.

Revenons aux propos du *Journal*. Le secrétaire écrit « s'il eût été seul avec les siens » : qui sont les siens ? Montaigne voyage avec ses proches, son jeune frère Bertrand-Charles de Mattecoulon, son beau-frère Bernard de Cazalis, mais aussi avec des jeunes gens qu'il chaperonne, M. d'Estissac et M. du Hautois. Il s'agirait de vivre une expérience qui relève de la vie privée, dans un endroit où il serait possible d'échapper au temps troublé de la guerre civile. Le voyage en Pologne, avec pour but avoué Cracovie, permettrait d'aller d'un centre oppressant vers un ailleurs salutaire.

Ainsi, les raisons du voyage seraient à chercher du côté de Cracovie elle-même et de l'histoire politique, intellectuelle et religieuse de la Pologne. Cracovie est tout d'abord une ville universitaire et un centre intellectuel de taille. Du XIVe au XVIIe siècle, l'Université de Cracovie, la deuxième en date en Europe orientale après celle de Prague, fondée en 1364 par le roi Casimir le Grand, fut un des centres majeurs de la vie intellectuelle en Europe orientale. Copernic y fit ses études. Outre les sciences humaines, son excellence reposait sur les mathématiques et l'astronomie. Les étudiants polonais avaient une mobilité européenne, ils fréquentaient aussi les grandes universités italiennes, mais étaient en particulier attirés par l'université de Bâle et l'enseignement de Celio Secondo Curione, qui a grandement participé à la propagation des idées anti-trinitaires en Europe orientale[1].

Plus que par cette aura intellectuelle, qui n'est pas propre à Cracovie, Montaigne a pu être attiré par l'idéal de tolérance religieuse qui a long-temps perduré en Pologne. Alors que la France se déchirait dans des guerres religieuses, que l'Italie et l'Espagne éliminaient les Protestants, la Pologne pendant plus d'un siècle a été le pays le plus tolérant en matière religieuse. Cela s'explique pour une part grâce à la configuration du pays. Immense, il se compose du Royaume de Pologne et du Grand Duché de Lituanie, soit la Pologne actuelle, la Lituanie, la Biélorussie et la plus grande partie de l'Ukraine. Ce territoire très étendu, peu peuplé, couvert de forêts, est difficile à contrôler par le roi. Les magnats locaux

---

1   Voir L. Felici, « Liberté des savoirs et mobilité : circulation des hommes et des idées à l'université de Bâle au XVIe siècle », dans M. Bideaux et M.-M. Fragonard (dir.), *Les Échanges entre les universités européennes à la Renaissance*, Genève, Droz, 2003, p. 187-198. Et S. Kot, « Polen in Basel zur Zeit des Königs Sigismund August, 1548-1572, und die Anfängen kritischen Denkens in Polen », *Basler Zeitschrift für Geschichte und Altertumskunde*, vol. 41, 1942, p. 105-153.

y sont très puissants. Les différentes régions ont une grande autonomie, surtout en matière religieuse. La République est, à l'Ouest, catholique romaine, mais à l'Est orthodoxe. Il y a aussi des protestants, des Tatars musulmans, de nombreux juifs, des Arméniens et des contrées encore païennes. L'union étatique oblige à respecter les préférences religieuses des diverses ethnies, ce qui procure une cohabitation pacifique proche de la tolérance. Malgré quelques bavures, la Pologne est, au XVIᵉ siècle, un des rares exemples d'État pluriconfessionnel.

La seconde raison en est l'organisation du pouvoir. Le roi de Pologne est élu à la fin de chaque règne précédent, selon des modalités variables. Il doit composer avec le Sénat et la Diète des Nonces, de sorte qu'il est bien loin du pouvoir absolu. Malgré les pressions de Rome, il ne peut imposer ses vues en matière religieuse. Les familles nobles sont très jalouses de leurs libertés locales. C'est par leur canal que s'introduit la Réforme en Pologne[1]. Luther eut rapidement des partisans dans les ports germanophones de la Baltique. Mais l'introduction officielle et massive de la Réforme en Pologne est l'œuvre de Jean Laski (1499-1560). Il a œuvré sous Sigismond-Auguste, assez ouvert en matière religieuse. Le protestantisme réformé prend une place importante, surtout en Petite Pologne, autour de la capitale Cracovie. On considère qu'en 1572, un sixième des paroisses catholiques sont passées à la Réforme.

En conséquence, la Pologne constitue une terre d'asile pour de nombreux Italiens réfugiés suite à l'Inquisition établie en 1542 en Italie. Nous nous arrêterons en particulier sur deux d'entre eux, Bernardino Tommasino Ochino (1487-1564), qui exerça un ministère itinérant à Bâle, Augsbourg, Strasbourg, Londres, Cracovie et mourut en Moravie. Et Lelio Sozzini (1525-1562). Du premier, Montaigne possède deux livres publiés à Bâle en 1561 : *Il catechismo in forma di dialogo* et la *Disputa intorno alla presenza del corpo die Giesu Christo nel sacramento della Cena*. Ils répandent des idées non-trinitaires et remettent en question la société civile comme non chrétienne, s'efforçant de bâtir une communauté fidèle à la Parole de Dieu[2]. Cette tendance était particulièrement représentée

---

1   Voir V. Meysztowicz, *La Pologne dans la chrétienté (966-1966)*, Paris, Nouvelles éditions latines, 1966 ; S. Kieniewicz (dir.), *Histoire de la Pologne*, trad. revue par J. Le Goff, Varsovie, 1971.

2   À ce titre, le *De republica emendanda* (1551-1554) de Frycz-Modrzewski (1503-1572) est une œuvre capitale. L'auteur y développe un vaste programme de réformes liées à l'amélioration

à Cracovie. Or à Bâle Montaigne rencontre Théodore Zwinger et Félix Platter qui comptent « parmi les personnalités les plus ouvertes de la culture bâloise[1] ». Surtout, ils sont les héritiers intellectuels de ces exilés italiens, qui affirment « la valeur de la réforme intérieure de l'homme, du respect de la loi morale, de la simplicité de l'Évangile et de l'inspiration divine dans la conscience intellectuelle[2] ». Partisan d'une croyance sincère, hostile à l'hypocrisie et à la dévotion excessive et spectaculaire, Montaigne a pu trouver dans leur position spirituelle un écho. F. Garavini invite d'ailleurs même à relire l'Apologie de Raymond Sebond en la reliant à ce courant d'individualistes religieux présents à Bâle.

Ainsi, le climat religieux de Cracovie avait de quoi séduire Montaigne. Néanmoins, il est nécessaire de garder à l'esprit qu'en 1580 règne Étienne Báthory, catholique intransigeant qui chasse les hérésies. Montaigne ne projette-t-il pas un rêve suranné ?

Enfin, la raison du désir de Montaigne d'aller à Cracovie est peut-être aussi à chercher du côté de l'histoire immédiate. Montaigne aurait-il eu un rôle dans l'affaire d'Henri d'Anjou roi de Pologne, qui marqua les esprits ? Le secrétaire écrit qu'« il fût allé plutôt à Cracovie ou vers la Grèce par terre, que de prendre le tour vers l'Italie ». Le balancement de la formulation (plutôt là que là) invite à se demander quelles contraintes le poussent à aller vers l'Italie. S'agit-il d'une activité diplomatique, d'une mission de la reine mère ou du roi ? Montaigne a vu le roi avant de partir, le roi et la reine mère avaient remis au jeune Charles d'Estissac des lettres de recommandation pour le duc de Ferrare, Alphonse d'Este ; et Montaigne lui-même est chargé d'un courrier par les dames de Remiremont. P. Desan pense même que Montaigne s'est rendu à Rome dans l'attente d'une ambassade[3]. C'est un homme de confiance et si son activité publique est intense, elle comporte des zones obscures et pose question. L'on sait que de 1562 à 1567, il remplit des missions officielles et effectue des déplacements à la cour. En 1571, il quitte le parlement,

---

préalable des mœurs, seules susceptibles d'assurer l'efficacité d'une réorganisation complète des institutions et des lois.

1   F. Garavini, « De l'usage de la pierre dans les affaires religieuses d'Europe », dans C. Gilbert Dubois (dir.), *Montaigne et l'histoire*, Paris, Klincksieck, 1991, p. 206.

2   *Ibid.*, p. 207.

3   Philippe Desan, « L'appel de Rome ou comment Montaigne ne devint jamais ambassadeur », dans Jean Balsamo et Chiara Lastraioli (dir.), *Chemins de l'exil, havres de paix. Migrations d'hommes et d'idées au XVIe siècle*, Paris, H. Champion, 2009, p. 229-259.

mais il voyage et déploie une intense activité diplomatique, gardant des rapports étroits et fréquents avec les grands, d'autant plus qu'il les fréquente aux bains, aux Eaux-Chaudes et à Bagnères. Or, cette même année, il reçoit le collier de l'ordre de St Michel : pour quelles raisons ? Soit il a participé à une guerre, soit il a participé à une ambassade, soit il a rempli une mission confiée par Catherine de Médicis pour trouver un trône à Henri de Valois et François d'Alençon[1]. Il est alors possible qu'il ait participé en sous-main, de façon très discrète, aux négociations de Pologne. Nous ignorons ses activités publiques entre 1575 et 1581, mais il serait étrange qu'il ait disparu de la scène politique. Il accumule les distinctions honorifiques. Il est nommé gentilhomme de la Chambre du roi de Navarre le 30 novembre 1577, il est décoré de l'Ordre du Saint Esprit en 1579. Le roi de France, le roi de Navarre, la reine Catherine, la reine Marguerite de Valois appuient son élection à la mairie, or Bordeaux était très importante sur l'échiquier politique du royaume[2]. Aurait-il participé au règlement de la question polonaise au moment du retour de Pibrac en Pologne d'avril à décembre 1575 ? Cela pourrait expliquer son propos sur Báthory, qu'il aurait pu rencontrer à cette occasion.

En outre, dans le réseau auquel Montaigne prend part gravitent des personnes qui ont été engagées dans l'affaire polonaise. Montaigne a fait ses études de droit à Toulouse, à une époque où s'y trouvaient aussi Guy du Faure de Pibrac (1529-1584) et Paul de Foix (1528-1584), avec lesquels il s'est vraisemblablement lié d'amitié et pour lesquels il ne cache pas son admiration. Dans les *Essais*, leur éloge *post-mortem* est mutuel : leurs âmes sont « belle et rares », « disconvenables et [...] disproportionnées à nostre corruption et à nos tempestes[3] ». Seul le premier a participé à l'expédition polonaise. En août et septembre 1573, il est un des commissaires députés pour accueillir les ambassadeurs polonais en visite en France, il accompagne Henri d'Anjou en Pologne en tant que chancelier et la quitte en secret avec le roi en juin 1574. D'avril à décembre 1575, il retourne en Pologne pour les intérêts du roi. Ainsi, il est directement partie prenante de l'affaire de bout en bout. Ce n'est pas le cas de Paul de Foix, mais les liens amicaux ont pu donner l'occasion de conversations informelles à ce sujet avant le départ en voyage. Montaigne

---

1   C. Magnien, art. cité, p. 199.
2   G. Nakam, *Montaigne et son temps*, Paris, A.-G. Nizet, 1982, p. 129-158.
3   *Essais*, III, 9, 958.

le rencontre à Rome. Il appartient à la famille de Diane de Foix, comtesse de Gurson, à qui Montaigne dédie « De l'institution des enfants ». La familiarité entre les deux hommes est grande ; le 10 octobre, ils vont ensemble voir les objets laissés par le cardinal Orsini et mis en vente, et dînent ensemble. Après des ambassades en Écosse et à Venise, c'est lui qui succèdera à Rome à Louis Chasteigner, sieur d'Abain et de la Rocheposay.

M. d'Abain est présenté dans le *Journal*, au moment de l'audience donnée par le pape, comme un « gentilhomme studieux et fort amy de longue main de M. de Montaigne » (*JV* 192). Peu après le siège de la Rochelle, auquel il a pris part, il accompagne aussi Henri d'Anjou en Pologne. À son retour, il est nommé ambassadeur à Rome ; Marc-Antoine Muret prononce devant Grégoire XIII la harangue d'obédience qui sert à l'introduction de M. d'Abain auprès du saint Siège[1]. Il débute sa carrière romaine par un coup d'éclat, en empêchant le pape de recevoir l'ambassadeur de Pologne, Paul Uchanaski[2]. L'amitié de longue date entre Montaigne et M. d'Abain pourrait remonter à décembre 1559, au moment où la jeune princesse Élisabeth, mariée à Philippe II d'Espagne, est remise entre les mains des Espagnols, à Bordeaux. M. d'Abain faisait partie de la suite royale et Montaigne des personnalités du cru qui reçoivent le cortège royal. Dans les années 1561-1562, il est plausible qu'ils se soient rencontrés lors des allée et venues de Montaigne à la cour ; les deux hommes enfin ont pu se retrouver aussi parmi les régiments du duc de Montpensier au siège de Lusignan[3].

Ainsi, rien ne permet de dire si Montaigne a œuvré d'une façon ou d'une autre dans la question du trône de Pologne. Tout au plus, nous pouvons constater qu'il a fréquenté des personnes qui ont été partie prenante, avec lesquelles il avait une certaine familiarité. Les discussions qu'il a pu avoir sur le sujet et le pays avant son départ ou pendant le voyage même relèvent de la présomption, mais la date de lecture de

---

1   Muret prononcera aussi l'oraison funèbre de Paul de Foix.

2   Voir L. Petit, « Montaigne à Rome et deux ambassadeurs amis, Louis Chasteigner, seigneur d'Abain et de la Roche-Posay, et Paul de Foix », *Bulletin de la Société des Amis de Montaigne*, 1952, p. 12.

3   Brantôme, *Œuvres complètes*, éd. Lalanne, Paris, 1865-1882, t. V, p. 16-17. En 1586, les La Rochepozay et les La Chasseigne nouent en outre des liens familiaux. Le frère de Françoise de la Chasseigne – la femme de Montaigne – épouse Jeanne de Gamache, belle sœur de Louis Chasteigner de la Rochepozay, voir P. Desan, art. cité, p. 239.

l'ouvrage de Fulstin laisse à penser que Montaigne était intéressé par la question, que peut-être une conversation à Rome avait encore plus aiguillonné sa curiosité.

Montaigne n'est pas allé en Pologne, néanmoins il a pu parcourir d'une certaine manière un itinéraire de remplacement. À travers les personnalités rencontrées et grâce à son séjour lucquois, il a pu expérimenter un *ersatz* de Pologne.

Le début du voyage en particulier constitue une enquête sur les croyances[1]. Montaigne n'est pas du tout indifférent aux controverses religieuses. À Épernay, il rencontre Maldonat, qu'il connaissait déjà ; les deux hommes se reverront à Rome. L'un et l'autre partagent la même exigence intellectuelle qui consiste à se défier des prétentions de la raison humaine. F. Garavini suggère même de tisser le lien entre Ochino et Maldonat à propos de l'exigence de réforme intérieure et de réforme de la société chrétienne[2]. L'étape bâloise est particulièrement importante. En 1580, la controverse religieuse est à son comble, « les uns se disant Zwingliens, les autres calvinistes et les autres martinistes ». Le différend entre l'évêque exilé Jacob Christoph Blarer von Wartensee (1542-1608) et la ville de Bâle fait l'objet de discussions entre les citoyens, ce que Montaigne sait (*JV* 91). Montaigne y rencontre Grynaeus, théologien estimé et défenseur des Zwingliens, adversaire de Simon Sulzer, François Hotman, qui est un lecteur enthousiaste de la *Servitude volontaire* et un calviniste zélé. Félix Platter et Theodore Zwinger sont les principaux guides de Montaigne, les deux parlent français et ont séjourné en France. Peut-être Montaigne connaissait-il Platter, car ils avaient un ami commun, De Thou[3]. Zwinger est un esprit tolérant et libéral, il est préoccupé par le maintien de la cohésion sociale et la conservation de la paix publique tout en préservant la liberté spirituelle. Le débat en aucun cas ne peut laisser Montaigne indifférent. L'étape Bâloise serait ainsi l'expérimentation du débat ouvert au cœur même de la multiplicité confessionnelle[4]. D'autres lieux permettent cette expérimentation, tels

---

1   M. Lazard, *Montaigne*, Paris, Fayard, 1992, p. 268-269.
2   F. Garavini, « De l'usage de la pierre », art. cité, p. 208.
3   R. Bernoulli, « Montaigne rencontre Félix Platter », dans *Autour du Journal de voyage*, *op. cit.*, p. 101.
4   Sur l'étape bâloise, voir M.-L. Portmann, « Les amis bâlois de Montaigne », dans *Autour du Journal de voyage, op. cit.*, p. 77-86, M. Hermann, « L'attitude de Montaigne envers la

Heidelberg ou Zurich. Montaigne n'y va pas. En revanche, il séjourne longtemps à Lucques[1]. La ville est intéressante à double titre : elle est considérée comme la ville la plus hérétique d'Italie et les marchands de Lucques commercent activement avec Cracovie.

Lucques fut une des villes italiennes où la population adhéra le plus à la Réforme. En avril 1573, l'évêque de Rimini vint même dans la « *città infetta* » pour arrêter les hérétiques. De nombreuses familles nobles de la République se sont exilées. Certes, on ne relève pas dans le *Journal* de conversation tenue aux bains concernant des questions de tolérance religieuse ni la Pologne, mais les riches marchands, les gentilshommes tant italiens que venus de toute l'Europe s'y retrouvaient. Le multiculturalisme était propice au brassage des idées, les bains rassemblant une « infinité de peuples de toutes sortes de complexions[2] », et l'ambiance même des bains atténuait les différences et les crispations des uns et des autres sur leur croyance religieuse. Et il est possible que les marchands qui étaient allés à Cracovie en rapportassent des nouvelles récentes.

Ainsi, l'appel de Cracovie s'explique par l'ouverture géographique, intellectuelle et religieuse. Ce qui ressort le plus est sans doute le puissant rêve d'unité et de concorde qui s'en dégage. Plus largement, cet appel

---

Réforme et les Réformés dans le *Journal de voyage* », dans *Autour du Journal de Voyage, op. cit.*, p. 37-54.

1   L'agitation religieuse y est intense dès la première partie du XVIᵉ siècle. À la révolte populaire initiée par Bernardino Ochino avec son discours sur la pauvreté s'ajoute la participation active des marchands lucquois aux activités spirituelles. La *pietas*, la *concordia* et la *libertas* animent l'idéal communautaire de l'aristocratie et de la bourgeoisie de Lucques, qui aspire à un renouveau spirituel guidé par une morale civique sévère et rigoureuse, de sorte que la diffusion des idées réformées trouve un terrain favorable. Parmi les protagonistes de cette diffusion, on compte Pietro Martire Vermigli, humaniste et théologien florentin qui prêche au couvent de San Frediano, Pietro Fratinelli ou encore Francesco Burlamacchi. De nombreux écrits sont rédigés et circulent dans la ville, par exemple les *Forcianae questiones* d'Ortensio Lando, l'*Orazione sulla pace* de Paolo Sadoleto ou encore la préface du *De vitandis superstitionibus* de Calvin. En réaction se met lentement en place un système inquisitorial spécifique à Lucques, résultat d'un duel entre la papauté et la république. À ce propos voir M. Berengo, *Nobili e mercanti nella Lucca del Cinquecento*, Torino, Einaudi, 1974 ; V. Marchetti, *Gruppi ereticali senesi nel Cinquecento*, Florence, 1975 ; A. Olivieri, *La Riforma in Italia, strutture e simboli, classi e poteri*, Milan, 1979 ; F. Garavini, « De l'usage de la pierre dans les affaires religieuses d'Europe », art. cit. ; et l'ouvrage fondamental de S. Adorni-Braccessi, « *Una città infetta* » : *la repubblica di Lucca nella crisi religiosa del Cinquecento, Studi e testi per la storia religiosa del Cinquecento*, Florence, L. Olschki, 1994.

2   *Essais*, II, 37, 776.

vers l'Est n'aurait-il pas un soubassement plus profond avec l'horizon du Proche Orient ? Pierre Belon publie son *Voyage au Levant* en 1553. Son voyage, commencé en 1546, eut lieu à la fin du règne de François Iᵉʳ. Son périple, débuté en compagnie de l'ambassadeur français d'Aramont, échappa bientôt au cadre d'une mission diplomatique. Belon s'attarda en effet dans les territoires ottomans pendant deux ans et visita, au gré de ses curiosités, la Grèce, la Terre sainte et l'Égypte, Constantinople, mais aussi l'Anatolie, rarement explorée par les Occidentaux. Le récit reflète l'intérêt d'un naturaliste pour la faune et la flore, mais aussi envers les us et coutumes propres aux régions traversées. Guillaume Postel publie *De la République des Turcs* en 1560 et Philippe Canaye, seigneur du Fresne, publie son *Voyage en Turquie* en 1573. Montaigne n'a pas ces ouvrages dans sa bibliothèque, mais il a pu en entendre parler et l'air du temps ne lui est sans doute pas indifférent. Il rencontre d'ailleurs à Meaux Juste Terrelle, qui meurt la même année. Celui-ci a séjourné de façon prolongée en Orient[1], dont il a rapporté de précieux manuscrits à François Iᵉʳ. Une rencontre que Montaigne fait au cours de son voyage, évoquée également par Alain Legros, doit en outre attirer notre attention, celle du patriarche d'Antioche, représentant l'Église Syrienne Monophysite ou Jacobite. On doit reconnaître en lui Ignace Naamatallah. Il est resté à Rome jusqu'à sa mort, survenue entre 1586 et 1595. Sa venue à Rome au début de 1578 auprès de Grégoire XIII s'inscrit dans les tentatives qui ont été faites pour rattacher à Rome les églises schismatiques d'Orient. Le patriarche était aussi un savant très distingué, en particulier en médecine, astrologie et mathématiques. Il avait participé à ce titre au comité nommé par Grégoire XIII pour préparer la réforme du calendrier[2]. Montaigne a pris avec lui « beaucoup de familiarité », quand bien même il n'a « nulle connaissance de la (langue) Grecque et autres nostres » (*JV* 214). On peut raisonnablement penser qu'ils s'entretiennent en italien, dans la mesure où le patriarche a pu acquérir les rudiments de la langue au vu des années qu'il a déjà passées en Italie. Le *Journal* ne relate que le don d'une mixtion destinée

---

1   P. Michel, « Le passage de Montaigne dans l'Est de la France », dans *Autour du Journal de voyage, op. cit.*, p. 19.

2   Le patriarche a entretenu avec Joseph-Juste Scaliger une correspondance abondante à propos des ères et des calendriers des nations orientales. Il a aussi œuvré à l'édition du *Canon* d'Avicenne parue en 1593. Voir G. Levi della Vida, « Montaigne et le patriarche d'Antioche », *Bulletin de la Société des Amis de Montaigne*, 1957, p. 23-25.

à soigner la gravelle, mais rien n'interdit de penser que la familiarité a pu générer des conversations relatives aux questions religieuses et à la possible, ou espérée, recomposition d'une unité chrétienne[1]. Montaigne a peut-être aussi nourri son imaginaire des pays lointains et satisfait une partie de sa curiosité, le patriarche devenant un avatar du cannibale vu à Rouen. La tentation de Cracovie serait alors un appel de l'Est dit sur un mode mineur.

D'autre part, le point de vue historique, amène une autre hypothèse pour expliquer ce désir d'aller vers l'Est. Le voyage spirituel, le pèlerinage sont en nette baisse dès avant le milieu du XVIe siècle. À cela deux raisons : le voyage de piété est remis en cause par les milieux réformés et humanistes et la situation politique en Méditerranée évolue suite au développement de la puissance turque. Ainsi, il est devenu « une pratique moribonde[2] ». À la fin du siècle et au début du XVIIe siècle, on note néanmoins une recrudescence de la fréquentation des pèlerinages, la grave crise qu'est la Réforme entraînant une révision des bases spirituelles[3]. Certes, le phénomène est historiquement secondaire, mais paradoxalement la production littéraire y afférant est abondante. M. C. Gomez-Géraud note ainsi à propos des *Voyages* de Villamont (1595) que « le récit de pèlerinage le plus vendu à l'heure de la Contre-réforme est aussi celui qui se présente le plus, dès son titre, comme un récit de voyage en Orient[4] ». L'intérêt est là, la curiosité pour les lieux saints n'a pas complètement disparu. Dans cet Occident chrétien déchiré par les querelles religieuses, miné de l'intérieur, la reconquête de l'unité est un rêve qui passe par Jérusalem. Il serait excessif de prêter à Montaigne le désir d'aller à Jérusalem, d'autant que la ville apparaît

---

1   Ce thème de la réunification a aussi une expression politique dans le messianisme dynastique. Il fut en particulier exploité lors du mariage de Charles IX avec Élisabeth d'Autriche ; l'union des deux grandes lignées royales, se réclamant de la lignée de Charlemagne, fut considérée comme un événement susceptible de conduire à un empire universel où la concorde religieuse serait enfin rétablie. Voir A. Haran, *Le Lys et le globe*, Paris, Champ Vallon, 2000, p. 129.

2   M. C. Gomez-Géraud, *Le Crépuscule du Grand Voyage. Les récits des pèlerins à Jérusalem (1458-1612)*, Paris, H. Champion, 1999, p. 15.

3   R. Sauzet, « Contestation et renouveau des pèlerinages au début des temps modernes (XVIe et début du XVIIe siècles) », dans Jean Chelini et Henri Branthomme (dir.), *Les Chemins de Dieu. Histoire des pèlerinages chrétiens des origines à nos jours*, Paris, Hachette, 1982, p. 235-258.

4   M. C. Gomez-Géraud, *Le Crépuscule du Grand Voyage, op. cit.*, p. 211.

une seule fois dans les *Essais*. Qui plus est, le phénomène est un peu plus tardif, mais Montaigne pourrait être déjà travaillé par le mouvement, les forces qui s'activent au fond des sociétés étant comme on le sait en décalage avec leur apparition au grand jour. Ainsi, Montaigne serait le dépositaire involontaire ou inconscient d'un phantasme collectif d'unité et d'universalité.

Élisabeth SCHNEIKERT
Université de Strasbourg

« *ALLA BOTTEGA DEI GIUNTI [...] COMPRAI UN MAZZO DI COMMEDIE* »

Montaigne voyageur et bibliophile italianisant

Une grande partie des questions que la critique se pose encore sur le voyage de Montaigne en Italie n'a pas trouvé de réponse, du moins jusqu'à présent. Nous allons ajouter une question supplémentaire aux autres : Montaigne, qui était un passionné de livres, qui se vantait d'avoir « mille volumes de livres[1] » (III, 12, 1056) dans sa librairie et « cent divers volumes » (I, 40, 253) de lettres imprimés par les Italiens et qui lisait l'italien, aurait-il profité de son voyage dans la péninsule pour satisfaire son penchant de bibliophile ? Nous précisons à ce propos que, dans cet article, nous utilisons le mot *bibliophile* dans le sens étymologique plus que dans sa signification dérivée, qui s'est affirmée au cours du XXᵉ siècle, pour désigner une personne passionnée par les livres et leurs reliures considérés comme des objets d'art et des pièces de collection. Ici la bibliophilie concerne l'attention de Montaigne pour le texte des livres achetés, pour leur contenu. L'opinion courante est que Montaigne était un lecteur passionné, plus qu'un bibliophile au sens contemporain du mot, mais certaines des éditions qu'il pourrait avoir rapportées d'Italie pourraient avoir été achetées aussi pour leur prestige et leur beauté. « Quel est le principe qui aura déterminé Montaigne dans le choix des livres qui finissent par trouver place dans sa bibliothèque ? », voilà la question que nous empruntons à Floyd Gray, qui se la pose dans la première partie de son récent volume *Montaigne et les livres*[2].

Il est probable que, lors de son voyage, sa curiosité ait poussé Montaigne à la recherche non pas de livres tout court, mais de livres rares, de livres

---

1   Nous citons Montaigne dans l'édition Villey-Saulnier publiée par les Presses Universitaires de France. Nous donnons les numéros de livre, chapitre et page dans le texte.

2   F. Gray, *Montaigne et les livres*, Paris, Classiques Garnier, 2013, p. 27. Sur la librairie de Montaigne, voir Ph. Ford et N. Kenny (dir.), *La Librairie de Montaigne*, Cambridge, Cambridge French Colloquia, 2012 ; et B. Pistilli et M. Sgattoni, *La Biblioteca di Montaigne*, Pise, Edizioni della Normale, 2014.

précieux, quelquefois de la meilleure édition (la plus correcte, la plus récente, le meilleur état du texte) d'un livre qu'il possédait déjà. Nous allons partager notre réflexion en deux parties : l'analyse d'un cas de « livres-fantômes », comme nous avons appelé des livres que Montaigne a probablement possédés et lus ou du moins vus et consultés, mais desquels nous ne savons rien ; et l'analyse de deux exemples de « livres recomposés », comme nous avons appelé certains livres ou éditions, dont nous essayons de recomposer l'identité, possédés ou lus par Montaigne, auxquels nous arrivons à travers des renvois et des évidences indirectes. La citation concernant les comédies achetées chez les Juntes de Florence, que les chercheurs n'ont jamais réussi à identifier et que nous avons choisie comme titre, les décrit parfaitement.

« J'ENTRETINS UN BON HOMME FAISEUR DE LIVRES » : VINCENZO CASTELLANI ET SES LIVRES-FANTÔMES

À Fossombrone, Montaigne rencontra Vincenzo Castellani, « un bon homme faiseur de livres » comme il le définit dans le *Journal*, et il eut vraisemblablement avec lui un dialogue (« je l'entretins »). Sur l'identité de cet homme et sur ses livres on ne sait presque rien[1]. L'édition D'Ancona, qui reste toujours un point de repère pour le commentaire critique du *Journal*, donne de lui une description brève mais dense, qui l'identifie comme un latiniste élégant, auteur de commentaires de Salluste, auteur de vers latins, professeur de belles lettres dans les villes d'Ancône et de Fossombrone, mort en 1601. Les autres éditions du *Journal* ne fournissent au lecteur que quelques mots[2] qui ne rendent pas justice à cet esprit vivace, à cet homme de lettres rigoureux et élégant, auteur d'une production vaste et intéressante qui était, pour la plupart, déjà

---

1 Nous nous sommes interrogée brièvement sur lui. Voir notre « Montaigne politique "italien" », dans Philippe Desan (dir.), *Montaigne politique*, Paris, H. Champion, 2006, p. 381-382.

2 Montaigne, *Journal de voyage*, éd. F. Garavini, Paris, coll. « Folio », 1983, p. 439, note 657 : « Latiniste, commentateur de Salluste, mort en 1601 », et Rigolot cite D'Ancona : « Latiniste mort en 1601 » (*JV*, p. 147, note 31). Nous donnons dorénavant dans le texte la pagination de cette édition.

publiée au moment de la rencontre avec Montaigne. Aurait-il offert à Montaigne quelques-uns de ses livres, comme on avait l'habitude de le faire à l'époque ?

Vincenzo Castellani était né en 1528 à Reforzate, près de Fossombrone, et c'est de cette dernière ville qu'il préféra toujours, dans ses œuvres, se définir citoyen (*Forosemproniensis*). À cinquante-deux ans, il pouvait vanter une vaste connaissance de l'histoire de sa terre et une vaste connaissance des lettres. L'histoire était sa passion et il s'y était consacré après avoir fait son droit à Padoue. Sa culture d'homme de lettres lui permit d'obtenir la faveur des ducs d'Urbin Guidobaldo II tout d'abord puis, à partir de 1574, de Francesco Maria II della Rovere et du cardinal Giulio, frère de Guidobaldo. C'est probablement avec lui que Vincenzo Castellani participa à quelques sessions du Concile de Trente. Avant d'obtenir un poste en 1558 comme professeur de lettres à Fossombrone, il avait enseigné à Ancône mais aussi à Gubbio et à Senigallia.

Castellani, bien que l'on sache peu de choses à son sujet, était l'interlocuteur parfait pour Montaigne qui ne pouvait pas trouver un guide plus compétent que lui[1]. Connu surtout comme latiniste, il avait mérité d'un de ses amis les plus chers, Marcantonio Bonciari[2], la définition d'*Eccelsum linguæ latinæ*[3]. D'Ancona rappelle que Castellani avait écrit beaucoup plus que ce qui fut publié, et que nombre de ses manuscrits sont conservés à la Bibliothèque de Fossombrone (comme par exemple *De nobilitati Forisempronii adversus Callienses* et *De Forisempronii civitatis fortificationis prestantia*[4]). Castellani était passionné d'histoire, et c'est pour

---

1   Ulrico Agnati, *Per la storia romana della provincia di Pesaro e Urbino*, Rome, L'Erma di Bretschneider, 1999, p. 328.

2   Marcantonio Bongiari (connu aussi sous le nom de Bonciario ou Bonciarius) fut l'un des plus importants auteurs de lettres de la fin du XVIe siècle, c'est du moins ce qu'affirme Renzo Negri dans la fiche qu'il consacre à cet auteur dans le *Dizionario Biografico degli Italiani*, vol. 11, 1969, *ad vocem*. Ses lettres étaient remarquables aussi pour l'identité de ses correspondants, des hommes influents dans le milieu culturel italien de son époque, comme par exemple les cardinaux Baronio, Bellarmino, Ascanio Colonna et Federico Borromeo, puis Bernardino Baldi, Ericio Puteano, Giusto Lipsio, Aldo Manuzio le Jeune, Fulvio Orsini, Gian Vincenzo Pinelli, Luigi Alamanni, Belisario Bulgarini, Francesco Benci, Giambattista Marino, Gaspare Murtola et d'autres.

3   Abbé Giuseppe Colucci, *Antichità Picene*, t. XIII. *Delle Antichità del Media e dell'Infimo Evo*, Fermo, Dai torchi dell'Autore, 1796, p. 355, p. 28 de la partie « *Uomini illustri di Fossombrone* ».

4   Ces deux textes manuscrits sont cités par Marco Palma dans la fiche consacrée à Castellani du *Dizionario Biografico degli Italiani*, t. 21, 1978. L'Abbé Giuseppe Colucci publia deux autres

cela que ses premières publications furent des éditions de Salluste, dont il édita *De L. Sergii Catilinae coniuratione* et *De Bello Iugurthino* en 1554[1]. Les deux ouvrages, publiés dans un même volume in-8°, sont dédiés à Giulio della Rovere (f. A2r°), une dédicace qui visait aussi son frère, cité explicitement dans l'épître dédicatoire avec des mots élogieux (« *Nihil Præterea dicam de fratre tuo fortissimo, ad prudentissimo Duce, & Principe nostro, cuius iustitia & æquitate cotidie fruimur* », f. A2v°). Le commentaire de Salluste rédigé par Castellani suit l'édition des deux œuvres[2].

Montaigne avait lu Salluste, même s'il ne le cite pas beaucoup dans ses *Essais*. Parmi les historiens, ses préférences vont à César, prince des bons historiens, « quoy que Saluste soit du nombre » (II, 10, 416), affirme-t-il, reconnaissant aussi au deuxième du mérite et des qualités. César était également le mythe de Castellani, qui s'efforçait de faire rassembler sa prose à celle de son modèle. Montaigne reconnaît aussi que tout en n'égalant pas la grandeur de César, « les coupures et cadences de Saluste reviennent plus à mon humeur » (II, 17, 638).

Castellani n'édite pas seulement Salluste mais le réécrit presque, faisant un travail important, qu'il décrit dans l'avis au lecteur : il ajoute des exemples, des dates, le renvoi à la jurisprudence romaine qu'il a trouvé dans d'anciens codes de droit écrits sur parchemin (« *in membranis scriptum* », f. A4r°) consultés à la bibliothèque de S. Salvatore à Bologne et dans d'autres bibliothèques, comme la bibliothèque de S. Domenico, toujours à Bologne. Pour le *Bello Iugurthino*, Castellani arrive à combler les trous du texte original par des citations et des exemples trouvés dans d'autres auteurs qu'il cite. Après 1588 et donc après le voyage en Italie[3], Montaigne insère dans les *Essais* une

---

opuscules, *De Forosempronio* et *De argumento inscriptionum quae sunt in publico Forosemproniensi porticu Forosempronii*. Voir *Antichità Picene, op. cit.*, t. VII, 1790, p. 205 et p. 212.

1 C. CRISPI SAL / LVSTII DE L. SER / GII CATILINÆ CON / IVRATIONE, ET DE / BELLO IVGVR / *thino historiae*, / A VINCENTIO CASTELLANO, Forosemproniense, cum antiquis / codicibus collatae, & multis / partibus meliores factae. / EIVSDEM VINCENTII IN / Conirationem Catilinae commentarius & Iugurthinum / Bellum Scholia. / CUM INDICE / BONONIAE APVD / *Achillem Barbirolum Cal. August.* / MDLIIII.

2 Un « *Index Rerum et verborum, quae in Vincentij scriptis explicantur* » suit les deux textes de Salluste (f. L3r°-L8v°). À partir du f. M et jusqu'à la fin du volume (environ 150 pages) il y a un commentaire de la *Conjuration de Catiline* : *Vincentii Castellani forosemproniensis in C. Sallustij Crispi librum de Coniuratione Catilinæ Commentarius*.

3 Des citations de Salluste avant le voyage, seul le renvoi à « l'office servile de la mesnagerie » comme le nomme Salluste (I, 39, 244) semble tiré de la *Conjuration de Catiline* (ch. IV).

citation de la *Guerre de Jugurthe*, au chapitre II, 12 : « *Parum mihi placeant eæ literæ quæ ad virtutem doctoribus nihil profuerunt* » (II, 12, 508) et une citation de la *Conjuration de Catiline*, au chapitre II, 16 : « *Profecto fortuna in omni re dominatur : ea res cunctas ex libidine magis quam ex vero celebrat obscuratque*[1] » (II, 16, 621). Les deux citations semblent indirectes, la première, celle de la *Guerre de Jugurthe*, venant de Juste Lipse[2], la deuxième figurant aussi dans la *Cité de Dieu* de Saint Agustin, à deux reprises[3].

Or, les deux citations se trouvent aussi dans l'édition de Castellani. L'exemplaire de la Bibliothèque nationale de Naples que nous avons consulté (cote 51.A.20), semble avoir appartenu à un lecteur attentif qui souligna les phrases les plus célèbres pour les mettre en évidence. Aucun commentaire n'est présent dans les marges du volume. À ce qu'il paraît, le goût des maximes et des sentences propre des lecteurs de la Renaissance, et aussi du lecteur anonyme de Castellani, le porta à souligner des phrases dont voici quelques exemples, tirés de la *Conjuration de Catiline* :

> *Nam divitiarum, & forme gloria, fluxa, atque fragilis est : [...] an virtute animi, res magis militaris procederet. Nam et prius quam incipias, consulto : et ubi consulueris, mature facto opus est.* (f. Br°)

> *Nam imperium facile his artibus retinetur, quibus initio artum est.*
> *Verum enimvero is demum mihi vivere, atque frui anima videtur...* (f. Bv°)

> *Nam regibus boni, quam mali suspectiores sunt : semperque iis aliena virtus formidulosa est.* (f. B3r°)

---

1   La citation est tirée du chapitre VIII de Salluste.

2   Villey affirme que cette citation de Salluste (*Guerre de Jugurthe*, LXXXV) avait été tirée des *Politiques* (*Politicorum libri*) de Juste Lipse, VI, I, 10 (*Essais*, p. 508). L'édition de La Pléiade des *Essais* confirme cette lecture : Montaigne, *Les Essais*, éd. Jean Balsamo, Michel Magnien et Catherine Magnien-Simonin, Paris, Gallimard, coll. « Bibliothèque de La Pléiade », 2007, p. 1590. Dorénavant *Essais 2007*. Le court billet de Lipse qui accompagnait l'offre de ses *Politiques* à Montaigne, (daté de septembre 1589 et publié dans la seconde centurie de sa correspondance en 1590), est la seule trace d'une « amitié épistolaire » entre les deux hommes et la seule preuve que Montaigne ait bien lu les *Politiques*. Pour une mise au point des rapports entre Montaigne et Juste Lipse, voir M. Magnien, « Montaigne et Juste Lipse : une double méprise ? », dans C. Mouchel (dir.), *Juste Lipse (1547-1606) en son temps*, Paris, H. Champion, 1996, p. 423-452 ; et *Id.*, « Juste Lipse et Pierre de Brach : regards croisés sur Montaigne », dans C.-G. Dubois (dir.), *Montaigne et Henri IV (1595-1995)*, Bordeaux, Presses de l'Université de Bordeaux 3, 1996, p. 125-149.

3   *Essais 2007*, p. 1636 donne comme référence St. Augustin, *Cité de Dieu*, VII, III et V, XII.

Namque avaritia fidem, probitatem, cæterasque bonas arteis subvertit : pro his superbia, crudelitatem, Deos negligere, omnia venalia habere edocuit… (f. B4rᵒ)

Nam gloriam, honorem, imperium, bonus et ignavus æque sibi exoptant. (f. B4vᵒ)

Nam idem velle, atque idem nolle, ea demum firma amicita est. (f. B7vᵒ)

La phrase de la *Conjuration de Catiline* citée par Montaigne (« *Sed profecto Fortuna in omni re dominatur : ea res cunctas ex lubidine magis, quam ex vero celebrat, obscuratque* ») est aussi soulignée au f. B3vᵒ. Montaigne l'aurait-il ainsi que la citation de la *Guerre de Jugurthe* prise de l'ouvrage que Castellani lui aurait offert en Italie ? Dans ce cas, Montaigne aurait laissé de côté l'ouvrage sans insérer de citations à son retour en France en 1582 et n'aurait repris le texte qu'après 1588 pour insérer les citations dans les marges de son édition en trois livres. Nous n'avons pas de réponse certaine, mais ce que nous ne pouvons pas affirmer n'est pas non plus à exclure, les coincidences entre les parcours littéraires et biographiques des deux hommes étant trop nombreuses.

Dans la composition de son édition de Salluste, Castellani utilise un autre procédé qui attire notre attention, à savoir la familiarité qu'il avoue avoir avec les « *vetustorum lapidum fragmenta quæ Romæ paucis ab hinc annis effossa sunt, quam maxime sequimur* » (f. A4rᵒ). Castellani avoue être un spécialiste des inscriptions latines au point qu'il suit les fouilles à Rome et analyse les différentes découvertes de fragments lapidaires qui pourraient apporter du nouveau à l'histoire romaine connue. Certaines de ces inscriptions ont été utilisées pour préciser des passages de Salluste, pour définir des dates ou des événements. Cette passion de Castellani intéressa sans aucun doute énormément Montaigne. D'autant plus que, en bon connaisseur de sa terre, Castellani avait composé un traité, resté manuscrit, sur la noblesse romaine de sa ville de Fossombrone et, pour prouver cette descendance illustre, il expliquait justement les inscriptions qu'on pouvait trouver dans la ville de Fossombrone et dans ses alentours.

Raymond Chevallier, dans son analyse des citations du voyage de Montaigne concernant l'Italie antique, souligne cette attention spéciale pour les monuments romains près de Fossombrone, sans jamais citer Castellani. Chevallier reconnaît toutefois que le passage que Montaigne consacre à la description des deux inscriptions d'Auguste et de Vespasien qui se trouvent au bout d'un passage « de bien 50 pas de long » qui a été creusé « au travers de ces hauts rochers » est, comme il le dit, « riche de

détails précis[1] ». Les Romains avaient creusé la galerie du Furlo, (appelée désormais *Pietra pertusa*, pierre creusée, par les gens du lieu ; Furlo
aussi dérive de *forulum*, petit trou[2]) pour faciliter la circulation sur la
Via Flaminia. Auparavant, cette route courait autour de la montagne,
au-dessus du fleuve Candigliano, dont les crues menaçaient souvent la
circulation. En outre, à cause du ralentissement déterminé par ce passage
difficile, l'endroit était devenu le royaume des voleurs et des brigands qui
en profitaient. La réalisation de la galerie date de 76-77 av. J.-C. Dans
le *Corpus Inscriptionum Latinarum* d'E. Bormann, on retrouve une des
deux inscriptions dont parle Montaigne, celle en l'honneur de Vespasien.
Pour Chevallier, la première, « en son nom [d'Auguste] que le temps a
effacée » selon les mots de Montaigne, n'a jamais existé. Il affirme que
le voyageur a confondu l'inscription posée par l'empereur Vespasien,
qui avait réalisé le tunnel[3]. Gabriella Almanza, au contraire, exprime
des doutes quant à l'interprétation de Chevallier[4] : il faudrait faire des
recherches plus approfondies pour vérifier la présence éventuelle d'une
autre inscription que le temps a effacée. Marcello Gaggiotti observe
que Montaigne n'est pas le seul voyageur qui témoigne la présence de
deux inscriptions. Il propose d'ajouter aux deux textes d'inscriptions
qu'E. Bormann entregistre pour Pietra Pertusa (*Corpus Inscriptionum
Latinarum* XI, 6106 et 6107) une troisième inscription, erronément
attribuée par Bormann à *Forum Livi* (Forlì) et qui serait au contraire le
texte de la deuxième inscription vue par Montaigne et d'autres voyageurs
à la Galerie du Furlo[5].

---

1   Raymond Chevallier, « La découverte de l'épigraphie romaine par les voyageurs français
    en Italie. L'exemple de Montaigne », dans *Actes du VIIe Congrès International d'Epigraphie
    grecque et latine*, Bucareste/Paris, Editura Academiei/Les Belles Lettres, 1979, p. 372. Il
    nous dit que le tunnel mesurait 38,30 m. de long, 5,47 m. de large et 5,95 m. de haut.
    Il s'agissait donc d'un travail grandiose pour cette époque. Voir aussi Gabriella Almanza
    Ciotti, « Montaigne e l'Archeologia marchigiana », *Picus. Studi e ricerche sulle Marche
    nell'antichità*, vol. II, 1982, p. 89-95.
2   Cette idée est contestée par Marcello Gaggiotti qui fait dériver plutôt *Forulum* de l'ancien
    toponyme *Forum Iulium*. Voir M. Gaggiotti, « Le iscrizioni della galleria del Furlo. Il
    problema dei *Foroiulienses Cognomine Concupienses* (Plin. Nat., 3, 113) », *Atlante tematico di
    Topografia antica*, n° 13, 2004, p. 131.
3   Antonella Trevisiol, *Fonti letterarie ed epigrafiche per la storia romana della provincia di Pesaro
    e Urbino*, Rome, L'Erma Bretschneider, 1999, p. 186 : *Domus di Forii Sempronii. Decorazione
    e arredo*, éd. Mario Luni, Rome, l'Erma di Bretschneider, 2007.
4   Gabriella Almanza Ciotti, « Montaigne e l'Archeologia marchigiana », art. cité, p. 93.
5   M. Gaggiotti, « Le iscrizioni della galleria del Furlo », art. cité, p. 121-133.

Cette « grande besoigne », la galerie du Furlo, frappe Montaigne, qui avoue, dans le *Journal*, s'être rendu exprès dans cet endroit : « Je m'estois destourné pour voir cela ; et repassai sur mes pas pour reprendre mon chemin, que je suivis par le bas d'aucunes montaignes accessibles et fertiles » (*JV* 147). La décision de changer d'itinéraire pour aller voir ce qui lui semble intéressant correspond, d'après François Rigolot, à la manière de voyager de Montaigne, soumise à la contingence et à la curiosité[1]. Il est donc évident qu'il s'est rendu à la galerie du Furlo sur conseil de Castellani, qui lui avait présenté l'intérêt historique de ces lieux. Avait-il lu son texte, son manuscrit ? Cela reste un mystère.

Mais il est probable qu'il ait lu, ou reçu en hommage, un autre des livres de Castellani, un petit livre in-8° de 40 feuillets, parfait pour un voyageur, qui racontait en latin le siège de Malte de 1565, le *De bello Melitensi historia*[2]. Ce livre mérite une attention spéciale car il semble être la première des chroniques du Grand Siège de Malte publiées en Italie. Malte était un avant-poste naturel dans le partage de la Méditerranée entre les Catholiques et les Turcs[3]. Déjà en 1551, elle avait subi l'attaque des Ottomans qui avaient été repoussés ; Nicolas de Villegaignon, chevalier de Malte et neveu de Philippe de Villiers de l'Isle-Adam, grand Maître de l'Ordre de Malte, avait participé à ce premier *Bello Melitensi*, dont il avait laissé une chronique, *De bello Melitensi ad Carolum Cæsarem Commentarius* (Paris, Charles Estienne, 1553). Mais cette petite bataille ne peut pas être comparée au grand siège de Malte, qui dura du 18 mai au 12 septembre 1565 et qui opposa l'empire Ottoman et les Chevaliers de Malte commandés par leur Maître Jean de la Valette. Ces derniers, après avoir resisté aux Turcs pendant quatre mois, les obligèrent à renoncer au siège.

Le Grand Siège de Malte, raconté par Castellani, fut dédié à François Marie II della Rovere qui, né en 1549 était, en 1566, un adolescent. Castellani écrira pour lui un poème latin[4] en 1571, année de son mariage (qui sera

1 F. Rigolot, « Curiosity, Contingency, and Cultural Diversity : Montaigne's Readings at the Vatican Library », *Renaissance Quarterly*, vol. 64, n° 3, 2011, p. 847-874.
2 VINCENTII / CASTELLANI / FOROSEMPRONIENSIS / DE BELLO MELITENSI / HISTORIA / PISAVRI / Apud Hieronymum Concordiam / MDLXVI. La Bibliothèque nationale de Malte à La Valette possède un exemplaire de l'ouvrage de Castellani, qui est d'ailleurs très rare, sous la cote BC-2-37.
3 Nancy Bisaha, *Creating East and West : Renaissance humanists and the Ottoman Turks*, Philadelphie, University of Pennsylvania Press, 2004.
4 *De nuptis illustrissimi principis Francisci Mariæ excellentis. Guidonis Vbaldi Vrbinatium ducis filii. Vincentii Castellani Forosemproniensis Carmen*, Bononiæ, typis Alexandri Benatii, 1571.

stérile et malheureux) avec Lucrèce d'Este, de quatorze ans son aînée. Au cours de sa visite de la ville d'Urbin, Montaigne reconnaît l'amour des Della Rovere pour les lettres : « Ils sont de pere en fils tous gens de lettres, et ont en ce palais une belle librairie. La clef ne se trouva pas » (*JV* 148). D'après W. Boutcher, l'interdiction de visiter la bibliothèque dérive d'un véto politique : durant la période qui précéda le traité de Vervin en 1598, les voyageurs français, mis à part ceux de la Ligue, n'étaient pas bien vus[1]. François Marie est l'un des plus valeureux capitaines combattant à Lépante contre les Turcs. La dédicace de Castellani est presque une prémonition.

Dans le partage du monde méditerranéen si bien décrit par Braudel[2], la France et l'alliance franco-ottomane avec l'empire de Soliman le Magnifique[3], voulue par François Ier en 1536, suscitait le scandale de toute la Chrétienté[4]. Les échanges culturels, économiques, diplomatiques, la collaboration militaire avec les Turcs furent très efficaces pendant tout le siècle[5] ; l'alliance s'affaiblit de manière physiologique au niveau international quand la France dut s'occuper des troubles intérieurs engendrés par les guerres de religion. Cependant, il est indéniable qu'elle fonctionnait encore très bien quand l'empire Ottoman appuya, avec succès, la candidature de Henri de Valois au trône de Pologne, candidature que la diète polonaise accepta pour ne pas décevoir son puissant voisin.

Après une tentative échouée de débarquer en Espagne, la flotte turque commandée par Mustapha Pacha, Hassan Pacha, Dragut, et d'autres

---

1   Warren V. Boutcher, « Michel de Montaigne et "Frédéric Maria de la Rovere" : la chiave nascosta della biblioteca dell'ultimo duca d'Urbino », dans B. Cleri, S. Eiche, J. E. Law et F. Paoli (dir.), *I Della Rovere nell'Italia delle corti. Cultura e Letteratura*, Urbino, Quattroventi, 2002, t. 3, p. 97 : « *nel periodo precedente al trattato di Vervin del 1598, i visitatori francesi, ed eccezione di quelli di parte leghista, non erano generalmente ben accetti* ».

2   F. Braudel, *La Méditerranée et le monde méditerranéen à l'époque de Philippe II*, Paris, A. Colin, 1966.

3   Christine Duvauchelle, *François Ier & Soliman le Magnifique : les voies de la diplomatie à la Renaissance*, Catalogue de l'exposition au Musée national de la Renaissance, château d'Écouen, 18 novembre 2009 – 15 février 2010, Paris/Écouen, RMN/Musée national de la Renaissance, 2009 ; F. Lestringant, « La monarchie française au miroir ottoman : le portrait de Soliman le Magnifique, de Charles IX à Henri III », dans G. Veinstein (dir.), *Soliman le Magnifique et son temps*, Paris, La Documentation française, 1992, p. 235-251 ; Gilles Veinstein, « Les campagnes navales franco-ottomanes en Méditerranée au XVIe siècle », dans I. Malkin (dir.), *La France et la Méditerranée. Vingt-sept siècles d'interdépendance*, Leyde, E. J. Brill, 1990, p. 311-334.

4   Cette alliance durera jusqu'à la campagne d'Égypte de Napoléon Bonaparte.

5   F. Tinguely, *L'Écriture du Levant à la Renaissance : enquête sur les voyageurs français dans l'empire de Soliman le Magnifique*, Genève, Droz, 2000.

amiraux, décide en 1565 d'attaquer Malte. Le forces sont déséquilibrées[1] mais les courageux chevaliers de Malte, au bout de quatre mois de batailles féroces avec des actes d'une violence cruelle de part et d'autre, résistent et reçoivent l'aide des armées rassemblées par les rois chrétiens (Philippe II mais aussi le Pape, le vice-roi de Sicile, le duc de Savoie, etc.). La victoire est d'autant plus exceptionnelle qu'elle a été obtenue par un drapeau d'environ six-cents chevaliers (la moitié décèdent pendant le siège et au cours des batailles) et de quelques milliers d'autochtones, avec l'aide de quelques navires de corsaires, comme celui de Mathurin d'Aux de Lescout (Mathurin Romegas). On la célèbre dans toute la chrétienté ; elle représente le début de la fin de la puissance turque en Méditerranée. Désormais, les Turcs préfèrent se concentrer sur la Hongrie et, de toute manière, il renoncent à jamais à attaquer Malte.

Le seul texte qui raconte le grand Siège de Malte est le journal de Francesco Balbi da Correggio qui était, selon certains, un mercenaire, selon d'autres, un soldat de l'armée espagnole. Sa relation, détaillée et précise[2] (nous ne savons pas jusqu'à quel point elle est fiable), paraît en Espagne en 1567. Mais comment Castellani avait-il reçu des nouvelles du siège ? La date de l'épître dédicatoire est bien le 1er février 1566, ce qui signifie que Castellani a rédigé le texte dans les mois précédents et donc immédiatement après la victoire de septembre. Il ne révèle ses sources ni dans l'épître dédicatoire de son livre, ni dans l'incipit de l'histoire. Les premières chroniques du Grand Siège de Malte, y compris la seule source directe, le journal de Francesco Balbi, sont d'au moins un an postérieures à son livre. En 1567 paraissent en effet les œuvres de J.-A. Viperanus (*De bello melitensi historia*, Perugia, A. Brixianus, 1567), et de Cælio Secundo Curione (*Cælii Secundi Curionis de Bello Melitensi Historia Noua Item I. Valettæ Melitensium Principis Epistola, Summam Eiusdem Belli Complexa*, Bâle, Ioannes Oporinum) et, en 1582, paraît l'ouvrage de Claude de la Grange (*De bello Melitensi a Solimano Turcarum principe gesto. Claudii Grangei Biturgis, græcæ et latinæ eloquentiæ professoris commentarius*, Genève, Gabriel Cartier).

---

1   On parle d'environ 600 chevaliers de Malte et d'environ 6 000 soldats contre la flotte turque de 35 000 hommes et un corps de 6 000 janissaires. Voir Ernle Bradford, *The Great Siege. Malta 1565*, Londres, Penguin Books, 1961.

2   Francesco Balbi da Correggio, *Il Grande Assedio di Malta – Solimano il Magnifico contro i Cavalieri di Malta*, 1565, éd. Andrea Lombardi, Gênes, Associazione Italia, 2010.

Pendant son voyage, alors qu'il séjournait à Rome, Montaigne dit avoir visité le 26 janvier 1581 « la belle galerie que le pape dresse des peintures de toutes les parties de l'Italie, qui est bien près de sa fin » (*JV* 99). Dans la Galerie des Cartes géographiques, que le pape Grégoire XIII faisait réaliser dans les Palais Vaticans par le géographe Ignazio Danti[1], la représentation de Malte avec une carte du Grand Siège de 1565 occupe une place très importante. Donc, même après Lépante, son souvenir était indélébile pour les Chrétiens[2]. Montaigne aurait-il pu rester indifférent ? Ou refuser le don du petit ouvrage de Castellani s'il le lui avait offert ?

Les études menées jusque là prouveraient que Montaigne lisait encore beaucoup à propos des Turcs après son voyage en Italie : il aurait lu Lucinge et sa *Naissance, durée et cheute des Estats* (Paris, M. Orry, 1588), ouvrage auquel il emprunta la plupart des exemples et des citations sur les Turcs, insérées dans l'Exemplaire de Bordeaux et dans le texte de l'édition posthume des *Essais*. Il a aussi lu, en février 1586, la traduction que François Bauduin fit de l'*Histoire des roys et princes de Pologne* (Paris, L'Huillier, 1573) de Jean de Fulstin, livre auquel il emprunta au moins quatre portraits de rois insérés dans les *Essais* de 1588[3]. Il est donc possible qu'à l'époque où il approfondissait l'histoire des Turcs après avoir lu Chalcondyle et d'autres, et qu'il reprenait, comme nous le verrons par la suite, les livres rapportés d'Italie, il ait pu reparcourir avec attention pour le citer, le *Bello melitensi* de Castellani, qui pourrait être une des sources des *Essais*.

Vincenzo Castellani se révèle donc être un personnage assez intéressant. Ses livres ne sont pas des livres à succès, mais des livres de spécialiste,

---

1   Nous avons déjà analysé l'histoire de ce monument et ses affinités avec le voyage de Montaigne. Voir C. Cavallini, « Espace géographique et conditions médicales en Italie en 1580-1581. Michel de Montaigne témoin d'exception », dans Rosanna Gorris Camos (dir.), *Microcosme-Macrocosme*, Fasano, Schena, 2004, p. 177-181.

2   Parmi les proches de Montaigne Jean de Monluc, le fils du maréchal qu'on nommait « chevalier de Monluc », car il était chevalier de l'ordre de Malte, avait participé au Grand siège de Malte en 1565. Avec son secrétaire Jean du Chemin, il était un ami de Pierre de Brach et de Montaigne.

3   *Essais 2007*, p. 1477, p. 315, n. 1. A. Legros, « Herburt de Fulstin annoté par Montaigne », dans *Bibliothèques virtuelles des Humanistes*, en ligne : http://www.bvh.univ-tours.fr/ MONLOE/Fulstin.asp. Montaigne possédait aussi les notes manuscrites d'un cours de droit que F. Baudouin avait donné à Paris en 1561, notes conservées aujourd'hui à la Herzog August Bibliothek de Wolfenbüttel. Les notes portent l'ex-libris latin de Montaigne. Voir Ingrid De Smet et A. Legros, « Un manuscrit de François Baudouin dans la "librairie" de Montaigne », *Bibliothèque d'Humanisme et Renaissance*, t. LXXV, n° 1, 2013, p. 105-111.

comme pour les inscriptions, des livres de niche. Nous les avons appelés, parlant de Montaigne, des livres-fantômes, car nous n'avons aucune
certitude qu'il les ait vraiment lus ou possédés.

« *UN MAZZO DI COMMEDIE, UNDECI DI NUMERO* » : MONTAIGNE ET LES LIVRES RECOMPOSÉS

Dans son voyage de retour en France, Montaigne passe par Plaisance
l'après-midi du 24 octobre et couche dans la ville, qu'il quitte le lendemain. Il a le temps de voir le palais Farnèse[1], après avoir rencontré
plusieurs fois à Rome le cardinal Alexandre Farnèse, frère de Vittoria
(la mère de François Marie II della Rovere) et oncle d'Alessandro,
troisième duc de Parme et de Plaisance, fils de son frère Ottavio. C'est
à Alexandre Farnèse[2] qui, en 1581, combattait contre la France dans
les Flandres, qu'est dédiée la dernière des huit éditions de la *Jérusalem
délivrée* du Tasse[3], qui sortit à Parme quelques semaines avant le passage
de Montaigne (l'épître dédicatoire d'Erasmo Viotto, libraire de Parme
au prince Alexandre Farnèse, est datée du 7 octobre 1581). Le fait de
posséder non pas une édition quelconque du poème du Tasse, mais celle
qu'on considérait comme étant la version la plus achevée des environ
vingt versions manuscrites qui circulaient à l'époque (« *ridotta con le
nostre fatiche, e Stampe a più intera perfettione di quello, che si siano l'altre fin
qui vedute* », affirme Viotto dans l'épître dédicatoire, f.*2rᵒ), témoigne de
l'amour de Montaigne pour le Tasse et de son goût pour le livre comme
objet d'art. L'édition de Parme, définie comme « *compitissima* » par l'abbé
Serassi[4], est sans aucun doute la meilleure du poème, et repropose les

---

1   Il avait déjà visité la villa Farnèse de Caprarola et admiré le buste de Clelia Farnèse, fille
    naturelle d'Alexandre Farnèse, dans la villa du mari de la femme, Giangiorgio Cesarini,
    le 18 avril 1581 (*JV* 132).
2   Antonello Pietromarchi, *Alessandro Farnese l'eroe italiano delle Fiandre*, Rome, Gangemi,
    1998.
3   D'août 1580 à octobre 1581, huit éditions de la Jérusalem virent le jour.
4   Pierantonio Serassi, *Catalogo de' manoscritti dell'edizioni e delle traduzioni in diverse lingue delle
    opere di Torquato Tasso*, Cesare Guasti (éd.), *La Vita di Torquato Tasso*, Florence, Barbera,
    Bianchi e Comp., 1858, t. II, p. 381.

« arguments » d'Orazio Ariosti qui avaient été insérés dans la deuxième édition de Febo Bonnà (Ferrare, Francesco de' Rossi, 1581), plus des annotations et des allégories pour chaque chant « d'incerto autore », dit la page de titre[1]. Cet auteur anonyme est Bonaventura Angeli, un autre *fuoriuscito* de Ferrare. La dernière des éditions du Tasse est un grand in-4°, un ouvrage de bibliophile, dont la mise en page révèle le prestige[2].

C'est sur cette édition que Pierre de Brach fit sa traduction des quatre chants de la *Jérusalem*[3]. L'étude philologique que nous avons menée entre le texte italien du chant XII que Pierre de Brach publie en 1596[4] (mais qu'il réalise en 1582-1583), le mettant en regard de sa traduction « mot-à-mot », et les différentes versions du chant dans les huit éditions italiennes, a donné des résultats indéniables[5]. Jasmine Dawkins avait identifié comme base de la traduction de Pierre de Brach l'édition Parme, Viotto, in-12. Cette édition présente, dans le texte du chant XII que nous avons analysé, des différences avec l'édition in-4°, et chaque fois de Brach suit pour sa traduction le texte de l'in-4°. Mais c'est la présence de la strophe 57 qui donne une preuve incontestable. Cette strophe, qui est présente dans le texte italien de de Brach, fut supprimée du poème de manière définitive à partir de l'édition de Mantoue (Osanna, 1584).

---

1   LA / GIERVSALEMME / LIBERATA, OVERO IL GOFFREDO DEL SIG. TORQVATO TASSO. / Al Sereniss. Sig. D. ALFONSO II. Duca V. di Ferrara &c. / *Di nuovo ricorretto, et secondo le proprie copie dell'istesso Autore ridotto* / *a compimento tale, che vi si può altro più desiderare.* / Con gli Argomenti del Sig. ORATIO ARIOSTI gentil'huomo Ferrarese. / AGGIVNTOVI D'INCERTO AVTORE / *L'Allegorie à ciascun Canto, per lo più tolte dall'istesso Signor Tasso.* / *Annotationi, e Dichiarationi, si d'alcuni passi del Poema* / *come dell'Historie toccate nel Libro.* / Vna raccolta d'alcune vaghe maniere usate dal Poeta nel descrivere le parti del Dì / Con la Tavola di tutti gli Epiteti. / CON PRIVILEGII / IN PARMA. Nella stamperia di Erasmo Viotto. / *Con licenza de' Superiori.* MDLXXXI.

2   Sur le Tasse et son œuvre, voir les études de Claudio Gigante : *Vincer pariemi più sé stessa antica : la Gerusalemme conquistata nel mondo poetico di Torquato Tasso*, Naples, Bibliopolis, 1996, et *Tasso*, Rome, Salerno, 2007.

3   C. Cavallini, « Pierre de Brach traducteur », dans G. Dotoli (dir.), *Les Traductions de l'italien en français du XVIe au XXe siècle*, Fasano/Paris, Schena/Presses de l'Université Paris-Sorbonne, 2004, p. 53-69.

4   QVATRE / CHANTS / DE LA HIERVSALEM DE / TORQVATO TASSO. / Par / PIERRE DE-BRACH, Sieur de / la Motte Montussan. / *A tousiours victorieux, & debonnaire* ; / HENRY IIII. ROY DE / FRANCE ET DE NAVARRE. / A PARIS, / Chez Abel l'ALGELIER, au premier Pillier / de la grand'salle du Pallais. / M.D.XCVI. / *Avec Privilege du Roy.*

5   C. Cavallini, « "…pour reconquerir ceste Hierusalem" : Pierre de Brach et la traduction des *Quatre chants de la Jérusalem délivrée* du Tasse », dans *La Renaissance en Europe dans sa diversité, 2. Les savoirs, les savoir faire et leurs transmissions*, Nancy, Presses Universitaires de Nancy, « Europe XVI-XVII », n° 21, 2015, p. 495-509.

Pour ce qui est des huit premières éditions, soit elle était absente, soit elle était incomplète. Elle apparaît de manière complète dans l'in-4° de Parme, et également dans une autre édition, la seconde de Celio Malaspina (Venise, Perchacino, 1581). Néanmoins, le texte de cette dernière strophe présente quelques petites variantes lexicales par rapport à l'in-4° de Parme; nous avons donc la certitude que le texte de Pierre de Brach est celui de l'in-4° de Parme[1].

Est-ce Montaigne qui a rapporté d'Italie ce bel exemplaire de la *Jérusalem* que de Brach utilise dans une période autour des années 1582-1583[2]? Aurait-il possédé plus d'une version du poème du Tasse? Pour l'*Aminte*, par exemple, qui fut traduite par Pierre de Brach immédiatement après le retour en France de Montaigne[3], le texte semble être celui de l'édition qu'Alde Manuce publia en 1580; mais de Brach connaissait aussi les *Rime, parte prima* (couramment appelées *Rime e Prose*), un recueil d'œuvres du Tasse (parmi lesquelles la réimpression de l'*Aminte*) qu'Alde Manuce édita au mois d'avril 1581. Tous ces ouvrages auraient-ils été rapportés en France par Montaigne? En bibliophile, il ne se serait pas contenté de posséder une version des ouvrages du Tasse, mais il aurait recherché la meilleure, la plus riche, la plus correcte et aussi, comme pour le bel in-4° de Parme de la *Jérusalem*, la plus belle.

Après son voyage en Italie, Montaigne insère dans le texte des *Essais* trois citations de la *Jérusalem* et une de l'*Aminte* en 1582[4], et trois citations de la *Jérusalem* en 1588. Tandis que les trois citations de 1582 sont tirées

---

1   Je cite la strophe : « *Clorinda il Guerrier prese, indi legollo* (Malaspina : *e rilegollo*) / *Ben forte con le braccia* (Malaspina : *Con le robuste braccia*) *à i fianchi, e strinse* / *E'i se ne scosse, et con la destra il collo* / *Le prese* (Malaspina : *Le presse*) : *e col suo piede il pie le spinse* / *La fortissima Donna non die crollo* / *Et mal grado di lui, da lui si scinse* / *Poscia il ripiglia : Et ei seconda, & cede* / *Ch'atterrar lei col di lei sforzo crede* ».

2   La traduction des quatre chants est antérieure à leur publication. Simon Millanges, qui publie en 1584 les *Imitations* de Pierre de Brach dédiées à Marguerite de Valois, annonce au lecteur que leur auteur est en train de préparer une traduction du poème du Tasse, « Avis au lecteur », f. 4r°. Ce projet, cependant, n'aboutit pas. Voir IMITATIONS / DE PIERRE DE-BRACH / CONSEILLER DU ROY, / & Conterolleur en sa Chançel- / lerie de Bourdeaus. / A TRES-HAVTE ET VER- / tueuse Princesse, MARGVERITE DE / FRANCE, Royne de Navarre. / A BOVRDEAUS, / Par S. Millanges, imprimeur ordinaire du Roy. / [une ligne fine] / M D LXXXIIII.

3   Sur cette traduction voir notre « "Estrange amour, qui n'as point ta pareille !" : Pierre de Brach et la traduction de l'*Aminte* du Tasse », *Italique*, vol. XIII, 2010, p. 105-124.

4   C. Cavallini, *L'Italianisme de Michel de Montaigne*, Fasano / Paris, Schena / Presses de l'Université de Paris-Sorbonne, 2003, p. 222-225 et p. 249-251.

de chants différents de la *Jérusalem* (chant VIII, str. 26, v. 3-4 ; X, 39, 6-8 et XIV, 63, 5-8), comme quand quelqu'un lit et parcourt un poème en soulignant les vers qui frappent le plus l'esprit, les trois citations de 1588 sont toutes tirées du chant XII du poème. C'est comme si Montaigne avait médité sur ce chant, l'avait bien lu, bien analysé. L'avait-il par hasard parcouru dans la traduction de Pierre de Brach pour la revoir, la relire, ou simplement parce que son auteur la lui avait soumise en signe de gentilesse pour lui avoir prêté le texte italien qui avait servi de base à sa traduction ? Une confrontation textuelle des trois citations de Montaigne en 1588 avec le texte de l'in-4° de Parme n'apporte aucune réponse concrète sur le texte utilisé par Montaigne :

Montaigne, *Essais*, 1588	*Jérusalem délivrée*, Parme, Viotto, 1581
Qual l'alto Ægeo, per che Aquilone o Noto *Cessi, che tutto prima il vuolse e scosse,* *Non s'accheta ei pero : ma 'l sono e 'l moto,* *Ritien de l'onde anco agitate e grosse.* (III, 5, f. 5C2v°)	*Qual l'alto Egeo, perchè Aquilone, o Noto* *Cessi, che tutto prima il volse, e scosse.* *Non s'accheta ei però, ma 'l suono e 'l moto* *Rotien de l'onde, anco agitate, e grosse.* (XII, 64, 1-4)

Non schivar, non parar, non ritirarsi
 Voglion costor, ne qui destrezza ha parte.
 Non danno i colpi hor finti, hor pieni hor
    scarsi :
 Toglie l'ira e il furor l'uso de l'arte.
 Odi le spade horribilmente urtarsi
 A mezzo il ferro, il piè d'orma non parte :
 Sempre è il pie fermo, e la man sempre in moto ;
 Nè scende taglio in van, nè punta a voto.
 (II, 27, f. 4H2r°)
	Non schivar, non parar, non ritirarsi
	 Voglion costor, né qui destrezza ha parte.
	 Non danno i colpi hor finti, hor pieni, hor
	    scarsi :
	 Toglie l'ombra, e 'l furor, l'uso de l'arte.
	 Odi le spade horribilmente urtarsi
	 A mezo il ferro, il piè d'orma non parte,
	 Sempre è il piè fermo, e la man sempre in moto,
	 Nè scende taglio in van, né punta à voto.
	 (XII, 55, 1-8)

Perchè dubbiosa anchor del suo ritorno *Non s'assecura attonita la mente.* (II, 6, f. 2Qr°-v°)	*Ma pur dubbiosa ancor del suo ritorno* *Non s'assecura, attonita, la mente.* (XII, 75, 5-6)

Aucune des différences de ponctuation et de graphie ne révèle quelle est l'édition utilisée par Montaigne. Il faut simplement remarquer, comme l'affirme Jean Balsamo, que Montaigne remplace « *Ma pur* » du Tasse par « *Perchè* » « afin d'intégrer les vers dans son propre texte comme une explication[1] » dans la dernière citation. Il faut aussi remar-

---

1   J. Balsamo, « "Qual l'alto Ægeo..." : Montaigne et l'essai des poètes italiens », *Italique*, vol. XI, 2008, p. 118.

quer l'hypercorrection qui le porte à inverser *volse* et *suono* de la première citation (v. 2 et 3) par *vuolse* et *sono*. Et si, comme pour les citations de Salluste, Montaigne avait repris en main plus calmement les livres rapportés de l'Italie, autour de 1588 ? Il pourrait avoir repris son Castellani, mais aussi son édition de la *Jérusalem*.

Pour conclure, nous voulons revenir au titre de cet article car, parmi les livres « recomposés », il faut aussi inclure les « comédies » que Montaigne dit avoir achetées à Florence et desquelles personne n'a jamais réussi à déterminer la nature : « *Venerdì alla bottega dei Giunti comprai un mazzo di Commedie, undeci in numero, e certi altri libretti* » (*JV* 187). Il faudrait réfléchir sur les mots *mazzo* et *commedia*. Premièrement, Montaigne parle de *mazzo*, mot qui identifie une certaine quantité d'objets omogènes liés ensemble[1]. Ce mot est très utilisé dans le langage courant à l'époque du voyage de Montaigne, pour indiquer justement des objets d'usage quotidien (des saucisses, des bougies, des clés, comme encore aujourd'hui). L'emploi du mot pour indiquer un ensemble de livres semble être plus rare et répond à l'habitude de Montaigne d'utiliser la langue parlée pour son texte écrit : le 30 juillet, jour de sa visite à l'atelier des Giunti à Florence, il pratique assidûment la langue italienne, l'étudie sûrement et l'écrit désormais depuis presque deux mois.

La découverte de la source du vers « *Che ricordarsi il ben doppia la noia* » (II, 12, 494) tiré de la *Jocaste* de Lodovico Dolce[2], pourrait constituer une trace. Lodovico Dolce, poligraphe, « ouvrier de la littérature[3] », fut l'un des plus importants collaborateurs de Gabriele Giolito de' Ferrari à Venise ; il s'essaya dans plusieurs genres, en vers et en prose, du dialogue au traité, de la poésie au théâtre comique et tragique[4]. Il n'est pas étonnant que Montaigne cite un vers de la *Jocaste* de Lodovico Dolce, œuvre très connue dans l'Italie de la deuxième moitié du XVIe siècle, librement inspirée d'Euripide. La première édition de la *Giocasta*, imprimée

---

1   Voir S. Battaglia, *Grande dizionario della lingua italiana*, Turin, UTET, 1961-2002.
2   Franco Giacone, « La source du vers "Che ricordarsi il ben doppia la noia" de Michel de Montaigne », dans Franco Giacon (dir.), *La langue de Rabelais – La langue de Montaigne*, Genève, Droz, 2009, p. 587-591.
3   C'est du moins la définition que donne de cet auteur Giovanna Romei dans la riche fiche qu'elle lui consacre : *Dizionario Biografico degli Italiani*, t. 40, 1991. Voir aussi H. Terpening, *Lodovico Dolce. Renaissance Man of Letters*, Toronto, University of Toronto Press, 1997.
4   S. Giazzon, *Venezia in coturno. Lodovico Dolce tragediografo (1543-1557)*, Rome, Aracne, 2011 ; et *Id.*, « La *Giocasta* di Lodovico Dolce : note su una riscrittura euripidea », *Croniques italiennes, série web*, vol. 20, n° 2, 2011, p. 5.

en 1549 chez Alde Manuce à Venise, était dédiée à Jean de Morville, ambassadeur envoyé à Venise par François Ier [1], et cette dédicace exprime bien les relations politiques entre la Sérénissime (et ses imprimeurs) et la France. La dédicace disparut ensuite dans les éditions successives de la pièce. La *Giocasta*, réécriture des *Phoinissai* d'Euripide, connut d'autres éditions postérieures, dont une nous intéresse particulièrement, car elle fut une édition collective des pièces de Dolce publiée en 1560 chez Giolito de' Ferrari à Venise. Cette édition, dont faisait partie la *Giocasta*, comprenait aussi d'autres tragédies, notamment *Medea, Didone, Ifigenia, Thieste* et *Hecuba*[2]. Le volume des *Tragedie* correspond à la typologie de publication que Montaigne pourrait avoir appelée un *mazzo*, car il avait une page de titre générale (*Le Tragedie di M. Lodovico Dolce*) ; à l'intérieur, au contraire, chaque pièce était éditée avec une pagination indépendante et sa propre page de titre (corrigée par rapport à l'édition originale)[3]. Toujours en 1560, Giolito édita aussi les *Commedie* de Lodovico Dolce, avec le même système éditorial, à savoir en supprimant les dédicaces particulières, mais en gardant pour chaque pièce un page de titre et une pagination propre[4]. Le titre général était *Commedie di M. Lodovico Dolce. Il Ragazzo, il Capitano, il Marito, La Fabritia, il Ruffiano*. La même année, Giolito publia aussi un volume contenant six comédies de Girolamo Parabosco[5] et, deux années plus tard, un autre volume contenant cinq comédies de l'Arioste.

Pour ce qui est du mot *commedia*[6], dans la langue vulgaire du XVIe siècle, le mot n'était pas nécessairement lié au genre littéraire correspondant mais, reprenant un usage linguistique médiéval, où le mot « commedia »

---

1   F. Vindry, *Les Ambassadeurs français permanents au* XVIe *siècle*, Paris, H. Champion, 1903, p. 35. Jean de Morvillier (1506-1577) avait été ambassadeur à Venise de 1546 à septembre 1550. Après son retour en France, il fit une carrière éblouissante : il fut nommé évêque d'Orléans, puis devint secrétaire d'État et chancelier de France.

2   *Tragedie. Di m. Lodouico Dolce. Cioè, Giocasta, Medea, Didone, Ifigenia, Thieste, Hecuba. Di nuouo ricorrette e ristampate*, In Vinegia, appresso Gabriel Giolito de' Ferrari, 1560.

3   *Annali di Gabriel Gilito de' Ferrari da Trino di Monferrato stampatore in Venezia, descritti e illustri da Salvatore Bongi*, 2 vol., Rome, presso i principali librai, 1890, t. I, p. 93.

4   Voir la description de ces éditions dans *De Dante a Chiabrera. Poètes italiens de la Renaissace de la Fondation Barbier-Mueller*, Catalogue établi par Jean Balsamo avec la collaboration de Franco Tomasi, 2 vol., Genève, Droz, 2007, t. I, n. 152 (*Commedie de Lodovico Dolce*). Voir aussi Salvatore Bongi, *Annali di Gabriel Giolito de' Ferrari, op. cit.*, p. 97.

5   Les comédies de Parabosco étaient *La Notte, Il Viluppo, I Contenti, l'Hermafrodito, Il Pellegrino, il Marinaio*.

6   Voir S. Battaglia, *Grande dizionario, op. cit.*

indiquait un poème en langue vulgaire au style intermédiaire entre le populaire et le sublime (comme la *Divine comédie* de Dante), il indiquait toute situation prévoyant une mise en scène, une fiction, une simulation. J'ajoute que l'emploi du mot « commedia » pour indiquer une mise en scène (tragique, comique ou tragi-comique) est encore commun dans l'italien contemporain et dans de nombreux dialectes italiens.

Montaigne aurait-il donc parlé de *commedie* pour indiquer en général des recueils de pièces, par exemple deux volumes (l'un contentant les six tragédies, l'autre les cinq comédies) de Lodovico Dolce, pour un total de onze pièces ? Nous n'avons aucune réponse mais plutôt une autre question. Pourquoi Montaigne aurait-il acheté à Florence, chez les Giunti, des comédies imprimées à Venise chez Giolito ? Pour les comédies, au niveau éditorial, beaucoup de textes semblent avoir voyagé de Venise à Florence et vice-versa ; les Giunti de Florence étaient spécialisés dans la publication de comédies, comme le prouve leur catalogue. M. Bregoli Russo analyse par exemple le cas du *Furto*, comédie de Francesco D'Ambra, éditée à Florence (Giunti) en 1560 et l'année suivante à Venise (chez Rampazetto) ; des deux comédies de A. Firenzuola *I lucidi* et *La trinutia*, éditées en 1549 (puis en 1552) chez les Giunti et en 1560 chez Giolito à Venise ; de la comédie *Gli inganni* de Niccolò Secchi, publiée à Florence par les Giunti en 1562, passée ensuite à Venise chez Rampazetto en 1565[1]. Clubb semble confirmer l'osmose éditoriale entre Florence et Venise pour la *Calandra* de Bernardo Dovizi da Bibbiena (Venezia, frat. Da Sabio, 1526), qui fut rééditée par Giolito en 1553 et par les Giunti de Florence en 1558-1559[2].

Force nous est de rappeler aussi que, depuis 1547, quand leur rival Lorenzo Torrentino obtint le titre d'« imprimeur ducal[3] » (*stampatore ducalè*), les Giunti de Florence faisaient imprimer à Venise chez leurs cousins – « *ad istanza dei Giunti di Firenze* » (au nom des Giunti de Florence), certaines éditions qu'ils ne pouvaient pas imprimer à Florence. Montaigne possédait une édition de 1559 des *Historie universali de suoi tempi* de Giovanni Villani, que les « Giunti di Fiorenza » publièrent à

1   M. Bregoli Russo, *Renaissance Italian Theater. Joseph Regenstein library of the University of Chicago*, Florence, Leo S. Olschki, 1984.

2   Louise George Clubb, *Italian Plays in the Folger library. A bibliography with introduction*, Florence, Leo S. Olschki, 1968.

3   La rivalité commerciale entre les Giunti et Torrentino fut rude. Voir D. Decia, *Battaglie di tipografi nel Cinquecento (I Giunti e i Torrentino)*, Florence, Tip. Galileiana, 1913.

Venise[1]. Les Giunti avaient aussi des cousins à Lyon, où François (frère aîné de Luc'Antonio, chef de la branche vénitienne de la famille, et de Filippo, chef de la branche florentine) s'établit en 1520 et devint, avec son fils Iacopo, « le plus grand libraire de Lyon[2] ».

En consultant les catalogues des Giunti de Florence et des Giunti de Venise dans la même période historique (les années 1500-1580), on a constaté une différence fondamentale : les Giunti de Venise publiaient seulement des œuvres en latin et de goût classique, tandis que leurs cousins florentins publiaient aussi des livres en vulgaire et surtout des comédies, qui étaient souvent les livrets de pièces qui avaient été représentées à Florence. Nous donnons en appendice la liste des titres qu'ils avaient publiés à Florence jusqu'en 1570. Les comédies faisaient souvent l'objet des contrôles de la censure ecclésiastique même si, jusqu'en 1571, année de la création de la Congrégation de l'Index, l'État toscan s'opposa à l'Inquisition pour défendre les libraires, leur travail, la culture[3]. Les Index de Paul IV et Pie IV (datés de 1559 et 1564) ne furent appliqués à Florence que de manière superficielle, ce qui suscita les plaintes de l'Inquisiteur. Mais depuis 1571, les deux autorisations (de l'évêque et de l'Inquisiteur) devinrent obligatoires, ce qui influença aussi la publication des comédies.

Cependant, aucune des comédies imprimées par les Giunti de Florence n'est regroupée dans une édition collective. Cette habitude semble au contraire avoir été courante à Venise. Giolito, par exemple, prit les deux comédies de Firenzuola (*I Lucidi* et la *Trinutia*) publiées chez les Giunti en 1548 et 49 et en fit un volume[4] ; M. Bregoli Russo précise par exemple que les éditions collectives allaient souvent au-delà du genre littéraire. La comédie *Il Furto* de Francesco d'Ambra dans son édition vénitienne (Rampazetto, 1561) était liée à *La Calandra* de Dovizi da Bibbiena et à la *Sofonisba*, tragédie de Giovan Giorgio Trissino, un *mazzo* de pièces qui

1   G. de Botton et F. Pottiée-Sperry, « À la recherche de la librairie de Montaigne », *Bulletin du Bibliophile*, n° 2, 1997, p. 294.

2   H.-L. Baudrier, *Bibliographie Lyonnaise. Recherches sur les imprimeurs, libraires, relieurs et fondeurs de lettres de Lyon au* XVIe *siècle*, Paris, F. de Nobele, 1964, t. IV, p. 77.

3   M. Plaisance, « Littérature et censure à Florence à la fin du XVIe siècle : le retour du censuré », dans *L'Accademia e il suo Principe. Cultura e politica a Firenze al tempo di Cosimo I e di Francesco de' Medici*, Rome, Vecchiarelli editore, 2004, p. 339.

4   *Comedie, di m. Agnolo Firenzuola fiorentino, cioè la Trinutia, e i Lucidi. Nuouamente ricorrette e ristampate*, In Vinegia, appresso Gabriel Giolito de' Ferrari, 1561.

allait au-delà de la distinction des genres littéraires[1]. Quel sens donner alors au mot *mazzo* utilisé par Montaigne ? Avait-il vraiment acheté une édition collective de pièces ou au contraire aurait-il défini comme *mazzo* une « offre spéciale » destinée à un voyageur de passage pour lui proposer, peut-être à un prix réduit, un ensemble de livres similaires en stock depuis longtemps et dont on voulait se débarrasser[2] ?

Le voyage en Italie fut sans aucun doute une occasion importante pour le contact de Montaigne avec les livres. Sollicité par ses rencontres, ses visites aux libraires et aux imprimeurs, il se découvrit parfois bibliophile au sens étymologique du mot, désirant acheter plus d'un livre sur un même sujet ou plus d'une édition de la même œuvre. En lecteur, Montaigne se projetait dans des textes et des points de vue différents, ce qui l'aidait à composer sa personnalité curieuse et éclectique, et par là même, à se connaître et à se reconnaître.

Concetta CAVALLINI
Università di Bari Aldo Moro

---

1   M. Bregoli Russo, « Ambra, Francesco d' », dans *Renaissance Italian Theater, op. cit.*
2   Le stockage des livres était un véritable problème pour les imprimeurs au XVIe siècle. Voir Angela Nuovo, *Il commercio librario nell'Italia del Rinascimento. Nuova edizione riveduta e ampliata*, Milan, Franco Angeli, 2003.

APPENDICE
Liste des comédies
publiées chez les Giunti de Florence[1]

1521	Giovanni Boccaccio, *Ameto over comedia delle Nimphe florentine*[2]
1525-1526	*Aristophanis comœdiæ novem...*
1548	Nicolò Machiavelli, *Clitia, comedia facetissima di m. Nicolo Machiauelli Fiorentino. Nuouamente corretta, & ristampata*[3].
1549	Agnolo Firenzuola, *La Trinutia comedia di m. Agnolo Firenzuola fiorentino.*
	Agnolo Firenzuola, *I Lucidi comedia di messer Agnolo Firenzuola fiorentino.*
	Pietro Ulivi, *Comedia del bifolco villanesca. Di Pietro Vliui da Scarperia.*
1550	Giovan Battista Gelli, *La Sporta comedia di Giouan' Batista Gelli, Accademico Fiorentino.*
	Niccolò Macchiavelli, *Mandragola. Comedia di Nicolo Machiauelli fiorentino* [imprimée à nouveau en 1556].
	Giuseppe Leggiadri Galanni, *La Portia. Comedia di Gioseppo Leggiadro Galanni da Parma.*
1551	Anton Francesco Grazzini dit il Lasca, *La gelosia. Comedia d'Antonfrancesco Grazini detto il Lasca Recitatasi in Firenze publicamente il carnouale dell'anno 1550.*

---

1 La plupart des comédies avaient déjà été publiées chez d'autres éditeurs, souvent à Venise, avant d'arriver chez les Giunti. Même une fois arrivés à Florence, les textes connurent souvent plus d'une édition, chez les « eredi di Bernardo Giunta il vecchio » ou « appresso i Giunti ». *I Giunti, tipografi editori di Firenze. I vol. : 1497-1570, II vol. : 1571-1625. Annali*, a cura di Decio Decia, Renato Delfiol, Luigi Silvestro Camerini, Marzocco, Giunti Barbera, 1978. Voir aussi A. A. Renouard, *Annali delle edizioni aldine con notizie sulla famiglia dei Giunta e repertorio delle loro edizioni fino al 1550*, Bologna, Editoriale Fiammenghi, 1953 et P. Camerini, *Annali dei Giunti. Venezia*, Firenze, Sansoni Antiquariato, 1962, 2 vol.
2 La comédie de Boccace fut republiée en 1529 sous le titre *Ameto del Boccaccio.*
3 Dans la même année, les Giunti publièrent un recueil d'œuvres burlesques : *Primo libro delle opere burlesche di F. Berni, G. Della Casa, del Varchi, del Mauro, di M. Bino, del Molza, del Dolce et del Fiorenzuola.* Un deuxième volume (*Secondo libro delle opere burlesche di F. Berni, del Molza, di M. Bino, di M. Lodovico Martelli, di Matteo Francesi, dell'Aretino et di diversi autori...*) fut publié en 1555.

1556	Benedetto Busini, *Polifila, comedia piaceuole e nuoua. Nuouamente e con ogni diligentia stampata.*
1558	Bernardo Dovizi da Bibbiena, *Calandra comedia di m. Bernardo da Bibiena che fu poi cardinale. Nuouamente ristampata, & corretta*[1].
1559	Giovan Battista dell'Ottonaio, *La ingratitudine, comedia di Giouan Battista araldo della illustrissima signoria di Fiorenza. Nuouamente ristampata.*
1560	Antonio Vignali [Arsiccio Intronato], *La floria comedia dell'Arsiccio Intronato. Nuouamente stampata.*
	Girolamo Razzi, *La balia commedia di m. Girolamo Razzi, in religion Silvano. Nuouamente stampata.*
	Francesco d'Ambra, *Il furto. Comedia di m. Francesco d'Ambra cittadino, e accademico fiorentino. Nuouamente data in luce.*
1561	Anton Francesco Grazzini, *La spiritata, commedia di Antonfrancesco Grazini, detto il Lasca, recitatasi in Bologna, e in Firenze al pasto del magnifico signore, il s. Bernardetto de Medici, il carnouale dell'anno MDLX.*
	Giovanmaria Cecchi, *Il seruigiale comedia di Gio. Maria Cecchi fiorentino. Recitata in Firenze il Carnouale de l'anno 1555. nella Compagnia di San Bastiano de fanciulli. Nuouamente stampata con gli intermedii.*
	Francesco Mercati da Bibbiena, *Il sensale comedia di m. Francesco Mercati da Bibbiena. Recitata l'anno 1551 nel felicissimo studio di Pisa. Et l'anno 1559 per i giouani della compagnia del Bernardino, in Fiorenza.*
1562	Nicolò Secchi, *Gl' inganni comedia del signor N.S. recitata in Milano l'anno 1547 dinanzi alla maestà del re Filippo nuouamente posta in luce con licenza, et priuilegio.*
1565	Girolamo Razzi, *La Gostanza, comedia di Girolamo Razzi. Nuouamente data in luce.*

---

1   La comédie fut publiée chez les « eredi di Bernardo Giunta il vecchio » en 1558 et « appresso i Giunti » en 1559.

1566   Giovan Battista Cini, *Descrizione dell'Apparato della commedia et intermedi d'Essa. Recitata in Firenze il giorno di S. Stefano l'anno 1565 nella gran sala del palazzo di sua Eccellenza Illsutrissima nelle reali nozze dell'Illustrissimo et Eccellentissimo S. il Sig. Don Francesco Medici Principe di Fiorenza e di Siena et della reg. Giovanna D'Austria sua consorte*[1].

1568   Niccolò Buonaparte, *La vedoua. Comedia facetissima di m. Nicolò Buonaparte cittadino fiorentino. Nuouamente data in luce.*

Anton Francesco Grazzini, *La Gelosia commedia* [...].

1569   Giovan Battista Cini, *La vedoua commedia. Di m. Giouambattista Cini. Rappresentata a honore del serenissimo arciduca Carlo d'Austria nella venuta sua in Fiorenza l'anno 1569*[2].

1570   Raffaello Martini, *Amore scolastico. Comedia di m. Rafaello Martini nuouamente data in luce.*

---

1   Cette comédie, comme on l'a déjà dit, fut représentée à l'occasion de la visite de l'archiduc Charles d'Autriche à Florence.

2   Cette comédie fut composée et représentée à l'occasion des noces de François de Médicis avec Jeanne d'Autriche.

MONTAIGNE LECTEUR
ROMAIN COSMOPOLITE

Hasard et curiosité

> Les fantaisies de la musique sont
> conduictes par art, les miennes par sort
> (III, 2, 805)[1]

On connaît l'appétit de Montaigne pour les livres et la façon très particulière dont il nous dit en faire usage. Le chapitre des *Essais* consacré à ce sujet (« Des livres ») nous renseigne moins sur la nature de ses lectures favorites que sur ses habitudes de lecteur. « C'est icy purement l'essay de mes facultez naturelles », nous dit-il. « Ce sont icy mes fantasies, par lesquelles je ne tasche point à donner à connoistre les choses, mais moy » (II, 10, 407 A). Comme l'écrivait Villey dans sa présentation de ce fameux chapitre, « ici tout est personnel ; l'intérêt est uniquement de nous faire connaître Montaigne, et d'éveiller nos impressions au choc des siennes » (407). On peut cependant se demander si son attitude reste la même quand il quitte le huis-clos de sa fameuse « librairie » pour partir en voyage à l'étranger. Le moment sans doute le plus mémorable de cette consultation de livres, loin de chez lui, se trouve à Rome lorsqu'il visite la Bibliothèque Vaticane le 6 mars 1581. On en a une relation concise et précise dans le *Journal de voyage*[2].

---

1   Nous citons Montaigne dans l'édition Pierre Villey publiée aux Presses Universitaires de France, 1978. Nous donnons le numéro de chapitre et la pagination entre parenthèses dans le texte, suivis des lettres A (1580), B (1588) ou C (après 1588).
2   Toutes les citations du *Journal de voyage* se rapportent à notre édition publiée aux Presses Universitaires de France, 1992. Les abréviations *JV*, suivies de la page, seront données dans le texte entre parenthèses.

Nous pouvons aisément comprendre la joie que put ressentir le bibliophile quand, après avoir passé plus de trois mois à Rome, la permission
lui fut accordée de visiter la *Bibliotheca Apostolica Vaticana*. Celle-ci était
déjà la « librairie » officielle du Saint Siège. Le pape Nicolas V l'avait
fondée en 1448, rassemblant les textes grecs, latins et hébreux hérités
de ses prédécesseurs, auxquels se mêlaient sa propre collection et de
nombreuses acquisitions subséquentes, en particulier de rares manuscrits provenant de la bibliothèque impériale de Constantinople. Sous
son premier conservateur, Bartolomeo Platina, qui tint un recensement
en 1481, la Vaticane possédait plus de trois mille cinq cents articles,
faisant d'elle la plus riche bibliothèque d'Europe.

Dans les années 1970, Luigi Michelini Tocci publia les catalogues
raisonnés de deux expositions à la Vaticane dans lesquels il fait mention
de la visite de Montaigne[1]. Une dizaine d'années plus tard, la regret-
tée Franca Caldari Bevilacqua reprit ces travaux pour les mettre plus
directement à la disposition des montaignistes[2]. Récemment, Massimo
Ceresa, qui dirige l'ambitieux projet d'une histoire de la Bibliothèque
Vaticane, m'a proposé de rédiger la notice sur la visite qu'y fit Montaigne
et j'ai pu, à cette occasion, préciser l'identification des volumes consultés
et revenir sur les motivations du visiteur français telles qu'elles trans-
paraissent dans les trois pages où il relate en détail sa visite dans son
Journal de voyage[3].

Les ouvrages énumérés font état d'une grande diversité qu'on pourrait
dire « cosmopolite » et posent plusieurs questions. Est-ce un assemblage

---

1   *Il Libro della Bibbia, esposizione di manoscritti e edizioni a stampa della B.A.V dal secolo III
    al secolo XVI*, Città del Vaticano, B.A.V, 1972 ; *Quinto Centenario della Biblioteca Apostolica
    Vaticana, 1475-1975*, Città del Vaticano, B.A.V., 1975.
2   Franca Caldari Bevilacqua, « Montaigne alla Biblioteca vaticana », dans Enea Balmas
    (dir.), *Montaigne e l'Italia*, Genève, Slatkine, 1991, p. 363-390. Il faut aussi faire mention
    du beau livre illustré de Anthony Grafton (dir.), *Rome Reborn. The Vatican Library and
    Renaissance Culture*, Library of Congress et Yale University Press en association avec B.A.V.,
    1993.
3   Cette notice a été publiée sous le titre « 6 marzo 1581 : Montaigne visita la Vaticana »,
    dans Massimo Ceresa (dir.), *La Biblioteca Vaticana tra Riforma Cattolica, crescita delle
    collezioni e nuova edificio (1535-1590)*, Città del Vaticano, Biblioteca Apostolica Vaticana,
    2012, p. 281-303. Je remercie les autorités de la Vaticane de m'avoir autorisé à publier
    quelques-unes des illustrations figurant dans ce magnifique ouvrage. Un résumé anglais
    sans illustrations de cette notice a paru dans « Curiosity, Contingency, and Cultural
    Diversity : Montaigne's Readings at the Vatican Library », *Renaissance Quarterly*, vol. LXIV,
    n° 3, 2011, p. 847-871.

hétéroclite ou peut-on déceler un projet cohérent dans les documents que le Conservateur remet entre les mains du visiteur français ? Montaigne adopte-t-il toujours à Rome le principe de la nonchalance qui était le sien à Bordeaux ? Dans sa « librairie », il nous disait se désintéresser de la « science » c'est-à-dire du savoir qu'il pouvait tirer des livres (« il n'est rien dequoy je face moins de profession », écrivait-il). Continue-t-il à se soumettre au « sort », à un hasard qu'il juge bienfaisant et se laisse-t-il toujours aller au gré de ses « fantasies », « selon que la fortune a peu [le] porter en [certains] lieux » (II, 10, 408 A) ?

PLUTARQUE ET SÉNÈQUE

Les premiers documents dont Montaigne fait mention sont les « livres escrits à main, et notamment un Seneque et les *Opuscules* de Plutarche ». Ces deux auteurs anciens sont ses prosateurs favoris, ce qui explique sans doute pourquoi il les place en tête de liste. On se souvient que figurait une « Defence de Seneque et de Plutarque » vers la fin de la première édition des *Essais* (1580) qu'il avait emportée avec lui à Rome[1].

Le vif intérêt qu'il témoignait pour Sénèque était aussi avivé par la conversation qu'il avait eue avec l'ambassadeur de France près le Saint Siège, Louis Chasteigner, dont la passion pour les belles lettres était connue. Chasteigner était sur le point de quitter Rome pour regagner la France et il se plaignait de n'avoir « jamais peu avoir le moyen de voir ce Seneque escrit à la main [...] qu'il desiroit infiniment » (*JV* 112)[2]. La raison en venait sans doute de quelque friction personnelle entre

---

1   Après le massacre de la Saint Bathélemy (1572), certains Huguenots n'avaient pas hésité à comparer le roi de France à Néron. D'autres reprochaient à Sénèque d'être « avaritieux, usurier, ambitieux, lache, voluptueux et contre-faisant le philosophe à fauces enseignes », p. 722.

2   Comme l'a montré Philippe Desan, Montaigne espérait remplacer Chasteigner comme ambassadeur de France à Rome. En fait, un autre ami de Montaigne, Paul de Foix, avait été nommé à ce poste prestigieux. Voir « L'appel de Rome, ou comment Montaigne ne devint jamais ambassadeur », dans Jean Balsamo et Chiara Lastraioli (dir.), *Les Chemins de l'exil, havres de paix. Migrations d'hommes et d'idées au XVIe siècle*, Paris, H. Champion, 2009, p. 238. Article repris et développé dans *Montaigne. Une biographie politique*, Paris, Odile Jacob, 2014, p. 317-394.

l'ambassadeur et le conservateur de la Vaticane, Guglielmo Sirleto dont Montaigne francise et familiarise le nom en « Charlet ». Celui-ci appartenait à l'une des plus puissantes familles romaines, la *casa Sirleto*. À l'époque, l'accès des érudits aux plus précieux documents de la bibliothèque dépendait dans une large mesure de *faveurs* personnelles dont l'octroi dépendait de la bonne volonté du conservateur[1]. La gestion de ce capital intellectuel se prêtait apparemment à une politique d'échange dont les termes étaient négociés en haut lieu[2]. Sirleto ne semble d'ailleurs pas avoir été bien disposé dans ces échanges envers les érudits français. Il avait, par exemple, refusé de communiquer un rare manuscrit à Marc-Antoine Muret, brillant érudit fermement établi en Italie[3]. On sait que la concurrence territoriale entre humanistes se doublait souvent d'un antagonisme national dont les enjeux diplomatiques n'étaient pas séparables de la politique culturelle du moment[4].

La question se pose alors de savoir quels manuscrits de Plutarque et de Sénèque furent communiqués au visiteur français. Personne ne semble avoir donné jusqu'ici de réponse définitive à cette question. Dans ses catalogues d'expositions, Tocci refusait de s'adonner à des identifications même spéculatives et Bevilacqua abandonnait la partie devant l'amplitude de la recherche[5]. Remarquons que, selon son habitude, Montaigne cite ensemble ses deux auteurs favoris : « un Seneque et les *Opuscules* de Plutarche » (*JV* 111). Tout porte donc à croire que les feuillets qu'on lui remit étaient reliés en un seul volume[6].

1   *Cf.* Warren Boutcher, « Le moyen de voir ce Senecque escrit à la main : Montaigne's *Journal de Voyage* and the Politics of *science* and *faveur* in the Vatican Library », dans John O'Brien (dir.), *(Ré)interpretations : Études sur le Seizième Siècle, Michigan Romance Studies*, vol. XV, 1995, p. 177-214.
2   « Sirleto had gained a position with profit for himself from exchanging intellectual capital », *ibid.*, p. 183.
3   Charles Dejob, *Marc-Antoine Muret, un professeur français en Italie dans la seconde moitié du XVIᵉ siècle*, Genève, Slatkine, 1970, p. 231. Voir aussi Alessandro D'Ancona, *L'Italia alla fine del secolo XVI. Giornale di viaggio di Michele de Montaigne in Italia nel 1580 e 1581*, Città di Castello, S. Lapi, 1889, p. 112, note 16.
4   Voir Anthony Grafton, *Joseph Scaliger : A Study in the History of Classical Scholarship*, t. I, « Textual Criticism and Exegesis », Oxford, Clarendon Press, 1983, p. 71-100.
5   Art. cité, p. 388, note 33.
6   Je tiens à remercier Marco Buonocore qui m'a aidé à repérer les principaux manuscrits de Sénèque dans les inventaires de la Vaticane. Voir son ouvrage, *Vedere I Classici. L'illustrazione libraria dei testi antichi dall'età romana a ; tardo medioevo* (Salone Sistino-Musei Vaticani, 9 ottobre 1996 – 19 aprile 1997) et son article « Per in ITER tra I codici di Seneca alla

Parmi toutes les passions humaines qui font l'objet d'un examen dans les premiers *Essais*, la colère occupait une position particulière et permettait justement à l'essayiste de réunir ses deux auteurs favoris. À la fin du volume, immédiatement avant sa « Defence de Seneque et de Plutarque » (II, 32), Montaigne avait placé son propre *De ira* (II, 31). On comprend alors que, parmi les manuscrits disponibles de la Vaticane, son regard ait pu s'arrêter sur le volume qui contenait à la fois le *De Ira* de Plutarque et celui de Sénèque. Les voici rassemblés dans le manuscrit *Vat. lat.* 1888. Ce manuscrit est dédicacé à Sixte IV, date de 1477[1] ; dédicacé au pape Sixte IV, il avait été décoré par Bartolomeo San Vito, le plus célèbre miniaturiste de l'époque[2]. On peut imaginer l'émotion que put ressentir Montaigne devant cette trouvaille : un doublet qui représentait *au vif* ce à quoi il venait de consacrer deux essais et que même l'ambassadeur de France n'avait pu tenir entre ses mains.

B.A.V. : primi traguardi », *Giornale italiano di filologia*, vol. LII, n° 1-2, p. 17-100. J'ai aussi consulté le catalogue établi par Elisabeth Pellegrin, François Dolbeau, Jeannine Fohlen et Jean-Yves Tillette, avec la collaboration d'Adriana Marucchi et Paola Scarcia Piacentini, *Les Manuscrits latins de la Bibliothèque Vaticane*, vol. III, 1re partie, Fonds Vatican latin, 224-2900, Paris, Éditions du CNRS, 1991, p. 383-387.

1   En voici la description : *Vat. Lat.* 1888. Parch[emin] XVe siècle (a. 1477) 101 f. + 2 f. blancs. *Cf. Les Manuscrits latins de la Bibliothèque Vaticane, op. cit.*, p. 454-455, f. 1-26v : Plutarchus, *De Ira sedanda seu De Cohibenda ira*, trans. lat. Bartholomae Sacchi Platinae ad Sixtum IV papam ; f. 27-101v : *Annei Senecae ad novatum de ira Liber I*...).

2   On en trouve la trace dans les inventaires de 1533 et 1550 sous le numéro 980. Voir J. Ruysschaert, « Il copista Bartholomeo San Vito, miniatore padovano a Roma dal 1469 al 1501 », dans *Archivio della Società romana di Storia patria*, vol. CIX, 1989, p. 37-47. La page initiale contient une imitation de médaille avec l'effigie du pape Sixte IV et la légende « Sixtus IIII. Pont[ifex] Max[imus] » (f. 1r). En bas, le blason est encadré de feuilles de chêne et de glands en ovale autour des clés de Saint Pierre. Le titre et l'incipit sont présentés en majuscules sur des lignes alternativement colorées en or, rouge et violet. Chaque page est encadrée par une frise rouge et or. On remarquera les initiales d'or sur fond de couleur avec guirlandes de feuillages et de fleurs et une corne d'abondance. Le *De Ira* de Plutarque est traduit en latin par Platina : *Plutarchi Dialogus De Ira [sedanda seu De Cohibenda] Interprete Platina ad Sextum Quartum Pontificem Maximum*. Plus loin, on trouve celui de Sénèque : *[An]nei L[ucii] Senecae Ad Novatum De Ira Liber Primus* (f. 27).

UN LIVRE CHINOIS

Dans le relevé qu'il nous a laissé, Montaigne fait alors mention d'un livre chinois dont il décrit la forme et la texture avec quelques détails. Il n'a rien vu jusqu'ici de comparable et son étrangeté le fascine :

> [J'y vis de remarquable] un livre de Chine, le caractère sauvage, les feuilles de certaine matiere beaucoup plus tendre et pellucide que nostre papier ; et parce qu'elle ne peut souffrir la teinture de l'encre, il n'est escrit que d'un costé de la feuille, et les feuilles sont toutes doubles et pliées par le bout de dehors où elles se tiennent. Ils tiennent que c'est la membrane de quelque arbre. (*JV* 111-112)

Luigi Tocci avait identifié avec précision le document dont il est question ici. Il s'agit d'un *stampato cinese* datant du XVIᵉ siècle et contenant les chapitres VI à X du *Miroir historial* de Sseu-ma Kouang[1]. De fait, les caractères chinois sont imprimés sur du papier de riz et les feuillets y sont pliés et cousus ensemble[2].

Avant sa visite à la Vaticane Montaigne ne semble pas s'être beaucoup intéressé à la Chine. Quand il parle de « l'Orient » il veut habituellement signifier le Proche ou le Moyen Orient. Comme la plupart de ses contemporains, il était préoccupé en premier lieu par l'Empire ottoman et, dans les *Essais*, les références aux Turcs sont nombreuses. Dans l'article qu'il consacre à la culture asiatique au Vatican, Howard Goodman se demande ce que Montaigne pouvait bien penser en 1581 quand il vit ces caractères chinois imprimés sur du papier de riz. Ni lui ni personne d'autre vivant en Europe à l'époque ne comprenait un moindre mot au chinois. Sans doute s'est-il émerveillé devant l'art inhabituel avec lequel les feuillets étaient méticuleusement pliés et cousus ensemble[3]. On trouve cependant deux passages importants sur la Chine dans les

---

1   Sseu-ma Kouang. *Tseu tche tong kien tsie yao* (d'abord *Vat. lat.* 3772, reclassifié *Racc.* I, III, 333, puis *Vat. Estr.-or.* 66).

2   Dans les deux catalogues qu'il a édités dans les années 1970, Tocci précise, sans donner plus de preuves, qu'on montrait ce livret, ou une autre semblable, aux visiteurs de marque dans la seconde moitié du XVIᵉ siècle : *Quinto Centenario della B A V. Catalogo, op. cit.*, p. 51, n° 130.

3   Howard L. Goodman, « East Asia in the Vatican Vaults », dans *Rome Reborn, op. cit.* p. 251-252. Nous traduisons.

Essais et il n'est pas surprenant de savoir qu'ils ont été ajoutés après le retour d'Italie[1].

L'intérêt de l'essayiste pour le Royaume du Milieu aura sans doute été stimulé, sinon provoqué, par la découverte du livret de la Vaticane. À la même époque, le pape Grégoire XIII confiait à Juan González de Mendoza la rédaction d'une *Historia de las cosas mas notables del gran Reyno de la China.* Cet ouvrage fut publié en espagnol en 1585 et Juste-Joseph Scaliger demanda au beau-frère de Montaigne, Geoffroy de La Chassaigne, souldan de Pressac, de le traduire en français. En fait, la traduction sera donnée par Luc de La Porte et non par Pressac et elle ne paraîtra qu'en 1588. Si Montaigne a lu Mendoza, ce fut en espagnol[2].

Le premier commentaire sur la culture et la société chinoises se trouve au chapitre « Des coches », ajouté précisément en 1588 avec le troisième livre des *Essais*. Montaigne se moque de l'outrecuidance des Européens qui se flattent de leurs « inventions » alors que les Chinois les ont précédés bien avant dans cette voie :

> En la Chine, duquel royaume la police et les arts, sans commerce et la cognoissance de nostres, surpassent nos exemples en plusieurs parties d'excellence, et duquel l'histoire m'apprend combien le monde est plus ample et plus divers que ny les anciens ny nous ne penetrons... (III, 13, 1071 C)

UN PAPYRUS ÉGYPTIEN

Après la Chine, l'Égypte ; après le papier de riz, le papyrus : « J'y vis aussi un lopin de l'antien papyrus, où il y avoit des caracteres inconnus : c'est une escorce d'arbre » *(JV* 112). Dans le catalogue qu'il établit en 1975, Tocci identifia ce « papiro egiziano » *(Vat. lat.* 3777) en ajoutant que cet objet faisait partie des trésors que l'on montrait alors aux visiteurs

---

1   D'autres remarques de moindre ampleur sur les rituels (II, 3, 360) et les cérémonies funéraires (II, 29, 707) ont pu être également inspirées par le modèle chinois. *Cf.* Jean Balsamo, « Les premières relations des missions de la Chine et leur réception française », *Nouvelle Revue du Seizième Siècle*, n° 16, 1998, p. 155-184.
2   Denis Bjaï, « Chine », dans Philippe Desan (dir.), *Dictionnaire de Michel de Montaigne*, Paris, H. Champion, 2004, p. 164.

de la Vaticane[1]. Rappelons que, lorsque Montaigne se mit en route pour l'Italie, son premier arrêt fut dans la ville de Meaux pour rendre visite à l'orientaliste Juste Terrelle qui était de retour d'Égypte (*JV* 4). François Ier avait envoyé ce savant au Proche Orient pour en rapporter des manuscrits byzantins et Montaigne avait sans doute très envie d'en découvrir les trésors. Les hiéroglyphes égyptiens étaient à la mode et on les interprétait alors comme des signes hermétiques et sacrés donnant accès à une vérité de nature supérieure[2].

Les connaissances qu'avait Montaigne de l'Égypte lui venaient de Platon, d'Hérodote et des historiens romains. Les croyances polythéistes des anciens Égyptiens l'intriguaient et il pensait qu'en matière médicale leur doctrine n'était pas sans valeur. Cependant, dans les *Essais* il adopte une attitude généralement sceptique au sujet de tout savoir ésotérique et des spéculations hermétiques associées à des pratiques magiques. C'est sans doute pourquoi il ne s'adonne pas aux possibilités d'interprétation du message énigmatique qu'il trouve sur le morceau d'écorce de la Vaticane. Érasme et Rabelais auraient sauté sur l'occasion pour chercher la sève sous l'écorce de cet autre « silène » dont la surface externe cache un « plus haut sens » et qu'il s'agit de découvrir[3]. Seul l'aspect matériel du papyrus retient l'œil du visiteur : indéchiffrable, l'objet stimule l'imagination pour devenir le précieux témoin d'une altérité culturelle.

---

1   « *Alcuni frammenti di papiro, già conservati in una custodia di piombo, poi (alla fine del sec.* XVIII*) in una scatola di legno di cipresso [...], erano fra I cimeli che venivano mostrati ai visitori della Vaticana fin dal secolo XVI. [...] Nel secolo scorso i caratteri, fino allora creduti etruschi, furono riconosciuti come egizianani. I pezzi, messi sotto vetro, furono in gran parte trasportati al Museo Gregoriano Egizio. Il vetro esposto [nella mostra di 1975], che contiene un contratto demotico con nota di registrazione greca e un piccolo frammento geroglifico di èta tarda, fu restituito alla Vaticana nei primi anni del nostro secolo* ». Tocci, *Quinto centenario, op. cit.*, p. 50, n° 129.

2   Voir Edgar Wind, *Pagan Mysteries in the Renaissance*, New Haven, Yale University Press, 1958, p. 17-20 ; Frances Yates, *Giordano Bruno and the Hermetic Tradition*, Londres, Routledge & K. Paul, 1964 ; D. P. Walker, « Esoteric Symbolism », dans G. M. Kirkwood (dir.), *Poetry and Poetics from Ancient Greece to the Renaissance : Studies in Honor of James Hutton*, Cornell University Press, 1975, p. 225-226 ; *id.*, « The *Prisca Theologia* in France », *Journal of the Warburg and Courtauld Institutes*, vol. XVII, 1954, p. 204-259. On sait qu'il faudra attendre Champollion pour découvrir la clé de cette écriture en 1822.

3   *Cf.* Érasme, « Sileni Alcibiadis », in *Adages* 3.1 (1517) et Rabelais, « Prologue » de *Gargantua* (1534).

LA MISSEL DE SAINT GRÉGOIRE

L'ouvrage suivant est un célèbre codex de la Vaticane : le « Sacramentarium Fuldense » (*Vat. lat.* 3806) :

> J'y vis le Breviaire de Saint Gregoire, escrit à main : il ne porte nul tesmoingnage de l'année, mais ils tiennent que de main à main il est venu de luy. C'est un Missel à peu près comme le nostre ; et fut apporté au dernier Concile de Trente pour servir des tesmoingnage à nos ceremonies. (*JV* 112)

Ce magnifique vélin, écrit à Fulda vers l'an mil par un moine de Ratisbonne, est un des chefs-d'œuvre de la bibliophilie[1]. Au XVIe siècle on croyait qu'il s'agissait du manuscrit le plus ancien (et donc le mieux autorisé) du *Gregorianum*, corpus remontant au pape Grégoire Ier (590-604) et établissant le rituel du calendrier liturgique – d'où le nom de « Missel de Saint Grégoire ». Au folio 11v on trouve une page du canon de la messe d'une extrême importance pour les fondements du catholicisme romain. Elle commence par les mots « TE IGITUR » qui ouvrent le rituel de la Consécration où se réalise le mystère de la transsubstantiation, tant décrié par la Réforme.

Montaigne, qui n'ignore pas la critique textuelle humaniste, se méfie des appellations d'origine et fait preuve de scepticisme devant toute affirmation téméraire d'authenticité. Ce précieux manuscrit est une pièce maîtresse dans l'idéologie de la Contre-Réforme. Montaigne écrit : « il ne porte nul témoingnage de l'année, mais *ils tiennent* que… » (« ils » se réfère évidemment aux théologiens romains). Cette trace de scepticisme s'efface pourtant aussitôt, par le rappel qu'en 1563 les pères conciliaires de Trente avaient employé ce document pour montrer la légitimité de la transmission apostolique. Voilà qui suffisait à confirmer son importance historique. On retrouve ici le Montaigne ambivalent, qui n'hésite pas à mettre en avant son adhésion à la tradition sans pourtant cacher sa subjectivité privée[2].

---

1   Pierre Salmon, *Les Manuscrits liturgiques latins de la Bibliothèque vaticane*. II *Sacramentaires épistoliers évangéliaires graduels missels* (*Studi e testi* 253), Città del Vaticano, Biblioteca Apostolica Vaticana, 1969, p. 27.

2   Sur cette question des sujets public et privé, voir Timothy Reiss, « Montaigne et le sujet du politique », *Œuvres et Critiques*, vol. VIII, n° 1-2, 1983, p. 127-152 ; Jean Starobinski,

LES SERMONS DE SAINT THOMAS D'AQUIN

Le sixième article de la liste est un codex des *Sermones dominicales* de saint Thomas d'Aquin (*Vat. lat.* 3804), que l'on considérait à l'époque particulièrement précieux parce qu'il contenait des annotations marginales de la main du théologien proclamé Docteur de l'Église par Pie V, quelques années auparavant (en 1567) : « J'y vis un livre de Saint Thomas d'Aquin, où il y a des corrections de la main du propre auteur, qui escrivoit mal, une petite lettre pire que la mienne » (*JV* 112). On peut être surpris de ce bref commentaire qui exclut toute considération du contenu des fameux *Sermons*. Il est vrai que le visiteur s'est toujours déclaré inepte en matière théologique. À propos de l'ouvrage de Raymond Sebond, il écrivait : « Ce seroit mieux la charge d'un homme versé en la Theologie, que de moy qui n'y sçait rien[1] ». L'élément comparatif (une écriture « pire que la mienne ») opère un retour en force sur l'attitude auto-dépréciative qui caractérise l'auteur des *Essais*[2].

Dans l'édition de 1588 on trouvera des remarques de même farine sur sa propre écriture quasiment illisible : « J'escris mes lettres tousjours en poste, et si precipiteusement que, quoy que je peigne insupportablement mal, j'ayme mieux escrire de ma main que d'y en employer un'autre, car je n'en trouve poinct qui me puisse suyvre, et ne les transcris jamais » (I, 40, 253 B). Montaigne poursuit peut-être ici un autre objectif. Fidèle à son désir d'« oster le masque aussi bien des choses que des personnes » (I, 20, 96), il aura décidé de donner un visage humain au *Doctor Angelicus* en le ramenant au niveau de l'*homo communis* auquel se tient chacun, théologien ou pas. Nous trouvons cette attitude dans les *Essais*, par exemple lorsqu'il parle des grands érudits de ce monde :

Montaigne en mouvement, Paris, Gallimard, 1982 ; François Rigolot, « Perspectives modernes sur la subjectivité montaignienne », dans Eva Kushner (dir.), *La Problématique du sujet chez Montaigne*, Paris, H. Champion, 1995, p. 149-170.

[1]   *Essais* II, 12, 440. Comme l'écrit Alain Legros, « considérer ce que Montaigne doit à la théologie relève du paradoxe, voire, pour certains critiques, de la provocation », article « Théologie », dans le *Dictionnaire de Michel de Montaigne, op. cit.*, p. 967. Nous renvoyons aussi aux diverses études publiées sous la direction de Philippe Desan dans Dieu à nostre commerce et société : Montaigne et la théologie, Genève, Droz, 2008.

[2]   Voir François Rigolot, « Montaigne ou l'art de la dépréciation », *Montaigne Studies*, vol. XXVI, 2014, p. 131-144.

> Qui m'eust faict veoir Erasme autrefois, il eust esté malaisé que je n'eusse pris pour adages et apophthegmes tout ce qu'il eust dict à son valet et à son hostesse. Nous imaginons bien plus sortablement un artisan sur sa garderobe ou sur sa femme qu'un grand President, venerable par son maintien et sa suffisance. Il nous semble que de ces hauts thrones ils ne s'abaissent pas jusques à vivre. (III, 2, 810 C)

Sans doute Montaigne n'est-il guère enclin à louer les récupérations aristotéliciennes de la scolastique. Sa lecture de la *Summa theologica* lui avait donné des arguments pour formuler une critique de l'analogie en tant que système démonstratif, et donc une réfutation de cet outil majeur de la rhétorique thomiste. Dans l'« Apologie de Raimond Sebond » on lisait :

> Qu'est-il plus vain que de vouloir deviner Dieu par nos analogies et conjectures, le regler et le monde à nostre capacité et à nos loix, et nous servir aux despens de la divinité de ce petit eschantillon de suffisance qu'il luy a pleu despartir à nostre naturelle condition ? (II, 12, 512-513)

L'essayiste excelle à multiplier les parodies de raisonnements analogiques. Sa préférence va, de toute évidence, au discours de la théologie négative, que ce soient les écrits du Pseudo-Denys ou la doctrine chrysostomienne de l'incompréhensibilité de Dieu. Sur le chemin de Rome, s'étant arrêté à Venise, il avait acheté un exemplaire des œuvres de Nicolas de Cues, qui comprenaient son *De docta ignorantia* (*JV* 71)[1]. On remarquera cependant qu'il n'en voulait ni au thomistes ni d'ailleurs à tout penseur qui ne partageait pas ses vues. Dans le dernier paragraphe de la dernière page de l'exemplaire des *Essais* qu'il avait apporté avec lui à Rome on lisait :

> Je ne hay point les fantasies contraires aux miennes. Il s'en faut tant que je m'effarouche de voir de la discordance de mes jugemens à ceux d'autruy, et que je me rende incompatible à la societé des hommes pour estre d'autre sens et party que le mien, [...] comme c'est la plus generale façon que nature aye suivy que la varieté. (II, 37, 785-786)

Les progrès de la critique textuelle offriront un dénouement ironique à ces remarques graphologiques. En effet, les annotations qu'on croyait de la main du « Doctor angelicus » se révèleront inauthentiques, le

---

1   Voir Alain Legros, « Théologie », dans *Dictionnaire de Michel de Montaigne, op. cit.*, p. 967-972.

codex sur lequel elles sont écrites étant jugé postérieur à la mort de leur auteur présumé[1]. Ce qui donne raison à Montaigne d'avoir voulu limiter son jugement à l'aspect matériel de ces *marginalia* prétendument « thomistes ».

LA *BIBLIA REGIA* D'ANVERS

Nous passons ensuite de la tradition manuscrite aux livres imprimés pour nous arrêter sur un monument de philologie et de technologie humanistes : « *Item* [j'y vis] une Bible imprimée en parchemin, de celles que Plantin vient de faire en quatre langues, laquelle le Roy Philippe a envoyée à ce Pape comme il dit en l'inscription de la reliure » (*JV* 112). Il s'agit de la fameuse Bible polyglotte d'Anvers, la *Biblia Regia (Membr. S.1)* sortie des presses de Christophe Plantin en huit volumes entre 1569 et 1572. Elle contient l'Ancien Testament en quatre langues (hébreu, chaldéen, grec et latin) et le Nouveau en trois (grec, syriaque et latin). Plantin, qu'on soupçonnait de sympathies calvinistes, cherchait à prouver sa loyauté au roi d'Espagne (et, par delà, à l'Église de Rome) en faisant paraître cette splendide version multilingue de la Bible. Philippe II finança cette entreprise et envoya le théologien Benito Arias Montano à Anvers pour surveiller la production des huit volumes qui furent tirés à 1 100 exemplaires, nombre considérable pour l'époque. L'exemplaire qu'on montra à Montaigne avait été donné en cadeau au pape Grégoire XIII pour des raisons autant politiques que religieuses. La reliure originale avec la dédicace fut reconstituée à la fin du XVIIIe siècle avec l'épigraphe solennelle du roi au pape[2].

Dans le contexte des guerres de religion qui dévastaient alors la Espagne, on peut imaginer la réaction de Montaigne devant cet ouvrage. Après le massacre de la Saint Barthélemy, le 24 août 1572, l'Espagne

---

1   « La critica moderna lo ha datato dopo la morte del santo » : Tocci, *Quinto Centenario, op. cit.*, n° 26, p. 3 : « *Solo recentemente si è scoperto che il codice è posteriore all morte de S. Tommaso et si è datato tra la fine del XIII e gli inizi del XIV secolo* », Bevilacqua, art. cité, p. 374.

2   « *Gregorio XIII Pontif. Max. / Philippus II Hispaniar. Rex sacr / Operis ad cathol. Ecclesiae usu / a se instructi / Sanctiss. Patri filius devotis / primitias obtul* ». Cf. Tocci, *Quinto Centenario, op. cit.*, p. 48, n° 125, et *Il Libro della Bibbia, op. cit.*, p. 76, n° 143.

s'était aussitôt rangée du côté de la Ligue, exploitant le chaos politique en vue de déstabiliser le gouvernement d'un pays rival. Charles IX puis Henri III, essayaient, en revanche, de persuader le pape de résister aux pressions espagnoles[1]. Il se peut qu'Henri III ait confié à Montaigne une mission spéciale auprès du pape, de concert avec le nouvel ambassadeur, Paul de Foix, catholique modéré connu pour ses sympathies protestantes[2]. Grégoire XIII apparaît d'ailleurs sous un jour très positif dans le *Journal* comme dans les *Essais*. Cependant ce n'est pas au fervent ennemi du protestantisme mais à l'urbaniste éclairé que vont les louanges du visiteur français :

> Il a basti des colleges pour les Grecs, pour les Anglois, Escossois, François, pour les Allemans, et pour les Polacs, qu'il a dotés de plus de dix mille escus chacun de rente à perpetuité, outre la despense infinie des bastimens. [...] Il est très-magnifique en bastimens publicques et reformation des rues de cette ville. (*JV* 95-96)

Plus tard, sur l'Exemplaire de Bordeaux, Montaigne anticipera sur le plan de réformes économiques d'Henri de Navarre en évoquant la construction, « utile, juste et durable » « de ports, havres, fortifications et murs [...], hospitaux, colleges, reformation de rües et chemins : en quoy le pape Gregoire treziesme a laissé sa mémoire recommandable de mon temps » (III, 6, *VS* 902 C).

---

1   Montaigne passe sous silence le fait que le pape avait salué la nouvelle du Massacre avec joie, faisant chanter un *Te Deum* solennel à Rome, proclamant un jubilé, faisant frapper une médaille et commandant des fresques à Giorgio Vasari pour immortaliser l'événement. En fait, le visiteur français visitera la Sala Regia près de la Chapelle Sixtine, quelques jours après sa visite à la Vaticane, et verra les deux violentes scènes où est dépeinte la mort du chef Huguenot, Gaspard de Coligny (*JV* 115).
2   Voir Philippe Desan, *Montaigne, une biographie politique*, Paris, Odile Jacob, 2014. Sur les ambitions diplomatiques de Montaigne, voir du même auteur : « L'appel de Rome, ou comment Montaigne ne devint jamais ambassadeur », art. cité, p. 229-259.

LE TRAITÉ D'HENRY VIII CONTRE LUTHER

L'ouvrage suivant est un autre présent d'un souverain européen à un pape, celui que fit le roi d'Angleterre Henry VIII à Léon X avant le schisme anglican :

> [Item] l'original du livre que le Roy d'Angleterre composa contre Luther, lequel il envoya, il y environ cinquante ans, au Pape Leon dixiesme, soubscrit de sa propre main, avec ce beau distique latin, aussi de sa main :
>> *Anglorum rex Henricus, Leo decime, mittit*
>> *Hoc opus, et fidei testem et amicitiæ.*
> Je leus les prefaces, l'une au Pape, l'autre au lecteur : il s'excuse sur ses occupations guerrieres et faute de suffisance ; c'est un langage Latin bon pour scholastique. (*JV* 112)

Il existe, en fait, au Vatican deux versions de ce célèbre document connu sous le titre latin d'*Assertio septem sacramentorum adversus Martinum Lutherum* : l'une manuscrite (*Vat. lat.* 3731) et l'autre imprimée sur parchemin (*Membr.* III.4). Elles avaient été conjointement présentées au pape par l'ambassadeur britannique près le Saint Siège le 14 septembre 1521[1]. Quand Montaigne parle de « l'original du livre », il se réfère au manuscrit, qui porte la dédicace (*Vat. lat.* 3731, f. 2r et f. 87v).

De toute évidence, Montaigne ironise sur « ce beau distique Latin » qui n'a, en fait, rien de beau. En bon latiniste, il aura remarqué la faute de quantité du premier vers (« decime » n'a que des brèves). Mais son ironie s'étend à la prose latine du souverain britannique : « C'est un langage Latin bon pour scholastique », déclare-t-il, c'est-à-dire non pas « pour du latin scolastique, il est bon » mais « c'est du latin bon seulement pour la scolastique ». On pense à la remarque dépréciative similaire qu'il avait faite à propos de la *Théologie naturelle* de Raymond Sebond, « livre basty, disait-il, d'un Espagnol barragoiné en terminaisons Latines » (*VS* 439).

---

1   Les magnifiques reliures en furent malheureusement volées pendant le Sac de Rome en 1527. Pour plus de détails sur ce cadeau, voir Nello Vian, « La presentazione e gli esemplari Vaticani della *Assertio septem sacramentorum* di Enrico VIII », dans *Collectanea Vaticana in honorem Anselmi M. Card. Albareda* (*Studi e Testi*, 220), Città del Vaticano, 1962, p. 355-375. Voir aussi *Quinto Centenario, op. cit.* p. 38-39, n°97 et 98.

L'ironie de Montaigne ne se limite pas non plus à ces aspects linguistiques. Si le visiteur manifeste peu d'intérêt pour la « Défense des sept sacrements[1] », il n'est pas insensible au paradoxe historique que représente cette défense pure et dure du dogme de la sainte Église catholique, apostolique et romaine par un futur schismatique. Une fois de plus, il avoue son ignorance en matière de théologie[2]. Rappelons que dans le *Prélude sur la captivité babylonienne de l'Église* (octobre 1520) Luther avait attaqué la conception traditionnelle des sacrements en se fondant sur les Évangiles pour réduire ceux-ci au baptême, à l'eucharistie et à la pénitence (cette dernière sera éliminée par la suite)[3]. La Sorbonne s'était empressée de condamner le traité, voyant en son auteur un hérétique radical et un dangereux ennemi de l'Église.

Henry VIII avait réagi aussitôt en faisant brûler en public les écrits du moine allemand puis en dédiant au pape un livret apologétique de 78 pages, cette *Assertio*, qui défendait les positions catholiques traditionnelles sur les sept sacrements[4]. Montaigne fut sans doute amusé de tenir entre les mains un document qui recelait tant d'ironie au regard de l'Histoire. Il savait que Léon X, ravi d'un ouvrage qu'il jugeait inspiré du Saint Esprit, avait octroyé une indulgence de dix années à quiconque le lirait. Il savait aussi, nouvelle ironie, que le pape avait conféré à Henry VIII et à ses successeurs le titre de « Défenseur de la Foi » (*Fidei Defensor*). Qui pouvait imaginer la suite tragique des événements, le divorce du roi et son excommunication en juillet 1533, enfin le schisme anglican qui allait secouer l'Angleterre pendant des décennies ?

Il faut remarquer que Montaigne ne parle pas des autres documents précieux sur Henry VIII conservés à la Vaticane : ses lettres d'amour à Anne Boleyn, la femme qu'il voulait épouser et qui fut la cause indirecte du schisme. Dix-sept lettres autographes, écrites à Anne entre 1527 et

---

1   On consultera l'article de James Hankins, « The Popes and Humanism », dans *Rome Reborn*, *op. cit.*, en particulier p. 69-70 avec les reproductions du manuscrit (planche 6) et de l'imprimé (planche 62).

2   Voir ses propos sur les *Sermones dominicales* de Thomas d'Aquin, *supra*, note 43.

3   Martin Luther, *Prélude sur la captivité babylonienne de l'Église*, trad. René H. Esnault et Georges Lagarrigue, Paris, Gallimard, 1999, p. 711-754.

4   Henry VIII n'étant pas non plus théologien, c'est probablement Thomas More, alors « Lord Chancellor » de la couronne, qui composa l'*Assertio*. Nous savons en effet que, plus tard, c'est à More que revint la mission de répondre à la réponse que fit Luther à l'*Assertio*.

1529, se trouvent à la fin du manuscrit de l'*Assertio*. Il est surprenant que Montaigne n'en souffle mot, d'autant que neuf de ces lettres sont rédigées en français[1]. Le temps lui manquait peut-être ou bien il avait hâte de consulter les autres trésors qui l'attendaient.

LE *VERGILIUS ROMANUS*

Montaigne garde pour la fin ses commentaires sur les deux documents les plus précieux de la collection. Après avoir consacré une douzaine de lignes à la liberté de manœuvre qu'on lui laissa et au plaisir qu'il éprouva à tenir entre ses mains ce qu'on avait refusé à l'ambassadeur de France, il se tourne vers le célèbre manuscrit de Virgile (*Vat. lat.* 3867) :

> J'y vis aussi un Virgile escrit à main, d'une lettre infiniment grosse et de ce caractere long et estroit que nous voyons icy aus inscriptions du temps des Empereurs, comme environ le siecle de Constantin, qui ont quelque façon gothique et ont perdu cette proportion quarrée qui est aus vieilles escritures Latines. Ce Virgile me confirma en ce que j'ay tousjours jugé, que les quatre premiers vers qu'on met en l'*Æneide* sont empruntés : ce livre ne les a pas. (*JV* 113)

Ce manuscrit, généralement daté du cinquième siècle, est le seul Virgile complet parmi les plus anciens manuscrits de la Vaticane[2]. Il contient un des très rares portraits du poète romain inséré dans la deuxième bucolique sur Corydon. Bien que son origine reste obscure, on sait qu'il appartenait au XIIIᵉ siècle à l'Abbaye de Saint-Denis et qu'il

---

1   Anne avait passé sa jeunesse en France en tant que demoiselle d'honneur de Claude de France, première épouse de François Iᵉʳ.

2   Pierre de Nolhac, qui a étudié son jumeau, le *Vergilius Vaticanus*, pensait que le *Romanus* avait été jugé le plus ancien « à cause de la conformité de ses caractères avec ceux des graffiti de Pompéi et des papyrus d'Herculanum ». Mais il ajoutait que l'examen intrinsèque montrait que le texte avait été écrit « à une époque où le latin était extrêmement corrompu » et n'hésitait pas à proposer « une origine carolingienne », *Le Virgile du Vatican et ses peintures*, Paris, Imprimerie Nationale, 1897, p. 4. À ce propos Bevilacqua précise que le *Romanus* « *fu scritto poco più tardi del suo notissimo "gemello", il Virgilio "Vaticanus" del Bembo [Vat. lat. 3225] che appartenne a Fulvio Orsini e che entrò alla Vaticana nel 1602, alla morte di quest'ultimo, insieme all'intera sua prestigiosa biblioteca* », art. cité, p. 377.

entra à la Vaticane sous le pontificat de Sixte IV (1471-1484), grand mécène qui enrichit considérablement la Bibliothèque et fit de Platina son « prefetto ». Montaigne remarque l'étrange aspect de l'écriture en lettres capitales mais garde le silence sur le portrait de son poète favori[1]. En fait, toute son attention se porte sur les quatre premiers vers que le grammairien Servius avait soi disant restitués mais qui sont absents du codex :

> [Ille ego qui quondam gracili modulatus avena
> Carmen, et, egressus silvis, vicina coegi
> Ut quamvis avido pararent arva colono,
> Gratum opus agricolis, ac nunc horrentia Martis
> [Arma virumque cano…][2]

Pour Montaigne cette double allusion aux *Bucoliques* et aux *Géorgiques* n'est pas digne de Virgile. Les quatre vers liminaires ont dû être ajoutés pour ménager une transition élégante avec les deux poèmes antérieurs et introduire le genre de l'épopée[3].

Le latiniste préfère un début plus éclatant, celui du traditionnel « Arma virumque cano » (ce sont les combats et le héros que je chante). Une telle réaction s'accorde avec ce qu'il nous dit dans les *Essais* de son dégoût pour les chevilles inutiles. C'est que la grande poésie doit s'imposer avec « la splendeur d'un esclair », qu'elle doit « ravir et ravager » notre jugement. De toute évidence, les vers incriminés n'ont pas le pouvoir de nous « transpercer et transporter » (I, 37, 231-232). Dans le chapitre « Consideration sur Cicéron » des *Essais* il cite Sénèque contre la parure efféminée du *bien dire* : « non est ornamentum virile concinnitas » (I, 40, 251). Montaigne aime trop Virgile pour accepter une ouverture

---

1   « *Questo codice celebre offre con le sue illustrazioni la straordinaria testimonianza du un'arte nuova, della quale già si avverte il presentimento nel secolo precedente e che si distacca del realismo e dall'illusionismo classici per avvicinarsi a forme astratte* », Tocci, *Quinto Centenario, op. cit.*, n° 44, p. 19.

2   « Moi qui ai jadis modulé mon chant sur un frêle pipeau / Et qui, quittant les forêts, ai forcé les campagnes voisines à obéir à leur propriétaire, / Quels que soient ses désirs (œuvre chère aux paysans), / voici qu'à présent je chante l'horreur des armes de Mars et… », Virgile, *L'Énéide*, trad. Maurice Lefaure et Sylvie Laigneau, Paris, Librairie Générale Française, 2004, p. 43, note 1.

3   Leur suppression semble due à Varius et Tucca. *Cf.* Pierre Courcelle, *Lecteurs païens et lecteurs chrétiens de l'*Énéide, t. I : *Les Témoignages littéraires*, Paris, Institut de France, 1984, p. 13-15.

aussi maniérée de l'épopée ; en effet, depuis son enfance, il est son poète préféré : « J'enfilay tout d'un train Vergile en l'Æneide » (I, 26, 175)[1]. Dans le chapitre « Des livres » il placera Virgile au sommet de ses favoris, devant Lucrèce, Catulle et Horace (II, 12, 410) ; et, même s'il estime fort les *Géorgiques*, il ne cite pas moins de 85 fois l'*Énéide* dans les *Essais*[2].

LES ACTES DES APÔTRES

Le dernier ouvrage consulté par Montaigne à la Vaticane est un magnifique manuscrit du XIIe siècle des *Actes et des Épîtres* du Nouveau Testament (*Vat. gr.* 1208). Cette merveille, avec son exacte contrepartie pour les *Évangiles* (*Vat. gr.* 1158), avait été donnée par Charlotte de Lusignan au pape Innocent VIII quand, devenue reine de Chypre, celle-ci était venue à Rome à la fin des années 1480. Montaigne en donne la description suivante :

> Il y a des *Actes des Apostres* escrits en très-belle lettre d'or Grecque, aussssi vifve et recente que si c'estoit d'aujourd'hui. Cette lettre est massive et a un corps solide et eslevé sur le papier, de façon que, si vous passez la main dessus, vous y sentez de l'espoisseur. Je croy que nous avons perdu l'usage de cette escriture. (*JV* 113)

On peut s'étonner de ce que Montaigne ne parle pas des splendides miniatures sur feuille d'or où sont représentés, deux par deux, les saints Luc et Jacques, d'une part, Pierre et Paul, de l'autre (f. 3v et 4r). On retrouve ici un des traits de caractère de Montaigne qu'on lui a souvent reproché : le peu d'intérêt qu'il manifeste pour les œuvres picturales en général. Stendhal et Chateaubriand s'étaient déjà étonnés de son silence devant les splendeurs de la peinture italienne. Dans le *Journal de voyage*

---

1   Montaigne fit la lecture de l'*Énéide* dans l'édition vénitienne de 1539. *Cf.* « Catalogue des livres de Montaigne », p. LXI.

2   Contre 24 fois les *Géorgiques* et 7 fois les *Bucoliques. Cf.* le Catalogue des livres de Montaigne (p. LXI). Bien que dans l'édition des *Essais* qu'il a emportée à Rome il estime les *Géorgiques* « le plus accomply ouvrage de la Poësie », aorès son retour d'Italie il ajoutera : « le cinquiesme livre en l'Æneide me semble le plus parfaict », *Essais*, p. 410. Voir à ce sujet Mary McKinley, *Words in a Corner : Studies in Montaigne's Latin Quotations*, Lexington, French Forum, 1980, p. 60-102.

il ne disserte jamais sur les beaux-arts. On peut comprendre cela dans la partie rédigée par le secrétaire et dans celle où il s'exprime en italien, langue dont il ne maîtrisait pas tous les effets. Mais ses commentaires sur les livres de la Vaticane sont de sa main et en français. Pourquoi alors cette absence évidente d'intérêt pour les somptueuses miniatures qu'il découvre dans les manuscrits? Y aurait-il chez lui quelque sévérité platonicienne vis-à-vis des représentations artistiques en général où il ne verrait que des simulacres destinés à flatter les sens et non à chercher la vérité? Quoi qu'il en soit, il est émouvant d'imaginer cet amateur de livres caresser de la main les lettres en relief du chef-d'œuvre byzantin : ce n'est pas seulement un texte sacré qu'il a sous les yeux mais un *objet d'art*, produit d'une culture raffinée. Ainsi, alors que le XVIᵉ siècle va vers son déclin, le visiteur français, qui avait tant fait ailleurs l'éloge des nouvelles techniques de l'imprimerie, ne peut s'empêcher d'exprimer un certain regret vis-à-vis d'un art voué à une disparition certaine : « Je croy que nous avons perdu l'usage de cette escriture ». Ultimes paroles qui servent de conclusion nostalgique au rapport sur sa visite à la Vaticane[1].

Nous avons fait l'hypothèse selon laquelle les livres consultés par Montaigne à la Vaticane avaient été librement choisis par lui et reflétaient ses propres goûts. Nous sommes partis de la conception qu'il avait exprimée lui-même si fortement au début du chapitre « Des livres » : « Ce sont icy mes fantasies, par lesquelles je ne tasche point à donner à connoistre les choses, mais moy » (II, 10, 407 A). On peut cependant se demander si cette règle de conduite qu'il s'était fixée dans sa « librairie » restait valable quand, à l'étranger, les « choses » semblaient prendre le pas sur ses « fantasies ». Après tout, d'autres visiteurs contemporains avaient eu aussi accès à cette remarquable *Schatzkammer*[2]. Est-ce à dire que le Conservateur

---

1   Dans les deux catalogues qu'il établit pour les expositions vaticanes de 1972 et 1975, Tocci décrit ce codex comme suit : « *Codice di sontuosità regale, interamente scritto in oro, in minuscola, su membrana sottile e candidissima, ornato di ampi fregi miniati con grande eleganza et finezza su fondi d'oro, come tappeti o cuscini trapunti, di iniziali leggiadre e varie. È preceduto da tre splendide miniature tabellari a piena pagina con le figure stanti – due per miniatura – di Luca, S. Giacomo, S. Pietro, S. Giovanni, S. Giuda, S. Paolo. Queste figure campaggiano sopra sfondi uniformi, fatti di una sola foglia d'oro, sono miniate con arte suprema, e fanno di questo codice un vero monumento. Il tipo delle figure ripete uno schema notissimo nella miniatura bizantina che ci riconduce, per evidenti caratteristiche, ad altri codici che si potrebbero forse raggruppare nella stessa scuola […] della quale questo sarebbe certamente il capolavoro* », Il Libro della Bibbia, op. cit., p. 36, nᵒ 67 (planches XXXIIA et XXXIIB). Voir aussi Quinto Centenario, op. cit., p. 34, nᵒ 86, et Bevilacqua, op. cit., p. 379.

2   Tocci remarque que même le Sénèque et le Plutarque, quels qu'ils aient pu être, faisaient partie des précieux objets qu'on montrait aux visiteurs de marque au XVIᵉ siècle. Il fait la

présentait alors aux étrangers de marque un « échantillonnage » semblable ?
L'auteur des *Essais* avait-il vraiment eu voix au chapitre pour la sélection ?
On peut, en effet, deviner quel dessein esthétique, politique et religieux
pouvait présider à une programmation décidée d'avance par le *primo cutode*.
À y regarder de près, il semble bien que certains éléments convergent
pour préciser la motivation qui sous-tend cet ensemble artistique. Tout
porte à croire qu'il s'agissait pour le Vatican de mettre en évidence le
caractère « universel » du catholicisme (justement universel, comme son
nom l'indique) à un moment où son fondement était mis en question par
la Réforme. Tel est évidemment le cas du missel de Saint Grégoire qui,
comme le note Montaigne lui-même, « fut apporté au Concile de Trente
pour servir de tesmoingnage à nos ceremonies » (*JV* 112). Il en est de
même des *Sermones dominicales* du Thomas d'Aquin, de la Bible polyglotte
offerte par le roi d'Espagne et, bien sûr, de l'*Assertio* anti-luthérienne du
roi d'Angleterre pour défendre les sept sacrements. Pour ce qui est du
Vergilius Romanus on ne pouvait mieux choisir pour renforcer les origines
romaines d'une institution dont le règne ne prendrait jamais fin, « cujus
regni non erit finis » (pour reprendre les mots du Credo). Quant aux objets
byzantin, chinois et égyptien, ils s'inscrivaient tout naturellement dans le
projet universel de la Contre-Réforme, avec ses ambitions missionnaires
aux Proche, Moyen et Extrême Orient[1].

Autrement dit, seuls le Plutarque et le Sénèque étaient peut-être le
résultat d'un choix personnel de la part de Montaigne ; ils s'accordaient
du moins avec ce que nous dit l'essayiste de ses auteurs favoris. Pour le
reste, la spectaculaire anthologie qui fut déployée le 5 mars 1581 devant
ses yeux reflétait beaucoup plus que les préférences personnelles du visiteur
français. Si celui-ci remarque dans son *Journal* qu'il écrit « en liberté de
conscience » (*JV* 110), c'est peut-être seulement pour noter le caractère privé
de ses commentaires et la façon personnelle avec laquelle il lit et interprète
des documents qu'il n'a pas sélectionnés. Ceci ne veut pas dire pour autant
que Montaigne n'ait pas soumis une liste de ses préférences, tout comme
l'avait fait l'ambassadeur de France lors de sa visite à la Vaticane (*JV* 112).
De toute évidence, comme nous l'avons vu pour ce dernier, la bibliothèque

---

même observation au sujet du livret chinois et du papyrus égyptien. Voir *Quinto Centenario
della B A V. Catalogo*, *op. cit.*, p. 23, n°54 ; p. 50, n°129 ; p. 51, n°130.

1   Comme le rappelle Howard Goodman, les missionnaires européens étaient les « *authors,
collectors, and procurers of a large portion of the Vatican's East Asian book collection* ». « East
Asia in the Vatican Vaults », dans *Rome Reborn*, *op. cit.*, p. 252.

n'était pas ouverte à tous aussi « libéralement » et inconditionnellement. Si certains objets de prestige étaient présentés sans restrictions aux visiteurs de marque, d'autres ne l'étaient pas et exigeaient une permission spéciale. Rappelons que le même cardinal Sirleto (le « Charlet » de Montaigne) avait refusé à Marc-Antoine Muret un rare manuscrit d'Eunape parce qu'il jugeait cet auteur impie et scélérat (« *empio e scelerato*[1] »).

Les détails que donne Montaigne sur ce qui attira son regard de lecteur à la Vaticane sont néanmoins révélateurs de ses goûts esthétiques[2]. C'est l'étrangeté matérielle des livres qui semble l'intéresser. Il note « le caractère sauvage » du papier chinois ; les « caracteres inconnus » du papyrus égyptien ; l'écriture illisible de Saint Thomas ; le multilinguisme de la Bible d'Anvers ; le latin scolastique d'Henri VIII ; les caractères longs et étroits du *Vergilius Romanus* ; et finalement les dorures en relief du manuscrit byzantin. Montaigne ne fait aucun commentaire explicite sur le contenu de ces ouvrages comme si seule lui importait leur apparence extérieure. Ce qui compte dans le fameux *Virgile* romain c'est l'absence des quatre premiers vers, parce que leur nature apocryphe s'en trouve confirmée.

En outre, le récit de Montaigne met l'accent sur le côté fortuit des événements qui l'ont conduit à la Vaticane : ce qu'on avait refusé à l'ambassadeur de France, on l'accorde à Montaigne. Revenant sur les manuscrits de Sénèque et de Plutarque auxquels, contre toute attente, il avait pu avoir accès, Montaigne explique alors simplement son succès comme si c'était une pure question de chance :

> La fortune m'y porta, comme je tenois sur ce tesmoignage [de l'Ambassadeur] la chose desesperée. Toutes choses sont ainsi aysées à certains biais, et inaccessibles par autres. L'occasion et l'opportunité ont leur privileges, et offrent souvent au peuple ce qu'elles refusent aux Roys. La curiosité s'empesche souvent elle mesme, comme fait aussi la grandeur et la puissance (*JV* 112-113).

Arrêtons-nous sur deux mots-clés : « fortune » et « curiosité ». Le premier, dont on trouve environ 350 occurrences dans les *Essais*, avait été l'objet

---

1   « Il [Muret] avait vu un jour, dans la bibliothèque du Vatican, un manuscrit fort rare d'Eunape, et, l'ayant demandé au cardinal Sileto pour le faire copier, ce bibliothécaire lui répondit que le pape l'avait défendu et que c'était un livre *empio e scelerato* », Dejob, *op. cit.*, p. 231. Le Sacro Palazzo devait reprocher à Montaigne son jugement sur Julien l'Apostat dans le chapitre « De la liberté de conscience » (II, 19). Voir la notation du 20 mars 1581 (*JV* 119-120).

2   On ne saurait mettre en question l'authenticité et la sincérité des propos du visiteur. Rappelons que toute cette description est de la main de Montaigne et non de celle du secrétaire qu'il venait de congédier.

d'une sévère remontrance de la part des censeurs romains. La raison en
était simple : un écrivain chrétien ne devait pas parler de la déesse Fortune
mais de la divine Providence. Montaigne ne s'acquittera d'ailleurs jamais
des changements recommandés dans les éditions ultérieures des *Essais*,
position dont il s'expliquera dans les additions au chapitre « Des prieres[1] ».

En vérité, le hasard gouverne largement la vision montaignienne du
monde et de la vie humaine. Contrairement à Machiavel pour qui il
s'agissait de ruser avec la *Fortuna*, l'auteur des *Essais* favorise une attitude
passive et confiante vis-à-vis des choses contingentes et fortuites. Dans
le chapitre « De la phisionomie » (III, 12) il écrira : « [Je] suis homme
en outre qui me commets volontiers à la fortune et me laisse aller à
corps perdu entre ses bras. De quoy, jusques à cette heure, j'ay eu plus
d'occasion de me louër que de me plaindre » (III, 12, 1060-1061)[2]. Le
visiteur de la Vaticane voudrait s'imaginer qu'on lui ait donné accès à
tous ces trésors parce qu'il s'est laissé aller au gré des événements, sans
les forcer d'aucune façon, faisant taire ses désirs pour mieux se soumettre au bon plaisir de la « fortune ». Tout se passe comme s'il s'était
présenté au Conservateur sans la moindre « curiosité », c'est-à-dire sans
manifester d'appétence inconsidérée et sans vouloir tout obtenir à tout
prix[3]. Contrairement à l'ambassadeur de France, il n'a pas fait savoir
qu'il cherchait désespérément à obtenir son Sénèque et, *mirabile dictu*,
on le lui aura offert comme par surcroît et sans fanfare. Voilà pourquoi,
expérience à l'appui, il en conclut que « la curiosité s'empesche souvent

---

1   « Le dire humain a ses formes plus basses et ne se doibt server de la dignité, majesté,
     regence, du parler divin. Je luy laisse, pour moy, dire, *verbis indisciplinatis* [= en termes
     non approuvés], fortune, destinée, accident, heur et malheur, et les Dieux et autres frases,
     selon sa mode. » (I.56 *VS*, 323). Alain Legros précise : « Written in *vulgaire*, the *Essais*
     use common words, and not those of the *disciplina*, or, in other words, the language of
     specialists », « Montaigne Between Fortune and Providence », dans John D. Lyons et
     Kathleen Wine (dir.), *Chance, Literature, and Culture in Early Modern France*, Burlington,
     Ashgate Publishing Company, 2009, p. 18.

2   « The *Essais* do not oppose "providence" to "fortune" », écrit Alain Legros dans « Montaigne
     Between Fortune and Providence », art. cité, p. 28. Voir Daniel Martin, *Montaigne et la
     Fortune*, Paris, H. Champion, 1977 ; Philippe Desan, « Une philosophie imprémeditée
     et fortuite : nécessité et contingence chez Montaigne », *Bulletin de la Société des Amis de
     Montaigne*, n° 21-22, 1990, p. 69-83 ; et Alexandre Tarrête, « Fortune », dans *Dictionnaire
     de Montaigne, op. cit.*, p. 415-416.

3   Tel est en effet le sens de « curiosité » au XVIe siècle : « a desire to do or discover things
     that go beyond one's allotted role in life ». Voir Neil Kenny, *The Uses of Curiosity in Early
     modern France and Germany*, Oxford, Oxford University Press, 2004, p. 3-4.

elle mesme » (*JV* 113)[1]. Tout ceci ne veut évidemment pas dire que Montaigne ne se soit intéressé qu'aux aspects extérieurs des ouvrages consultés. Ainsi, quelques jours après sa visite, au cours d'un repas avec l'ambassadeur et quelques autres savants, dont Muret, il conversera sur la valeur relative des traductions de Plutarque, comparant le latin d'Estienne au français d'Amyot pour savoir lequel des deux est le « plus près du vray » (*JV* 113-114).

Accepter les incertitudes de la « fortune » et refuser les excès de la « curiosité » comme de la « nonchalance » : tels semblent être les buts que se proposent aussi bien l'écrivain que le voyageur. S'il nous l'avait dit dès la première édition des *Essais*, il le répète dans la dernière : « Je prends de la fortune le premier argument. Ils me sont tous également bons » (I, 50, 302) et « Les fantaisies de la musique sont conduictes par art, les miennes par sort » (III, 2, 805). Aussi, le 6 mars 1581, lorsque Montaigne visite la Bibliothèque Vaticane, n'est-on guère surpris de le voir suivre la même voie : heureux de contempler la diversité culturelle que lui offre l'étonnante *Wunderkammer* de la Ville Éternelle, profitant des contingences de la « fortune » mais se gardant de sombrer (et il s'en félicite) dans les excès d'une « curiosité » morbide qui serait pour lui l'autre nom de l'outrecuidance.

François RIGOLOT
Princeton University
The Huntington Library

---

1   Dans l'« Apologie de Raimond Sebond » Montaigne ajoutera le même verbe « s'empescher » pour châtier la présomption humaine. Sur l'Exemplaire de Bordeaux on lira : « O cuider ! Combien tu nous empesches ! » (II, 12, 498). La « curiosité » peut avoir un sens ambigu dans les *Essais* mais elle conserve généralement une connotation négative, surtout dans les premiers chapitres. Pour un résumé des vues de Montaigne sur la curiosité nous renvoyons à la bibliographie donnée par Françoise Charpentier sous cette rubrique dans le *Dictionnaire de Michel de Montaigne*, *op. cit.*, p. 238-239. Dans la première édition des *Essais* (1580) on lit : « Le vice contraire à la curiosité, c'est la nonchalance ». Dans celle de 1588 Montaigne personnalisera cet aveu en ajoutant « vers laquelle je penche de ma complexion » (II, 4, 364). Comme le fait remarquer Neil Kenny, « *each is an extremity which deforms the virtuous middle ground of* gravité. *Although such Aristotelian excess/defect pairing was very common in 16th–and 17th–century ethics, it seems not to have become a standard way of constructing curiosity in a wide range of discursive contexts, whereas the immediate contrary did* », dans *Curiosity in Early Modern Europe Word Histories*, Wiesbaden, Harrassowitz Verlag, 1998, p. 116.

MONTAIGNE ÉTUDIANT À L'ÉTRANGER

Les leçons de Marc Antoine Muret sur Tacite et le tacitisme des *Essais*

Montaigne arriva à Rome à la fin du mois de novembre 1580. Au début du mois, Marc Antoine Muret prononça le discours d'ouverture de son cours sur les *Annales* de Tacite à l'Université de Rome, *la Sapienza*. En 1580 et 1581 Muret publia, toujours à Rome, les deux premiers tomes de son commentaire sur les six premiers livres des *Annales*. Par conséquent, l'hiver passé à Rome de 1580 à 1581 était, pour Montaigne, la saison de Tacite, marquée par le prestige de l'enseignement et de l'érudition de Muret, qui jouissait d'un renom Européen. Montaigne ne parle pas des cours universitaires romains dans son *Journal de voyage* mais par contre, on sait qu'il dîna en compagnie de Muret et de l'ambassadeur français à Rome au début du mois de mars 1581, où l'on parla de la traduction française de Plutarque par Jacques Amyot[1]. Par la suite, de retour à son château, Montaigne rendit un hommage tardif à son ancien précepteur de collège dans les marges de son essai pédagogique « De l'institution des enfans » : « Marc Antoine Muret, que la France et l'Italie recognoist pour le meilleur orateur du temps » (I, 26, 174 C)[2]. Un tel éloge, ou plutôt épitaphe, Muret étant mort en 1585, fit penser à Pierre Villey que Montaigne devait posséder un exemplaire des *Orationes* de Muret, le recueil de ses discours publiques qui comprenait ses discours d'ouverture à l'université[3]. D'autres chercheurs se sont demandé si Montaigne

---

1   Michel de Montaigne, *Journal de voyage*, éd. François Rigolot, Paris, Presses Universitaires de France, 1992, p. 113-114.

2   Michel de Montaigne, *Les Essais*, éd. Pierre Villey et V.-L. Saulnier, Paris, Presses Universitaires de France, 1978. Les *Essais* sont cités avec les numéros de livre, chapitre, page, et couche (A, B, ou C).

3   Pierre Villey, *Les sources et l'évolution des Essais de Montaigne*, New York, Burt Franklin, 1968, t. 1, p. 181.

n'aurait pas assisté aux cours de Muret tandis qu'il était à Rome[1], mais ce ne sont que de simples conjectures, impossibles à confirmer. Ce qui nous intéresse ici, c'est plutôt le dialogue entre l'élève et le précepteur, inspiré par des lectures et des préoccupations communes et renouvelé par leur rencontre à Rome[2]. En confrontant certains passages des *Essais* de Montaigne aux discours prononcés par Muret le 3 et le 4 novembre 1580, on sera en mesure d'apprécier l'étrange actualité de Tacite pour les contemporains des guerres de religion françaises.

En entrant dans Rome, Montaigne se fit confisquer ses livres par les autorités, y compris son exemplaire des *Essais*, qui lui fut rendu seulement le 20 mars de l'année prochaine lors d'un entretien avec le Maître du Sacré Palais, Sisto Fabri. Ce dernier lui exposa les six objections des censeurs romains aux *Essais*, dont la troisième était « d'avoir excusé Julien » ou l'empereur Julien l'Apostat dans l'essai « De la liberté de conscience » (II, 19)[3]. Cet essai était susceptible d'intéresser les censeurs non seulement par son éloge d'un apostat mais aussi par ce qu'il dit en défaveur du zèle chrétien. L'essai commence par un paradoxe : « Il est ordinaire de voir les bonnes intentions, si elles sont conduites sans moderation, pousser les hommes à des effects tres-vitieux » (II, 19, 668 A). La bonne intention la plus ruineuse pour Montaigne et ses compatriotes, c'est « le vrai zèle envers leur religion » qui pousse les combattants aux pires excès des guerres de religion. Le zèle conduit à l'intolérance et à la persécution aussi fatalement au XVIᵉ siècle qu'à l'antiquité tardive, où les chrétiens se mettaient en mesure de persécuter les païens et de détruire leur héritage littéraire. De tout cela « Cornelius Tacitus en est un bon tesmoing » (II, 19, 668 A). On s'attendrait à ce que Tacite témoigne de la persécution des premiers chrétiens aux mains de Néron. Mais non, c'est l'historien lui-même qui est devenu subitement une espèce de martyr de la liberté de conscience :

> car quoy que l'Empereur Tacitus, son parent, en eut peuplé par ordonnances expresses toutes les libreries du monde, toutes-fois un seul exemplaire entier

---

1   Kenneth Schellhase, *Tacitus in Renaissance Political Thought*, Chicago, University of Chicago Press, 1976, p. 133.

2   C'est Paolo Renzi qui a proposé le premier « *l'idea di un dialogo a distanza fra allievo e precettore, fatto di letture e di interessi comuni, certamente rinnovato dall'incontro romano* ». Voir son article, «*Jurare in verba magistri* : Muret, Lipsio, Montaigne », *Nuova Rivista Storica*, vol. 78, 1994, p. 381-400 (398).

3   Montaigne, *Journal de voyage*, p. 119.

n'a peu eschapper la curieuse recherche de ceux qui desiroyent l'abolir pour cinq ou six vaines clauses contraires à nostre creance. (II, 19, 669 A)

Le triste sort de l'œuvre de Tacite, certes non supprimée mais transmise dans un état lacunaire, qui d'ailleurs ne doit peut-être rien à la mauvaise volonté chrétienne, ne peut que rappeler au public des *Essais*, et notamment aux censeurs romains eux-mêmes, l'activité de l'Inquisition et l'index de livres prohibés promulgué par les papes à la suite du Concile de Trente. Voilà un premier aspect de l'actualité de Tacite souligné par Montaigne, l'immolation de ses livres au nom de l'orthodoxie religieuse.

D'ailleurs Tacite lui-même enregistre un épisode célèbre de *book burning* qui eut lieu sous l'empereur Tibère, c'est la proscription de l'historien Cremutius Cordus, persécuté par des clients de Séjane. C'est en révisant son essai « De l'affection des pères aux enfans » que Montaigne se souvient de Cremutius Cordus, qu'il nomme Greuntius Cordus par mégarde (II, 8, 401 B). Cremutius était accusé d'avoir loué les assassins de César, Brutus et Cassius, dans sa chronique des guerres civiles romaines et d'avoir ainsi enfreint la *lex maiestatis*, promulguée d'abord contre ceux qui calomnient l'empereur ou sa famille. Soupçonné donc de favoriser les sentiments républicains sous un régime impérial, l'infortuné historien prononce un discours admirable, sans doute inventé par Tacite, où il espère que la postérité se souviendra non seulement des héros de l'anti-césarisme mais aussi de lui-même, Cremutius Cordus. Sorti du sénat, il se suicida et ses livres furent brûlés. Néanmoins, dit Tacite, ses livres ont survécu, *set manserunt*, et le pouvoir du moment est impuissant contre les écrivains de génie[1]. La persécution des écrits ne fait que consacrer le déshonneur des persécuteurs et la gloire des persécutés : « *nam contra punitis ingeniis gliscit auctoritas, neque aliud externi reges aut qui eadem saevitia usi sunt nisi dedecus sibi atque illis gloriam peperere*[2] ». Voilà un éloge de la liberté qui dut frapper Montaigne et d'autres témoins de la persécution exercée de part et d'autre dans les luttes confessionnelles du XVIᵉ siècle en Europe. Justement, dans un discours prononcé à l'Université de Iéna en 1572 devant un public protestant, Juste Lipse signale le parallèle entre le sort de Cremutius

1 Tacite, *Annales* 4.35.4-5.
2 *Ibid.*, 4.35.5.

et celui des auteurs modernes poursuivis comme hérétiques, ce qui ne fait que mieux accuser l'actualité de Tacite[1].

Finalement, Tacite était, à l'époque de Montaigne, assez mal vu des autorités ecclésiastiques et exposé de nouveau à l'acharnement des censeurs chrétiens. Cela nous le savons par le témoignage de Muret lui-même dans une lettre de 1572 où il fait savoir à Claude Dupuy qu'il a essayé en vain d'obtenir l'autorisation d'enseigner les *Annales* de Tacite à l'université. Ce sont les cardinaux Guglielmo Sirleto et Francesco Alciati, deux membres de la Congrégation de l'Index[2], qui lui ont interdit de faire cours sur Tacite sous prétexte que l'historien romain avait médit des chrétiens et qu'on allait de toute façon le mettre sur l'Index (ce qui n'eut pas lieu finalement). Voici la phrase qui nous intéresse de la lettre à Dupuy, transcrite par Jean-Eudes Girot dans un récent ouvrage sur Muret : « Je dis aux Cardinaux Sirlet et Alciat, ausquels cela touche que j'aurois envie de lire Tacitus. *Valde dehortati sunt ne id facerem. Male eum alicubi loqui de Christianis, male de Iudaeis. denique* qu'ils estoient en quelque penser de le prohiber[3] ». Ce refus l'a tellement vexé qu'il a failli renoncer à l'étude de Tacite[4]. Girot pense que Montaigne pouvait être au courant de ce contretemps inquisitorial, soit pour avoir lu la lettre de Muret à Dupuy soit pour en avoir entendu parler par des amis communs[5].

Mais Muret persista et obtint enfin l'autorisation depuis longtemps briguée au début de l'année scolaire 1580-1581. Les deux discours inauguraux prononcés à cette occasion (numérotés 13 et 14 du volume 2 des *Orationes*) sont salués par la critique comme un tournant important dans l'histoire de la réception de Tacite en occident[6]. Le premier, daté

---

1 « *Quam prudenter de illa Tacitus, et quam apte ad tempora nostra de comburendis haereticorum libris*! », cité par Schellhase, *op. cit.*, p. 216, n. 91.

2 Comme le fait remarquer Malcolm Smith, *Montaigne and the Roman Censors*, Genève, Droz, 1981, p. 52.

3 Jean-Eudes Girot, *Marc Antoine Muret. Des Isles fortunées au rivage romain*, Genève, Droz, 2012, p. 382.

4 *Ibid.* : « Cela m'a tellement rempli de desdaing que je voudrois quasi n'avoir jamais touché cest auteur ».

5 *Ibid.*, p. 207, n. 70.

6 Arnaldo Momigliano, *The Classical Foundations of Modern Historiography*, Berkeley, University of California Press, 1990, p. 123 : « *We may put the turning point around 1580, when Marc-Antoine Muret started to give lectures on Tacitus' Annals at the University of Rome—the very centre of the Counter-Reformation* ». Pour Ronald Mellor, c'est toute la carrière de Muret

du 3 novembre 1580, fait l'éloge de l'histoire entre les disciplines, de Rome entre les nations, et de Tacite entre les historiens. À tous ceux qui s'étonnent de son obstination de lire Tacite devant le public universitaire, l'orateur répond que Tacite est universellement reconnu comme le maître de la prudence, *pro magistro prudentiae*, et surtout par les lecteurs les plus avertis, tels Cosimo de Médicis, grand-duc de Toscane, et le pape Paul III[1]. Cosimo surtout avait l'habitude de dire, en feuilletant son Tacite, que ce que le peuple appelle « fortune » consiste bien plutôt en conseil et prudence[2]. Cosimo est mort mais son exemple reste vivant. La lecture de Tacite est indispensable pour les princes et tous ceux qui sont appelés au pouvoir, ce qui pouvait être l'ambition des auditeurs.

Le lendemain 4 novembre, Muret prononce la suite de son discours d'ouverture (*Orationes* II, 14), où il tient à répondre systématiquement aux détracteurs de Tacite. Il y a, nous apprend-on, cinq chefs d'accusation portés contre Tacite. On lui reproche donc 1) le malheur d'avoir écrit l'histoire d'une époque corrompue et tyrannique, et de l'avoir fait moins bien que Suétone ; 2) le mensonge ; 3) l'impiété et l'hostilité ouverte aux chrétiens (la raison alléguée par les cardinaux Sirlet et Alciat) ; 4) le style âpre et difficile ; et finalement 5) le mauvais latin ou, tout ce qui le différencie de Cicéron. En suivant cet ordre d'exposition, l'orateur s'inspire non seulement de ses démêlés avec l'Inquisition romaine mais aussi d'une source littéraire qu'il a en commun avec Montaigne, c'est-à-dire la *Méthode de l'histoire* de Jean Bodin publiée en 1566 et révisée en 1572. C'est au chapitre 4 de son ouvrage sur l'histoire que Bodin entreprend de défendre Tacite contre certaines des mêmes accusations énumérées par Muret. Comme on verra par la suite, ce chapitre ne manqua pas de provoquer une large querelle entre les humanistes.

C'est en développant la réponse à la première accusation, qui regarde l'époque des Césars, que Muret expose la raison principale pour la grande vogue de Tacite à l'âge de l'absolutisme en Europe. De nos jours, proclame-t-il, il y a très peu de républiques : tout le monde vit

---

qui représente « *the turning point in the modern appreciation of Tacitus* ». Voir Ronald Mellor (dir.), *Tacitus. The Classical Heritage*, New York, Garland Press, 1995, p. XXVI.

1   Marc-Antoine Muret, *Opera omnia*, éd. C.-H. Frotscher, Genève, Slatkine, 1971, t. 1, p. 381.

2   *Ibid.* : « *Cosmus Medices, qui eam, quae vulgo fortuna dicitur, in consilio et prudentia consistere docuit, Taciti libros in deliciis habebat* ».

sous le pouvoir d'un seul. L'histoire la plus utile est celle qui raconte les circonstances les plus proches des nôtres. Par conséquent, c'est Tacite qui nous est le plus utile.

> *Primum igitur considerandum est, respublicas hodie perquam paucas esse : nullam esse propemodum gentem, quae non ab unius nutu atque arbitrio pendeat, uni pareat, ab uno regatur. Ergo hac saltem in parte propius accedit ad similitudinem temporum nostrorum status ille rerum, qui sub imperatoribus quam qui imperante populo fuit. Quo autem quaeque historia rerum nostrarum similior est, eo plura sunt in ea, quae discamus, quae ad usum conferamus, quae ad vitam moresque referamus*[1].

Enfin, l'époque de Tacite, c'est notre époque (moins les Néron, dieu merci). Il faut savoir se conduire sous le régime absolutiste et personne n'enseigne ce genre de prudence mieux que Tacite. La prudence, mot clef chez Muret, semble consister surtout en l'art de la dissimulation, incarné par l'empereur Tibère, dont le règne occupe les six premiers livres des *Annales* : « *Ex illa perpetua simulatione Tiberii, ex illo vultu ac sermone alia omnia, quam quae cogitabat, prae se ferente discemus caute cum Principibus agere, neque semper illorum vultui ac blanditiis fidere*[2] ». À travers le portrait de Tibère, Tacite enseigne à dissimuler et à agir prudemment avec les princes. Bref, c'est l'école des courtisans, y compris les courtisans universitaires.

En ce qui concerne l'accusation d'anti-christianisme, Muret fait voir que si on voulait écouter ce genre de plainte, il faudrait renoncer à l'étude des humanités. Mieux vaut profiter des auteurs païens, à la manière de Saint Augustin, que de les rejeter. Si Tacite n'était pas chrétien, il faut plutôt le plaindre que de le blâmer, et rendre grâce à Dieu qui a éclairé nos âmes d'une lumière supérieure : « *Doleamus potius illius vicem, et grati adversus Deum simus, qui animos nostros maiori luce perfuderit*[3] ». Conclusion tolérante et pieuse.

Il n'est pas facile de savoir si Montaigne connaissait le texte des conférences de Muret sur les *Annales* de Tacite. Girot fait remarquer que les discours sur Tacite ont pu circuler sous forme manuscrite avant d'être publiés posthumément en 1589[4]. Au moins, Montaigne devait être sensible à la nouvelle mode de tacitisme qui rayonnait de la ville éternelle lorsqu'il y séjournait. Toujours est-il qu'en préparant la nouvelle

---

1   *Ibid.*, p. 384.
2   *Ibid.*, p. 385.
3   *Ibid.*, p. 388.
4   Girot, *Marc Antoine Muret. Des* Isles fortunées *au rivage romain, op. cit.*, p. 206, n. 69.

édition des *Essais* sortie en 1588, Montaigne pensait sérieusement aux thèmes abordés par Muret pendant l'hiver de 1580 à 1581. On peut constater d'abord que Montaigne n'était pas du tout content de l'éthique de prudence prônée par Muret et d'autres enthousiastes de Tacite[1]. Déjà dans les *Essais* de 1580, il conteste la capacité des hommes de prévenir les malheurs par la faculté de prudence. Dans l'essai « Divers evenemens de mesme conseil », il oppose le sort heureux de l'empereur Auguste à l'assassinat du duc de Guise, qui ont tous les deux suivi le même conseil de clémence envers les conspirateurs. Ce contraste lui inspire une phrase qui pouvait attirer l'attention et des censeurs romains et des auditeurs de Muret : « Tant c'est chose vaine et frivole que l'humaine prudence ; et au travers de tous nos projects, de nos conseils et precautions, la fortune maintient tousjours la possession des evenemens » (I, 24, 127 A).

Apparemment le peuple avait raison de donner à la fortune ce que Muret et le grand-duc Cosimo voulaient attribuer à « l'humaine prudence ». Encore dans l'essai « De la praesumption » Montaigne nous dit ce qu'il pense de cet art de dissimuler vanté par les adeptes du tacitisme : « Car, quant à cette nouvelle vertu de faintise et de dissimulation qui est à cet heure si fort en credit, je la hay capitallement ; et, de tous les vices, je n'en trouve aucun qui tesmoigne tant de lâcheté et bassesse de cœur » (II, 17, 647 A). Voilà une critique assez sévère de la doctrine que Muret était sur le point de professer à Rome. Un peu plus loin dans le même essai, nous lisons que la dissimulation est un vice non seulement honteux mais aussi inefficace et inhabile :

> Ce seroit une grande simplesse à qui se lairroit amuser ny au visage ny aux parolles de celuy qui faict estat d'estre tousjours autre au dehors qu'il n'est au-dedans, comme faisoit Tibere ; et ne sçay quelle part telles gens peuvent avoir au commerce des hommes, ne produisans rien qui soit reçeu pour contant. (II, 17, 648 A)

C'est uniquement en 1588 que Montaigne ajouta les mots « comme faisoit Tibere » à cette phrase, pour mieux orienter ses propos vers l'influence néfaste du tacitisme[2].

---

1   Voir à ce sujet Eric MacPhail, *The Voyage to Rome in French Renaissance Literature*, Stanford, Anma Libri, 1990, p. 161-169.

2   Je me permets de faire remarquer que l'édition Villey donne l'impression que les mots « comme faisoit Tibere » figuraient déjà dans la première édition des *Essais*, ce qui n'est pas le cas.

Au troisième livre des *Essais*, le chapitre « De l'art de conferer »
(III, 8) propose un important jugement critique de Tacite qui rappelle
à plusieurs égards le second discours de Muret (*Orationes* II, 14). Ici
Montaigne s'adresse à tous les chefs d'accusation rapportés par Muret,
du style de Tacite jusqu'à sa religion, sans vouloir toujours excuser
l'historien romain. En fait cette conclusion de l'essai III, 8 est une
des discussions de Tacite les plus équilibrées de l'époque. Montaigne
ne s'en veut pas à Tacite s'il écrit « d'une façon pointue et subtile,
suyvant le stile affecté du siecle » (III, 8, 941 B). D'ailleurs, le style
de Tacite tel que Muret le caractérise, ne manque pas de rappeler
ce que dit Montaigne de son propre style dans l'essai « De la praesumption ». Pour parer les attaques contre Tacite, Muret insiste sur la
ressemblance entre l'écrivain romain et son modèle grec Thucydide,
chez qui l'obscurité et l'âpreté comptaient pour des vertus plutôt
que des vices : « *Imitandum enim sibi Thucydidem proposuerat, eiusque se
in scribendo simillimum esse cupiebat. In Thucydide autem et obscuritas et
asperitas notatur a Graecis, et utraque inter virtutes illius, non inter vitia
numeratur*[1] ». Pour caractériser son propre style, Montaigne avait dit
en 1580, « Au demeurant, mon langage n'a rien de doux et fluide :
il est sec et espineux[2] ». De retour de l'Italie, il modifie cette description pour l'édition de 1582 : « Au demeurant mon langage n'a
rien de facile et fluide : il est aspre[3] ». Entre-temps il est devenu plus
tacitéen. Vu cette affinité, l'essayiste est d'autant plus tolérant de la
difficulté souvent reprochée au style de Tacite. Il ne veut pas non
plus recevoir l'accusation de mensonge portée contre Tacite : « Ceux
qui doubtent de sa foy s'accusent assez de luy vouloir mal d'ailleurs »
(III, 8, 941 B). Et il veut bien reconnaître, à la suite de Juste Lipse

---

1   Muret, *op. cit.*, t. 1, p. 390. Morris Croll souligne la portée « prophétique » des propos
     de Muret : « *in answering the charge of obscurity and harshness brought against Tacitus, he stirs
     the ground about the roots of seventeenth-century style ; the peculiar merits and also some of the
     faults of the prose of Bacon, Donne, Greville, Browne, of Quevedo and Gracián, of Balzac and
     La Bruyère, and even of Pascal, are foretold in the novel and dangerous ideas he here expresses* ».
     Je cite l'essai « Muret and the History of "Attic" Prose » dans Max Patrick et Robert
     Evans (dir.), *Style, Rhetoric, and Rhythm. Essays by Morris W. Croll*, Princeton, Princeton
     University Press, 1966, p. 153.
2   *Essais de Michel de Montaigne*, Bordeaux, 1580, t. 2, p. 438.
3   Michel de Montaigne, *Essais. Reproduction photographique de la deuxième édition (Bordeaux,
     1582)*, éd. Marcel Françon, Cambridge, MA, Harvard, 1969, p. 645. La phrase a encore
     été modifiée sur l'Exemplaire de Bordeaux.

et Muret, l'actualité de Tacite à la fin du XVIᵉ siècle. À cet égard, Tacite a l'avantage sur Sénèque parce que, par rapport à ce dernier, « Son service est plus propre à un estat trouble et malade, comme est le nostre present : vous diriez souvent qu'il nous peinct et qu'il nous pince » (III, 8, 941 B). Que Tacite peigne le présent, c'est un article de foi du tacitisme.

Si Tacite rapporte parfois des choses plutôt invraisemblables, il ne fait que son strict devoir d'historien :

> Ce qu'il dict aussi que Vespasian, par la faveur du Dieu Serapis, guarit en Alexandrie une femme aveugle en luy oignant les yeux de sa salive, et je ne sçay quel autre miracle, il le faict par l'exemple et devoir de tous bons historiens : ils tiennent registre des evenements d'importance ; parmy les accidens publics sont aussi les bruits et opinions populaires. (III, 8, 942 B)

L'exemple des guérisons miraculeuses effectuées par l'empereur Vespasien en Égypte n'est pas choisi tout à fait au hasard. Chez Tacite cet épisode, qui se trouve à la fin du livre quatre des *Histoires*, peut être compris comme une leçon du meilleur usage des superstitions et même de l'art de dissimuler tant décrié dans « De la praesumption ». Vespasien, qui n'en croit rien, invoque par calcul politique l'aide du dieu Sérapis pour mieux abuser un peuple « adonné à la superstition[1] ». Dans son *Discours de la Servitude volontaire*, Estienne de La Boétie rappelle cet épisode en suggérant que ceux qui croient à de tels miracles doivent être encore plus aveugles que l'aveugle d'Alexandrie[2]. Curieusement, le polémiste huguenot Innocent Gentillet rappelle lui-aussi cette histoire dans son *Anti-Machiavel* de 1576, où il se plaint de Tacite et d'autres historiens païens qui cherchent à s'approprier, pour leurs empereurs, les miracles de Jésus-Christ :

> De mesme foy Tacitus dit que l'empereur Vespasian estant en Judee guerit un aveugle qui ne voyoit rien, avec de son crachat, et un autre qui avoit une main seche dont il ne se pouvoit aider. Car ce sont des miracles de Jesus Christ, que ces historiens profanes luy veulent desrober, pour les attribuer à leur empereur[3].

---

1   Tacite, *Histoires* 4.81.
2   La Boétie, *De la servitude volontaire ou Contr'un*, éd. Malcolm Smith, Genève, Droz, 2001, p. 62.
3   Innocent Gentillet, *Anti-Machiavel*, éd. Edward Rathé, Genève, Droz, 1968, p. 209-210.

Pour Gentillet, il s'agit d'un vrai miracle, mais usurpé par les païens
« grands ennemis de Christ[1] ». Montaigne semble avoir bien connu
l'*Anti-Machiavel*. Par conséquent, en évoquant la guérison de l'aveugle
et « je ne sçay quel autre miracle », il se peut que Montaigne se permette
d'ironiser sur la naïveté et l'esprit de parti de Gentillet. En tout cas, le
sentiment libertin qui se dégage de l'épisode égyptien chez Tacite, ne
devait pas déplaire à Montaigne.

Cela nous amène finalement à la question de la religion de Tacite.
Sur ce chef, Montaigne est catégorique : « Il n'a pas besoing d'excuse
d'avoir approuvé la religion de son temps, selon les loix qui luy
commandoient, et ignoré la vraye. Cela, c'est son malheur, non pas
son defaut » (III, 8, 941 B). Ici Montaigne se rapproche et de Muret et
de leur source commune Bodin, sans pourtant sacrifier l'autonomie de
son jugement. Au chapitre quatre de sa *Méthode de l'histoire*, Bodin dit
que Tacite mérite d'être excusé parce qu'il était lié par les superstitions
de sa culture : « *non impie adversus nos scripsit, cum gentili superstitione
obligaretur*[2] ». Explication parfaitement en accord avec l'esprit de
relativisme si caractéristique de Montaigne. Pourtant, Bodin va plus
loin encore et dit que Tacite était obligé de condamner les chrétiens
et les juifs pour défendre la religion qu'il jugeait être vraie. C'est ce
qui prouve qu'il n'était pas athée[3]. Montaigne ne peut pas admettre
ce raisonnement, malgré sa logique implacable et son génie provocateur. Pour sa part, l'essayiste met l'accent sur la parfaite orthodoxie
de Tacite, qui n'a pas besoin d'excuse. Mais si Tacite est orthodoxe
chez lui, et hétérodoxe chez nous, c'est que l'orthodoxie est relative.
La vérité change selon le temps et le lieu, ce dont les contemporains
de Montaigne devraient finalement se rendre bien compte. Voilà
l'actualité de Tacite, victime autrefois et encore de la persécution
chrétienne. Ce n'est pas la leçon que Muret voulait tirer de sa lecture
de Tacite, et néanmoins le professeur n'était pas du tout étranger aux
mauvais effets du zèle religieux.

Il pourrait être utile de rappeler ici que Lancelot de La Popelinière, dans
L'Histoire des histoires, publié en 1599, propose un très long commentaire

---

1   *Ibid.*, p. 209.
2   Jean Bodin, *Methodus ad facilem historiarum cognitionem*, éd. Sara Miglietti, Pise, Scuola
    Normale, 2013, p. 194.
3   *Ibid.*, p. 196 : « *ego vero impium iudicarem nisi quancunque religionem veram iudicaret, non eam
    quoque tueri et contrarias evertere conaretur* ».

sur l'apologie de Tacite chez Bodin, qu'il accuse d'inconséquence logique et d'une « demie impieté » pour avoir excusé Tacite de ce qu'on ne lui reprochait pas[1]. Tacite avait le droit de défendre sa religion, estime La Popelinière, mais non pas d'en calomnier d'autres. La dispute religieuse devrait se poursuivre en « douceur et modestie », dit-il le lendemain de l'Édit de Nantes[2]. De ce point de vue, Tacite était provocateur et propagandiste irresponsable, grave danger en France à l'époque de réconciliation entre catholiques et protestants. Effectivement, Tacite se prêtait à toutes les interprétations dans cette fin de siècle vécue par Muret, Montaigne, et les autres.

En guise de conclusion, nous pouvons revenir au chapitre « De la liberté de conscience ». Cet essai qui commence par le cas de Tacite victime du zèle, se termine par une nouvelle analogie historique, celle-ci entre Julien l'Apostat et les derniers rois Valois. Comme l'empereur romain, mais avec de meilleures intentions, les rois français ont recours à la tolérance pour apaiser les conflits religieux. Voici la dernière phrase de l'essai : « Et si croy mieux, pour l'honneur de la devotion de nos rois, c'est que, n'ayans peu ce qu'ils vouloient, ils ont fait semblant de vouloir ce qu'ils pouvoient » (II, 19, 672 A). On a fait remarquer que cette phrase, et une autre toute pareille à la fin du chapitre « De la coustume et de ne changer aisément une loy reçue » (I, 23, 122), font écho à une formule inventée par le dramaturge Térence et utilisée par Philippe Duplessis-Mornay dans une remontrance publiée sous l'anonymat lors de la convocation des États généraux de Blois en 1576[3]. Duplessis-Mornay parle en faveur de l'édit de tolérance connu sous le nom de l'Édit de Beaulieu, promulgué en mai 1576. Il sait que le compromis n'est pas souhaitable, « mais puisque souhaits n'ont poinct de lieu, il fault vouloir ce qu'on peut, si on ne peut tout ce qu'on veut[4] ». Montaigne répète le même sentiment dans le même contexte. Faute de pouvoir supprimer le calvinisme, les rois très chrétiens le tolèrent. Mais il y a un élément présent chez Montaigne qui manque chez Duplessis-Mornay et ses modèles à lui,

---

1   La Popelinière, *L'Histoire des histoires*, éd. Philippe Desan, Paris, Fayard, 1989, p. 279.
2   *Ibid.*, p. 278.
3   Montaigne, *Les Essais*, éd. Jean Balsamo, Paris, Gallimard, coll. « Bibliothèque de la Pléiade », 2007, p. 1660.
4   P.-R. Auguis et A.-D. de La Fontenelle de Vaudoré (dir.), *Mémoires et correspondance de Duplessis-Mornay*, Paris, 1824, t. 2 p. 43.

c'est la dissimulation royale. Si les Valois « font semblant », ils imitent donc Tibère, et l'auteur qui les démasque imite Tacite. D'ailleurs, ces nouveaux disciples de Tibère mettent la dissimulation au service de la paix et de la tolérance. On ne saurait trouver un meilleur service à rendre « à un estat trouble et malade ».

Eric MacPhail
Indiana University

MONTAIGNE
ET L'ÉTRANGER NAPOLITAIN

Retour sur la rencontre de Ferrare
(15 novembre 1580)

Longtemps tenu par les interprètes des *Essais* à la périphérie de leurs analyses, le *Journal du Voyage en Italie* a désormais toute sa place dans l'exégèse de la pensée de Montaigne. Cette conquête est certes due d'un côté à l'avancée considérable depuis les vingt dernières années des études portant sur la littérature viatique de la Renaissance, et de l'autre à l'attention croissante que porte à nouveau la critique littéraire et philosophique aux circonstances matérielles de la rédaction des textes de la période. Plus simplement, ce succès s'explique de lui-même, en un âge que ne rebute plus la présence du corps dans l'écriture et qui réhabilite au contraire la culture de la matière telle que la donne à voir l'anecdote brute, la tranche de vie saisie au hasard, l'intimité aperçue dans l'impromptu d'un départ ou d'une arrivée : il n'est aujourd'hui de grand homme que pour son valet de chambre. Montaigne à l'étranger, privé des ressources de sa propre langue, vu à travers un texte de fortune, écrit à plusieurs mains et dans plusieurs lieux, devient alors l'objet d'un autre discours, qui reconstruit sa légende à partir cette fois d'une étude culturelle plutôt que rhétorique ou philosophique du génie en voyage.

Mais l'écriture du fait, fascinante dans sa vérité nue, a aussi ses failles : si elle dit (en général) le vrai, elle ne dit pas tout. Contraint par le hasard et l'occasion, incomplet comme tous les témoignages, et astreint bien plus que la libre écriture personnelle des *Essais* à la réserve, sinon au secret politique, le texte du *Journal* n'était pas destiné à la publication ; et ses silences ne sont pas forcément tous signifiants. C'est dans l'un d'entre eux que se loge l'une des plus célèbres omissions du *Voyage en Italie*, celle de l'entrevue qu'aurait eue Montaigne le 15 novembre 1580, lors de son passage à Ferrare, avec Torquato Tasso astreint depuis l'année précédente à résidence à l'hôpital Sant'Anna, à la suite d'épisodes de délire publics, et certainement de son acharnement à faire réviser le texte de la *Gerusalemme*, dont il retardait ainsi la publication. De cette rencontre, clairement attestée par Montaigne dès l'édition de 1582 des *Essais* dans un passage bien connu de l'« Apologie de Raimond Sebond[1] », on ne trouve pourtant pas trace dans le *Journal*. Une lacune qui jeta longtemps le soupçon sur la réalité de l'entrevue, traditionnellement mise en doute par les biographes du Tasse depuis A. Solerti[2]. Rien cependant ne permet d'imaginer qu'elle n'ait pas eu lieu – et l'on ne saurait sans hypocrisie prétendre que la chose importe peu[3]. C'est bien la confrontation physique, matérielle avec le spectacle de l'aliénation qui est commentée dans le souvenir de voyage raconté par Montaigne, quelques mois seulement après son retour en Guyenne, et c'est en tant qu'expérience réelle qu'elle trouve sa place dans la critique paradoxale de la folie développée par l'« Apologie ».

De fait, l'histoire racontée par Montaigne est bien celle d'une rencontre manquée. Ce n'est sans doute pas un hasard, si l'on suit l'hypothèse proposée par J. Balsamo de ce qui se serait produit au mois de novembre

---

1 *Essais*, éd. J. Balsamo, C. Magnien-Simonin et M. Magnien, Paris, Gallimard, coll. « Bibliothèque de la Pléiade », 2007, p. 518. Les références et citations qui suivent s'entendent à cette édition.

2 A. Solerti pense que Montaigne aurait en effet rencontré Torquato Tasso, mais doute que l'entrevue ait pu avoir lieu à Sant'Anna (*Vita di Torquato Tasso*, Turin, 1895, t. I, p. 324-325); voir aussi U. Foscolo Benedetto, « Montaigne a Sant'Anna », *Giornale Storico della Lettaratura Italiana*, 1919; également M. Tetel, « Montaigne et le Tasse. Imagination poétique et espace imaginaire », *Cahiers de l'Association internationale des études françaises*, n° 33, 1981, p. 81-98, et plus récemment *Présences italiennes dans les Essais de Montaigne*, Paris, H. Champion, 1992.

3 Établie depuis les travaux de M. Roffi (« Montaigne, il Tasso, l'Ariosto, il Bucintoro et i cittoli di Ferrara », *La Pianura*, n° 2, 1981, p. 51, et *Saggi Ferraresi e altri*, Ferrara, 1992, p. 125-134) et de E. Vittorini (« Montaigne, Ferrara and Tasso », dans J. Salmons (dir.), *The Renaissance in Ferrara and its European Horizons*, Cardiff, University of Walles Press, 1984, p. 145-169), la réalité de la rencontre est suffisamment attestée aujourd'hui par les études qui se sont succédé sur l'épisode. Les remarques qui suivent s'appuient en particulier sur la reconstitution convaincante des raisons qui auraient motivé la visite, et des différentes étapes de l'insertion de l'anecdote dans le texte de l'« Apologie » proposée par Jean Balsamo, dans « Montaigne et le "saut du Tasse" », *Rivista di letterature moderne e comparate*, 2001, vol. 54, n° 4, p. 389-407. On consultera également avec profit le dossier bibliographique rassemblé par C. Cavallini dans l'*Italianisme de Montaigne*, Fasano/Paris, Schena/Presses de l'Université Paris-Sorbonne, 2003, p. 127-135, consacré à la mise en évidence du rôle qu'auraient pu jouer les Mosti, notables attachés à la maison d'Este, dans l'entrevue de Ferrare.

1580, alors que Montaigne, accompagné de Charles d'Estissac, remontait de Rovigo à Bologne, en passant par Ferrare[1], avant son arrivée à Rome quinze jours plus tard. La visite à Sant'Anna aurait été effectuée non pas sur le souhait de Montaigne lui-même, mais à l'invitation d'Alphonse II, afin que le savant français de passage et son compagnon de route pussent témoigner du délire de persécution auquel trouvait alors en proie leur célèbre protégé. Montaigne ne se sera donc jamais entretenu de vive voix avec l'« Étranger Napolitain » – surnom que se donnait alors Torquato Tasso dans plusieurs de ses dialogues[2]; et c'est séparément que le poète et ses vers font leur entrée dans l'écriture des *Essais*, à partir de 1582. L'entrevue elle-même, dont l'absence dans le *Journal* s'explique avant tout par le fait que le secrétaire n'y aurait pas assisté, y apparaît sous la forme d'un exemple, celui du spectacle tragique qu'offre un esprit « ruiné par [sa] propre force » (II, 12, 518). De leur côté, l'*Aminta*, la *Gerusalemme liberata* et le *Rinaldo* s'inscrivent au détour de plusieurs passages importants des *Essais*. Le dialogue de la pensée de Montaigne avec la poésie du Tasse, peut-être noué à la suite de cette tragique expérience, se poursuivra sans discontinuer jusqu'aux dernières annotations de l'édition publiée en 1595, et de l'exemplaire de Bordeaux.

On connaît le parti qu'allait tirer la postérité de cette occasion perdue. Erigée en mythe romantique, la rencontre entre le penseur de passage et le poète immobile permettait en effet le croisement de deux légendes. La dramatisation de la folie du Tasse, saint et martyr de la sensibilité poétique, s'y confronte à la réserve sceptique qui domine alors dans l'image que le premier romantisme donne du penseur[3]. Dans le sillage de la pièce de Goethe (1790), une tradition de représentation du poète emprisonné, qui inclut un sous-genre consacré à l'entrevue de Ferrare, se développe[4]. Elle est étroitement liée à la déception passionnée

---

1   Voir, pour la reconstitution du trajet effectué par Montaigne, Ph. Desan (éd.), *Journal du Voyage en Italie*, « Introduction », Paris, Société des Textes Français Modernes, 2014, p. L.

2   Torquato Tasso, *Dialoghi*, éd. E. Mazzali, Turin, Einaudi, 1976. Sur ce surnom, dérivé de celui de Socrate (l'« étranger athénien »), voir l'introduction donnée par F. Graziani à son édition française des *Discorsi, Discours de l'art poétique, Discours du poème héroïque*, Paris, Aubier, 1997, p. 11.

3   Sur cette image, voir D. Frame, *Montaigne in France. 1812-1852*, New York, Columbia University Press, 1940, et plus récemment S. Bakewell, *Comment vivre ? – une vie de Montaigne en une question et vingt tentatives de réponse*, Paris, Albin Michel, 2013.

4   Sur l'ensemble des œuvres, voir M. Stuffmann, N. Miller, K. Stierle, Eugène Delacroix, *Reflections : Tasso In the Madhouse*, Munich, Hirmer Verlag, 2008 ; sur les sept représentations

qu'éprouvent alors Vigny ou Chateaubriand devant la froideur dont aurait témoigné le savant voyageur à l'égard de ce qui devient alors le modèle de l'artiste malade de son propre génie[1]. Le regard de Montaigne porté sur la figure prostrée du Tasse, comme thème pictural et poétique, symbolise l'impossible rencontre de deux motifs proprement romantiques : la pensée critique opposée à la création et à ses affres indicibles. D'un côté, la folie du Tasse apparaît alors de plus en plus comme l'effet tragique d'une mélancolie métaphysique plus qu'amoureuse, accentuée dans les représentations de la rencontre par l'absence de contact visuel entre les deux personnages, et par la position détournée de la face du poète. De l'autre, l'attitude du savant, qui affirme avoir ressenti « plus de despit encore que de compassion, de le voir à Ferrare en si piteux estat, mescognoissant et soy et ses ouvrages ; lesquels sans son sçeu, et toutesfois à sa veuë, on a mis en lumiere incorrigez et informes » (II, 12, 518), semble prolonger la suspension épistémologique du jugement vers celle de la sympathie devant le spectacle des conséquences humaines d'un engagement artistique total.

De cette condamnation romantique de la réserve de l'humaniste à l'égard du poète – réserve qu'il était tentant de prolonger vers une répugnance du génie français pour les excès de la poésie baroque transalpine, et pour une condamnation par le goût classique attribué à Montaigne du caractère « informe » de la première version de la *Gerusalemme* – la critique a fait justice depuis bien longtemps. L'intérêt constant de Montaigne pour la poésie italienne et plus particulièrement pour l'œuvre du Tasse, poète italien le plus fréquemment cité dans les *Essais*, a fait l'objet de très nombreuses études depuis le début du siècle dernier, dans le cadre notamment des nouvelles approches critiques de la réception des poètes italiens en France[2]. Celles-ci ont à souvent repris sur nouveaux frais l'interprétation du compte rendu fait par l'« Apologie » de la rencontre à Sant'Anna.

---

de l'entrevue de Sant'Anna, Ph. Desan, *Portraits à l'essai : iconographie de Montaigne*, Paris, H. Champion, 2006.

1   Voir là-dessus E. Vittorini, « Montaigne, Ferrara and il Tasso », art. cité, p. 156 ; ainsi que S. Bakewell, *op. cit.*, p. 335-336.

2   Voir notamment, outre les études anciennes de J. Cottaz, *L'influence des théories du Tasse sur l'épopée en France*, Paris, 1942 ; et L. Sozzi, « L'influence en France des épopées italiennes et le débat sur le merveilleux », dans *Mélanges offerts à Georges Couton*, Lyon, Presses Universitaires de Lyon, 1981, p. 71-73, les articles réunis par R. Gorris-Camos dans *L'Arioste et le Tasse en France*, Cahiers Saulnier, n° 20, 2003. Sur la présence du Tasse dans

De façon significative, la plupart d'entre elles s'orientent cependant sur une conception toujours romantique des forces en présence : raison et imagination. C'est le cas, notamment, de l'étude que consacrait en 1980 M. Tetel au réseau formé par les citations du Tasse dans les *Essais*. Liant toujours étroitement l'usage que fait Montaigne de la poésie du Tasse avec le récit même de sa rencontre avec l'auteur de la *Jérusalem*, dont la « présence angoissante », placée ainsi « au centre des *Essais* », planerait sur l'ensemble du texte[1], M. Tetel s'attachait en effet à montrer comment, dans l'œuvre de Montaigne, le choc initial qu'aurait produit dans l'esprit du voyageur sa confrontation avec les conséquences « d'un abandon aux forces de l'imagination » se serait répercuté sur le traitement de l'imagination dans la suite des *Essais*. Directement associée à la pulsion désirante sous toutes ses formes, la présence de la poésie du Tasse y apparaîtrait finalement, au fil des vers qu'emprunte Montaigne à la *Gerusalemme liberata* et à l'*Aminta*, comme le signe d'une « consécration de l'imagination et de la poésie (de l'écriture) ». Si la méfiance du savant à l'égard de sa force trompeuse et incontrôlable ne s'efface jamais, ce compromis aurait donc accompagné la promotion, dans les dernières rédactions des *Essais*, d'un usage rationnel, apaisé de sa puissance[2].

Le rôle ainsi attribué au poète de Ferrare dans le développement de la pensée de Montaigne s'inscrit bien, de fait, dans l'image que donne traditionnellement la critique de l'italianisme français entre Renaissance et classicisme, telle que l'analysait naguère Jean Balsamo[3]. Marquée par son bouillonnement créatif et par la puissance souvent incontrôlée du *furor poeticus* qui inspire ses conceptions, la poésie italienne aurait fourni au génie français « un abisme de belles inventions » qui, convenablement digérées, s'y seraient changées en pépites de sagesse. Encore faut-il être certain que c'est bien, au-delà de la question de la folie, à l'imagination, et qui plus est à l'imagination *poétique* – sous la forme particulière de la création née de l'abandon à l'inspiration – que Montaigne associe ainsi

---

l'écriture de Montaigne, voir C. Cavallini, l'*Italianisme de Montaigne*, *op. cit.*, et J. Balsamo, « "*Qual l'alto Ægeo…*" : Montaigne et l'essai des poètes italiens », *Italique*, vol. XI, 2008, p. 109-129.

1   M. Tetel, « Montaigne et le Tasse. Imagination poétique et espace imaginaire », art. cité p. 83.

2   *Ibid.*, p. 97-98.

3   J. Balsamo, *Les Rencontres des Muses. Italianisme et anti-italianisme dans les lettres françaises de la fin du XVIᵉ siècle*, Genève, Slatkine, 1992.

constamment les vers et la destinée même du Tasse. En effet, s'il rapporte bien l'entrevue de Sant'Anna comme le moment traumatique d'une rencontre avec l'absolue étrangeté, celle d'un esprit qui ne se connaît plus lui-même, rien n'indique que Montaigne attribue cette aliénation à la fureur *poétique*, ni qu'il faille déplorer dans le « dérèglement des sens » dont le poète fou donne le spectacle le résultat d'un usage imprudent de cette faculté particulière.

La connaissance réelle que reflètent les *Essais* de l'œuvre théorique autant que poétique de l'auteur de la *Jérusalem* rend plus probable l'association de cet élan fatal de l'esprit du poète avec un autre usage – ou mésusage possible de l'imagination et de l'intelligence, qui engage son rôle dans l'entendement et dans la connaissance, en particulier métaphysique : celui précisément que vise la critique de la folie pure développée dans l'« Apologie ». Du décentrement à l'excentricité, il n'y a qu'un saut ; c'est de cela que la folie du Tasse, aperçue en voyage, fournit l'exemple aux *Essais*. Comment dès lors ajuster la part que doivent prendre en nous, par l'imagination, l'étrange et l'étranger, afin que « les subjets estrangers se rendent [...] à nostre mercy ; [et qu']ils logent chez nous comme il nous plaist » (II, 12, 562) ? Cette question, qui motive le voyage lui-même comme immersion dans le monde de l'autre, parcourt également les *Essais*. L'une des réponses réside peut-être, comme on voudrait le montrer ici, dans l'usage que fait Montaigne de la citation poétique, dont les mots d'emprunt signent au cœur de l'écriture personnelle la place que prend l'imaginaire de l'autre dans l'expérience que nous faisons de nous.

Torquato Tasso résidait à Sant-Anna, avec des épisodes d'enfermement complet, depuis 1579. Comme l'ont souligné nombre de ses biographes, ses conditions de détention au couvent s'améliorent cependant à plusieurs reprises. Loin d'avoir définitivement sombré dans la folie, le poète peut soutenir une correspondance importante[1], et ces six années sont celles de l'élaboration d'une partie de ses dialogues et de ses écrits poétiques les plus connus, rédigés notamment à l'occasion de la querelle littéraire qui suit la parution des premières versions non autorisées de la *Gerusalemme*. L'un des principaux sujets de réflexion est la révision du texte de son

---

1   Torquato Tasso, *Lettere*, 5 vol., C. Guasti (éd.), Florence, Le Monnier, 1852-1855 ; les lettres écrites entre 1580 et 1585 occupent les t. II, III, et IV.

poème, dont il avait dès 1575-1576 achevé une première version. Encore intitulée *Il Goffreddo*, du nom de son héros Godefroy de Bouillon, celle-ci ne comportait encore que vingt chants sur les vingt-quatre prévus pour l'œuvre complète. Cette version intermédiaire n'était donc pas destinée à la publication, mais uniquement à l'examen éclairé des cinq membres de l'Académie florentine de la Crusca à laquelle le Tasse lui-même décide de le confier, avant de le soumettre à l'Inquisition. La conformité du poème aux conceptions les plus récentes de l'art poétique, appuyées sur les commentaires les plus récents de la *Poétique* d'Aristote, ainsi qu'à l'examen le plus scrupuleux de l'orthodoxie religieuse de ses inventions n'avait rien d'une exigence délirante, dans le cadre de l'ambitieux programme poétique que le premier poète de la péninsule s'était engagé à remplir. La querelle du poème héroïque, qui oppose aux partisans de l'esthétique romanesque et chevaleresque de l'*Orlando furioso* les tenants d'une épopée classique et régulière, conforme aux règles d'un aristotélisme poétique nouvellement redécouvert, accompagne en effet pendant vingt ans la composition du grand poème du Tasse, dans lequel celui-ci espère pouvoir réconcilier enfin les deux partis.

Cet espoir devait se révéler sans fondement. Dès la parution en 1584 d'une première critique du poème rédigée au nom de l'Accademia par Lionardo Salviati le malentendu s'impose, et les années qui suivent ne feront qu'en accentuer l'ampleur. L'Académie se déclare en faveur des « merveilleuses inventions de l'Arioste », et déclare supérieure la poésie toute d'inspiration qui anime les inventions de celui-ci[1]. En réponse aux arguments développés par les tenants du roman au cours de la querelle qui s'ensuit, *Il Goffreddo* dont plusieurs copies circulent dès ce moment se voit annexé par les partisans de l'épopée pour devenir l'emblème du poème chrétien dont la composition régulière est alors systématiquement opposée à la rêverie romanesque informe qui caractériserait l'Arioste. De son côté, le néo-platonicien Francesco Patrizi oppose au poème du Tasse une argumentation technique anti-aristotélicienne qui fait pièce à la théorie métaphysique et ésotérique de l'inspiration qu'il développe ailleurs dans les sept livres de sa *Poetica*, mais aussi dans la *Nova de*

---

1   Pour une analyse de l'ensemble des arguments résumés par L. Salviati, voir le chapitre consacré par B. Weinberg à cette phase de la querelle, « The Quarrel over Ariosto and Tasso (Concluded) », dans *A History of literary Criticism in the Renaissance*, Chicago, University of Chicago Press, 1961, p. 991-1073.

universis Philosophia, mise à l'Index dès sa parution en 1591[1]. Il y défend une vision ésotérique des fonctions de la fable, dont la poésie allégorique de Marino reprendra nombre de caractéristiques[2].

Pris en porte-à-faux dans ce débat, absorbé par la révision de son poème, et par ailleurs tenaillé de scrupules sur l'orthodoxie morale et religieuse de son emploi du merveilleux, Torquato Tasso se trouve ainsi bien loin pendant toute la période de la querelle d'une promotion anti-rationnelle des pouvoirs de l'imagination poétique. Bien au contraire, et comme l'a amplement montré Françoise Graziani dans ses analyses des *Discorsi Dell'Arte poetica* (parus en 1587, mais composés dès les années 1562-1564) et *Della Poesia Heroica* (1594)[3], tout son effort porte constamment sur l'établissement d'un compromis intellectuel entre le néo-platonisme florentin et l'aristotélisme, notamment sur la conception même des pouvoirs la faculté imaginante à l'œuvre dans la *mimesis* poétique. Dans sa correspondance avec son protecteur Scipion Gonzague comme dans la rédaction des *Dialogui* contemporains ou dans la mise au point de l'*Apologia de la Gerusalemme* et dans les *Discorsi* qui paraissent en 1587, Torquato Tasso propose une théorie de la fable qui associe une vision purement technique de l'imagination poétique, conçue dans le prolongement de la *Poétique* comme une sélection exacte et une composition sûre des actions choisies pour sa fable, avec la vocation philosophique qu'il assigne à la poésie. Dans ses proportions justes, la fable parfaite rend compte de la structure effective du monde, et de la *discors concordia* des phénomènes qu'il contient. Contre Patrizi, mais aussi contre Jacopo Mazzoni qui voit dans le prolongement des propos du *Sophiste* la poésie comme une bonne sophistique, dédiée à « l'imitation fantastique » (celle des « choses qui n'existent pas », par opposition à l'imagination icastique, qui imite « les choses qui existent ou ont existé »)[4], Torquato Tasso revendique pour l'imagination poétique, et

---

1   F. Patrizi, *Della Poetica* [1586-1587], éd. D. A. Barbagli, Bologne, Istituto Nazionale di Studi sul Rinascimento, 1971.

2   F. Patrizi, *Parere el Signor Patrizi in difesa dell'Ariosto*, publié avec les autres pièces de la querelle en même temps que *l'Apologia del Sig. T. Tasso in difesa della sua Gerusalemme Liberata* à Ferrare, 1585.

3   Sur le décalage entre la publication des *Discorsi* et la circulation antérieure des idées qu'ils contiennent, dès les années 1575-1585, voir *Discours*, éd. citée par F. Graziani, « Introduction ».

4   *Della Difesa Della Comedia di Dante, Distinta in sette libri*, Cesena, B. Raveri, 1587.

pour le poète comme « faiseur d'idoles » la faculté exclusive de représenter ce qui est sans être pour autant visible : « si l'on a pu y voir une
opération de la fantaisie », conclut-il, « cela doit être entendu au sens
d'imagination intellective, impossible à distinguer de l'imagination
icastique[1] ».

Toute la période qui suit la diffusion non autorisée des premières
éditions de la *Gerusalemme* encore inachevée (1581-1585) est ainsi marquée
par le développement d'une réflexion vivante, à la fois logique et traversée
par la constante prise en considération des contradictions de sa propre
pensée comme des thèses en présence dans le débat, sur le fonctionnement
intellectuel de l'imagination poétique. Une formulation rationnelle des
capacités de la figure poétique – c'est-à-dire de la métaphore elle-même,
mais aussi la fable, la mise en intrigue des actions du poème – à rendre
compte du monde fournirait en effet une alternative non seulement aux
théories de l'enthousiasme divin élaborées par les platoniciens, mais
aussi aux discours hédonistes des partisans de la poésie de l'Arioste,
qui aboutiraient à dénier à la poésie tout accès à la vérité. Une réflexion
dont F. Graziani souligne la tragique lucidité, dans des circonstances
qui ne font qu'accentuer, chez le poète contraint de défendre son œuvre
depuis sa prison, le sentiment de sa privation de liberté[2].

Lorsque Montaigne et d'Estissac se rendent à Sant'Anna en novembre
1580, la poésie du Tasse n'a certainement pas encore pris, ni dans les
réflexions de l'auteur ni même en France l'importance qu'elle est amenée
à avoir par la suite. Contrairement à ses contemporains, qui puisent largement chez les poètes italiens mais en traduisant leurs vers, Montaigne
sera le premier à citer en France l'*Aminta* et la *Gerusalemme*, en italien
conformément à sa pratique habituelle dans les *Essais*[3]. Il avait eu accès

---

1   *Discorsi*, éd. citée, p. 177. Également *Discorso supra il parer fatto dal signor Francesco Patrizi
     in difesa di Lodovico Ariosto*, 1585, dans *Opere*, éd. N. Capurro, Pise, 1823, vol X. Sur la
     dimension scientifique et démiurgique de l'imagination poétique chez Torquato Tasso,
     voir également A. M. Patterson, « Tasso and Neoplatonism : the growth of his epic
     theory », *Studies in the Renaissance*, vol. XVIII, 1971, p. 105-133 ; et F. Graziani, « L'art
     comme vertu intellectuelle : l'aristotélisme du Tasse et de Tesauro », *Littératures classiques*,
     n° 11, 1989, p. 25-41.
2   *Discours*, éd. citée, p. 12-17.
3   Un phénomène dont Jean Balsamo a bien montré l'importance dans l'étude qu'il consacre
     à la présence de la poésie italienne dans les *Essais* (« *Qual l'alto Ægeo…*" : Montaigne
     et l'essai des poètes italiens », art. cité) ; voir également, pour une mise au point sur les
     éditions des œuvres du Tasse dont Montaigne tire l'ensemble des citations qui apparaissent

sinon à l'ensemble des *Dialoghi*[1], du moins à une partie de la correspondance rédigée pendant la période en question[2]. De plus, il connaît
bien cette première phase de la querelle des Anciens et des Modernes
qui oppose les partisans de ce que Ronsard appellera les « imaginations
fantastiques » de l'Arioste au modèle classique offert par l'*Énéide*. Les
principaux motifs en ont été importés d'Italie par les poéticiens français
depuis plusieurs années. Dans le chapitre « Des livres », il prend parti
pour ces derniers, et juge sévèrement « la bestise et stupidité barba-
resque de ceux qui comparent [Virgile] à cette heure à l'Arioste » (II,
10, 431). Les circonstances dans lesquelles Montaigne aurait été incité à
voir le poète impliquent qu'il ait eu connaissance des démêlés du Tasse
avec l'inquisition de Ferrare, et du risque qu'il ait attiré sur la cour de
ses protecteurs l'attention de l'Inquisition romaine. Qu'il ait suivi le
détail des débats techniques qui opposaient Torquato Tasso à ses pairs
en matière strictement poétique semble peu probable ; c'est bien dans
le cadre de la querelle du roman moderne et de l'épopée classique qu'il
s'inscrit cependant en introduisant dans l'« Apologie » l'exemple du
poète de Ferrare, comme du malheur qui aurait frappé « l'un des plus
judicieux, ingenieux et plus formés à l'air de cet antique et pure poësie,
qu'autre poëte Italien n'aye de long temps esté[3] ».

C'est le sens même de l'effort intellectuel qu'accomplit alors Torquato
Tasso pour concilier en un système complet les contradictions qui existent
entre l'ambition ésotérique et la pratique technique de l'imagination

dans les *Essais*, et pour un aperçu du rôle qu'aurait joué Montaigne lui-même dans la
diffusion du poème en France, « Montaigne et le saut du Tasse », art. cité, p. 395-396.

1   La parution des textes de la querelle de la *Gerusalemme* proprement dite s'étale entre
1584 et 1587, quelques années après la visite à Sant'Anna ; cependant, la plupart des
lettres poétiques rédigées pendant la période de révision du poème entre 1575 et 1579
circulent depuis longtemps, diffusées par Scipion Gonzague, également responsable de
la publication en 1584 à Mantoue de la première version corrigée et « autorisée » du
poème.

2   Il insère par ailleurs dans l'édition de 1588 une réflexion sur les caractéristiques physiques
respectives des Italiens et des Français en rapport avec leur pratique de l'équitation, qu'il
tire de la lettre du Tasse à Ercole de'Contrari publiée dans les *Rime e prose* en 1581 sur le
parallèle de la France et de l'Italie, et qu'il oppose plaisamment dans le chapitre « Des
boyteux » à l'opinion de Suétone sur le même sujet (III, 11, 1081).

3   Sur l'évolution de cette formulation au fil des éditions des *Essais*, et sur l'hypothèse d'un
désintérêt progressif de Montaigne pour la poésie du Tasse, voir J. Balsamo, « Montaigne
et le "saut du Tasse" », art. cité p. 395. Pour une analyse inverse, C. Cavallini, « L'Arioste,
le Tasse, Montaigne : carrefours historiques et littéraires », dans R. Gorris-Camos (dir.),
L'Arioste et le Tasse en France, op. cit., p. 159-169.

poétique qui se trouve mis en cause, et condamné dans l'évocation que fait Montaigne de son entrevue avec le poète, après sa visite à Sant-Anna. L'exemple du naufrage de la raison qu'offre le Tasse apparaît en effet, on le sait, dans le cadre de l'éloge paradoxal auquel se livre Montaigne des bienfaits épistémologiques de la folie, qu'il rapporte à son habitude à la théorie platonicienne du *furor* divin, plutôt qu'au passage des *Problemata* (XXX) alors attribués à Aristote sur la mélancolie. Après avoir repris en apparence cet éloge de la folie au courant de pensée qui promeut alors la faculté des mélancoliques à « produi[re] leurs plus grands effets et plus approchants de la divinité quand ils sont hors d'eux, furieux et insensés » (518), Montaigne réfute en partie cette prétention de la philosophie à atteindre une vérité inaccessible à la raison – tout d'abord parce que notre esprit dans son imperfection terrestre reste précisément le seul juge de cette réussite. En outre, la critique rationnelle de la force épistémologique et métaphysique de l'extase formulée rejoint dans l'« Apologie » une séparation esquissée à plusieurs reprises dans les *Essais* entre la dimension philosophique et poétique du *furor*, et donc le doute jeté sur une conception et de la philosophie comme « poësie sophistiquée » destinée à déchiffrer la nature comme « poësie enigmatique ». La louange de la manie poétique à laquelle procède Montaigne dans le chapitre « Du jeune Caton » (I, 37, 237), où il commente en l'appuyant sur l'exemple de son propre enthousiasme de lecteur la supériorité de l'œuvre inspirée sur les simples productions de l'art, fait reposer l'éloge classique du *furor poeticus* sur la nature psychologique et non transcendante des effets produits par l'œuvre. La dimension proprement ésotérique des propos de l'*Ion* reste à l'écart de cette reprise de la théorie platonicienne de l'inspiration ; de même, la fin du chapitre « De l'yvrongnerie » laisse à Platon la responsabilité d'une croyance à la valeur de vérité des prophéties prononcées dans l'extase (II, 2, 367).

Dans le contexte de l'« Apologie », le contraste entre l'élévation sublime d'un abandon à l'irrationnel dans lequel l'homme confierait aux seules forces de son imagination le soin de comprendre le système du monde, et les tragiques résultats de cette forme de fureur sur la vie et le comportement de ceux qui s'y adonnent signifie directement l'échec épistémologique de cet élan. Au-delà des séries d'exemples fournies d'un côté par le comportement des animaux, et de l'autre par le comportement sexuel de l'homme, le spectacle concret du délire dans lequel Montaigne a pu voir le Tasse fournissait l'élément le plus immédiatement convaincant

d'une critique de l'inspiration dont les ambitions métaphysiques dépassent
à la fois les moyens humains et cognitifs.

> Qui ne sçait combien est imperceptible le voisinage d'entre la folie avec les
> gaillardes elevations d'une esprit libre ; et les effects d'une vertu supreme et
> extraordinaire ? Platon dit les melancholiques plus disciplinables et excellents :
> aussi n'en est-il point qui ayent tant de propension à la folie. Infinis esprits se
> treuvent ruinez par leur propre force et soupplesse. (II, 12, 518)

Dans cette ruine de la pensée, qui est en général le résultat des
« plus vigoureuses opérations de notre âme », loin de décrire le résultat
d'un exercice excessif de l'imagination poétique, au sens technique du
terme – c'est-à-dire à l'invention de fables fantastiques ou absurdes, ou
dans la pratique d'une virtuosité maniériste qui, à l'image de celle de
Lucain, « s'est abattu[e] par l'extravagance de sa force » (I, 37, 236) –,
c'est bien la « quete des sciences », c'est-à-dire l'ambition métaphysique
des théories du Tasse qu'il rend responsable du fameux « sault » que
vient de prendre l'esprit du poète « de sa propre agitation et allégresse » :

> N'a-il pas dequoy sçavoir gré à cette sienne vivacité meurtriere ? à cette clarté
> qui l'a aveuglé ? à cette exacte, et tendue apprehension de la raison, qui l'a
> mis sans raison ? à la curieuse et laborieuse queste des sciences, qui l'a conduit
> à la bestise ? à cette rare aptitude aux exercices de l'ame, qui l'a rendu sans
> exercice et sans ame ? (*ibid.*)

C'est chez le Tasse l'effort de conciliation des contraires et la recherche
d'un système de représentation rationnel et universel du monde par
la poésie qui est condamné par l'ironie du propos, comme une quête
folle, dans laquelle l'esprit humain se fourvoie parce qu'il excède sa
propre capacité de pensée[1]. Puisqu'il s'agit ici de « mettre l'homme
en chemise », quel meilleur exemple que celui de la folie du Tasse de
la nécessité paulinienne de s'« abêtir » humblement, pour ne point se
perdre tout à fait ? C'est ce qui explique la dure réflexion qui conclut le
récit, sur la vision du poète « mescognoissant et soy et ses ouvrages » ;
le contraste est net avec le chapitre « De l'yvrongnerie », où Montaigne

---

1   Le sens prométhéen de l'erreur est souligné plus loin par le retour du terme, appliqué
    cette fois à la figure mythologique de Phaéton : « Et ne nous souvient pas quel sault print
    le miserable Phaeton pour avoir voulu manier les renes des chevaux de son pere, d'une
    main mortelle. Notre esprit retombe en pareille profondeur, se dissipe et se froisse de
    mesme, par sa temerité », *ibid.*, p. 565.

louait classiquement l'« ardeur et manie » des poètes inspirés qui, « épris souvent d'admiration de leurs propres ouvrages, [...] ne reconnoissent plus la trace, par où ils ont passé une si belle carrière » (II, 2, 362). Par ailleurs, la distance manifestée par Montaigne devant l'auteur dépouillé de toute autorité sur son œuvre indique que ce sort tragique lui semble sanctionner, au-delà du perfectionnisme technique d'un poète qui avait lui-même confié son manuscrit à l'examen de l'Accademia della Crusca, le délire paranoïaque qui apparaît chez lui comme le résultat d'une insupportable tension vers la perfection morale et civique. L'imprudence politique du comportement du Tasse, qui avait peut-être motivé l'invitation à Sant'Anna – imprudence d'autant plus dangereuse que le discours du poète pouvait être alternativement lucide et délirant – montre par l'expérience la nécessité d'une dissociation entre les élans de la pensée et leur traduction dans un comportement.

C'est dire la juste distance à laquelle Montaigne place à son retour d'Italie dans le l'« Apologie de Raimond Sebond » ce souvenir de son voyage, notamment par rapport au récit d'autres choses vues en route, qui réapparaissent également au fil de la rédaction des *Essais*. Si la vision de la détresse du poète le touche sans aucun doute de près, en raison même de la différence entre son propre tempérament et l'usage passionné de la raison qui aurait causé la ruine du Tasse, on hésitera cependant à y voir à la suite de M. Tetel le récit essentiel d'un traumatisme personnel, trahissant la hantise d'un mal dont Montaigne aurait craint les effets pour lui-même. Bien plutôt, c'est la force de l'exemple qui s'impose, comme on l'a vu ici, dans le compte rendu que fait Montaigne de l'entrevue de Sant'Anna. Le cas actualise en effet dans le discours la possibilité d'un mésusage d'une faculté centrale dans l'épistémologique sceptique des *Essais* : l'imagination comme instrument de relativisation des perceptions et des jugements. Le fait que ce soit un poète qui en fasse les frais n'est bien sûr pas indifférent, dans la mesure où cela permet de préciser le rôle qui va être de plus en plus nettement réservé à la poésie du Tasse dans l'écriture de Montaigne, celui d'une expression juste, inaccessible à la simple parole comme à la conscience ordinaire, des mouvements les plus subtils de l'âme.

On connaît l'importance, pour la valeur que donne Montaigne aux anecdotes de provenance et de statut divers qui se succèdent dans les *Essais*, de l'exercice que ces cas fournissent à l'imagination. Comme l'ont amplement montré les nombreuses études consacrées depuis une cinquantaine d'années à la faculté imaginative dans l'épistémologie de Montaigne, celle-ci y joue un rôle incontournable. Liée d'un côté à la perception, dont elle relaie et remplace pratiquement l'activité, et de l'autre à la raison, dont elle ordonne les opérations jusqu'à pouvoir là aussi se substituer à elle – avec les risques que comporte cette participation, lorsqu'elle n'est pas reconnue ou pas acceptée – l'imagination est omni-présente dans toutes les opérations de l'entendement et du jugement. À ce « monisme de l'imagination[1] » qui caractérise la conception de la connaissance s'articule donc la hiérarchie, toujours mobile et sujette à remaniement, des différents types de récits (vraisemblables, attestés, autop-tiques, fabuleux, etc.) que l'écriture de l'essai érige en exemples. Parmi ces insertions, le recours aux poètes, non sous la forme de l'expérience de lecture rapportée mais de la citation de vers en langue originale occupe une place particulière. En elle-même, la pratique montaignienne qui consiste à insérer le fragment de composition poétique dans le fil du dis-cours actualise le décentrement rhétorique, l'expérience du passage de la réflexion par l'étrange et par l'étranger – y compris lorsque ce passage se fait en latin, langue dont on connaît le caractère historiquement premier, et donc la transparence essentielle pour Montaigne[2]. Si l'accumulation des cas rapportés, comme celle des exemples permet déjà à l'esprit de se déprendre de sa singularité, et de se tremper à l'expérience de la diversité humaine, l'insertion de vers, et en particulier de vers contemporains en langue vernaculaire augmente encore l'exercice d'une dimension supplémentaire. Elle implique en effet pour être comprise le partage de l'émotion poétique particulière qui a motivé le choix de la citation, en tant que son rythme et ses images expriment exactement ce que le langage propre ne peut dire. En cela, elle réalise de façon privilégiée pour le lecteur comme pour l'auteur des *Essais* la capacité de transformation, de sortie de soi dans laquelle Montaigne voit, à la suite de la tradition humaniste, la dignité propre à la condition humaine.

Tout comme Montaigne voyageur tient à se conformer aux habitudes de corps et de table, aux coutumes et aux costumes des gens du lieu

---

1   F. Brahami, *Le travail du scepticisme*, Paris, Presses Universitaires de France, 2001, p. 55.
2   Voir notamment F. Gray, *Montaigne bilingue : le latin des* Essais, Paris, H. Champion, 1991 ; sur la pratique de la citation, parmi de très nombreuses études, celle d'A. Compagnon, *La Seconde Main ou le Travail de la citation*, Paris, Seuil, 1973.

qu'il traverse, jusqu'à tenter avec plus ou moins de succès de se faire passer pour l'un d'entre eux, de même le besoin de « se frotter et limer la cervelle à la pensée de l'autre » dans lequel il fait résider le profit intellectuel du voyage trouve son correspondant dans la pratique de la citation poétique. En permettant à la pensée d'habiter momentanément le langage de l'autre, elle permet à l'âme enfermée de penser hors d'elle-même, et accroît d'autant sa capacité de sentir et d'entendre. Ce n'est sans doute pas un hasard si les emprunts de Montaigne à la poésie du Tasse sont parmi ceux qui permettent le mieux de mesurer la place faite par Montaigne à la poésie dans le processus d'auto-représentation des *Essais*. Ces emprunts ont été analysés de façon éclairante et le sens de leur évolution dans l'écriture de Montaigne entre 1582 et 1595 bien mis en lumière récemment. On ne reviendra, pour conclure ces lignes, que sur l'un d'entre eux, qui laisse entrevoir avec précision le rapport qu'entretient l'écrivain avec ce que l'on pourrait appeler la familière étrangeté de la poésie[1].

Pris dans les strophes – déjà célèbres en Italie, et que Montaigne lui-même allait contribuer à diffuser en France – qui décrivent l'approche de la mort de Clorinde au chant XII de la *Gerusalemme liberata*, il sert dans le chapitre « Des exercitations » à saisir dans sa vérité évanescente le moment précisément insaisissable de l'expérience qu'il fit lui-même de la mort, après sa chute de cheval.

> Par là je commençay à reprendre un peu de vie, mais ce fut par les menus, et par un si long traict de temps, que mes premiers sentimens estoient beaucoup plus approchans de la mort que de la vie.
>> *Perchè dubbiosa anchor del suo ritorno*
>> *Non s'assecura attonita la mente*[2].
>
> Ceste recordation que j'en ay fort empreinte en mon ame, me representant son visage et son idée si près du naturel, me concilie aucunement à elle. Quand je commençay à y voir, ce fut d'une veue si trouble, si foible, et si morte, que je ne discernois encores rien que la lumiere,
>> – *come quel ch'or apre, or chiude*
>> *Gli occhi, mezzo tra'l sonno e l'esser desto*[3].

---

1 Sur l'ensemble des apparitions de la poésie du Tasse dans les *Essais*, voir J. Balsamo, « Montaigne et le "saut du tasse" », art. cité, p. 395-402.

2 « Car incertaine encore de son retour, l'âme effarée ne retrouve pas son assise » (*Gerusalemme liberata*, XII, lxxiv, v. 5-6).

3 « – comme celui qui tantôt ouvre, tantôt ferme les yeux, incertain entre le sommeil et le réveil », *Gerusalemme liberata*, VIII, xxvi, 3-4.

> Quant aux functions de l'ame, elles naissaient avec mesme progrez que
> celles du corps. (392)

On connaît l'importance de cet épisode, déterminant dans l'évolution
de la pensée de la mort chez Montaigne comme dans la naissance du
projet littéraire des *Essais* lui-même[1]. En permettant à l'esprit de faire
l'expérience directe de cette sortie de soi qu'est la mort physique, le
souvenir de son passage par le néant, puis de son retour progressif à la
conscience libère celui-ci non seulement de la hantise morbide qui pesait
sur lui, mais aussi du recours exclusif aux leçons de la philosophie et de
l'histoire sur ce point crucial. Celles-ci pourront être dès lors confrontées
à une compétence personnelle, mise à la disposition de l'écrivain par les
suites de cet accident. Dans le retour que fait l'écriture sur ces instants,
c'est le langage a-logique de la poésie plutôt que celui de la rhétorique
ou de la philosophie s'impose, comme celui qui permet d'en approcher
au plus près l'indicible déroulement. Les vers du Tasse, particulièrement
aptes à l'évocation des mouvements les plus infimes du sentiment et de
la pensée, articulent alors sa description de cet état de bonheur paradoxal où prend fin la peur métaphysique de la mort, remplacée par une
hantise beaucoup plus immédiate, celle de la disparition du langage,
suscitée par l'aphasie momentanée qui le saisit : « Je n'imagine aucun
estat pour moi si insupportable et horrible que d'avoir l'âme vifve et
affligée, sans moyen de se déclarer : Comme je dirois de ceux qu'on
envoye au supplice, leur ayant couppé la langue » (II, 6, 393).

Les mots des poètes – Ovide, Lucrèce et Virgile prennent le relais du
Tasse dans la suite du passage – viennent s'inscrire dans cette absence,
prêtant leurs rythmes et leurs images à la description de ce qui reste en
dehors du *logos*. Au-delà de la pertinence particulière du passage choisi,
la poésie du Tasse, convoquée également dans le chapitre « Sur des vers
de Virgile » pour exprimer un mouvement de l'âme (III, 5, 890), montre
bien l'usage que Montaigne réserve à ce basculement dans un état autre
de la langue qu'est la citation poétique. Le pouvoir de vérité de celle-ci
réside dans l'appréhension de l'infiniment petit plutôt que l'infiniment
grand, dans la mesure où elle favorisant une saisie intime, précise, de
mouvements intérieurs qui échappent à l'élocution pédestre, plutôt

---

1   Voir G. Nakam, *Montaigne et son temps. Les événements et les* Essais. *L'histoire, la vie, le livre*,
     Paris, A.-G. Nizet, 1982.

que la vision de ce qui englobe et donc excède la raison humaine. Le passage abusif du microcosme humain au macrocosme de l'univers est responsable de cette chute de la science poétique, qui ne porte proprement que sur l'âme, dans la mégalomanie allégorique où se perdent les « fabuleux ombrages » des philosophes poètes – et des poètes philosophes.

Entrée dans la légende, l'entrevue de Ferrare s'est construite peu à peu comme une variation picturale et philosophique sur la déception qui accompagne la rencontre d'un lecteur avec l'auteur admiré. Dans le cas de Montaigne et du Tasse, le contraire s'est peut-être produit, s'il faut considérer que le long dialogue des *Essais* avec l'œuvre du Tasse se serait réellement noué au retour d'Italie, grâce à l'acquisition de l'une des éditions de la *Gerusalemme* publiées en 1580, peut-être celle qui venait de paraître à Venise sous le titre d'origine du poème, *Il Goffreddo*. L'absence du poète à lui-même au moment où Montaigne l'a vu libérait dans une certaine mesure son œuvre pour l'interprétation, plaçant ainsi prématurément ce contemporain bien vivant au rang des auteurs dont le texte pouvait faire l'objet de toutes les appropriations. On comprend que l'impression laissée par le spectacle d'une telle dépossession ait été durable, pour le voyageur à qui les douanes romaines allaient confisquer ses propres *Essais* dûment examinés par les autorités ecclésiastiques en mars 1581, quelques mois après la visite à Ferrare. Montaigne n'aura pas vu paraître la version définitive, et la seule que le Tasse devait considérer comme authentique, de son poème désormais intitulé *La Gerusalemme Conquistata*. Fruit de quinze années de révisions et de quête acharnée de la perfection, celle-ci ne remplacera jamais la *Gerusalemme liberata* dans le goût du public. Ironie du sort, c'est elle qui apparaît dans le catalogue d'Abel L'Angelier à la suite de l'édition posthume des *Essais*, en 1595[1]. La coïncidence n'aurait pas déplu à celui qui repoussa toujours la tentation du contrôle herméneutique sur l'œuvre – tentation à laquelle, auteur et lecteur, il pouvait attribuer le destin tragique du Tasse.

Anne DUPRAT
Université de Picardie Jules Verne

---

1   J. Balsamo, « *"Qual l'alto Ægeo"* : Montaigne et l'essai des poètes italiens », art. cité, p. 9.

VENISE ET PADOUE DANS LE RÉCIT
DU *JOURNAL DE VOYAGE*

Passé du Tyrol dans les Terres de la Sérénissime dès la *Chiusa di Rivoli*, dès l'entrée donc dans la « jurisdiction » de « l'Estat de Venise » (*JV* 63)[1], une trentaine de milles au nord de Vérone, avec sa compagnie de voyageurs aux missions et buts divers et variés, Montaigne aurait pu poursuivre vers le Sud : après sa pause véronaise, depuis Vérone, vers Bologne, Florence et Rome. Avec sa compagnie de voyageurs, il prend par contre la route habituelle vers l'Est vénitien, en raison de « la faim extreme » qu'il avait « de voir » Venise : « la faim extreme de voir cette ville. Il disoit qu'il n'eust sceu arrester ny à Rome, ny ailleurs en Italie, en repos, sans avoir reconnu Venise ; et pour cet effect s'estoit detourné de chemin » (*JV* 71). Par ce parcours qui doit prévoir Venise avant Rome et qui ne peut être fait que par un aller-retour de la terre-ferme à la lagune, voire de Padoue à Venise et de Venise à Padoue, ce qui est raconté comme un détour de la compagnie des voyageurs installe le récit du *Journal* dans un petit tout, dans un ensemble politique, social et culturel. Ce seraient la région de Venise, les terres de la Sérénissime, le territoire d'une juridiction mythique. Mais c'est surtout ce que les historiens définissent comme le para-digme urbain intégral : le paradigme qui intègre la ville universitaire, Padoue, et la ville-île, Venise, le monde des grands Lecteurs et des *scolari* du *Studio* d'un côté, la vie politique, administrative et les grands commerces, de l'autre[2].

---

1   Montaigne, *Journal de voyage*, éd. F. Rigolot, Paris, Presses Universitaires de France, 1992. Voir également le *Journal du voyage en Italie (1774)*, éd. Ph. Desan, Paris, STFM, p. 345, soit f. Ivjr° du premier tome de l'édition de 1774, format C. Nous donnons dans le texte la pagination de l'édition F. Rigolot, tout en tenant compte de l'importance capitale que revêt le texte original de 1774.

2   Voir Marino Berengo, « Padova e Venezia alla vigilia di Lepanto », *Medioevo e umanesimo*, n° 17, 1974, p. 27-65.

Dix jours du long voyage de Montaigne composent son séjour dans le cadre de ce paradigme, du 3 au 13 novembre 1580 : dans l'économie narrative du *Journal* la chronologie du séjour, voire le récit de l'aller-retour dessine les contours d'une étape attendue, bien envisagée auparavant, reposante par rapport à l'« exercice » pourtant « profitable », par rapport à l'émoi de la « continuelle exercitation à remarquer les choses incogneuës et nouvelles[1] ». Dans le cosmopolitisme de la ville universitaire, d'un côté, et dans « la presse des peuples estrangiers » (*JV* 68) qui caractérisait Venise, de l'autre, la forte présence française dont le *Journal* rend compte donne à cette étape la valeur d'un moment de reconnaissance. Montaigne reconnaît les « siens », ses compatriotes, « les escoles d'escrime » à Padoue : « d'escrime, du bal, de monter à cheval, où il y avoit plus de cent gentils-hommes François » (*JV* 66-67). Il reconnaît la trace du passage de son roi en 1574, la villa des Contarini, « à la porte de laquelle il y a une inscription que le Roy y logea revenant de Poloigne » (*JV* 67). Il est accueilli avec Charles d'Estissac par l'ambassadeur du roi, Arnaud du Ferrier, grand juriste toulousain – génération 1510 –, diplomate vétéran du Concile de Trente, humaniste surtout, savant helléniste et savant hébraïste, voyageur habituel entre Venise et Rome, où il devait de temps en temps appuyer les nécessités de la monarchie devant les cardinaux de la Chancellerie apostolique[2]. Ensuite, Montaigne voit un de sa compagnie, Monsieur de Cazalis, se joindre à Padoue au destin de stabilité provisoire que le Sieur de Millac avait choisi ; et parmi les nombreux « estrangiers » (*JV* 70) qui avaient fait de Padoue leur havre provisoire de paix ou plus simplement un segment dans le cours de leur existence – parmi les « estrangiers » qui « s'y retirent », d'après la lettre du texte du *Journal*, « de ceux mesme qui n'y sont plus escoliers » –, Montaigne retrouve un dernier Français avant de partir, « un maistre François Bourges, François » (*JV* 71), à qui il confie provisoirement les œuvres de Nicolas de Cues, qu'il venait d'acheter.

Moins inconnue et moins nouvelle[3] que d'autres scènes du voyage, très « francisante » enfin, cette étape vénitienne suit donc le rythme

---

1 Montaigne, *Les Essais*, III, 9, 973, éd. P. Villey-V. L. Saulnier, Paris, Presses Universitaires de France, 1999.
2 Voir notre notice (et sa bibliographie) « Arnaud du Ferrier (vers 1510-1585) », dans B. Méniel (dir.), *Écrivains juristes et juristes écrivains, du Moyen Âge au Siècle des Lumières*, Paris, Classiques Garnier, 2015, p. 382-387.
3 Nous nous référons toujours au célèbre passage des *Essais* (III, 9, 973) mentionné ci-dessus (« remarquer les choses ingogneuës et nouvelles »).

des distances à parcourir dans le cadre du paradigme urbain. Ce sont des distances relativement petites, pour l'époque : « vinsmes coucher à Padoue », et c'est le soir du jeudi 3 novembre ; « Nous en partismes le samedi bien matin », « vinsmes souper à Venise », « Nous en partismes au matin », et c'est le samedi 12 ; « vinsmes coucher à Padoue » et « Dimanche [...] nous en partismes[1] ». Ce que le récit raconte dans ce mouvement d'aller-retour ce sont donc les journées padouanes, le passage par les écluses de Ca' Fusina, les journées vénitiennes, faites de déjeuners chez l'ambassadeur du Ferrier, de livres de *Lettres* qui sont offerts à Montaigne, de colique et de tout le reste de la semaine, pour retourner donc aux écluses, à Padoue, et repartir enfin de cette contrée, qui n'a été là que comme un essai, une contrée provisoire, relative, à reprendre en main dans l'avenir :

> toute cette contrée, et notamment Venise, il avoit à la revoir à loisir ; et n'estimoit *rien* cette visite ; et ce qui la luy avoit fait entreprendre, c'estoit la faim extreme de voir cette ville... *et pour cet effect s'estoit detourné de chemin*. Il a laissé à Padoue, sur cette esperance, à un maistre François Bourges, François, les œuvres du Cardinal Cusan, qu'il avoit achetées à Venise. (*JV* 71)

Or une enquête sur ce « rien », sur ce détour du chemin le plus direct, peut profiter à mon avis du sens du provisoire. Une enquête sur ce rien peut profiter du sens du voyage et des projets rêvés par le protagoniste. Parmi les projets possibles et imaginés il y avait bien le projet d'y revenir, de mieux vivre (et plus longuement expérimenter) ce qu'il venait d'essayer.

Enea Balmas avait mis l'accent sur le « rien » que Padoue avait représenté aux yeux du voyageur : « *Il suo incontro con Padova – disait Balmas – resta [...] un incontro mancato[2]* ». Dans la sienne, d'enquête critique et historique, Balmas avait su mettre en évidence la symétrie qu'il semblait y avoir entre le regard trop rapide que Montaigne porte sur Padoue et la chronique de l'année 1580, telle que l'exposait une source manuscrite locale, les *Annales* de Fabrizio Abriano : les *Annali di Padova di Abriano*,

---

1   Voir la table des « villes étapes », avec les kilomètres parcourus et leurs dates, dans l'introduction de Philippe Desan, dans Montaigne, *Journal du voyage en Italie, op. cit.*, p. XLVIII.
2   Enea Balmas, « Note intorno al soggiorno padovano di Montaigne », *Padova*, vol. V, n° 5-6, 1959, p. 9-19 (n° 5) et p. 5-13 (n° 6), aujourd'hui dans *Id., Studi sul Cinquecento*, Florence, Olschki, 2004, p. 99-116, ici en particulier p. 115.

d'après le manuscrit des comtes Lazara[1]... Toute l'histoire des sanc-
tions très lourdes qui pesaient à l'époque sur les *scolari*, des différentes
Nations de l'Université, en raison de leur prétention à vouloir porter
des armes, et le climat de couvre-feu qui régnait en ville, ne saurait
pas seulement expliquer, selon Balmas, « *quell'immagine di una Padova
squallida [...], colta in un attimo e fissata in un rigo* », mais elle rendrait
aussi raison de la vérité du *Journal*, du registre d'un voyageur honnête
et désenchanté : « uno spirito onesto e disincantato, che si attiene a
ciò che ha veduto[2] ».

  Portant sur des manuscrits qui étaient en train de se faire à l'époque,
donc d'être écrits dans les cabinets des hôtels particuliers des grandes
familles padouanes, une enquête de ce genre est très sérieuse. Elle aboutit à une mise en regard, entre la réalité contemporaine et les pages du
Journal. Elle se fonde sur des sources locales parallèles au *Journal*, que
Montaigne n'aurait pu en aucune manière ni voir ni connaître, mais
qui prennent la photo du même objet – plus ou moins le même objet
que Montaigne. C'est ce qu'on appelle les témoignages de l'époque :
ressource de qualité pour un certain mode de recherche.

  Ce même mode de recherche reviendrait alors à consulter, pour ce
qui est de Venise, les manuscrits de la correspondance de l'ambassadeur
du roi, Arnaud du Ferrier : des manuscrits qui étaient en train de
se faire et que Montaigne n'aurait pu en aucune manière ni voir ni
connaître, mais qui pouvaient raconter la même Venise que Montaigne,
qui auraient pu – à la limite – parler de lui. Montaigne entretient avec
Arnaud du Ferrier une relation privilégiée. Une solidarité les réunit
dans la conversation, dans le cadre du vaste réseau de la magistrature
parlementaire, royaliste et « politique », et dans le cadre d'un humanisme
supra-confessionnel, qui se nourrit de philologie et d'exégèse (et qui
pour Du Ferrier était aussi un humanisme hébraïsant). Le « vieillard »
à l'« aage sain et enjoué » que le *Journal* décrit dans sa page vénitienne
faisait partie des gens de bien, des âmes belles que Montaigne savait
honorer, des hommes de doctrine et de piété sur qui, dans l'Europe

---

1   *Copia degli Annali di Padova / di Abriano [Fabrizio] / Nob. Padovano / Tratta da[l] manos-*
     critto esistente / presso i Nob. Sig.ri Con[ti] Gio[vanni] e Girol[amo] / Lazara a San Francesco. /
     Comincia dall'anno 1568, e termina al 1600, Padoue, Biblioteca Civica, ms B.P.-I- 449.
2   E. Balmas, « Note intorno al soggiorno padovano di Montaigne », dans *Id.*, *Studi sul*
     Cinquecento, art. cité, p. 116.

de cet automne de la Renaissance, les réformés pouvaient compter et que Duplessis-Mornay, par exemple, avait recherchée au cours de son voyage de formation, dix ans auparavant, en 1569-1570[1]. Représentant fidèle du roi très chrétien, Du Ferrier est le diplomate aux sentiments calvinistes, qui ne fera jamais profession publique de foi réformée. C'est celui que Montaigne reconnaîtra trois ans plus tard, en février 1583, comme l'anticonformiste intègre et vertueux. À l'occasion de l'entrée d'Arnaud du Ferrier au Conseil du roi de Navarre, il n'hésitera pas à féliciter Duplessis-Mornay, qui avait à son avis « gagné une bataille » sur Henri III. Les sceaux de Navarre, qui avaient été confiés à l'ancien ambassadeur allaient bien honorer « une vertu » que la Cour et le parti catholique avaient « mesprisée[2] ». Or une enquête sur les lettres qu'Arnaud du Ferrier envoyait de Venise, normalement au roi et à la reine mère, finit par ressembler beaucoup au travail que Balmas avait fait sur le manuscrit padouan d'Abriano. Elle montre que des missives datant des jours où Charles d'Estissac et Montaigne sont accueillis au « Palazzo Michiel », chez l'ambassadeur, n'existent pas. Elle montre que, bien au contraire, il y a un vide, un moment de silence dans l'activité épistolaire du diplomate, dans les quinze jours qui précèdent le 11 novembre. Le recueil des copies de sa correspondance[3], qui fait partie de la Collection

---

1   On se souviendra que Philippe de Duplessis-Mornay, d'après les *Mémoires* de sa femme, « en tout ce voyage, [il] alloit saluer les *gens doctes* de ville en ville [...], et y avoit *adresse* ; mais surtout essayoit de *reconnoître* ceux qui se sentoient aucunement de la vérité et se confortoit avec eux [...], et suivoit tousjours la susditte procédure pour *recongnoistre* les personnes et les lieux notables » (Charlotte Duplessis-Mornay, *Les Mémoires de Madame de Mornay*, éd. N. Kuperty-Tsur, Paris, H. Champion, 2010, p. 83). Son voyage date de 1569-1570, voir mon étude « Il viaggio di Duplessis-Mornay nei *Mémoires* di Charlotte Arbaleste : riflessioni sul senso di un lessico », dans M. E. Raffi (dir.), *Les pas d'Orphée. Scritti in onore di Mario Richter*, Padoue, Unipress, 2005, p. 71-86.

2   « Monsieur de Montagne me disoit souvent que nous leur avions gagné une bataille, pour avoir retiré ce personage, honorant la vertu qu'ils avoient mesprisée » (Philippe Duplessis-Mornay, *Notes [...] sur le III tome de l'Histoire de Monsieur de Thou*, BnF, ms., coll. Dupuy 409 : *Advis, censures, et Lettres sur l'Histoire de Mr Le Président de Thou*. 1634, P. Dupuy, 11f. – copie : l'original est Dupuy 632, f. 122-129 –, f. 11rº). C'est Duplessis-Mornay qui avait offert à Henri de Navarre la collaboration d'Arnaud du Ferrier, en insistant pour que le vieux diplomate, rappelé finalement en France à l'âge de soixante-seize ans, joue un rôle dans le Conseil du prince (voir H. Daussy, *Les Huguenots et le roi. Le combat politique de Philippe Duplessis-Mornay (1572-1600)*, Genève, Droz, 2002, p. 194-195).

3   Copie de la correspondance d'Arnaud du Ferrier, ambassadeur de France à Venise, 1573-1582, et de quelques dépêches de son successeur André Hurault de Maisse, 1583-1585, Paris, BnF, Collection des Cinq Cents de Colbert, ms. 366-368, 3 vol.

des Cinq Cents de Colbert à la BnF, présente deux dernières lettres au roi et à la reine à la date du 28 octobre 1580[1], et ensuite deux lettres au roi et à la reine qui sont datées de la veille du jour où D'Estissac et Montaigne quittent Venise[2]. Mais il est vrai que la lettre « Au Roy. Du 11ᵉ novembre 1580 » est notamment très longue et entre dans le détail des nouvelles que Du Ferrier avait eues sur le siège de La Fère, ce qui témoigne de renseignements tout récents – d'informateurs tout récents[3]. Ce qui est à mon avis moins un silence sur ses illustres hôtes, qu'une marque d'attention : on n'écrit pas à son roi (et à la reine mère) si on est occupé par des gens à la maison, par des Français de son propre réseau qui sont en ville, dans sa propre juridiction de diplomate. Il écrit dès qu'ils n'ont plus besoin de son obligeance et qu'ils se préparent au départ le lendemain. Une activité épistolaire la veille du 12 novembre témoigne du congé déjà donné, et semble prolonger la présence d'Estissac et Montaigne par le sujet d'importante actualité qu'elle traite, dont Du Ferrier pouvait ne pas être au courant, avant la venue de ses hôtes.

Le témoignage de l'époque joue donc son rôle : il prend la bonne photo, une photo décalée par rapport à la présence qui nous intéresse – Montaigne –, mais bonne en tout cas. Un peu vide, mais intéressante. Un peu en dehors du récit du *Journal*, de ce que le *Journal* raconte, mais digne d'attention. Sauf que la lecture du récit du *Journal*, pour les lecteurs que nous sommes, nous avait très bien donné le sens du provisoire normal de Montaigne, elle nous avait suggéré que cette étape vénitienne est particulièrement reposante et notamment francisante, dans le panorama du long voyage. Ce que Montaigne y vit serait moins le voyage que sa vie à lui. Nous ne lisons pas le récit d'un dépaysement, dans ces pages padouanes-vénitiennes-padouanes : nous y lisons plutôt des expériences standard. Des contacts entre magistrats, des « liens humains[4] » et des conversations entre âmes belles et solidaires le dimanche et le lundi, une colique le mardi, le « traficque » (*JV* 69) des courtisanes du mercredi au vendredi, et son monde à lui, le monde des livres, bien sûr, celui qui lui est le plus familier, les livres qu'il reçoit en hommage et les livres qu'il achète.

---

1   *Cinq Cents de Colbert*, ms 368, f. 153-161.
2   *Ibid.*, f. 162-169.
3   *Ibid.*, f. 162-166.
4   Voir J. Chamard-Bergeron, Ph. Desan et Th. Pavel (dir.), *Les Liens humains dans la littérature (XVIᵉ-XVIIᵉ siècles)*, Paris, Classiques Garnier, 2012.

Les deux extrêmes opposés résident dans les deux présences libraires du récit de cette « contrée ». Les deux extrêmes se montrent dans le récit, comme représentants de ces protagonistes du monde montaignien que sont les livres : dans les pages vénitiennes, un tout petit livre féminin, qui est offert à Montaigne ; dans les pages padouanes, le gros in-folio de Nicolas de Cues – « masculin » si l'on veut – qui a dû être acheté. Un tout petit livre sans adresse typographique, sans prix et sans marché, surtout, les *Lettere familiari* de Veronica Franco[1], destiné à une circulation « domestique et privée » dans un certain sens[2], est envoyé par l'auteur *ad personam* : il est léger, apte à passer de main en main, apte au voyage. Un très gros livre prestigieux, imprimé en Suisse et vendu partout en Europe, avait par contre un prix à payer si on voulait l'avoir : c'était un livre parmi les plus chers qui étaient sur le marché à l'époque, les *Opera* de Nicolas de Cues, un livre de 1 200 pages qu'il était impossible de garder au cours d'un long voyage[3].

En dépit de l'*Index* mis à jour sous Grégoire XIII, ces *Opera* de Nicolas de Cues qui avaient paru chez Heinrich Petri en 1565[4] étaient un livre très répandu : précieux, donc, gros et grand mais certainement courant, malgré ces restes d'une censure, qui portait cependant surtout sur *La concordance catholique*[5], et qui avait naturellement porté – bien auparavant – sur l'éditeur

---

1   Veronica Franco, *Lettere familiari a diversi*, [Venise, s.n.t., (1580)], in-4°, 4(A$_4$)+87ff.(B-L$_4$, M$_3$)+1f.blanc.

2   L'envoi du livre au destinataire par les bons soins d'un « homme », comme l'atteste le *Journal* (« la Signora Veronica Franco, gentifemme Venitienne, envoya vers luy pour luy presenter un petit livre de *Lettres* qu'elle a composé ; il fit donner deux escus audit homme », *JV* 68), était dans les habitudes de l'époque et surtout dans les habitudes de l'auteur, Veronica Franco, comme nous le verrons ci-dessous (note 39).

3   Nicolas de Cues, *Opera*, Bâle, Heinrich Petri, [1565].

4   Il y a une petite erreur chez Villey, qui date le volume bâlois de 1566. Voir le « Catalogue des livres de Montaigne », dans Montaigne, *Les Essais, op. cit.*, I, p. XLVI. Il faudrait souligner à ce propos que, chez Villey, cette notice « CUSA (Nicolas de) » n'est pas marquée d'un astérisque et que l'exemplaire de Montaigne n'a pas été retrouvé (*ibid.*, p. XLI). Il ne paraît d'ailleurs pas dans l'excellent travail de B. Pistilli, M. Sgattoni, *La biblioteca di Montaigne*, Pise, Edizioni della Normale, 2014. L'étude de Lauro Aimé Colliard (L. A. Colliard, « Michel de Montaigne lecteur de Nicolas de Cuse », dans *Montaigne. Nouvelles lumières sur l'auteur des* Essais, Fasano, Schena, 2007, p. 115-154) se fonde pourtant sur la constatation que « les œuvres de ce prince de l'Église [*Nicolas de Cues*] parviendront au château de Montaigne, selon Pierre Villey, qui l'atteste » (*ibid.*, p. 118).

5   Le *De Concordia catholica* avait été inscrit en 1574 (« *opus de concordia catholica* ») dans cette sorte de « mise à jour » des censures de l'index tridentin, dix ans plus tard, que représente l'*Avviso alli librari che non faccino venire l'infrascritti libri, & ritrovandosene havere, che non li*

du *Cusanus*, qui était Jacques Lefèvres d'Étaples. C'était l'édition de 1514, qui n'était permise que sous expurgation, *cum expurgatio* du nom de Lefèvres[1], alors que l'édition bâloise qui nous intéresse, la grande édition, fondamentale, de 1565, pouvait circuler avec « *licenza* », d'après l'*Avviso alli librari* de 1574. Les instructions post-post-tridentines, n'imposaient que de raturer le nom d'Heinrich Petri, imprimeur bâlois souvent importun.

En tenant compte de cette diffusion, une recherche, aujourd'hui, du côté de Padoue (dans le cadre de ce paradigme urbain qui continue encore aujourd'hui à compter sur un tout, dans son patrimoine libraire ancien), une recherche donc plutôt dans les fonds de Padoue, est suggérée par le geste que le *Journal* raconte. Le récit du dépôt provisoire du gros livre chez un Français de Padoue fait que cette recherche puisse aboutir au magnifique exemplaire aux grandes marges qui est à la bibliothèque du Séminaire Épiscopal. C'est un exemplaire qui porte, dans la page de titre, à droite de la marque d'Heinrich Petri, l'indication du prix, « *L[ire]* 40 *s[oldi]* xij[2] ».

Or les coordonnées monétaires – des prix vénitiens – que j'ai repérées, ne m'ont permis d'établir que des valeurs qui sont un peu autour de 1580[3], mais significatives quand même. Elles datent de 1574, sous le Doge Mocenigo, de 1588, sous Pasquale Cicogna, et – un peu par curiosité – elles datent de 1608 aussi, sous l'excellent Leonardo Donà. La flexion des valeurs est légère et elle nous intéresse très relativement : le *zecchino* vénitien (qui était de 3,4 grammes d'or)[4] valait 8 *Lire* 12 en 1574, 10 *Lire* en 1588, et 7 *Lire* 13 en 1608, peu après le moment affreux de l'Interdit papal[5].

---

vendino senza licenza (dans J.-M. de Bujanda (dir.), *Index de Rome, 1590, 1593, 1596. Avec une étude des index de Parme 1580 et Munich 1582*, Sherbrooke/Genève, Centre d'études de la Renaissance/Droz, 1994, p. 27 pour l'analyse historique et p. 742 pour le texte de l'*Avviso*).

1   Comme l'atteste par exemple aussi l'exemplaire de Padoue de Nicolas de Cues, *Haec accurata recognitio trium voluminum Operum*, Paris, Josse Bade, [1514], in-folio, Padoue, Biblioteca Universitaria, 50. b. 199, où « IACOBVS FABER » est expurgé dès l'incipit (f. ãāiir°).

2   Nicolas de Cues, *Opera*, Bâle, Heinrich Petri, [1565], in-folio, exemplaire de Padoue, Biblioteca del Seminario, ROSSA. SUP.AA. 6-16, f. [1]r°.

3   En 1580 Venise était gouvernée par le Doge Nicolò da Ponte (élu en 1578, mort en 1585 plus qu'octogénaire).

4   Voir Nicolò Papadopoli Aldobrandini, *Le Monete di Venezia [...] coi disegni di C. Kunz*, Venise, Tipografia Emiliana, 1907, t. II, p. 293-306 (« Monete di Pietro Loredan, 1567-1570 »), p. 309-337 (« Monete di Alvise Mocenigo »).

5   E. Magatti, « Il mercato monetario veneziano alla fine del secolo xvi », *Nuovo Archivio Veneto*, Nouvelle série, XIV, t. XXVII, n° 2, 1914, p. 245-323 (notamment les p. 255, 263, 266).

Venise, 1574 : Doge Alvise Mocenigo (1570-1577)	*Zecchino veneziano* (3,4 gr. d'or)	L. 8,12
Venise, 1588 : Doge Pasquale Cicogna (1585-1595)	*Zecchino veneziano* (3,4 gr. d'or)	L. 10
Venise, 1608 : Doge Leonardo Donà (1606-1612)	*Zecchino veneziano* (3,4 gr. d'or)	L. 7,13

Le *soldo* correspondait par contre à la valeur d'un demi-gramme d'argent. Une semaine, par exemple, d'aide alimentaire aux pauvres avait été fixée en 1574 par la Sérénissime en 6 *Lire* 5 sous – 5 *soldi* –, soit presque un septième par rapport aux prix que Montaigne aurait pu payer pour son Nicolas de Cues. On pourrait aussi dire que le gros et magnifique in-folio d'Heinrich Petri correspondait à l'époque à presque 7 semaines d'aide alimentaire pour les pauvres de Venise, même si une enquête d'histoire économique devrait être menée dans ce sens, pour fournir des coordonnées plus précises. Le prix du livre nous intéresse naturellement beaucoup moins que l'indication de ce même prix en tant que telle, dans cette page de titre, ce qui n'est pas vraiment courant. Une approximation d'ailleurs compte moins que cette indication du prix qu'on pourrait prendre dans un premier moment pour une ancienne cote[1]. Le récit du *Journal* précise qu'« à Padoue », dans l'espoir d'y retourner bientôt, Montaigne avait « laissé » à un Français qui y séjournait « les œuvres du Cardinal Cusan, qu'il avoit achetées à Venise » et à Padoue, l'exemplaire de ces œuvres de Nicolas de Cues qui est présent dans les bibliothèques publiques porte l'indication de son prix. Rien d'autre. Aucun signe, aucune marque, sauf un ex-libris et une inscription grecque sur le dos de la reliure. L'ex-libris renvoie au possesseur du volume au début du XVIIᵉ siècle, Giuseppe Trivellini, d'une famille très connue de la région[2]. Les mots en grec, que porte le dos d'une reliure souple en parchemin, sont inscrits au-dessus du nom de l'auteur et du titre, « Nic.

---

1   Je remercie à ce propos Madame Giovanna Bergantino, Conservatrice du fonds ancien à la bibliothèque du Séminaire Épiscopal de Padoue, qui a la première formulé l'hypothèse que la note ms de la page de titre de l'exemplaire de Nicolas de Cues ne pouvait pas être une ancienne cote, et qu'elle indiquait par contre un prix.

2   « Josephi Trivellini Veneti » est raturé sur la page de titre de cet exemplaire de Nicolas de Cues, *Opera, op. cit.* On retrouve des membres de cette famille dans J. Fejér S. J., *Defuncti secundi sæculi Societatis Jesu, 1641-1740*, Rome, Curia Generalitia S. J. – Institutum

de Cusa Cardin. Opera ». Ils ont été lus pour nous par Alain Legros, qui y a découvert une forme inusuelle d'un adverbe qu'on pourrait traduire par « en philosophe », « φιλοσοφικῶς » : « κούζη θεολογικῶς και φιλοσοφικῶς », soit Cusa, en théologien et en philosophe[1]. C'est comme si le livre du récit s'était avéré, au bon endroit, Padoue, avec les bonnes indications, le prix qu'il valait pour être acheté, avec tout son pouvoir de suggestion et son don magnifique d'incertitudes, qu'il offre bien au spécialiste que nous devrions être, sans nous permettre d'avancer dans nos recherches. Un gros et bel in-folio, qui était de valeur à l'époque comme il l'est aujourd'hui, renfermé dans le temple doré des hypothèses.

Le dernier geste que Montaigne avait accompli à Padoue, avant de quitter la ville, avait porté sur un livre, sur un objet qui pourrait ensuite – par un voyage à travers les siècles – s'avérer matériellement jusqu'à nous. Un des premiers gestes qu'il avait accomplis à Venise, en arrivant, dès le lundi soir, avait aussi porté sur un livre, sur ces *Lettere familiari* de Veronica Franco qui lui sont « présentées », d'après le texte du *Journal*, et qui occasionnent la fameuse récompense, les « deux escus » qui sont remis à l'« homme » (*JV* 68) qui était venu chez lui. Le don était normal, pour ce genre d'ouvrages à édition limitée et la norme comprenait aussi cette figure de jeune homme, envoyé offrir le livre au destinataire du moment. Le jeune homme qui, dans la dédicace des *Terze Rime* de la courtisane vénitienne, également envoyé « *adempier quest'officio* » vers Guglielmo Gonzague, en 1575, avait été annoncé par Veronica Franco comme son fils : « *le porgo questo mio volume per man d'uno mio ancor fanciullo figliuolo, quivi per adempier quest'officio da me mandato*[2] ». Reçu donc par Montaigne dans le cadre d'une habitude du don, de la

---

Historicum S. J., 1990, p. 211. Sur le palais Trivellini de Brozzo, voir par exemple C. Sabatti, *Brozzo nella storia*, Marcheno, Pubblicazioni del Comune di Marcheno, 1995.

1   L'honneur qu'Alain Legros m'a fait par sa lecture du dos de cet exemplaire padouan a surtout été une émotion et ma gratitude est très profonde.

2   D'après le texte de la dédicace datée « Di Venetia 15. di Novembre MDLXXV » : « *et per più distinta signification della mia devotione il porgo questo mio volume per man d'uno mio ancor fanciullo figliuolo, quivi per adempier quest'officio da me mandato; il quale nel volto, et ne gli atti, e in ogni guisa d'inchinevole riverenza meglio d'ogni altro esprimendo il mio medesimo core nella serenissima sua presenza, mi vaglia tanto più a conciliarmi il favor della sua cortesissima gratia in mercè della mia sviscerata osservanza* » (Veronica Franco, *Terze Rime*, [Venise, 1575], in-4°, f. a2v° et [3]r° pour la date. Voir les éditions modernes procurées par Stefano Bianchi : Veronica Franco, *Rime*, éd. S. Bianchi, Milan, Mursia, 1995 et *Lettere*, éd. S. Bianchi, Rome, Salerno, 1998).

part d'une courtisane-écrivain vers un plus ou moins grand homme, le « petit livre » des *Lettere familiari* serait entré dans le nombre des volumes italiens de lettres que Montaigne devait posséder, s'il dit dans *Les Essais* (I, 40) que les Italiens « ce sont grands imprimeurs de lettres. J'en ay, ce crois-je, – dit-il – cent divers volumes[1] ».

L'erreur serait naturellement de chercher le « petit livre » des *Lettere familiari* du côté de Venise, dans les fonds italiens. En plus de l'erreur de champ, on tomberait sur des histoires infinies de passages, à l'époque, de main en main, ensuite de bibliophile à libraire et de libraire à bibliophile... – parce que l'objet est rare, précieux, et que c'est un privilège de l'avoir. Des libraires prestigieux et intelligents, comme Giuseppe Martini, avaient bien compris la place qu'il devait occuper, à Venise, dans les rayons de la bibliothèque nationale *Marciana*, et, dans l'entre-deux-guerres fasciste, ils avaient contribué à lui faire faire le bon voyage de retour chez lui, après qu'il avait été du nombre des livres de Girolamo d'Adda Salvaterra au XIXe siècle et de la collection de Charles Fairfax Murray passée aux enchères en 1918[2]. Cet exemplaire, qui enfin a été offert à la *Marciana* en 1935, nous conduirait hors de propos, nous détournerait du bon chemin à suivre : parce que le livre est petit et leger[3]. L'exemplaire qui nous intéresse – si jamais il existe encore – serait à chercher du côté français, car il pouvait faire le voyage. Plus instable, pour une recherche, que le gros in-folio de Nicolas de Cues, cet exemplaire que nous imaginons aurait pu faire le voyage en France et le voyage ensuite au cours des siècles jusqu'à La Vallière, jusqu'à la vente de Nyon de 1784, jusqu'à Paulmy, et l'Arsenal [...] L'exemplaire des *Lettere familiari* qui est à l'Arsenal provient de la vente La Vallière, il était inscrit au catalogue dressé par Jean-Luc Nyon dans le tome *Belles Lettres*, « Seconde Partie, tome 3e », section

---

1   *Les Essais*, I, 40, 253 (B). François Rigolot le souligne aussi dans son édition du *Journal* (*JV* 68).

2   Veronica Franco, *Lettere familiari a diversi*, [Venise, s.n.t., (1580)], in-4°, 4(A4)+87ff.(B-L4, M3)+1f.blanc), exemplaire de la Biblioteca Marciana de Venise, RARI.VEN.0494.002, relié (2) à la suite des *Terze Rime* (1), exemplaire offert en 1935 à la Marciana par le *Ministero dell'Educazione Nazionale*, provenance : Librairie Antiquaire *Giuseppe Martini, Lugano*, Suisse, valeur d'achat (indiquée dans les Inventaires de la Marciana) : £ 1.195 (valeur moyenne d'un livre rare et précieux du XVIe siècle en 1935 : £ 80/100).

3   On pourrait aussi citer l'exemplaire de Veronica Franco, *Lettere familiari a diversi*, [Venise, s.n.t., (1580)], in-4°, que possède la Biblioteca Querini Stampalia de Venise, cote R. I. h. 1778, incomplet [le dernier cahier – cahier M₄, f. 81-87 – manque].

« Épistolaires[1] ». Pour suivre les traces que le *Journal* de Montaigne a laissées, pour rendre possibles ou pour imaginer les livres qui dans le récit de son voyage étaient vrais, nous nous retrouvons plongés ou perdus dans l'immensité de la bibliothèque de La Vallière, avec la perception que cela pourrait être complètement sans intérêt, dépourvu de pertinence pour la simple raison que Louis-César de La Baume Le Blanc, duc de La Vallière – mort lui aussi un 16 novembre, en 1780 –, possédait tout, tout le savoir de l'humanité. Et pourtant quand on l'étudie, lui, quand on étudie ses « méthodes », ses « types plus ou moins recommandables d'acquisition » de livres[2], on apprend qu'il savait aussi « utiliser » « les immenses moyens dont il disposait » et « le prestige de son rang et de ses relations, pour impressionner », par exemple, « les bibliothécaires de communautés religieuses et de collèges », quand il mettait les yeux sur un livre qu'ils possédaient. On apprend que, dans les histoires de ses achats « que l'on peut considérer comme forcés », il avait parfois échoué, il n'avait pas pu obtenir, par exemple, la magnifique Bible italienne de Brucioli, qui avait paru à Venise, chez Bindoni et Maffeo Pasini, en 1538, illustrée des gravures de son important frontispice. On apprend qu'il avait dû « se contenter » de l'édition, toujours vénitienne, de 1541, moins belle, moins luxueuse[3]. La communauté religieuse qui lui avait résisté et qui avait donc conservé le précieux in-4[4] de Bindoni et Pasini, c'étaient les prêtres de l'Oratoire de la rue Saint-Honoré.

Ils étaient les dépositaires d'un petit trésor vénitien : les livres de l'ambassadeur Du Ferrier, qui avaient fait leur entrée dans leur

1　Jean-Luc Nyon L'Aîné, *Catalogue des livres de la bibliothèque de feu M. Le Duc de La Vallière*, Seconde Partie, t. 3, *Belles Lettres*, Paris, Nyon l'Aîné et Fils, 1788, p. 437-463, notamment p. 460 pour les *Lettere* de Veronica Franco.

2　Dominique Coq, « Le parangon du bibliophile français : le duc de la Vallière et sa collection », dans *Histoire des bibliothèques françaises*, t. 2 : Claude Jolly (dir.), *Les Bibliothèques sous l'ancien Régime, 1530-1789*, Paris, Promodis, 1988, p. 317-331, ici p. 324 (comme les citations qui suivent). Nous considérons cette étude de Dominique Coq comme l'une des pierres angulaires de notre recherche.

3　Voir Jean-Luc Nyon L'Aîné, *Catalogue des livres de la bibliothèque de feu M. Le Duc de La Vallière*, Seconde Partie, t. 1, *Théologie et Jurisprudence*, Paris, Nyon l'Aîné et Fils, 1788, p. 6. Il s'agit de *La Biblia, [...] per Antonio Brucioli*, Venise, [Nelle case di Francesco Brucioli et frategli], 1541, in-folio, exemplaire de la Bibliothèque de l'Arsenal Fol-T-148 (provenance La Vallière).

4　En fait il s'agit d'un grand in-8° : *La Biblia, [...] per Antonio Brucioli*, Venise, [Francesco Bindoni et Maffeo Pasini], 1538, in-4°, exemplaire de la BnF, Rés-A-2439 (*ms.* « *Oratorij Parisiensis Catalogo Inscriptus 1746* »).

bibliothèque, après d'autres passages, en 1746[1]. On peut les compter, considérer leur importance – comme celle de la Bible hébraïque d'Estienne que Du Ferrier avait presque entièrement traduite en latin dans les marges de son exemplaire[2] et qui, avec les autres qu'on compte, avait aussi constitué l'air familier d'une librairie, à Venise, au Palais Michiel où, le temps d'un passage, Montaigne avait rejoint l'ambassadeur dans la solidarité de la conversation. Pour et par toute une autre histoire, qui est celle du microcosme réformé et bibliste du juriste toulousain, un peu de loin, par des livres avérés, par des livres possibles, nous arrivons à imaginer la sphère que Montaigne a habitée à Venise, entrevoir des traces, dans le grand royaume des hypothèses qui constitue notre richesse de chercheurs.

Anna BETTONI
Università di Padova

---

1   Voir entre autres A. Franklin, *Les Anciennes bibliothèques de Paris*, tome deuxième, Paris, Imprimerie Impériale, 1870, p. 337-343.

2   *Cf.* la *[Bible. A.T., hébreu] Quinque libri legis. Prophetæ priores. Iosue. Iudicum liber. Samuel. Regum II*, Paris, Robert Estienne, 1544, exemplaire annoté ms par Arnaud Du Ferrier (Paris, Bibliothèque Mazarine, Rés A 15475-II) et, pour les autres exemplaires ayant appartenu très probablement à Du Ferrier, voir mes études « Le *Perle elette* di François Perrot », dans F. Brugnolo (dir.), *Scrittori stranieri in lingua italiana, dal Cinquecento ad oggi*, Padova, Unipress, 2009, p. 71-95 et « Arnaud du Ferrier et les Français de Venise à l'époque de la peste de 1576 », dans J. Balsamo, C. Lastraioli (dir.), *Chemins de l'exil. Havres de paix. Migrations d'hommes et d'idées au XVIe siècle*, Paris, Honoré Champion, 2010, p. 261-288.

UNE LANGUE DE VOYAGE

Étude quantitative sur l'italien de Montaigne

Après son arrivée aux bains de la Villa près de Lucques, en mai 1581, Montaigne décide de commencer à rédiger son *Journal de voyage* en italien. Ce journal, que l'auteur des *Essais* n'avait pas destiné à la publication et qui a été retrouvé seulement deux siècles après sa mort, présente plusieurs difficultés ou « questions ouvertes[1] », liées surtout à l'intervention du secrétaire dans la première partie, au rapport entre le manuscrit et le texte que nous connaissons à travers l'édition de Meunier de Querlon et Giuseppe Bartoli de 1774, et au recours à l'italien de la part de Montaigne. Ce dernier mystère fera l'objet de notre analyse, qui vise à déchiffrer les intentions que l'auteur manifeste à travers ce choix. À partir de données strictement quantitatives, concernant en particulier la fréquence et la distribution de l'écriture, aussi bien qu'une classification des sujets traités à l'intérieur du texte, nous essayerons de tirer des conclusions révélant l'importance du thème du corps dans la section en italien du *Journal*.

LA PARTIE EN ITALIEN DU *JOURNAL* OU LE CORPS *IN MEDIAS RES*

Maints spécialistes ont étudié l'italien de Montaigne pour comprendre dans quelle mesure il connaissait effectivement cette langue et cette culture, y compris sa littérature. Cependant, il est impossible de se prononcer définitivement, puisque, comme le souligne Concetta Cavallini,

---

1   C. Cavallini, *L'Italianisme de Michel de Montaigne*, Fasano/Paris, Schena Editore/Presses de l'Université Paris-Sorbonne, 2003, p. 121.

« tout discours sur ce sujet, naît comme un discours mutilé de sa partie essentielle : son *incipit*[1] ». Autrement dit, on connaît trop peu l'éducation de Montaigne pour pouvoir établir exactement quelle était sa familiarité avec l'Italie. Sans doute, le pays de Pétrarque, de Boccace et de l'Arioste a exercé une influence remarquable sur Montaigne, « comme il arrive toujours, quand on a devant soi un homme de la Renaissance[2] ». Cette fascination générale était souvent la contrepartie d'une rivalité, voire un anti-italianisme, qui a caractérisé la fin du XVIe siècle[3].

Dans ce contexte culturel contradictoire, le voyage en Italie de Montaigne « doit être considéré comme une mission politique et non pas comme un voyage d'agrément[4] », visant à obtenir un poste d'ambassadeur à Rome. C'est pour cette raison que le *Journal*, après l'échec de Montaigne dans la Ville éternelle, change de façon significative : des notes du secrétaire, qui enregistre toutes les rencontres de son maître, l'accueil qui lui est réservé chez les seigneurs locaux, son goût pour les jardins et pour les femmes, on passe ensuite au compte-rendu quotidien d'un homme curieux bien que souffrant, qui se soigne aux bains dans l'attente de quelques nouvelles de la cour de France, en découvrant la richesse d'un véritable *vocabulaire du corps*. Bref, la seconde partie du *Journal*, ayant un caractère essentiellement privé, offre un contraste frappant avec la première partie, rédigée par le secrétaire, dont le contenu était au contraire principalement politique.

Le déplacement linguistique rend encore plus intéressant le choix de l'auteur de porter l'attention sur son corps et, en particulier, sur la maladie de la pierre qui l'afflige. En suivant Élisabeth Schneikert, on peut affirmer que « l'usage de l'italien, quant à lui, constitue un autre essai » où, « en abandonnant le français pour l'italien, Montaigne crée un ailleurs du texte et *je* se décentre par rapport à la langue, jouant à être un autre[5] ». C'est seulement dans un pays étranger et par une

1   *Ibid.*, p. 313.

2   M. Brahmer, « L'Italianisme de Montaigne », *Cahiers de l'Association internationale des études françaises*, n° 14, 1962, p. 225.

3   Nous renvoyons au volume de J. Balsamo, *Les Rencontres des muses (italianisme et anti-italianisme dans les Lettres françaises de la fin du XVIe siècle)*, Genève, Slatkine, 1992.

4   Michel de Montaigne, *Journal du voyage en Italie (1774)*, éd. Ph. Desan, Paris, Société des Textes Français Modernes, 2014, p. XXXVIII. Nous citons le *Journal* dans cette édition.

5   Michel de Montaigne, *Journal de Voyage. Partie en italien*, éd. E. Schneikert et L. Vendrame, Paris, Classiques Garnier, 2012, p. 11.

langue qui n'est pas la sienne que le regard sur soi-même deviendrait donc possible.

Le commencement de la partie en italien suggère que Montaigne voulait parallèlement se mesurer avec la langue littéraire, c'est-à-dire les livres qu'il avait lus et qui, jusque-là, lui avaient servi d'intermédiaires. Cette langue s'identifie principalement avec le toscan :

> ASSAGGIAMO *di parlar un poco questa altra lingua, massime essendo in queste contrade dove mi pare sentire il più perfetto favellare della Toscana, particolarmente tra li paesani che non l'hanno mescolato et alterato con li vicini*[1].

La citation invite à réfléchir sur le verbe « *assaggiare* » : le premier sens correspond au français « goûter », c'est-à-dire « essayer de la nourriture afin d'en vérifier la saveur[2] » ; il est attesté comme équivalent de « *provare* » dans la vulgarisation de certaines décades de l'*Histoire romaine* de Tite-Live, comme le spécifie Bartoli dans ses notes. Toutefois, ce début semble aussi annoncer *in medias res* le registre sensoriel que Montaigne va adopter dans les pages qui suivent. Ce registre (et enregistrement) des sensations est la conséquence directe de l'attention que Montaigne se propose de porter sur les séjours aux bains, expérience dont le corps est le protagoniste :

> Comme je me suis autrefois repenti de n'avoir pas écrit plus particulièrement sur les autres bains, ce qui auroit pu me servir de règle et d'exemple pour tous ceux que j'aurois vu dans la suite, je veux cette fois m'étendre et me mettre au large sur cette matière[3].

Décrire les bains implique décrire le corps, donc l'univers de ses sensations – ce que le voyageur fait en fournissant beaucoup de détails, lesquels engagent les cinq sens. Par exemple, le malade décrit longuement ses urines par des attributions chromatiques : elles sont tantôt « blanches », tantôt « rouges » ou « grises[4] » ; les pierres qui sortent sont plus ou moins « fermes[5] » ; les bains lui causent des sensations de « chaleur dans le corps » ; il éprouve de la « sécheresse » et de l'« âpreté

---

1 *Journal du voyage en Italie*, p. 688.
2 Définition tirée du *Trésor de la Langue Française informatisé*, http://atilf.atilf.fr.
3 *Journal du voyage en Italie*, p. 749.
4 *Ibid.*, p. 695, 987.
5 *Ibid.*, p. 987.

dans la bouche[1] ». Parfois, Montaigne arrive à faire des comparaisons pour permettre une véritable *visualisation* de l'objet qu'il décrit. Ainsi, dans un passage, l'une de pierres est « de la grandeur et longueur d'une petite pomme ou noix de pin, mais grosse d'un côté comme une fève, et elle avoit exactement la forme du membre masculin[2] ». Dans ce cas, Montaigne joue avec l'aspect figuratif du langage, ce qui fait penser à la recherche d'une maîtrise de plus en plus complète de l'instrument linguistique.

ANALYSE QUANTITATIVE

La centralité du corps est aussi confirmée par les analyses de type quantitatif qui nous aideront à élucider quelques aspects du texte, qui a été au centre de plusieurs querelles critiques et linguistiques. Dans la plupart des cas, les spécialistes de Montaigne ont cherché à répondre à une question aussi évidente que problématique : l'écrivain connaissait-il *vraiment* l'italien ? Les lectures les plus attentives de ces pages se sont concentrées sur les différents niveaux linguistiques : Aldo Rosellini a avancé que l'étendue du vocabulaire de Montaigne témoigne de sa connaissance des « traits propres au génie de la langue italienne[3] », alors que Fausta Garavini, qui a analysé de près les gallicismes et la morphosyntaxe de l'italien du *Journal*, pousse encore plus loin ses conclusions en affirmant que « Montaigne est plus qu'un écrivain en italien : presque un écrivain italien[4] ». Par contre, Charles Dédéyan, qui a édité le texte du *Journal* en 1946, est convaincu de la pauvreté de l'italien de l'auteur des *Essais*[5]. Enfin, dans son livre sur *L'Italianisme de Michel de Montaigne*, Concetta Cavallini s'interroge plutôt sur les rapports généraux entre l'écrivain et l'Italie, à partir de sa formation jusqu'aux dernières corrections apportées sur l'*Exemplaire de Bordeaux* dans les passages qui se rapportent à l'Italie.

---

1   *Ibid.*, p. 749.
2   *Ibid.*, p. 953.
3   A. Rosellini, « Quelques remarques sur l'italien du *Journal de Voyage* de Michel de Montaigne », *Zeitschrift für Romanische Philologie*, vol. 83, n° 3-4, 1967, p. 408.
4   F. Garavini, *Itinéraires à Montaigne : jeux de texte*, Paris, H. Champion, 1995, p. 127.
5   Cité par Garavini, *ibid.*, p. 116.

Étant donné que le manuscrit original a été perdu et que nous n'avons accès au texte que par l'intermédiation de Bartoli, il est impossible de donner un jugement définitif sur l'italien de Montaigne. Comme l'a déjà relevé Cavallini, « la disparition du manuscrit » cause un « "trou" historique majeur[1] » faisant obstacle à toute tentative de reconstruction philologique. D'un côté la présence de différentes variantes graphiques d'un même mot et la persistance de fautes qu'un italophone aurait vraisemblablement corrigées suggèrent que Bartoli n'a pas effectué de changements significatifs au texte de Montaigne ; de l'autre côté, on ne peut pas déterminer avec certitude dans quelle mesure il s'agit vraiment de l'écriture de Montaigne et non pas du remaniement de l'éditeur. C'est pour cette raison que nous proposons d'aborder ce sujet de façon différente, c'est-à-dire à travers une approche quantitative plutôt que qualitative-linguistique. Comme il arrive déjà dans la première partie rédigée par le secrétaire, les entrées du *Journal* sont organisées selon les étapes, non pas selon les jours. Il en va de même pour la section en italien. Néanmoins, Montaigne laisse des références temporelles assez précises, qui nous permettent de savoir où il se trouvait presque chaque jour, à partir du 13 mai jusqu'au 1er novembre, c'est-à-dire pendant le laps de temps qui nous intéresse ici. Les figures 1 et 2 indiquent le nombre de mots que Montaigne utilise pour décrire chaque journée dans le *Journal*. Il est possible de voir que le texte possède une *densité* et une *constance* très variables.

Nous savons qu'entre mai et novembre, Montaigne a fait deux séjours aux bains de la Villa, près de Lucques. Il a passé le reste de son temps en voyage, exception faite pour un séjour de 23 jours à Pise, un de 16 à Lucques et un autre de 13 à Rome[2]. Or, le graphique montre qu'entre le 13 mai et le 21 juin (premier séjour aux thermes de la Villa) Montaigne a écrit tous les jours, avec une moyenne d'environ 165 mots par jour. Entre

---

1   C. Cavallini, « *Cette belle besogne* » : *étude sur le* Journal de voyage *de Montaigne : avec une bibliographie critique*, Fasano/Paris, Schena Editore/Presses de l'Université Paris-Sorbonne, 2005, p. 328. Cavallini a aussi publié un article très intéressant sur Bartoli : l'auteure espère que « la connaissance un peu plus approfondie de la vie et de la personnalité de cet éditeur de Montaigne pourra contribuer dans l'avenir à donner une réponse à cette question », « Giuseppe Bartoli et le *Journal de Voyage* de Montaigne », *Studi di letteratura francese*, vol. XXVIII, 2003, p. 38. Selon Cavallini, l'intégrité intellectuelle de Bartoli porte à penser qu'il n'a pas contrefait le texte de Montaigne.

2   *Journal du voyage en Italie*, p. LI-LIV.

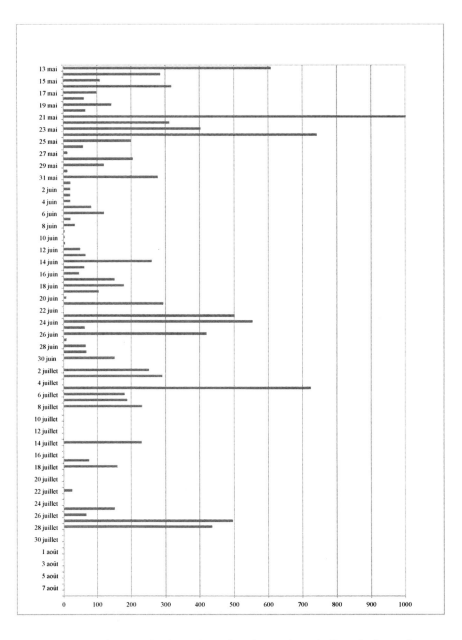

FIG. 1 – Mots rédigés par jour dans la partie en italien du *Journal*.

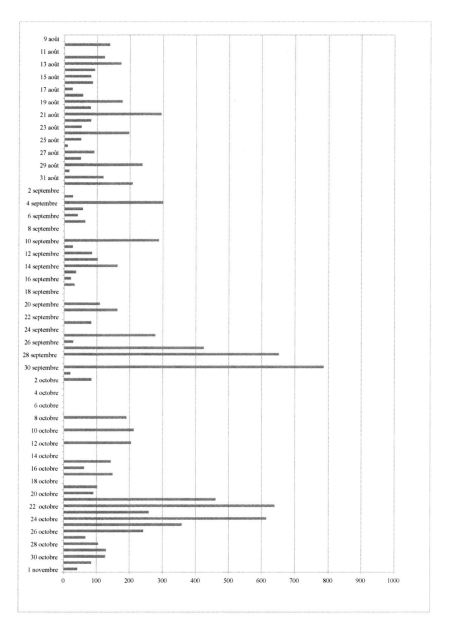

FIG. 2 – Mots rédigés par jour dans la partie en italien du *Journal*.

le 22 juin et le 27 juillet, il se rend dans plusieurs villes de Toscane, en
particulier à Pise, et la moyenne descend un peu (136 mots environ) à
cause du fait que Montaigne devient légèrement moins constant dans son
activité d'écriture. Pendant ce laps de temps, il y a 15 jours de voyage
où il n'écrit rien. Il en est de même pour un autre séjour citadin, cette
fois-ci à Lucques : Montaigne omet de rapporter ce qui s'est passé entre
le 29 juillet et le 9 août. Après quoi, il se rend de nouveau aux bains
de la Villa, où la moyenne est assez basse par rapport au premier séjour
(96 mots environ) ; en revanche, il retrouve sa constance et écrit quoti-
diennement (sauf trois jours) entre le 14 août et le 12 septembre. Pendant
la dernière tranche du voyage, entre Lucques et Novalese (13 septembre-
1er novembre), les contributions du voyageur sont assez denses, avec une
moyenne d'environ 145 mots par jour, mais peu constantes.

On peut tirer deux conclusions de ces chiffres : apparemment, Montaigne
tient à enregistrer chaque jour ce qui se passe aux bains. Il relate donc
plus facilement ce qui se rapporte à son corps, puisque c'est justement au
cours de ces séjours qu'il nous donne le plus de détails sur le corps malade
qu'il entend soigner grâce à des cures ; deuxièmement, l'incommodité du
mouvement le rend peut-être plus paresseux, dans l'attente de trouver des
moments de calme pour rédiger ses impressions de voyage. Cependant,
il faut souligner que dans la dernière partie Montaigne consacre encore
des passages assez longs à la description des bains qu'il croise sur sa route
(par exemple dans la région de Montefiascone, Viterbe et Bagnaia) et de sa
maladie[1]. Par conséquent, on peut affirmer que le corps et ses indispositions
occupent une place de choix dans la partie du *Journal* en italien. Cette
considération est supportée aussi par le graphique suivant (Figure 3), où
l'on a regroupé toutes les portions du texte selon ses thèmes principaux.

On a indiqué trois catégories différentes pour le corps, les réflexions
de Montaigne sur la médecine et les descriptions des bains. Or, ces trois
sections du graphique peuvent être regroupées et comptées comme une
seule, puisqu'elles témoignent toutes de l'intérêt de l'auteur pour son état
physique. En les réunissant, on obtient 35 % du total, ce qui les rapproche
des 43 % des descriptions de voyage. La primauté de cette catégorie ne
doit pas surprendre, vu qu'il s'agit quand-même d'un journal de voyage.
Au contraire, ce qui surprend est l'espace textuel considérable occupé

1   En particulier entre Sienne et Lucques, *ibid.*, p. 1060-1066.

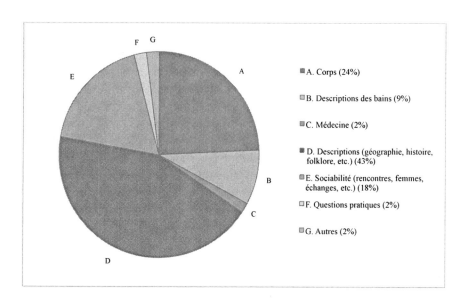

A. Corps (24%)

B. Descriptions des bains (9%)

C. Médecine (2%)

D. Descriptions (géographie, histoire, folklore, etc.) (43%)

E. Sociabilité (rencontres, femmes, échanges, etc.) (18%)

F. Questions pratiques (2%)

G. Autres (2%)

FIG. 3 – Thèmes traités dans la partie en italien du *Journal*.

par le thème du corps et de la maladie. Enfin, la compartimentation du texte dans ses catégories thématiques les plus importantes démontre ce que nous avions annoncé dans notre introduction, à savoir que Montaigne inaugure dans le *Journal* une écriture de soi qui commence par une découverte de son corps et plus particulièrement des faiblesses de celui-ci.

Après avoir franchi le col du Mont-Cenis, c'est-à-dire une fois qu'il a regagné le sol français, Montaigne recommence à écrire dans sa langue natale. Le dernier mois de rédaction du *Journal* ne constitue qu'une partie infime du texte dans sa totalité (moins de 1 % selon l'estimation de Philippe Desan). La fréquence de l'écriture se réduit significativement et n'arrive qu'à un peu plus de 57 mots par jour (Figure 4). Ici, le thème du corps occupe une portion de texte très limitée, n'étant abordé que deux ou trois fois dans des remarques très courtes sur une autre pierre passée par notre voyageur[1], aussi bien que sur des maux d'estomac et de tête qui le tourmentent à Lyon et en s'approchant de Limoges[2]. Par conséquent, on peut affirmer que l'expérience aux bains de la péninsule offre à Montaigne une condition idéale qui lui permet de relier l'apprentissage – ou mieux le perfectionnement – d'une autre langue à la connaissance de soi à travers la douleur physique. Lorsqu'il abandonne l'Italie, qui représente symboliquement l'expérience des bains, Montaigne se désintéresse du corps et de son écriture, et se borne à des considérations de plus en plus succinctes. La conclusion du *Journal* montre bien cette tendance :

> LIMOGES, six lieues, où j'arrêtai tout le Samedi, et y achetai un mulet quatre vingt dix écus-sol, et païai pour charge de mulet de Lyon là, cinq escus, aïant esté trompé en cela de 4 es ; car toutes les autres charges ne coutarent que trois escus et deus tiers d'escu. De Limoges à Bourdeaus on païe un escu pour çant. Le Dimanche 26 de Novambre, je partis après disner de Limoges, et vins coucher aus
>
> CARS, cinq lieues, où il n'y avoit que Madame des Cars. Le Lundi vins coucher à
>
> TIVIE, six lieues. Le Mardi coucher à
>
> PERIGUS, cinq lieues. Le Mercredi coucher à
>
> MAURIAC, cinq lieues. Le Jeudi jour de St. André, dernier Novambre, coucher à
>
> MONTAIGNE, sept lieues : d'où j'étois partis le 22 de Juin 1580 pour aller à la Fere. Par-einsin avoit duré mon voyage 17 mois 8 jours[3].

1   *Ibid.*, p. 1141.
2   *Ibid.*, p. 1137, 1143.
3   *Ibid.*, p. 1143-1145.

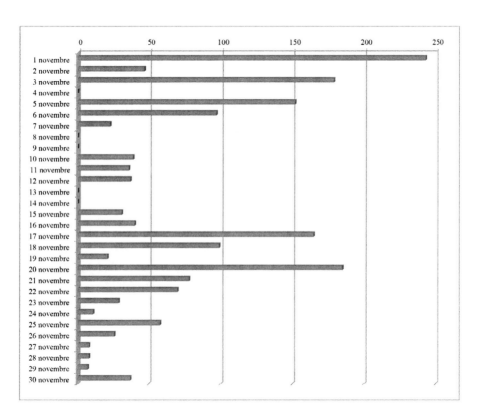

FIG. 4 – Mots rédigés par jour
dans la dernière partie en français.

Un autre aspect de la partie en italien qu'il faut souligner est sans
doute la grande variété lexicale utilisée par Montaigne ; cette richesse
contribue à mettre au premier plan le rôle du corps, que l'écrivain veut
dominer dans tous ses aspects à travers l'instrument offert par une
langue étrangère. Voyons quelles sont les parties du corps qui sont
mentionnées dans le texte :

> *ventricolo, intestino, stomaco, reni, pettignone, testa, buso, bocca, polpastrello del*
> *pollice, braccio, mano, membro* (défini aussi *cazzo, verga* et *sonaglio*), *occhi, fronte,*
> *guancie, denti, naso, milza, ombilico, fianco, ventre, canale, orecchie, tempie, mento,*
> *spalle, gola, polso, culo, ginocchio.*

Schneikert souligne en particulier la richesse du lexique de l'excrétion en
italien[1], bien plus varié qu'en français, comme si, encore une fois, la langue
étrangère autorisait Montaigne à expérimenter avec des expressions plus
composites. Donc, si d'un côté nous trouvons des verbes communs tels
que « *orinare* », « *pisciare* », « *mettere* », « *smaltire* » et « *rendere* », de l'autre
Montaigne cherche à enrichir son vocabulaire avec des expressions plus
élaborées, comme « *andar del corpo* », « *muovere il corpo* », « *buttar fuora* »,
« *aprire la strada* », « *andare al destro* », « *agevolire l'uscita* », qui laissent
entrevoir la tentative d'offrir des variations sur le thème de l'excrétion à
partir de connaissances linguistiques acquises. Autrement dit, à l'intérieur
d'une série d'actions répétitives déclenchées par la routine des bains,
l'auteur cherche un maximum de variations linguistiques. Montaigne
semble vouloir donner une idée des mouvements et des sensations de son
corps sans ignorer le moindre détail. Cette attitude d'écrivain, qui revient
à l'acte physique et direct de l'écriture après l'observation physique et
directe de la matière qui est aux sources de son inspiration, entraîne une
pratique du langage comme un objet souple plié aux exigences subjec-
tives de l'expression. Aussi Montaigne montre-t-il « à quel point le corps
conquiert une position d'énonciateur[2] » dans un contexte d'écriture nouveau.
   Selon les mots de Montaigne, les « bains » qu'il prend « non seulement
dilatent et ouvrent les passages et les conduits, mais encore ils poussent
la matière, la dissipent, et la font disparaître[3] » : le procédé de l'écriture

---

1   Michel de Montaigne, *Journal de Voyage. Partie en italien,* éd. E. Schneikert et L. Vendrame,
     op. cit., p. 43-44.
2   *Ibid.,* p. 29.
3   *Journal du voyage en Italie,* p. 941.

semble avoir la même fonction, en permettant au voyageur malade de trouver une issue à la douleur du corps dégradé par la souffrance ; il symbolise aussi le matériau physique dissipé dans l'acte minutieux d'enregistrement sur la page. Cet acte de « dépossession » permet à l'être de se trouver enfin « arraisonné à l'endroit exact de sa souffrance[1] ». Paradoxalement, « la valeur de la parole s'affirme par la perte du corps[2] ».

Il nous reste maintenant à vérifier quel type d'interaction existe entre le corps et les différents noyaux thématiques du texte. À l'intérieur de cette structure répétitive mentionnée plus haut, Montaigne ne conçoit pas seulement des variations lexicales, mais aussi des variations touchant au contexte où s'insère le discours, ce qui montre que le corps peut être utilisé comme un moyen de communication s'ouvrant à l'autre. Le corps favorise l'échange dans deux cas : la sexualité et la maladie sont par exemple présentées comme des éléments de « contact », c'est-à-dire de sociabilité. Le deuxième graphique (Figure 3) montre que la sociabilité occupe 18 % du total de la partie en italien du *Journal*. Pour Montaigne, les bains représentent bien des lieux de sociabilité[3], c'est-à-dire des espaces où se croisent soldats, diplomates, marchands et gentilshommes de petite noblesse, aussi bien que des prostituées et femmes en général.

La scène de mondanité aux bains la plus célèbre reste sans nul doute celle du bal donné par Montaigne le dimanche 21 mai[4]. Il note avec soin dans son *Journal* la liste des cadeaux qu'il fait acheter pour les femmes présentes ; il détaille leur distribution, et décrit la coutume de l'époque qui consistait à approcher les femmes en leur offrant un objet plus ou moins précieux. Cette forme de séduction *médiatisée* intéressait beaucoup l'écrivain, qui semble s'y être souvent livré lors de ses séjours dans les stations thermales.

Aux bains, la communication tourne principalement autour de l'expérience de la maladie. Il arrive souvent à Montaigne de noter les

---

1   Michel de Montaigne, *Journal de Voyage. Partie en italien*, éd. E. Schneikert et L. Vendrame, *op. cit.*, p. 15.

2   Ph. Desan, « L'écriture du corps dans les *Essais* de Montaigne, ou quand la médecine se met au service de la philosophie », dans G. Dotoli (dir.), *Écriture et anatomie : Médecine, Art, Littérature*, Fasano/Paris, Schena Editore/Presses de l'Université Paris IV-Sorbonne, 2004, p. 106.

3   Sur la sociabilité des bains, voir Ph. Desan, *Montaigne. Une biographie politique*, Paris, Odile Jacob, 2014, p. 382-391.

4   *Journal de Voyage en Italie*, p. 720-737.

détails de ses rencontres avec des gentilshommes qui se rendent dans ces endroits pour soigner les maladies les plus disparates. Par exemple, dans l'entrée de mardi 23 mai, il rapporte son entretien avec un marchand qui habite à Rome et qui souffre de « plusieurs infirmités extraordinaires » :

> Il vint ce même jour aux bains un Marchand de Cremone établi à Rome ; il avoit plusieurs infirmités extraordinaires, cependant il parloit et alloit toujours ; il étoit même, à ce qu'on voyoit, content de vivre et gai. Sa principale maladie étoit à la tête ; il l'avoit si foible, qu'il disoit avoir perdu la mémoire, au point qu'après avoir mangé il ne pouvoir jamais se rappeler ce qui lui avoit été servi à table. S'il sortoit de sa maison pour aller à quelque affaire, il falloit qu'il y revînt dix fois pour demander où il devoit aller. À peine pouvoit-il finir le *Pater*. De la fin de cette priere, il revenoit cent fois au commencement, ne s'appercevant jamais à la fin d'avoir commencé, ni en recommençant qu'il eût fini. Il avoit été sourd, aveugle, et avoit eu de grands maux. Il sentoit une si grande chaleur aux reins qu'il étoit obligé de porter toujours une ceinture de plomb. Depuis plusieurs années il vivoit sous la discipline des Médecins, dont il observoit religieusement le régime. Il étoit assez plaisant de voir les différentes ordonnances des Médecins de divers endroits d'Italie, toutes contraires les unes aux autres, sur-tout sur le fait de ces bains et des douches. De vingt consultations, il n'y en avoit pas deux d'accord entr'elles. Elles se condamnoient presque toutes l'une l'autre, et s'accusoient d'homicide. [...] Ce même homme est le premier à qui j'ai vu ces grands chapeaux faits de plumes de paon, couverts d'un léger taffetas à l'ouverture de la tête. Le sien étoit haut d'un palme (environ six à sept pouces) et fort ample ; la coëffe au dedans étoit d'armoisine, et proportionnée à la grosseur de la tête pour que le soleil ne pût pénétrer ; les ailes avoient à-peu près un pied et demi de largeur, pour tenir lieu de nos parasols, qui, à la vérité, ne sont pas commodes à porter à cheval[1].

Ce long passage laisse transparaître une certaine unité dans le discours que Montaigne cherche à bâtir dans son *Journal*, et dont les éléments sont moins évidents que l'on ne pense. Les infirmités de cet homme, qui souffre d'amnésies et de douleurs à la tête et aux reins, deviennent une incitation pour parler de la méfiance que Montaigne témoigne envers les médecins et toute discipline qui tend à « divise[r] trop, ne permettant plus de voir les rapports entre les différentes parties[2] » du corps, comme par exemple l'anatomie. Ce thème occupe 2 % du texte pris en considération

---

1 *Ibid.*, p. 743-749.
2 Ph. Desan, « L'écriture du corps dans les *Essais* de Montaigne, ou quand la médecine se met au service de la philosophie », art. cité, p. 103.

et renvoie à la préoccupation constante de la description du moi à partir du corps humain. Dans ce cas, Montaigne met en évidence l'incohérence des médecins, qui offrent souvent des opinions discordantes. La rencontre avec le marchand de Crémone représente une occasion supplémentaire pour une remarque sur les coutumes de l'époque : l'homme porte un chapeau parasol auquel le voyageur, curieux par vocation, consacre tout un paragraphe. Pourtant, l'insertion de cette description dans le tissu du texte n'est pas une annotation ordinaire ; au contraire, elle est pleinement *discursive*, dans le sens qu'elle contribue à l'amalgame du discours, tout en favorisant l'interaction de plusieurs thèmes.

Non seulement le corps est l'objet d'une communication qui permet d'établir un contact avec l'autre, mais la maladie, qui tourmente le corps, conduit à la fréquentation d'un lieu d'échange comme les bains qui, à leur tour, nourrissent l'expérience individuelle. En particulier, l'expérience du voyage et de la sociabilité permettent à Montaigne d'aller au delà de la vision purement littéraire et historique qu'il avait de l'Italie. Comme le remarque Cavallini, ce voyage « a comme résultat d'enseigner à Montaigne comment s'y analyser véritablement, comment montrer son âme et sa pensée sans se cacher derrière ses lectures[1] ». Ce dernier point est crucial : l'inauguration de l'écriture du corps dans le *Journal* remet en question le rapport de la sphère corporelle avec l'âme. Montaigne développe son intuition pour laquelle « le corps est essentiel à toute définition de l'être[2] », y compris sa spiritualité. Dans le *Journal de voyage*, la focalisation de l'auteur sur ses souffrances physiques ouvre la voie à des réflexions existentielles qui permettent d'entrevoir un intérêt de plus en plus vif pour ce rapport. Par exemple, lors de son second séjour aux bains de la Villa, Montaigne décrit, comme il le fait d'habitude, une des pierres qu'il a passées. Dans le paragraphe qui suit, le ton devient brusquement philosophique :

> Il y auroit trop de foiblesse et de lâcheté de ma part, si, certain de me retrou-ver toujours dans le cas de périr de cette maniere, et la mort s'approchant d'ailleurs à tous les instants, je ne faisois pas mes efforts, avant d'en être là, pour pouvoir la supporter sans peine, quand le moment sera venu. Car enfin la raison nous recommande de recevoir joyeusement le bien qui plaît à Dieu

---

1   C. Cavallini, *op. cit.*, p. 232.
2   Ph. Desan, « L'écriture du corps dans les *Essais* de Montaigne, ou quand la médecine se met au service de la philosophie », art. cité, p. 105.

de nous envoyer. Or, le seul remede, la seule regle et l'unique science, pour
éviter tous les maux qui assiégent l'homme de toutes parts et à toute heure,
quels qu'ils soient, c'est de se résoudre à les souffrir humainement ou à les
terminer courageusement et promptement[1].

La dernière partie de la citation semble suggérer que l'homme, en
proie à la souffrance et aux tourments du corps, doit soit se résigner à
les supporter en acceptant le cours de la nature, soit mettre fin à sa vie
à travers le suicide. Or, au-delà de la valeur de cette considération à la
lumière du système de la pensée de Montaigne, ce qui nous intéresse
ici est le rapport entre la description d'un moment de douleur physique
circonscrit et la réflexion généralisante que cette remarque inspire : ce
procédé met en évidence le fait que le corps est un élément incontournable dans une spéculation existentielle touchant aux couches les plus
profondes de l'expérience humaine.

Après une brève introduction sur la partie en italien du *Journal de
Voyage*, une analyse quantitative sur la fréquence de l'activité d'écriture
et une autre sur la répartition du texte en noyaux thématiques ont
permis de mettre en avant la centralité du corps, en tant qu'objet privilégié de l'attention de l'écrivain et pratique d'écriture fondée sur un
véritable épanouissement du moi lors du séjour en Italie. Dans la partie
en italien se profile une sorte d'opposition dont le premier pôle est le
mouvement de ces moments où Montaigne se trouve proprement en
voyage : il décrit ce qu'il voit et son texte garde toute sa densité, malgré
un certain défaut de constance ; l'autre pôle est l'immobilité des séjours
aux bains, où l'auteur décrit soigneusement ses sensations physiques,
presque au quotidien.

L'importance du corps est témoignée aussi par la variété du vocabulaire
utilisé par Montaigne, ce qui avait été relevé dans le passé par d'autres
spécialistes, comme Rosellini et Garavini. Cette variété vise à enrichir la
structure répétitive de la routine des bains, non sans ouvrir à une portée
plus significative du thème du corps : celui-ci devient le moyen d'une
ouverture et d'un partage avec l'autre. Sujet de conversation, le corps
nourrit la parole – la parole intime du *Journal* aussi bien que la parole
adressée à l'autre, comme forme de contact. Enfin, le « corps/texte[2] »

---

1   *Journal du voyage en Italie*, p. 955.
2   Ph. Desan, « L'écriture du corps dans les *Essais* de Montaigne, ou quand la médecine se
     met au service de la philosophie », art. cité, p. 102.

comme résultat d'une nouvelle pratique d'écriture constitue l'une des plus grandes raisons d'intérêt du *Journal* pour tous ceux qui cherchent à mieux saisir la figure de Montaigne.

Comme de nombreux spécialistes l'ont déjà remarqué, et ceci tant que nous n'aurons pas retrouvé le manuscrit original du *Journal de voyage*, les études sur l'italien de Montaigne ne pourront jamais révéler avec exactitude la connaissance qu'avait l'auteur de la langue italienne. Les mots qui composent le texte de la partie italienne conservent en effet un certain degré d'opacité ; en revanche, il nous reste la transparence des intentions que Montaigne ne cache pas, surtout en raison du caractère privé de cette seconde partie du journal, et que Bartoli, dans sa révision du texte pour l'édition de 1774, n'aurait pu masquer ni contrefaire complètement.

Chiara NIFOSI
University of Chicago

L'ÉCRITURE DES BAINS

Montaigne lecteur des *De Balneis*

L'aspect médical du *Journal de voyage* de Montaigne a intéressé la critique depuis longtemps[1]. Comme nous soulignait déjà son premier éditeur, Meunier de Querlon, le *Journal* offre des renseignements importants sur la vie et la souffrance de Montaigne en offrant une version inédite, pour ainsi dire, « tout nu » de l'essayiste[2]. L'expérience de Montaigne avec « quasi tous les bains fameux de Chrestienté », comme il écrit déjà dans l'édition de 1582 des *Essais*[3], avait nourri le scepticisme du malade et informé la philosophie et l'écriture des *Essais*[4]. Le *Journal*

---

1   Voir Constantin James, « Montaigne. Ses voyages à quelques eaux minérales », *Gazette médicale de Paris*, 3ᵉ série, t. XIV, 1859, p. 345-352, p. 373-388, et p. 437-446 ; François Helme, « Le V.E.M., voyage de Montaigne aux eaux minérales d'Allemagne, de France et d'Italie », *Revue moderne de médecine et de chirurgie*, vol. II, n° 10, 1904, p. 813-828, n° 11, p. 851-864, n° 12, p. 891-907 ; Leonard Mark, « The Medical Aspects of Montaigne : a Study of the *Journal* which he kept during his voyage to Italy, with an account of his renal troubles and experience of mineral waters », *Proceedings of the Royal Society of Medicine*, vol. XII, 1918-1919, p. 43-61 ; Marcel Pommier, « Les curieuses impressions de Michel de Montaigne sur sa cure thermales de Plombières-les-Bains en 1580 », *Gazette médicale du Sud-Ouest*, vol. VII, n° 14, 1934, p. 725-727 ; René Bernoulli, « À propos d'une vieille querelle : Montaigne était-il hypocondriaque ? », *Histoires des sciences médicales*, vol. XVI, n° 3, 1983, p. 145-149 ; François Poncetton, « Visages d'autrefois. La saison de M. Michel de Montaigne », *Hippocrate*, vol. I, n° 5, 1935, p. 1216-1222 ; et Georges Pillement, « Montaigne prend les eaux à Bagni di Lucca », *Le Fureteur médical*, vol. XIX, n° 1, 1960, p. 3-7.

2   Meunier de Querlon pardonne « le goût trop constant de Montaigne pour la recherche de ces eaux » en expliquant que Montaigne n'avait tenu son journal « que pour se rendre compte à lui-même de ce qu'il avoit vu, de tout ce qu'il avoit fait, et des plus petits incidents qui concernoient sa personne », « Discours préliminaire » (p. XXXVII), dans Michel de Montaigne, *Journal du voyage en Italie (1774)*, éd. Philippe Desan, Paris, Société des Textes Français Modernes, 2014, p. 44.

3   *Les Essais*, II, 37, éd. Villey-Saulnier, Paris, Presses Universitaires de France, coll. « Quadriges », 1992, p. 777, voir aussi, la note 14, p. 775, et l'édition de 1582, *Essais*, Reproduction photographique de la deuxième édition (Bordeaux 1582), éd. Philippe Desan, Paris, Société des Textes Français Modernes, 2005, p. 790.

4   Voir, entre autres, Imbrey Buffum, *L'Influence du voyage de Montaigne sur les* Essais, Princeton, Princeton University Press, 1946 ; Marcel Françon, « L'édition de 1582 des

a toutefois un côté littéraire où l'imaginaire du voyageur se développe
et s'affirme[1], aspect imaginatif qui s'étend, comme nous l'a montré un
volume récent sur les rapports entre Montaigne et le thermalisme, à
la partie proprement médicale du *Journal*[2]. L'expérience des thermes
se rapporte à la philosophie physique de Montaigne, à son écriture,
et comporte même des résonances politiques[3]. Ainsi la « critique de
l'interprétation » commence depuis quelque temps à exiger une lecture
esthétique et littéraire du journal « balnéaire », ce qui impliquerait la
nécessité de nous recourir, comme on fait depuis longtemps pour les
Essais, aux sources du discours médical de Montaigne[4].

En nous limitant à la seule expérience des bains lucquois, où Montaigne
séjourna du 7 mai au 21 juin et du 14 août au 12 septembre 1581, nous
voyons toutefois la complexité de la question. Les rencontres textuelles
sont très précises et loin d'être casuelles. C'est au quatrième jour, jeudi,
le 11 mai, que Montaigne nous raconte avoir consulté deux médecins
« imprimés ». Ce soulignement de leurs opinions divergentes est l'un des
points principaux qui relie l'expérience du *Journal* à l'écriture des *Essais* :

> Je viens de voir un médecin imprimé, parlant de ces eaux, nommé Donati,
> qui dit qu'il conseille de peu disner et mieux souper. Comme je continuay
> lendemain à boire, je croy que ma conjecture luy sert : son compaignon
> Franciotti est au contraire, comme en plusieurs autres choses (*JV* 163)[5].

————————

  Essais », *Bulletin de la Société des Amis de Montaigne*, 4ᵉ série, n° 14, 1968, p. 3-32 ; Marcel
  Tétel, « *Journal de voyage* en Italie et les *Essais* : étude d'intertextualité », dans F. Gray,
  M. Tétel et F. Rigolot (dir.), *Textes et intertextes : Études sur le seizième siècle pour Alfred
  Glauser*, Paris, A.-G. Nizet, 1979, p. 173-191.

1 Voir Élisabeth Schneikert, *Montaigne dans le labyrinthe : de l'imaginaire du* Journal *à l'écriture
   des* Essais, Paris, H. Champion, 2006 ; et Concetta Cavallini, qui donne un aperçu de l'histoire
   de la critique sur ce sujet, « Montaigne et le thermalisme. Débats de critique littéraire »,
   dans Rosanna Gorris Camos (dir.), *Le Salut par les eaux et par les herbes. Medicina e letteratura
   tra Italia e Francia nel Cinquecento e nel Seicento*, Vérone, Cierre Grafica, 2012, p. 415-435.

2 Anna Bettoni, Massimo Rinaldi et Maurizio Rippa Bonati (dir.), *Michel de Montaigne e
   il termalismo*, Florence, Olschki, 2010.

3 Voir, respectivement, Luciano Stecca, « Fisicità di Montaigne », dans Anna Bettoni,
   Massimo Rinaldi et Maurizio Rippa Bonati (dir.), *Michel de Montaigne e il termalismo, op. cit.*,
   p. 81-89 ; et Philippe Desan, « Montaigne et la politique des thermes », *ibid.*, p. 21-33.

4 Pour une analyse de certaines de ces sources, voir Giampaolo Caliari, « I libri italiani di
   Montaigne sulle terme », dans *Le Salut par les eaux et par les herbes…, op. cit.*, p. 435-463 ;
   et Anna Bettoni, « Montaigne, Pietro Buccio e la pubblicità delle "Saluberrime acque di
   bagni" », dans *Michel de Montaigne e il termalismo, op. cit.*, p. 61-80.

5 Nous citons le *Journal de voyage* dans l'édition établie par François Rigolot, Paris,
   Presses Universitaires de France, 1992. Voir sa note 25 ; et encore l'article de Jean Céard,

Il est important de noter que cette consultation des traités balnéaires, dont le rapport avec le discours anti-médical de Montaigne est
assez clair, s'insère en même temps dans le contexte de sa thérapie qui,
pendant ces premiers quatre jours, n'a pas été des plus heureuses. À la
suite de sa visite médicale, Montaigne avait commencé le régime de la
purge, prenant, « à grande difficulté, de la casse » (*JV* 158). Il souffre de
l'estomac, fait quatre selles et vomit tout ce qu'il avait mangé au point
de déclarer : « J'aimerois mieux un accès de colicque, ayant mon ventre
ainsi esmeu, mon goust alteré, et ma santé troublée de cette casse : car
j'estois venu là en bon estat… » (*JV* 158). Son registre des journées
suivantes démontre les effets prolongés de cette cure. Mardi, le 9 mai,
il boit sept verres (trois livres et demie) et rend une selle sans uriner. De
même mercredi, il boit sept verres d'une livre chacun (le double du jour
précédent) et fait une selle sans uriner. Jeudi, cinq livres, même résultat.
En conclusion Montaigne affirme s'être baigné « contre les règles de cette
contrée », mais attribue ses troubles à « la médecine » qu'il avait prise
« Mercredi ». La consultation des deux traités, le *De Aquis Lucensibus
quae vulgo Villenses appellantur* (1580) de Giovanni Battista Donati
(Donatus) et le *Tractatus de balneo Villensi in agro Lucensi posito* (1552) de
Giorgio Franciotti, se fait donc par désespoir physique qui s'amplifie
de résonances émotives lorsque Montaigne tombe, ce jeudi même « en
un pensement si penible de M. de la Boétie » (*JV* 162). Deux autres
circonstances paraissent en résulter aussi. Ce samedi matin Montaigne
se lève avec deux idées : un changement de lieu (il va aux thermes
de Bernabò) et un autre, de langue, lorsqu'il se décide à *« assaggiare »*
l'italien, deux faits qui peuvent être lus comme des expressions de son
désir de liberté et d'expérimentation fugitive[1].

Dans cette langue expérimentale Montaigne cite de nouveau « Donato »
afin de mieux expliquer son propre raisonnement sur ses « humeurs »
changeantes. Cette seconde référence suggère aussi que Montaigne,

---

« Contributions italiennes aux mutations de la médecine selon Montaigne », dans Enea
Balmas (dir.), *Montaigne e l'Italia*, Genève, Slatkine, 1991, p. 229-243.

1   Concetta Cavallini pose ces possibles raisons pour ce changement de langue : *« Per timi-
dezza ? Per non essere capito e letto da tutti ? »*, « Montaigne e le terme durante il viaggio
in Italia 1580-1581 », dans Anna Bettoni, Massimo Rinaldi et Maurizio Rippa Bonati
(dir.), *Michel de Montaigne e il Termalismo*, *op. cit.*, p. 53. Je serais plutôt pour l'hypothèse
d'une extension de l'expérimentalisme de Montaigne qui ne semble être content que
dans la mutation des choses.

bien que parfois indiscipliné et expérimentaliste, prenait au sérieux les leçons lues chez Donati et Franciotti et qu'il cherchait à les incorporer dans sa thérapie personnelle :

> *In questa stagione si radunava la gente al bagno. E di quelli essempi ch'io vedeva, et opinione delli medici, medesimamente del Donato, scrittore di queste acque, io non avea fatto grande errore di bagnarmi la testa in questo bagno, perché ancora usano, essendo al bagno, d'addocciarsi il stomaco con una lunga canna, attaccandola d'una banda alla polla, e dell'altra al corpo dentro il bagno ; e poiché d'ordinario si pigliava la doccia per la testa in questa istessa acqua : e quel dì che si pigliava, si bagnavano. Così per aver mescolato l'uno e l'altro insieme, non potti far grande errore, o in cambio della canna, d'aver presa l'acqua del proprio canale della fontana. E forse ch'io ho mancato in questo di non continuarla. E quel sentimento ch'io n'ho fin adesso, par essere, c'ho mosso gli umori, i quali col tempo si fussero scacciati e purgati. Costui permetteva ch'in un medesimo giorno si bevesse e bagnasse. Et io mi pento di non aver preso l'ardire, come ne aveva voglia, e con qualche discorso, di berla nel bagno la mattina. Bernabò la lodava molto, ma con queste ragioni e argomenti medicinali[1].*

Montaigne balance les « exemples » qu'il voit autour de lui dans le comportement de « la foule » avec « l'opinion des médecins », compris ceux qui apparaissent dans les livres. Le sens de ce passage, d'ailleurs, se centre sur un discours interne qui confronte ce que Montaigne voudrait faire et ce que les autres lui conseillent. La nature contestataire et négociatrice du discours qui en résulte paraît sortir sous ce mot, ambigu, qui souligne que Montaigne « avait raison » (italien : « *con qualche discorso*[2] »). Comme pour ce mot « *assaggiare* », Montaigne farcit

---

1   « En cette saison, il y avait foule au bain. À m'en tenir aux exemples que j'avais sous les yeux, et à l'opinion des médecins, et de Donato lui-même qui avait écrit sur ces eaux, je n'avais pas commis une grande erreur en me baignant la tête dans ce bain, parce qu'il est encore d'usage, lorsqu'on est au bain, de se doucher l'estomac avec un long tuyau qu'on attache d'un bout à la source, et de l'autre au corps dans le bain, et puisque d'ordinaire l'on prenait ici la douche de cette même eau sur la tête ; et le jour même où on la prenait, on se baignait. Aussi, quant à moi, n'ai-je pu commettre une grande erreur pour avoir mêlé l'un et l'autre ou pris l'eau directement à la source qu'au tuyau. Et peut-être que ma seule erreur a été de ne pas poursuivre dans cette voie. Et l'idée que j'en garde jusqu'à présent : il se peut que j'aie mis en branle les humeurs qui avec le temps auraient été chassées et purgées. Ce médecin permettait que l'on bût et se baignât le même jour. Et je me repens, quant à moi, de ne pas en avoir eu l'audace, comme j'en avais envie, et avec quelque raison, de la boire dans le bain le matin. Il les louait beaucoup, ces eaux de Bernabò, mais avec les preuves et les arguments de la médecine » (*JV* 179-180). Traduction du texte italien d'Élizabeth Schneikert et Lucien Vendrame, Michel de Montaigne, *Journal de voyage, Partie en italien*, Paris, Classiques Garnier, 2012, p. 107.

2   Voir Élizabeth Schneikert et Lucien Vendrame, *ibid.*, n. 2.

le mot « *discorso* » d'un sens personnel. Plus que donner *la* raison pour ces actions, Montaigne cherche *des* raisonnements qui lui permettent de justifier et de contextualiser son comportement expérimental et d'apparence improvisé.

La lecture des traités de Franciotti et de Donati permettrait donc de contextualiser le « discours » balnéaire de Montaigne et de mesurer l'indiscipline que Montaigne affiche dans la narration du *Journal*. Le rapport de Montaigne avec la pratique des bains n'est pas du tout superficiel, les détails registrés dans le *Journal* étant les mêmes qui parcourent les *consilia* des deux médecins[1]. Franciotti en particulier donne beaucoup de détails sur les thérapies à suivre, sur leur durée et la quantité d'eau à boire, sur la technique et l'emploi de la *doccia*, invention nouvelle à cette époque, et ainsi de suite. Ses prescriptions, au contraire de ce que Montaigne semble impliquer dans son montage d'exemples contradictoires dans les additions de 1582 au chapitre II, 37, révèle une certaine flexibilité qui reconnaît le caractère individuel de la thérapie. La durée d'une thérapie, dans l'opinion de Franciotti, « n'a pas de temps déterminé », mais une visite moyenne de 30 jours devrait suffire pour voir des effets du traitement[2]. Les sessions journalières pouvaient durer une ou deux heures. La quantité d'eau qu'on buvait variait selon les besoins et les désirs du patient, allant de « trois livres et demie » (quantité bue par Montaigne le mardi 9 mai) jusqu'à quatre, cinq (jeudi, 11 mai), 7 (mercredi, 10 mai) ou même 10 livres par jour[3] ! Cette variété dépend des besoins et l'expérience du patient, Franciotti soulignant toujours l'importance de la modération. On ne boit que ce qu'on peut « facile, commode, ac utiliter operari[4] ». Ce traitement de 8 ou 10 jours, avec où sans interruptions, mais toujours *medico consulente*, explique ce que certains ont vu comme l'obsession de Montaigne pour ces besoins physiques[5].

Si Montaigne insiste sur les opinions contraires d'auteurs différents dans ses boutades contre la médecine, ces mêmes contradictions surgissent

---

1   Voir Concetta Cavallini, art. cité, p. 47-59.

2   « *non habet aliquod determinatum tempus* », Giorgio Franciotti, *Tractatus de Balneo Villensi, in agro Lucensi posito*, dans *De Balneis omnia quæ extant apud Græcos, Latinos, et Arabas, tam medicos quoscunque ceterarum artium probatos scriptores*, Venise, apud Iuntas, 1553, f. 161.

3   *Ibid.*, f. 161v°.

4   *Ibid.*, f. 162.

5   Notamment Querlon et tous les lecteurs du *Journal de voyage* au dix-huitième siècle, plus récemment, René Bernoulli, art. cité.

quand même à l'intérieur des textes sur la balnéothérapie. Les protocoles de Giorgio Franciotti sont particulièrement flexibles et Donati, comme son titre le suggère, se concentre sur les propriétés générales des eaux[1]. C'est Franciotti qui note que la métabolisation de l'eau peut se faciliter soit en marchant soit au repos – on se souvient que Montaigne registre ses pratiques à cet égard aussi[2] – mais que le repos (sans toutefois dormir) était quand même préférable. Montaigne ne registre, bien sûr, rien à propos du conseil de Franciotti qu'il faut « éviter le coït, en particulier le coït excessif, et les veilles et le sommeil de jour[3] », bien que Philippe Desan ait vu, dans la scène du bal, la possibilité d'un tel prix[4]. Et Franciotti de se plaindre des gens qui utilisent les bains de Lucques à telle fin, en y menant « une vie licencieuse, somptueuse et splendide en se nourrissant de viandes exquises et de vins puissants[5] ». L'incertitude et la contradiction, comme nous semble l'affirmer Montaigne comme position originale et propre, sont le propre du discours médical qui se trouve à mi-chemin entre la « science » abstraite et la pratique philosophique[6].

Le comportement de Montaigne et la narration du *Journal* font donc partie d'une négociation médicale discursive. Dans ses deux séjours (de longueur plus ou moins 30 jours), on voit que Montaigne suit les conseils des locaux et s'y trouve mal. Il s'adapte aux conseils – plus flexibles – des médecins imprimés. Les deux études insistent, de fait, sur l'inconstance des humeurs en s'appuyant sur les théories de Galien et d'Hippocrate et sur le besoin de s'adapter aux circonstances individuelles. Donati insiste sur la nature empirique et tentative de sa recherche, conduite

---

1 *De Aquis Lucensibus quæ vulgo appellantur Villenses*, Lucques, 1580. Donati ne donne pas, comme Franciotti, des prescriptions précises, mais énumère simplement les maladies susceptibles aux traitements des bains de Lucques.

2 Mercredi, le 10 mai, Montaigne écrit « [je] me contins en ma chambre, tantost en me proumenant, tantost en repos » (*JV* 160).

3 « *Caveant à coitu, praesertim superfluo, qui eam bibunt, ab animi accidentibus, curis, vigiliis* », *op. cit.*, f. 16[3].

4 Philippe Desan, « Montaigne et la politique des thermes », art. cité, p. 25.

5 « *Dum enim ibi comorantur, et hoc balneo utuntur : adeo licentiose, laute, splendideque vitam ducunt : variisque cibariis, et fructibus vescuntur ; vinisque potentibus utuntur. Ut mirum profecto sit, quum eorum aliquis ab aliqua affectione liberatus inde discedat. Non solum enim in cibo, et potu delinquunt, sed in omnibus aliis salutaribus medicinae praeceptis* », *op. cit.*, f. 163v°.

6 Serena Stefanizzi fait noter en passant la formation de Francesco Frigimelica, professeur de philosophie morale et sophistique au Collegio degli artisti all'université de Padoue de 1516 à 1526 avant de passer à l'enseignement de la théorie médicale. *Il "De balneis" di Tommaso Giunti (1553). Autori e testi*, Florence, Olscki, 2011, p. 5.

pendant trois ans d'observation assidue. La difficulté de sa matière (*in abditis, ac involutis rebus*) fait qu'il lui reste toutefois de fortes doutes[1]. Ceci explique pourquoi son traité est plus précis dans sa description des qualités des eaux que dans la prescription des procédures à suivre. Ses conseils se limitent à peu près aux genres de maladies qui peuvent bénéficier des bains modérés par le besoin de se recourir à l'expérience (*Hi ut experientiam sequantur, quae nulla ratione nititur*[2]...). Les mots de Lucrèce aident à souligner que le mélange des éléments problématise toute conclusion rigide[3].

Il paraît bien probable que la lecture des textes médicaux ait marqué l'esprit de Montaigne comme sa compréhension de l'existence humaine. Dans la description des thérapies des maladies particulières décrites par Franciotti on voit surgir des thématiques qui rappellent le discours tâtant et explorateur des *Essais*. La théorie des humeurs fait que le thème principal des traités sur les bains est celui de la fluidité (*fluxio*). Les humeurs se lient aux quatre qualités principales (froid/chaud, mouillé/sec) dont l'équilibre délicat détermine la santé du patient. La réussite de cette balance (*exagium*) dépend non seulement du tempérament (*temperatura*) individuel (bilieux, mélancolique, sanguinaire ou flegmatique), mais encore du genre de sa maladie, de la thérapie suivie, de la saison, de sa diététique et encore d'autres circonstances. Franciotti commence par remarquer que les bains aideront tous, mais que c'est avant tout les cholériques, suivis par les mélancoliques et les sanguinaires, qui bénéficieront le plus du traitement. Pour les mélancoliques, note-t-il, « il est facile à prouver que cette eau possède tout ce qui leur manquent, vu qu'ils sont froids et secs et l'eau est chaude et humide[4] ». Ceci va doublement pour les vieux, qui ont ces mêmes tendances vers la sécheresse.

---

1   Donati, *op. cit.*, f. 5r°-v°.

2   *Ibid.*, f. 17.

3   Donati écrit que « *Nihil simplex, nihil sincerum in rerum natura reperiri non est ; non aerem, non aquam, non ignem verum usquam deprehendimus, cuncta sunt fucata, ac permixta, unde illa Lucretii.* / *Nihil esse in promptu quorum natura tenetur,* / *Quorum genere ex uno constet principiorum ;* / *Nec quicquam quod permixto semine constet* », f. 9. Il s'agit de *De rerum naturae*, II, 583-585 où Lucrèce parle de la *commixtio* des éléments. Sur l'attention de Montaigne à cette thématique pendant sa lecture de Lucrèce, voir Michael Screech, « Introduction », *Montaigne's Annotated Copy of Lucretius*, Genève, Droz, 1998, p. 28-33, et « Marginalia », p. 270-271.

4   « *Quod etiam melancholicis tuto exhiberi possit, quum ea indigent, facile persuaderi potest. Licet enim frigidi, et sicci sint, aqua vero ista actu calida, et humida sit...* », Franciotti, *op. cit.*, f. 161v°.

Gare à ce que Franciotti appelle le déséquilibre sec du ventre – condition chronique chez les vieux et les mélancoliques – où le patient court le risque de tomber de son « bon estat » dans le « *marasmus* » dont, très souvent, on n'en revient plus :

> Il faut noter d'ailleurs (comme dit Galien) que les perturbations sèches qui se produisent dans le ventre sont très mauvaises, et très difficiles à corriger, et exigent beaucoup de soin, et même, comme nous témoigne ce même Galien, ne guérissent jamais complètement et ne reviennent jamais à leur premier état d'avant la maladie, et (comme disent les masses) on tombe dans des déséquilibres tels que la maladie se fixe au ventre qui reste affaibli (*imbecillum*) pendant tout le reste de la vie du malade (*reliquam vitam*), de conséquence ils ont un vieux ventre avant de vieillir, raison pour laquelle ils se blessent pour des causes légères et de même que les vieux souffrent d'une digestion difficile. Dont il advient que tout le corps se détériore et se sèche et tombe dans un marasme dont s'ensuit facilement la mort, spécialement si on en est gravement atteint[1].

On pense aux considérations de Montaigne sur la déchéance progressive de l'homme, de la maladie qui dérobe la vie avant que la mort finale ne lui vienne : « Tout ce que vous vivez, vous le desrobez à la vie ; c'est à ses despens. Le continuel ouvrage de vostre vie c'est bastir la mort. Vous estes en la mort pendant que vous estes en vie » (I, 20, 93 C). Cette « *reliquam vitam* » laissée au malade, pousse devant ses yeux l'épuisement total, le marasme fatal qui porte vers sa fin.

La position centrale des reins dans le règlement des humeurs fait que Franciotti y dédie plusieurs pages. Bien que l'emploi des ventouses et des cataplasmes n'ait aucun effet, écrit-il, les eaux de Lucques « fonctionnent particulièrement bien[2] ». Toutefois Franciotti décrit la difficulté de l'identification de ce genre de maladies à cause de la

---

1   « *Est tamen notandum (ut ait Gal.) quo siccae intemperies quae ventriculo consistunt, pessimae sunt, et difficilime corriguntur, multaque sollicitudine indigent, immo (ut testatur idem Gale.) nunquam perfectionem sanantur, nec in eum statum qui ante morbem fuit, revertuntur, ut vulgus ait) in talibus intemperantiis accidit, morbum ventriculum affixisse, et in reliquam vitam imbecillum reddidisse, quippe senum ii ventriculum obtinent, priusquam consenuerint, quo sit ut facile ex levibus laedantur causis, perinde, ac senes, nec probe concoquere possint : quo evenit ut etiam totum his corpus deterius se habeat, arescat, in marasmumque transeant, quem facile mors sequitur, praesertim si vehementer sit laesum* », *ibid.*, f. 170v°. Je tiens à remercier ici mon collègue Jerry Pendrick, excellent latiniste, qui m'a aidé dans mes lutes avec le texte de Franciotti. Toute faute de traduction éventuelle reste ma responsabilité.

2   *Ibid.*, f. 171.

douleur générale qui se propage à travers le ventre et les intestins, d'où l'importance de se contrôler l'urine et les autres fluides qui entrent et sortent du corps. Les gonflements, les manquements, les fluxions, les ventosités (Franciotti dédie plusieurs pages à la description des qualités différentes du vomit) sont les signes de ces opérations intérieures. D'où le conseil, répété et expliqué avec une insistance presque polémique, de soigneusement « évacuer et ouvrir » les intestins et le ventre. Ces conseils vont doublement pour le traitement des calculs, condition très douloureuse décrite par Galien (dit Franciotti) comme « *propria passio puerorum*[1] ». Ici encore, la seule vraie façon de comprendre *ces* actions, c'est de s'observer et de registrer la qualité et les propriétés des émanations qui sortent de son corps.

En entrant dans ce monde médical du XVIᵉ siècle, on s'aperçoit encore de plusieurs points qui lient le discours balnéaire aux idées qui occupaient la pensée de Montaigne. Les implications philosophiques des observations de Donati et Franciotti soulignent la flexibilité qui domine l'application des thérapies. On est tenté d'attribuer à la lecture médicale l'emploi de termes techniques qui font partie chez Montaigne d'un discours intérieur moral, humain et philosophique. La vraie connaissance chez ces deux médecins vient *ab experientia* qui pourvoit des preuves qui dépassent les limites de la *raison*. Dans son discours raisonné, le médecin arrive toujours à des causes profondes qui ne s'expliquent que par les *virtutes, proprietates*, et *particulares* des substances, ce que Franciotti appelle les *qualitates* intrinsèques qui composent leur *essentia*.

Montaigne choisit les détails qui lui conviennent pour son propre discours, transformant les *consilia* en lieux rhétoriques. Ce procédé suggérerait une influence plutôt générale et esthétique qui provient du côté littéraire de l'écriture humaniste sur les bains. Le texte de Franciotti qui apparut à Lucques en 1552 eut une diffusion importante grâce à son inclusion dans la grande édition qui recueillait tous les traités et textes connus sur la balnéothérapie et sur les bains, publiée à Venise en 1553 par Tommaso Giunti. Cette édition, que Montaigne aurait pu consulter, donne une vision de la plurivalence du discours balnéaire qui tire ses origines à la fois du discours médical et du discours topographique de

---

1 *Ibid.*, f. 173vᵒ.

l'éloge des villes[1]. Ainsi les aspects textuels du travail éditorial de Giunti illustre les contradictions et les rivalités du campanilisme italien qui prônent un relativisme culturel basé sur les dons naturels et les intérêts politiques de chaque lieu.

L'édition de Giunti se publiait dans un contexte médical qui soulignait les recherches de la célèbre université de Padoue. À la suite des *Practica canonica* du médecin Michele Savonarola[2] et des commentaires Aristotéliciens de Jean de Jandun[3] et d'Augustin Nifo[4], et avec les œuvres d'Aristote et les commentaires d'Averroës[5], Giunti proposait dans un seul volume « tout ce qui exist(ait) d'écrit sur les Bains, chez les Grecs, les Latins et les Arabes, soit de la part des médecins que de plusieurs autres écrivains fiables du métier, soit en forme de livres entiers comme en quelque autre format[6] ». Ce projet *cornucopique* recueillait plus de 70 textes de natures et d'époques différentes : traités médiévaux et humanistes, « *excerpta* » empruntés aux auteurs grecs, latins et arabes, listes de « *consilia* » qui se trouvaient réunis en un seul corpus. Des poèmes didactiques, comme celui du XIIIe siècle sur les bains de Pouzzoles de Pierre d'Eboli, côtoyaient des textes médico-scientifiques, des descriptions des bains et des extraits de vers latins sur les effets et les plaisirs de la balnéothérapie[7]. Giunti révèle ainsi ce qu'on pourrait appeler une « écriture des bains » médicale, certes, mais qui comporte aussi des aspects esthétiques et morales, et même philosophiques qui auraient pu influencer l'esprit de Montaigne pendant son voyage en Italie.

Ce travail de restauration et de compilation des connaissances anciennes, en même temps trahit les profonds changements qui bouleversaient la

---

1   Anna Bettoni examine le rapport entre ce genre topographique et l'écriture balnéaire, art. cité, p. 61-80.
2   *Practica canonica de febribus : eiusdem de pulsibus, de urinis, de egestionibus, de vermibus, de balneis omnibus Italiae*, Venise, 1552.
3   *Ioannis de Ianduno in libros Aristotelis De coelo et mundo extant questiones subtilissimae*, Venise, 1552.
4   *Augustini Niphi philosophi Suessani in Aristotelis libros de coelo et mundo commentaria*, Venise, 1553 ; *In Aristotelis libros Postetiorum Analyticorum subtilissima commentaria*, Venise, Giunti, 1553 ; *Augustini Niphi super libros priorum Aristotelis commentaria castigatissima*, Venise, 1553.
5   *Aristotelis, Omnia quae extant opera. [...] Averrois [...] in ea opera omnes qui ad nos parvenere commentarii*, Venise, 1552.
6   Traduction du titre.
7   Voir Serena Stefanizzi, *Il "De Balneis" di Tommaso Giunti (1553). Autori e testi*, Florence, Olschki, 2011.

science médicale tout au long du seizième siècle[1]. Bien qu'Aristote, Galien et Hippocrate forment la base de la pratique médicale, les principes de la balnéothérapie prennent leurs origines dans des textes plutôt récents et d'origine arabe. Comme pour l'interprétation des œuvres d'Aristote, les Arabes servaient de garants à la transmission du savoir grec, fait qui leur méritaient une position centrale dans le corpus giuntien[2]. La plupart des auteurs qui forment le noyau du *De Balneis* remontent aux deux siècles qui précèdent sa publication, démontrant l'actualité du recueil, pendant que l'apparat humaniste des *consilia* et les anecdotes que l'éditeur emprunte aux auteurs classiques se limitent à un rôle ancillaire. Cet apparat crée un cadre esthétique et littéraire par rapport au corpus scientifique, point qui lie le *De Balneis* aux *compendia* géographiques telles l'édition du *De situ orbis* de Pomponius Mela produit par Joachim Watt, dit Vadianus, qui présentait le texte originel entouré de notes et de renvois aux nombreuses autorités classiques et modernes qui permettaient de faire une bonne lecture du texte Pomponien[3].

L'édition de Giunti révèle donc non seulement la difficulté éditoriale posé par un projet si ambitieux, mais souligne encore les contradictions philosophiques qui sous-tendaient la recherche médicale de son temps. Une tension existe entre la science de la découverte et expérimentale, et l'autorité traditionnelle du texte, tension qui se manifeste à travers la compilation scientifique soutenue par un apparat humaniste qui se concentre souvent sur l'exceptionnel. On dirait même que ce mystère de la médecine et du fonctionnement pose un défi conceptuel et méthodique à l'idée même du savoir, comme nous l'illustre l'exemplum qui raconte la destruction des bains de Pouzzoles par les médecins de la prestigieuse école de Salerne parce qu'ils étaient jaloux de l'efficacité des thérapies qu'on y pratiquait. Cette tension aurait attiré l'intérêt de Montaigne – intérêt pour l'antiquité et l'expérience esthétique des bains, mêlé à un petit espoir de se guérir ou au moins d'assouvir ses souffrances.

En même temps on peut imaginer la réaction du sceptique devant les allégations parfois incroyables des résultats prodigieux des thérapies

---

1   Voir Richard Popkin, *The History of Skepticism from Erasmus to Spinoza*, Los Angeles, University of California Press, 1979 et Stefanizzi, « Introduzione », *op. cit.*, p. 3-24.

2   *Ibid.*, p. 23-25.

3   Je me réfère au *Pomponii de orbis situ libri tres*, publié à Paris en 1540 où l'art du commentaire est poussé au point de suffoquer le texte commenté.

balnéaires. Cet aspect contradictoire se manifeste dans l'emploi des *miracula* – listes de guérisons spontanées et d'effets rajeunissants. Giunti y affiche des guérisons de « nodosité », d'hémorroïdes, la favorisation de la fécondité féminine et (pour l'intérêt de Montaigne) l'exemple d'« Albert, chevalier de Ferrare, qui, étant atteint du calcul et depuis plusieurs heures, souffrant d'une pierre, qui, suivant mon conseil (celui de Michele Savonarola) est entré au bain huileux, et a été ainsi conforté de la chaleur naturelle et qui, ses voies mouillées, se libéra d'une pierre[1] ». Giunti contextualise ces merveilles dans la structure de l'allégation, rangeant ces anecdotes modernes au même niveau des citations classiques. Elles attirent le lecteur et donnent envie de lire, constituant une espèce de publicité (un prologue) qui prépare le lecteur pour l'amère pilule de la lecture scientifique qui suit.

Cette espace littéraire, chez Giunti, aurait pu s'inspirer du texte de Franciotti qui occupe les folios 157 à 180 verso du recueil. Franciotti et Giunti cherchent à nous donner un aperçu général du phénomène de la balnéothérapie en Italie. En fonction de topographes, ils conduisent des périégèses, Franciotti des centres balnéo-thérapeutiques de l'Italie, Giunti, de tous les bains du monde. En dépeignant le côté merveilleux des eaux, ce genre de discours s'approche de l'épidéictique sur ce qui était la « gloire de l'Italie[2] ». Les bains thermaux sont signe d'une abondance providentielle d'un Dieu qui a distribué ses bienfaits dans le monde.

> Comme Dieu et la nature pour la commune utilité des hommes ont produit plusieurs genres de bains de l'eau élémentaire qui passe à travers divers minéraux condensés dans les parties intimes de la terre : surtout en divers lieux de l'Italie un grand nombre d'eux apparaît[3].

Même si cette fécondité trahit une vision anthropomorphique de la terre et de la *natura*, Franciotti souligne encore la division politique qui en provient. Chaque région où territoire est présenté en fonction de l'existence de bains particuliers : les thermes d'Abano se trouvent auprès

---

1   « *Albertus à sale, mile Ferrariensis, cum calculosus esset, et pluribus in horis à calculo vexaretur : meo consilio balneum olei temperatum ingressus, sic viis mollificatis et calore naturali confortato, illico à calculo evasit* », *De Balneis*, f. 12v°.
2   « *Glorietur igitur Italia* », Franciotti, *op. cit.*, f. 157.
3   « *Cum Deus, et natura pro communi hominum utilitate multa Balneorum genera ex elementari aqua per diversa mineralia in intimis terrae partibus concreta transeunte, produxerint : in diversisque Italiae locis nunc maxime certus eorum numerus appareat* », *ibid.*

de Padoue sous le contrôle des médecins de son université importante, Montecatini est dans le duché de Toscane, Porretaneo près de Bologne, Aquario dans le duché de Ferrare et les célèbres bains de Pouzzoles, bien sûr, appartenaient au royaume de Naples. La variété géographique qui pousse au voyage et à la dégustation terrestre renforce la valeur métaphorique et métaphysique du traitement des eaux qui s'articule à travers les ressemblances entre le corps terrestre, le corps humain, et, (pourrait-on le dire ?) le corpus textuel qui les lient ensemble.

Ce parcours des *mirabilia* du lieu se lie aussi au discours antiquaire où le rôle social des bains se renforce de la fascination humaniste pour les origines. L'antiquité des bains et les noms des malades célèbres qui y sont passés constituent une preuve de la puissance et de la noblesse de chaque territoire. Encore chez Franciotti voit-on des descriptions courtes et efficaces qui permettent d'imaginer la topographie parsemée de ces apparitions spontanées de la Nature : comme dans le passage près de Baies, où on voit, comme en passant, un canal romain qui communique avec le lac d'Averne, côtoyé du cratère du Monte Nuovo surgi en 1538 à la suite de l'éruption célèbre, et les eaux miraculeuses qui sortent de côté :

> Entre lesquels le premier apparaît auprès de la ville de Baies, à coté de la plage. Il y a une grande cavité ou on trouve le bain de Tritoli, où de Tripta, ou de Cicéron, ou du Pré, dont l'eau chaude et fumeuse, mais de goût doux se manifeste et près de là il y a un autre qui s'appelle le Sudatoire[1].

Le génie du lieu s'affirme, comme dans la rhétorique civique du siècle précédant, par l'emploi du superlatif et de l'hyperbole, dans l'emphase du *locus amoenus* lié à la politique urbaine[2]. Sienne « se glorifie » de ses bains, Pérouse en est « heureuse », les habitants de Viterbe « magnificant » de leurs bains. Les adjectifs typiques sont *excellentissimus, antiquissimus, magnus, superbus*, renforcés par les adverbiales *maxima existimatione, non immerito*.

---

1   « *Quorum primum apud civitatem Baiae, iuxta littus maris apparet. Est enim ibi magna quaedam cavitas, ubi balneum Tritoli, seu de Tripta, vel Ciceronis, aut Prati est, cuius aqua calida, fumosaque, sed dulcis gustui manifeste apparet : iuxta quod est aliud, quod Sudatorium appellatur* », *ibid.*, f. 158vº.

2   Voir James Hankins, « Rhetoric, history, and ideology : the civic panegyrics of Leonardo Bruni », dans *Renaissance Civic Humanism. Reappraisals and Reflections*, Cambridge, Cambridge University Press, 2000, p. 143-178.

Si ce genre d'éloge devait certes contribuer au désir de Montaigne de s'acheminer jusqu'à Lucques – s'il ne croyait pas aux miracles, au moins pouvait-il se promener par des lieux inconnus intéressants et paisibles – il devait aussi l'encourager à s'engager lui-même dans le discours balnéaire. Le doux du discours géographique qui servait d'introduction et de *captatio* à l'amère pilule du discours proprement médical aurait pu, peut-être, pousser Montaigne à concevoir les bains comme un lieu du discours et de la négociation de sa maladie.

Richard E. KEATLEY
Georgia State University

LE TRANSIT DE MONTAIGNE

La digestion du terroir

Le corps de Montaigne dans le *Journal de voyage*[1] est un terrain, une géographie de l'expérience de la douleur. Inscrit dans le registre d'un périple à travers la France, la Suisse, l'Allemagne et l'Italie, il est une souffrance en quête de son soulagement ; les déplacements du voyageur tracent un trajet qui reste à l'écoute de l'organisme. Montaigne met son corps si en avant, dans ses *Essais* comme dans son *Journal de voyage*, que cette présence charnelle autorise le point de départ devenu maintenant classique pour la critique. La pierre, le membre viril, la chute de cheval, les gémissements de l'ami mourant, les physionomies, la semence paternelle, et les corps monstrueux constituent autant de formes et d'expériences corporelles qui se logent dans le texte montaignien. Je propose de regarder dans le pot de chambre de Montaigne, non pour y trouver le symptôme du mal et isoler ainsi une substance du vécu, mais afin de gagner accès au corps comme système, comme circuit, et comme parcours. Le transit est un voyage, la digestion son opération. Dans le *Journal de voyage*, cette dernière se conçoit dans son sens large comme toute évacuation issue de la consommation des aliments et des eaux. Sous l'effet de la diététique, des bains et de la médecine, le corps et le texte se dressent en « lieu d'essai » dans le *Journal*. En l'occurrence, l'essai prend la forme de l'expérience scientifique sur soi, selon une méthode concrète qui se documente minutieusement dans le carnet au cours du voyage. En ce sens, le *Journal de voyage* est donc moins une « arrière-boutique » des *Essais* qu'un laboratoire parallèle qui fonctionne selon un modèle d'expérimentation physique et qui résiste à la subordination des *Essais*.

---

1   *Journal de voyage de Michel de Montaigne*, éd. François Rigolot, Paris, Presses Universitaires de France, 1992, ci-après indiqué par l'abbréviation *JV*.

L'ENCRE ET LE BRAN

Le *Journal de voyage* est solidement ancré dans les aléas de l'expérience de l'errance et couché dans une écriture qui va toujours de l'avant dans le temps comme dans l'espace – le loisir de l'allongeail et du repentir n'y a guère sa place. Un passage dans « De la vanité » suggère en quoi le parler autour du pot de chambre, s'il reste trop cru, risque d'importuner :

> Qui ne voit que j'ay pris une route par laquelle, sans cesse et sans travail, j'iray autant qu'il y aura d'ancre et de papier au monde ? Je ne puis tenir registre de ma vie par mes actions : fortune les met trop bas ; je le tiens par mes fantasies. Si ay-je vu un Gentilhomme qui ne communiquoit sa vie que par les operations de son ventre : vous voyez chez luy, en montre, un ordre de bassins de sept ou huict jours ; c'estoit son estude, ses discours ; tout autre propos luy puoit. Ce sont icy, un peu plus civilement, des excremens d'un vieil esprit, dur tantost, tantost lache et toujours indigeste. Et quand seray-je à bout de representer une continuelle agitation et mutation de mes pensées, en quelque matière qu'elle tombent, puisque Diomedes remplit six mille livres du seul subject de la grammaire ? (III, 9, 945-946)[1]

Avant de pouvoir devenir la matière du livre des *Essais*, le parler du corps se métaphorise, se subtilisant dans une fuite de l'action vers la fantaisie. La logorrhée et la diarrhée peuvent coexister dans la métaphore, mais, selon la pratique de l'écriture montaignienne, un type de « registre » – celui qui digère les pensées par l'action de l'encre et du papier – est à préférer en société. « Écrite, la merde ne sent pas », nous rappelle Roland Barthes[2]. Le gentilhomme entouré de ses bassins d'excrément fétides est à la fois ridicule et malodorant ; la vanité de monomane empeste et ce « commerce » est profondément asocial. Les bassins de Montaigne s'arrangent plus courtoisement, c'est-à-dire en couches et par ordre de chiffres romains. Le toilettage de civilité transforme « des excremens d'un vieil esprit » en portrait seyant que Montaigne peut « vou[er] à la

---

1   *Les Essais*, éd. Pierre Villey, Paris, Presses Universitaires de France, coll. « Quadrige », 1992. Nous indiquons dans le texte les numéros de livre, chapitre et page de cette édition.

2   Roland Barthes, *Sade, Fournier, Loyola*, Paris, Seuil, 1971, p. 140, cité par Dominique Laporte, *Histoire de la merde*, Paris, Christian Bourgeois, 1978, p. 18.

commodité particuliere de [ses] parens et amis », car l'essayiste quitte sciemment l'intimité des « retraits » domestiques.

Les *Essais* sont construits sur une disparition double : celle, originelle et originaire, du trépas de l'ami, et celle, imminente et posée au seuil du texte, de l'auteur. Par conséquent, l'indigestion dont souffrent les *Essais* résulte de la rumination de la matière – elle est issue d'une « continuelle agitation et mutation » de l'esprit qui se cannibalise en mâchant et remâchant sa propre merde (Ô belle matière fécale qui devait boursoufler en lui !). Le caractère en est principalement récursif et graduel : ces excréments sont consubstantiels à leur auteur et dès lors ne quittent pas complètement le corps[1]. Le *Journal de voyage* s'oriente autrement ; Montaigne se défend tant bien que mal contre la décrépitude et cherche l'élan vital et le prolongement de la vie[2]. « C'est une précieuse chose que la santé, et la seule qui merite à la verité qu'on y employé, non le temps seulement, la sueur, la peine, les biens, mais encore la vie à sa poursuite » (II, 37, 765) : l'énergie qui anime la première édition des *Essais* se dépense encore volontiers au cours du *Journal*. Les gestes de la santé se renouvellent – vains parfois, car restés sans effet –, mais ne sont jamais pour autant entièrement vides de sens. Sous l'effet laxatif des multiples verres d'eau des sources, le Montaigne du *Journal de voyage* ressemble plus rigoureusement à un « gentilhomme à bassin », et les compagnons de voyage du futur maire de Bordeaux auraient peut-être reconnu en ce curieux monsieur quelques traits de leur ami souffrant.

---

1   Gisèle Mathieu-Castellani appelle cet excrément produit par l'écriture des *Essais* comme « un supplément » ou « une excroissance », « Les excrémens d'un vieil esprit : Montaigne coprographe », *Littérature*, vol. 62, 1986, p. 14-24. Je vais préférer un concept de digestion où la matière fécale est présentée, de façon ironique, comme la matière première, non pas le supplément dans le sens derridien qu'elle semble entendre.

2   Au sujet de la diététique et du soin de la santé chez Montaigne, voir Jean Céard « La diététique dans la médecine de la Renaissance », dans Jean-Claude Margolin et Robert Sauzet (dir.), *Discours et Pratiques alimentaires à la Renaissance*, Paris, Maisonneuve et Larose, 1982, p. 21-36 ; et *Id.*, « La culture du corps. Montaigne et la diététique de son temps », dans Marcel Tetel et G. Mallary Masters (dir.), *Le Parcours des Essais. 1588-1988*, Paris, Aux Amateurs de Livres, 1989, p. 83-96.

FLUX

Au moment où il part en voyage, Montaigne a 47 ans et souffre depuis un peu plus de deux ans des effets de la maladie de la pierre qu'il a héritée de son père. Un premier effort pour se soigner s'opère aux stations balnéaires qui sont à proximité de son domaine. Montaigne a visité les bains des Pyrénées avant de se mettre en route pour l'Italie en juin 1580, et l'expérience semble avoir formé en partie ses attentes des bains sur son itinéraire[1]. Il a complété ses connaissances de première main avec des lectures sur la question des eaux, lectures qui semblent avoir été des plus diverses[2]. Montaigne commence alors une expérimentation sur son propre corps qui consiste à s'exposer à des cures et à prendre des notes sur leur efficacité. Au cours du voyage, Montaigne prend l'ensemble de son corps comme le site d'un mal en flux. Un déséquilibre des humeurs, selon la médecine galénique, touche l'organisme qui abrite une maladie

---

1   Les stations thermales de Aigues-Caudes (Eaux-Chaudes), Baboton, Banières (Bagnères de Bigorre), Preissac (Préchacq) sont l'objet de comparaison avec les bains à l'étranger. Voir François Batisse, *Montaigne et la médecine*, Paris, Belles Lettres, 1962, p. 187-197 ; Anne Jacobson Schutte, « Suffering from the Stone : The Accounts of Michel de Montaigne and Cecelia Ferrazzi », *Bibliothèque d'Humanisme et Renaissance*, t. 64, n° 1, 2002, p. 21-36.

2   Parmi les lectures modernes qui semblent avoir attiré l'attention de Montaigne se trouvent par exemple Giorgio Franciotti, *Tractatus de balneo villensi in agro Lucensi posito*, Lucques, Vincenzo Busgraghi, 1552 ; Andrea Bacci, *De Thermis*, Venise, Vincenzo Valgrisi, 1571 ; Jean Le Bon, *Abbregé de la proprieté des bains de Plommieres*, Paris, Charles Macé, 1576 ; Giovanni Battista (Giambattista) Donati, *De Aquis Lucensibus quae vulgo Villenses appelatur*, Lucques, Ottavio Guidoboni, 1580. Voir François Batisse, *Montaigne et la médecine, op. cit.*, p. 182 *sqq.* Pour une discussion plus soutenue de Franciotti et Donati, voir la contribution de Richard Keatley dans ce volume, et, pour un regard sur l'apport de Franciotti et Bacci, voir Anne Jacobson Schutte, « Suffering from the Stone : The Accounts of Michel de Montaigne and Cecelia Ferrazzi », art. cité. Les bienfaits des bains ont été observés dès l'Antiquité, mais des ouvrages de l'époque de la Renaissance s'étaient multipliés depuis que Paracelse avait appliqué une précision médicale et chimique aux qualités occultes et thérapeutiques des eaux dans son tract sur les bains de Pfäfers (*Bad vonn dem Pfeffers in Oberschwytz gelegen*, 1535) et dans le traité *De Thermis* (*Liber paramirum*, 1570). Sur la balnéologie de Paracelse, voir Walter Pagel, *Paracelsus. An Introduction to Philosophical Medicine in the Era of the Renaissance*, Bâle, S. Karger, 1958, p. 26 et 201 ; mais aussi, plus particulièrement, Josef Strebel, « Paracelsus als Begründer der allgemeinen und speziellen Balneologie : ein Kommentar zur paracelsischen Lehre von den Heilquellen (*De Thermis*) », *Nova Acta Paracelsica*, vol. V, 1948, p. 121-134.

le plus souvent endogène[1]. La gravelle n'est pas différenciable des autres troubles du corps pour Montaigne ; les symptômes peuvent aller de la migraine au flux de ventre. Les selles et les sueurs, ainsi que les « vents » et les « crudités » qui sont documentés dans le *Journal*, font partie intégrante du mal et nous avons tort d'isoler les excrétions de la verge des autres évacuations corporelles. Pour l'essayiste, les changements du corps sont lisibles à partir du moment où ils se situent dans l'ensemble des symptômes de la vieillesse :

> [B] Voyez un vieillart, qui demande à Dieu qu'il luy maintienne sa santé entiere et vigoreuse, c'est à dire qu'il le remette en jeunesse. *Stulte, quid haec frustra votis puerilibus optas ?* N'est-ce pas folie ? Sa condition ne le porte pas. [C] La goutte, la gravelle, l'indigestion sont symptômes des longues années, comme des longs voyages la chaleur, les pluyes et les vents (III, 13, 1089).

Les *Essais*, dans la période après le voyage en Italie, intègrent une réflexion sur la décrépitude qui s'articule en deux temps. La couche B nuance une discussion sur la souffrance du corps malade, plaçant l'expérience de la perte de la santé dans le vieillissement. Dans la couche C, Montaigne s'exprime sur la nature de l'expérience irrémédiable de la vieillesse, l'associant à un voyage où le corps s'expose au climat. Ce trajet franc et droit est à comparer au circuit fermé du « proumenoir » : « Mes pensées dorment si je les assis. Mon esprit ne va, si les jambes ne l'agitent » (III, 3, 828). En voyage et sur son cheval, un Montaigne « en mouvement » bouge selon une fluctuation intérieure d'un côté et un déplacement extérieur de l'autre, formant un réseau de signes qui se répondent mutuellement.

Le flux des systèmes de l'organisme recoupe le parcours du voyage. Les déplacements de Montaigne peuvent s'arrêter temporairement en raison de la soudaine apparition d'une colique (*JV* 7), mais peuvent aussi continuer selon la conviction que l'exercice physique peut être lénifiant[2], « estimant, estre plus soulagé à cheval qu'il n'eust esté ailleurs »

---

1   Selon François Batisse, Montaigne semble se rallier le plus souvent à l'opinion d'Ambroise Paré, *op. cit.*, p. 176.
2   C'est aussi l'avis d'Ambroise Paré : « Pour la faire descendre [la pierre], faut (s'il est possible au patient) qu'il monte sur un trottier ou courtault, et qu'il le chevauche une lieüe plus ou moins : car par ceste equitation et mouvement, la pierre souvent descend dans la vessie… », « Des pierres », dans *Dix livres de la Chirurgie, Œuvres complètes d'Ambroise Paré*, éd. Joseph-François Malingre, Paris, Ballière, 1840, vol II, p. 471.

(*JV* 55). Il n'est pas difficile d'imaginer les difficultés que rencontre un malade en voyage : chaque trajet, chaque étape doit se conformer aux caprices des coliques et répondre aux besoins de confort bien concrets. Sans doute, les chaises percées et les garde-robes, les commodités, les fosses d'aisance et les retraits que Montaigne trouve en voyage ne valent pas la garde-robe tranquille de sa tour[1]. L'accueil en hôtellerie[2] s'avère primordial lorsque le pot de chambre reste à vider et les linges doivent être employés pour faire des compresses chaudes destinées à soulager la colique au bas ventre[3] ou s'il faut s'essuyer avec des linges après avoir sué les eaux[4]. Le pot de chambre, placé sous le trou de la chaise percée,

---

1   « Elle [sa "librairie"] est au troisiesme estage d'une tour. Le premier, c'est ma chapelle, le second une chambre et sa suite, où je me couche souvent, pour estre seul. Au dessus, elle a une grande garderobe » (III, 3, 828). C'était coutumier de mettre les commodités « au sommet de la maison », car « les privés sont au grenier » pour mieux gérer les odeurs, Roger-Henri Guerrand, *Les lieux : histoire des commodités*, Paris, Éditions de la Découverte, 1985, p. 26 et 39. Pour une discussion sur l'idée de l'intimité en plein évolution à l'époque autour de la question des toilettes, voir Dominique Laporte, *Histoire de la merde, op. cit.*, p. 46-50 ; Mary Thomas Crane, « Illicit Privacy and Outdoor Spaces in Early Modern England », *Journal for Early Modern Cultural Studies*, vol. 9, n° 1, 2009, p. 4-22, et plus particulièrement p. 13 ; Elizabeth Black, « Naming and Shaming : Word and (Fecal) Matter », à paraître. Les retraits et les vidanges ont été l'objet d'un contrôle et une réglementation croissants dès les années 1530. Il était de moins en moins toléré de mettre tout à la rue à des moments indiscriminés et un lent processus de modifications architecturales pour conformer aux ordres royaux s'opère à travers le siècle. Voir François Liger, *Dictionnaire historique et pratique de la voirie. Fosses d'aisance, latrines, urinoirs et vidanges*, Paris, Baudry, 1875. Montaigne a dû voir de tout au cours de son voyage, non seulement en termes de conditions matérielles, mais aussi de niveaux de réglementation et de respect pour cette dernière.
2   Jean-Christophe Lefèvre, *Histoire de l'hôtellerie. Une approche économique*, Publibook, 2011 ; Concetta Cavallini, « Montaigne e le terme durante il viaggio in Italia : 1580-1581 », dans Anna Bettoni, Massimo Rinaldi et Maurizio Rippa Bonati (dir.), *Michel de Montaigne et il termalismo*, Florence, Olschki, 2007, p. 47-59 ; Philippe Desan, « Montaigne et la politique des thermes », *ibid.*, p. 21-33 ; et Alba Ceccarelli Pellegrino, *Il diario di Viaggio di Montaigne in Italia : mappa alberghieria e gastronomica*, Castello, Tibergraph, 1989.
3   Parmi tous les usages variés et parfois très débrouillards du linge et des draps que l'on rencontre dans le *Journal*, il est fort probable que les linges ait été employer pour alleger les souffrances de Montaigne. Ambroise Paré précise qu'il faut faire usage du demi-bain et qu'« on doit faire des frictions avec des linges chauds en devalant en bas » afin de faire sortir une pierre descendue dans la vessie, *Œuvres complètes, op. cit.*, p. 471. Or la toilette avec des linges très sales, dont se plaint amèrement le secrétaire de Montaigne à plusieurs reprises, a dû être fort désagréable.
4   « Quand on a suffisamment sué, il se faut faire bien essuyer par tout le corps avec des linges secs, moyennement chaud, commençant à la teste, descendant apres à la poitrine et autres parties d'embas », Nicolas Abraham de La Framboisière, *Le gouvernement necessaire a chacun pour vivre longuement en santé, avec le gouvernement requis en l'usage des eaux minerales*

permet de bien voir la qualité de l'urine et des excréments, même s'il se trouve caché sous la layette, et serait donc préférable pour le malade. La chaise percée permet de s'installer légèrement à l'écart selon les us des hommes de qualité ; de multiples pots peuvent être employés lorsqu'il s'agit de plus d'une selle dans une courte période ou s'il faut mesurer le rendement des eaux après avoir bu de l'eau minérale. « C'est une sotte coutume que de compter ce qu'on pisse » (*JV* 162), mais c'est une coutume solidement établie par une tradition médicale[1] que Montaigne ne semble pas prêt à abandonner.

Le transit de Montaigne est parfois mis à l'épreuve par la nourriture ingérée en voyage. Montaigne consomme les mets locaux avec un plaisir évident et en quantités qu'il trouve lui-même parfois immodérées. Le secrétaire nous apprend que Montaigne garde son habitude de jeûner le matin, ou de ronger un bout de pain une fois en route. Il nous décrit en détail les perdrix, les artichauts et les vins en Lorraine, les écrevisses, le poisson et le mélange de viandes en Suisse. En Italie, Montaigne lui-même loue les dorades et les barbeaux, essaie les fèves et les poix de Rome, est sensible à la qualité excellente de l'huile, s'extasie pour les melons et le raisin frais et lamente les fraises sur les collines qu'on ne cueille pas de peur des serpents. Le désir de goûter les mêts des pays traversés l'emporte sur la précaution diététique, car les aliments contre-indiqués par Ambroise Paré forment néanmoins une partie de la diète des déjeuners de Montaigne en voyage :

> Donc pour t'en instruire sommairement, faut éviter la demeure en un air gros et vaporeux. Quant aux alimens, faut s'abstenir de poisson, chair de bœuf, de porc, oiseaux de rivière, légumes, formages, laictages, œufs frits et durs, ris, pâtisseries, pain sans levain, et généralement tous autres alimens qui font obstruction. Aussi se garder de manger ails, oignons, porreaux, moustarde, espiceries, et generalement toutes choses qui eschauffent le sang[2]...

Même sans être gourmand, il serait difficile d'éviter tous ces aliments déconseillés. Sachant qu'il a parfois forcé sur la nourriture, Montaigne fait alterner les périodes plus maigres et les moments plus friands, préférant ne pas surcharger son estomac (III, 13, 1084). Il s'isole de temps

---

tant pour la preservation, que pour la guarison des maladies rebelles, Paris, Marc Orry, 1608, Aa 2r°, p. 371.
1   Michael Stolberg, *Uroscopy in Early Modern Europe*, Burlington, Ashgate, 2015.
2   *Œuvres complètes, op. cit.* 467.

à autre au moment du repas pour ne pas se laisser tenter par ce qui se trouve dans l'assiette des autres (*JV* 284), mais la curiosité et l'esprit d'anthropologue l'emportent souvent. En somme, les observations les plus soutenues et régulières à travers le *Journal* sont consacrées à la façon dont les habitudes de restauration épousent le terroir. La terre produit les aliments adaptés à ses habitants, une nourriture propre à entretenir la santé : tout choc fait dommage[1]. La digestion du voyage par Montaigne se fait à table, et l'alimentation tient une place ambiguë qui hésite entre le plaisir de la dégustation et du partage d'un côté, et l'austérité et le sérieux d'un régime de santé de l'autre[2]. La diététique est aussi un moyen de se connaître, la nutrition du corps permet d'incarner le savoir, et l'*habitus* reste au cœur de l'équilibre des humeurs[3].

Montaigne est fier du contrôle qu'il maintient de ses fonctions[4] et de la régularité qu'il arrive à imposer sur son activité matinale :

> Et les Roys et les philosophes fientent, et les dames aussi [...] Parquoy je diray cecy de cette action : qu'il est besoing de la renvoyer à certaines heures prescripts et nocturnes, et s'y forcer par coustume et assubjectir, comme j'ay faict ; mais non assujectir, comme j'ay faict en vieillissant, au soing de particuliere commodité de lieu et de siege pour ce service, et le rendre empeschant par

---

1   « Je ne juge donc point, comme je disois, où les malades se puissent mettre mieux en seurté qu'en se tenant quoy dans le train de vie où ils se sont eslevez et nourris. Le changement, quel qu'il soit, estonne et blesse. Allez croire que les chastaignes nuisent à Perigourdin ou à un Lucquois, et le laict et le fromage aux gens de la montaigne. On leur va ordonnant, une non seulement nouvelle, mais contraire forme de vie : mutation qu'un sain ne pourroit souffrir » (III, 13, 1085).

2   Dans les *Essais*, Montaigne explique son attitude envers le conflit entre les conseils du médecin et le plaisir de vivre que nous voyons se dessiner dans le *Journal de voyage* : « Et sain et malade, je me suis volontiers laissé aller aux appetits qui me pressoient. Je donne grande authorité à mes desirs et propensions. Je n'ayme point à guarir le mal par le mal ; je hay les remedes qui importunent plus que la maladie. D'estre subject à la cholique et subject à m'abstenir du plaisir de manger des huitres, ce sont deux maux pour un. Le mal nous pinse d'un costé, la regle de l'autre. Puisque on est au hazard de se mesconter, hazardons nous plustost à la suitte du plaisir » (III, 13, 1086).

3   Steven Shapin, « The Philosopher and the Chicken. On the Dietetics of Disembodied Knowledge », dans Christopher Lawrence et Steven Shapin (dir.), *Science Incarnate. Historical Embodiments of Natural Knowledge*, Chicago, University of Chicago Press, 1998, p. 21-50.

4   Jeff Persels souligne que, dès Galien, et particulièrement chez Ambroise Paré, le contrôle du sphincter de l'anus était le propre des animaux supérieurs – idée que Rabelais emploie à grand effet : « Straightened in the Bowels ; or, Concerning the Rabelaisian Trope of Defecation », *Études rabelaisiennes*, vol. 31, 1996, p. 101-112. La moralisation du système digestif était courante, et prêtait son langage à la polémique religieuse et à la théorie politique.

longueur et mollesse. Toutesfois aux plus sales services ; est-il pas aucunement excusable de requerir plus de soing et de netteté ? [C] « *Natura homo mundum et elegans animal est.* » De toutes les actions naturelles, c'est celle que souffre plus mal volontiers m'estre interrompu. [B] J'ay veu beaucoup de gens de guerre incommodez du desreiglement de leur ventre ; le mien et moy ne nous faillons jamais au poinct de nostre assignation, qui est au saut du lict, si quelque violente occupation ou maladie ne nous trouble (III, 13, 1085).

La défécation soude les membres d'une curieuse confraternité. Montaigne déplore les effets de la maladie et de la vieillesse, mais ne s'excuse pas pour sa préférence pour la propreté et le confort. Son ventre et lui, c'est « nous » : Montaigne et sa panse forment un couple qui marche en tandem[1]. Ils peuvent être brouillés, mais sont le plus souvent sur la même longueur d'onde. Au cours de ses déplacements, Montaigne tente de se maîtriser pour éviter tout inconvénient ou incommodité provoqué par les « espreintes », les diarrhées ou les vents. Montaigne saute des repas quelques jours après une purgation : « Tout ce temps, depuis ses bains, il avoit un grand bénéfice de ventre, par le moyen duquel il pensoit estre défendu de plusieurs pires accidens. Il desroboit lors plusieurs repas, tantost à disner, tantost à souper » (*JV* 93). Ce fut une précaution logique que de s'assurer le mieux possible de son ventre, surtout en avance de la « Messe du Pape à Saint Pierre » à laquelle il projetait d'assister le jour de Noël ! Montaigne préfère jeûner lorsqu'il est souffrant et manger léger pour calmer son estomac et mieux gérer ses fonctions (*JV* 151, 162, 163, 229, 237).

La nourriture n'est pas le seul moyen pour faire l'expérience du terroir : l'eau et la gestion des eaux occupent une place considérable dans le *Journal de voyage*. À cause de son importance pour la gravelle qui gênait Montaigne, les eaux des sources et des stations thermales forment la part du lion du *Journal de voyage*. Cependant, le secrétaire de Montaigne prête une attention curieuse pour les conduits, les fontaines, les tuyaux, les grottes, les jets d'eau (*surgeons*), les viviers (*gardoirs*), les étangs et les canaux. Montaigne lui-même ne manque pas de mentionner (quoiqu'avec moins d'enthousiasme et de précision que son secrétaire) la gestion des eaux des villes et des villages, c'est-à-dire l'eau de la neige

---

1   La médecine galénique considérait l'estomac assez indépendant puisqu'il peut communiquer la faim au reste du corps, donc, selon moi, Montaigne extrapole de façon ludique selon une notion médicale attestée.

fraîchement fondue, les lacs nourris par les chutes, les fontaines, les puits, et les autres conduits d'eau. La qualité de l'eau représentait une préoccupation considérable, surtout pour les serviteurs qui en étaient responsables, car il fallait être vigilant et éviter les eaux qui étaient bourbeuses ou dormantes[1], ou encore les eaux qui passaient à travers les canaux de plomb[2]. Il est significatif que, dans le *Journal de voyage*, même les eaux qui ne sont pas médicinales attirent l'attention des voyageurs et sont aussi dignes de notes que les autres conditions matérielles du séjour ou les détails gastronomiques ou culturels. La notion de terroir dans le *Journal de voyage* s'avère en effet très large, formant un miroir de l'organisme qui se nourrit, se soigne et se désaltère. Aller de l'avant et gagner l'étape suivant dépend d'un effort réitéré qui consiste à mettre à l'usage le mélange d'éléments naturels et artificiels qui agrémentent le paysage. L'équilibre entre Montaigne et son environnement passe par le corps et s'établit à la suite d'un geste conscient.

EXPÉRIENCES

Montaigne fait l'expérience du terroir qu'il grignote, digérant par petits lopins l'espace qu'il parcourt. Il laisse derrière lui plus que ses urines et ses excréments, car il dépose parfois une partie de lui-même pour marquer une empreinte, tel un ex-voto ou un écusson avec ses armoiries. Surtout, il offre son corps à l'essai, cherchant à inscrire – sur le corps comme sur la page – l'expérience bénéfique des eaux médicinales. Les recherches de Montaigne sur les cures semblent s'organiser *grosso modo* en quatre phases. La première est certes la méfiance raisonnable des médecins que l'essayiste exprime avoir partagée, à l'instar de

---

1   « ains faut plustost regarder si elle n'est point trouble, ny bourbeuse ; puis taster si elle n'est point douce ny salée, ou si elle ne retient point quelque estrange saveur de la terre par où elle passe […]. Il y a cinq sortes d'eaux à boire, à sçavoir celles de pluye, de fontaine, de rivière, de puys, et d'estang » et « L'eau de fontaine surpasse toutes les autres en bonté », Nicolas Abraham de La Framboisière, *Le gouvernement necessaire a chacun pour vivre longuement en santé, op. cit.*, F 8r°, p. 95 et F 8v°, p. 96.
2   *Ibid.* La dissertation sur les eaux salubres et sales donne une fenêtre sur les préoccupations du voyageur. Voir aussi Daniel Roche, « Le temps de l'eau rare du Moyen Age à l'époque moderne », *Annales. Histoire, Sciences Sociales*, 39e année, n° 2, 1984, p. 383-399.

la maladie de la pierre, avec son père (II, 37, 763-764). Dans l'édition des *Essais* parue juste avant le départ en voyage, le scepticisme face à l'utilité de la médecine se fait déjà sentir. La seconde phase relève d'une exploration sans méthode particulière, qui suit la curiosité produite par les incommodités de la maladie. La troisième phase est une recherche qui se précise et se systématise. Montaigne évalue les cures et documente l'effet des thérapies. Le scepticisme ne s'impose pas en deçà des traitements proposés (ces derniers sont accueillis assez ouvertement et sans idée préconçue), mais intervient plutôt lors de la comparaison et de la critique des soins subis. La dernière phase est celle du désabusement et du recul, un moment où l'expérience thérapeutique vient enfin confirmer le pessimisme sur les drogues et justifie la méfiance paternelle des médecins. Quoique le commentaire montaignien sur les soins n'égale pas l'acharnement fougueux que l'on voit s'amplifier à travers la carrière de Molière, Montaigne affiche une résignation et une ironie qui se distinguent de l'antipathie habituelle pour la médecine à l'époque.

Le *Journal de voyage* se situe quant à lui dans le moment de transition entre l'engagement initial avec l'opinion sur les thérapies conseillées et l'observation plus systématique des traitements. Quoi qu'on en dise sur l'attitude négative de Montaigne envers la médecine, à ce stade l'aversion qui existe sur le plan discursif ne dit pas toute la vérité sur la volonté du malade d'opter pour le traitement. Le moment clé de cette ouverture doit être celui où, se trouvant très mal, Montaigne décide de consulter le médecin du cardinal de Rambouillet et reçoit, sur le conseil de ce dernier, un médicament purgatif. Il a fallu s'y résoudre – le secrétaire de Montaigne nous apprend que le malade

> se dépucela, par l'ordonnance d'un médecin François du Cardinal [de] Rambouillet, aydé de la dexterité de son apothicaire, à prendre un jour de la casse à gros morceaux au bout d'un cousteau trempé premierement un peu dans l'eau, qu'il avala fort aysement, et en fit deux ou trois selles (*JV* 92-93).

Pour essayer la thérapie pour la première fois, Montaigne a dû être à la dernière extrémité, car son aversion est bien connue : « C'est du grand Platon que j'apprins naguieres que, de trois sortes de mouvements qui nous appartiennent, le dernier et le pire est celuy des purgations, que nul homme, s'il n'est fou, doit entreprendre qu'à l'extreme necessité » (II, 37, 767 C). Montaigne, qu'il le sache ou non, est au début d'une suite d'expériences concrètes avec les remèdes[1] où il s'efforcera de trouver une position stable et intermédiaire entre les opinions conflictuelles.

En effet, la purgation et les traitements diurétiques étaient sujets à débats en médecine, surtout autour de la question du moment optimal de l'ordonnance pour un graveleux. Dans son *Traité de la pierre*, Ambroise Paré précise que c'est un traitement qui, selon Galien, risque d'aggraver la condition du malade[2]. À la suite de sa première purgation, Montaigne reçoit une dose de « terebenthine de Venise » et un breuvage lénifiant. Le graveleux exprime son scepticisme quant à l'efficacité de cette boisson qui sentait le parfum fruité des quatre semences froides : « Il ne sentit non plus à quoy luy servit cet amandé, car la mesme disposition luy dura encor après » (*JV* 93). Il est en effet difficile pour Montaigne de savoir si le soulagement qu'il ressent après sa crise est l'effet de la térébenthine, de l'« amandé », de la purgation ou des eaux qu'il avait prises avant son arrivée à Rome. Il pense que ce sont les bains qui ont été les plus efficaces[3], mais il ne saurait être complètement sûr. Montaigne fait donc ce que tout bon scientifique aurait fait à sa place : il tente de reproduire les résultats. Le 3 janvier, soit moins d'une semaine plus tard, Montaigne reprend de la térébenthine, et se voit rendre de nouveau du sable sans grande douleur (*JV* 97). Peut-être encouragé, il répète l'expérience une troisième fois le 14 janvier, mais cette fois il n'y a pas d'effet visible (*JV* 98). La méthode qui consiste à reproduire les traitements pour voir la diversité dans les effets se généralise : la purgation se ressaie à son tour, avec un résultat tellement décevant que Montaigne jure contre la médecine qui le laisse dans un pire état[4]. L'exemple de ce genre

---

1   Pour ce qui est de la drogue ou les propriétés médicinales des objets, voir par exemple *JV* 113, 236, 243 et 263.

2   « Et pour l'evacuation des humeurs cras et visqueux, tu pourras avoir le conseil du docte medecin : toutesfois considerant qu'on ne peut toujours le recouvrer, je t'ay bien voulu icy descrire aucuns remèdes bons et approuvés, desquels pourras user selon que verra estre besoin : et icy noteras pour un precepte de Galien, qui a commander qu'il faut eviter les choses diuretiques et fortes purgations au commencement de l'inflammation des reins ou de la vessie, parce qu'elles l'augmenteroient, y faisans fluer les humeurs en plus grande abondance : qui seroit cause d'augmenter la douleur et autres accidens », « Des pierres », dans *Dix livres de la Chirurgie, Œuvres complètes d'Ambroise Paré*, éd. Joseph-François Malingre, Paris, Ballière, 1840, vol II, p. 467-468.

3   « Tout ce temps, depuis ses bains, il avoit un grand bénéfice de ventre… » (*JV* 93).

4   « Le lundi huict de Mai au matin, je prins à grande difficulté de la casse […]. Je disnay deux heures après et ne peus achever mon disner; son operation me fit rendre ce que j'en avoy prins […] et me suis promis de n'en prendre plus. J'aimerois mieux un accès de

d'expérimentation n'est pas isolé dans le *Journal de voyage* – la question de la duplication se pose avec chaque verre d'eau minérale qu'il prend. Il n'est pas étonnant que, chez Montaigne, le rapport de cause à effet s'articule selon l'exemple des traitements médicaux et de leurs succès :

> [A] Et puis, quand la guerison fut faite, comment se peut il asseurer que ce fut que le mal fut arrivé à sa période, ou un effect du hazard, ou l'operation de quelque autre chose qu'il eust ou mangé, ou beu, ou touché ce jour là, ou le mérite des prières de sa mère grand ? Davantage, quand cette preuve auroit este parfaicte, combien de fois fut elle reiterée ? et cette longue cordée de fortunes et de r'encontres, r'enfilée, pour en conclure une regle ? [B] Quand elle sera conclue, par qui est-ce ? De tant de millions il n'y a que trois hommes qui se meslent d'enregistrer leurs experiences (II, 37, 782).

Nonobstant les sarcasmes de Montaigne face aux mystères impénétrables des prières, l'impossibilité de savoir avec certitude si les gestes ont eu quelque effet a inspiré une question fort sobre. Les effets sont visibles, mais l'on ne saurait établir leur source, ni « quelque apparent effet de leur science » (II, 37, 766). Les causes nous échappent dans la diversité de l'expérience, qui est désordonnée, chaotique, aléatoire et sans règle apparente. Le *Journal de voyage* entame une enquête sur la question. L'essayiste, fort coquin ici dans la couche B, omet de signaler au lecteur des *Essais* qu'il se trouve lui-même parmi ces trois hommes au monde qui ont pris la peine de noter leur expérience.

C'est sous cet angle qu'il faut comprendre le reproche que Montaigne s'adresse à lui-même pour ne pas avoir été plus rigoureux et exact dans ses observations sur les eaux :

> Comme je me suis autrefois repenti de n'avoir pas écrit plus particulièrement sur les autres bains, ce qui auroit pu me servir de regle et d'exemple pour tous ceux que j'aurois vus dans la suite, je veux cette fois m'étendre et me mettre au large sur cette matière (*JV* 243).

Il s'agit de « regle » et « d'exemple » pour un carnet d'observations précises qui cherche à respecter une logique, et qui, de surcroît, s'article selon une méthode où les résultats seraient sujets à l'évaluation et au jugement de la comparaison. L'identification fiable des causes qui semblait

---

colicque, ayant mon ventre ainsi esmeu, mon goust alteré et ma santé troublée de cette casse : car j'estois venu là en bon estat... » (*JV* 158).

si inaccessibles dans « Sur la ressemblance des enfants aux pères » est l'objet même de l'écriture du *Journal de voyage*. Par conséquent, la démarche de Montaigne est à ranger à côté des pratiques des scientifiques des XVIIᵉ et XVIIIᵉ siècles – du moins dans la mesure où les observations de ceux-ci sont souvent le résultat d'expériences menées sur leur propre personne[1]. Montaigne anticipe une posture de « *self evidence* » où le soi s'offre comme lieu de l'essai scientifique et ainsi incarne le site où se produit la connaissance. Comme les bassins du gentilhomme dans « De la vanité », la connaissance est l'effet de l'accumulation et « r'enfile » dans une chaîne d'expériences. En l'occurrence, le processus de digestion s'agence comme système au sein du *Journal de voyage*, car il représente à son tour un « souci de soi » foucaldien et un moyen de « *self fashioning*[2] ». Le Montaigne qui chie et qui pisse dans le *Journal de voyage* est un Montaigne qui se façonne selon le pouvoir transformateur qu'il exerce sur ce qu'il consomme. Les eaux des stations balnéaires ont cette qualité particulière car elles atteignent le statut d'aliment dans l'esprit de Montaigne, participant à la nourriture de son corps[3]. Dès lors, il en parle comme faisant partie intégrante du transit.

Il est logique de parler de l'action des eaux dans le système digestif, car ces dernières sortent autant par-derrière que par devant[4]. Le rapport étroit entre l'eau et le rendement en urine, en sueurs, et en selles signale que le corps abrite un système intègre[5]. Ce système est aussi un système clos, qui lie l'ensemble des excréments comme issus

---

1   Simon Schaffer, « Self Evidence », dans James Chandler, Arnold I. Davidson et Harry D. Hartoonian (dir.), *Questions of Evidence. Proof, Practice and Persuasion across the Disciplines*, Chicago, University of Chicago Press, 1994, p. 56-91.

2   « in early modern England, the consuming subject was pressured by Galenic physiology, classical ethics and Protestant theology to conceive all acts of ingestion and excretion as very literal acts of self-fashioning », Michael C. Schœnfeldt, *Bodies and Selves in Early Modern England. Physiology and Inwardness in Spenser, Shakespeare, Herbert, and Milton*, Cambridge, Cambridge University Press, 1999, p. 11.

3   La Framboisière précise que l'eau normale n'a aucune qualité nutritive, voir *Le gouvernement nécessaire a chacun pour vivre longuement en santé, op. cit.*, F 8rᵒ p. 95. Montaigne arrive à la conclusion que l'eau des bains qu'il boit « sert d'aliment » (*JV* 159), peut « se tourne[r] en aliment soudain » (*JV* 23), met du temps à être digérée (*JV* 235), et arrive à occuper le transit et « tenir le ventre libre » (*JV* 236).

4   « Le jeudi il beut de mesme ; son eau feit opération et par devant et par derrière » (*JV* 24).

5   « On y boit la mesme quantité d'eau qu'aux autres bains ; on se promene apres avoir bu, et l'on satisfait aux besoins de la nature, de façon qu'elle veuille opérer, ou par les sueurs, ou par d'autres voies » (*JV* 267).

d'une même matière ; à plusieurs reprises Montaigne boit tant d'eau qu'elle lui sort principalement par le derrière (*JV* 160, 248, 273)[1] ou encore crée des vents (*JV* 135, 236). Le lavement peut porter quelque remède, lorsque la flatulence est plus présente que les pierres dans les évacuations corporelles[2] ; le circuit bouché peut même faire monter les vents jusqu'à la tête[3]. Il est inquiétant de ne pas rendre ce qu'on a bu, et l'eau qui ne sort pas et reste bloquée appelle l'usage d'un médicament (*JV* 162). Montaigne joue le jeu de boire des quantités déconcertantes d'eau, parfois contre les consignes des spécialistes, pour voir ce qui lui arrivera. Dès son séjour à Plombières, il passe pour un phénomène lors qu'il défie les pratiques du pays en refusant de se préparer le corps avec un médicament et lorsqu'il boit d'un trait une quantité d'eau remarquable (*JV* 9). Sa consommation à Bade s'élève à sept petits verres par prise d'eau, puis augmente le lendemain à dix verres. Aux bains de la Villa à Lucques, Montaigne arrive à s'étonner lui-même : « J'en prins, le mercredi, sept verres mesurée à la livre, qui fut pour le moins le double de ce que j'en avoy prins l'autre jour, et croy que je n'en ay jamais tant pris en un coup » (*JV* 160). Il a passé ce jour-là enfermé dans sa chambre, à proximité de sa chaise percée. À la suite d'une migraine, Montaigne semble commencer un traitement systématique qui vise à chasser les pierres et vider le ventre[4]. La cure s'étend sur un peu plus d'une semaine, commençant le lundi avec treize verres d'eau minérale et six livres de la fontaine. Le lendemain, il consomme six livres et fait beaucoup de selles. Il consomme trente-quatre livres d'eau dans les jours qui suivent, avant de faire une pause le dimanche et reprendre

---

1   Parfois les eaux déclenchent un désordre intestinal et urinaire, parfois elles peuvent faire « un bon effet des deux cotés » (*JV* 237).

2   « Cependant, comme la colique continuoit de me déchirer, et qu'aux mouvements flatueux, qui tantôt d'un côté, tantôt d'un autre, occupoient successivement diverses parties de mon corps, je sentois enfin que c'étoient plutôt des vents que des pierres, je fus forcé de demander un lavement […]. Je me remis au lit, et après un léger sommeil, il me prit envie d'aller à la selle ; j'y fus quatre fois jusques au jour, y ayant toujours quelque partie du lavement qui n'étoit pas rendu » (*JV* 271-272).

3   Le mal aux dents est expliqué à Montaigne de cette façon, comme un mal sans corps qui circule dans le circuit du transit : « [Le médecin] jugea que cette espece de fluxion n'avoit pas de corps ou n'en avoit que fort peu ; mais que c'étoient des vents mêlés de quelque humeur qui montoient de l'estomac à la tête, et me causoient ce mal-aise » (*JV* 273).

4   Ambroise Paré précise que l'« usage de des choses diuretiques, nous dit-il, sont bonnes à ceux qui sont sujets à jetter de la gravelle, d'autant qu'elle provoquent à uriner », *Œuvres complètes d'Ambroise Paré*, *op. cit.*, p. 468.

son rythme le lundi suivant (*JV* 248). L'effet laxatif qui lâche le ventre semble n'être que le précurseur de l'effet recherché : lorsqu'il sent des douleurs au bas ventre qui signalent le passage d'une pierre, Montaigne s'assure que « cette eau a la force de les briser » (*JV* 249).

Le succès du projet vaut bien la reprise du même traitement, mais au moment où il essaie de nouveau cette stratégie pour combattre les fortes douleurs d'une dent pourrie, les neuf verres qu'il boit lui donnent tout de suite mal à la tête. Cette fois, le malade est moins content :

> Je n'étois pas content de la maniere dont j'avois rendu les dernieres eaux que j'avois prises ; c'est pourquoi il me vint dans l'idée de renoncer à en boire. Ce qui me déplaisoit en cela, c'est que je ne trouvois pas mon compte les jours de boisson, en comparant ce que j'urinois avec ce que je buvois. Il falloit, la derniere fois que je bus, qu'il fût encore resté dans mon corps plus de trois verres de l'eau du bain, outre qu'il m'étoit survenu un resserrement que je pouvois regarder comme une vrai constipation, par rapport à mon ordinaire (*JV* 274).

Les principes de l'investigation s'annoncent enfin : Montaigne a commencé sa prise des eaux avec une hypothèse et s'est armé d'une stratégie pour mettre celle-ci à l'épreuve. L'attention portée aux quantités d'eau consommées, la répétition des gestes pour en juger les effets[1] et l'enregistrement des résultats[2] deviennent un *modus operandi* dans le *Journal de voyage*. Cette constipation des eaux est l'effet de sa transformation en aliment sous l'effet de la chaleur de la cuisson qui s'opère dans l'estomac selon la médecine galénique (*JV* 161). Le blocage du transit par une constipation augmente la souffrance physique, mais il signale aussi un empêchement plus global – et plus grave – au sein d'un système qui a perdu sa fluidité.

---

1   La Framboisière insiste sur l'importance de l'équivalence entre la consommation de l'eau et les excrétions : « Et estre soigneux de remarquer si l'eau qu'on rend le jour et la nuict par les urines et le ventre, peut égaler la quantité du boire et des choses liquides qu'on a pris au matin, et au repas », *Le gouvernement necessaire a chacun pour vivre longement en santé, op. cit.*, Z 4r°, p. 359.

2   « L'eau que M. de Montaigne avoit beue le mardi luy avoit fait faire trois selles, et s'estoit tout vuidée avant midi. Le mercredi matin, il s'en print mesme mesure que le jour precedent. Il treuve que, quand il fait suer au bain, le lendemain, il la rend colorée et en rend fort peu, par où il juge qu'elle se tourne en aliment soudain, soit que l'evacuation de la sueur précédente le fasse ou le jeusne ; car lorsqu'il se baignoit il ne faisoit qu'un repas. Cela fut cause qu'il ne se baigna qu'une fois » (*JV* 23).

L'application réitérée des substances sur le système digestif – les médicaments lénifiants ou purgatifs, la nourriture du terroir, les eaux minérales, les eaux de la fontaine, et même le jeune – font du transit un parcours expérimental qui ne livre aucune réponse définitive. Montaigne s'amuse, se moquant des contradictions dans les ordonnances des médecins et voit, dans le désordre et l'incapacité de se mettre d'accord, la preuve d'une ignorance totale[1]. Dans le chaos de cette incertitude et en dépit de sa méfiance, une remarquable ouverture caractérise l'attitude de Montaigne. Plus sceptique quant à la médecine anti-galénique, l'auteur des *Essais* dit ne pas vouloir risquer sa peau pour tester les thèses de Paracelse[2]. Pourtant toutes les idées sont accueillies sans préjugé sous l'œil inquisiteur de Montaigne, et le malade se sent libre de jouer à l'alchimiste pour noter la composition chimique des eaux et des boues (*JV* 21, 266, 280, 281)[3]. Lorsqu'il consomme des doses prodigieuses d'eau médicinale, Montaigne teste sur lui-même les thèses de Paracelse sur l'écotoxicologie, selon lesquelles aucune substance n'est sans propriété toxique, puisque c'est la dose qui fait le poison. Au moment où Montaigne suspend son jugement et refuse tout assentiment dans les grands débats de la médecine parce qu'ils sont sujets à des mutations perpétuelles (II, 37, 772), il prend une position cohérente, l'*épochè* du sceptique. L'exclamation de Montaigne – «Je vous laisse à penser où en est le pauvre patient!» – n'est pas l'expression d'un homme prêt à jeter l'éponge, elle témoigne d'une précision sur la situation épineuse de l'homme devant l'impossibilité de se connaître en dehors des aléas d'une expérience chaotique. La perplexité de Montaigne est sincère, et l'auteur des *Essais* cite les noms de Paracelse, de Fioravanti et d'Argenterius

---

1   « Depuis plusieurs années il vivoit sous la discipline des Médecins, dont il observait religieusement le régime. Il était plaisant de voir les différentes ordonnances des Médecins de divers endroits d'Italie, toutes contraires les unes aux autres, sur-tout sur le fait de ces bains et des douches. De vingt consultations, il n'y en avoit pas deux d'accord entr'elles » (*JV* 242-243).

2   « Combien y a-il que la medecine est au monde? On dit qu'un nouveau venu, qu'on nomme Paracelse, change et renverse tout l'ordre des regles anciennes, et maintient que jusques à cette heure elle n'a servy qu'à faire mourir les hommes. Je croy qu'il verifiera aysément cela; mais de mettre ma vie à la preuve de sa nouvelle experience, je trouve que ce ne seroit pas grand sagesse » (II, 12, 571). Voir aussi René Bernoulli, « Montaigne und Parcelsus », *Gesnerus*, vol. 49, n°3-4, 1992, p. 311-322.

3   L'analyse chimique des eaux a ses origines dans la balnéologie, voir Allen G. Debus, « Solution analyses prior to Robert Boyle », *Chymia*, n°8, 1962, p. 41-61.

afin de souligner la violence des antagonismes irrésolubles[1], tels ceux dont il a été le témoin en Italie (*JV* 243). En somme, Montaigne n'est pas doctrinaire, et sa pensée accueille volontiers des éléments de toutes parts afin de percer les mystères de la nature. Le malade du *Journal de voyage* assume pleinement la contingence de sa situation et enregistre, scrupuleusement et fastidieusement, les expériences en « une longue cordée de fortunes et de r'encontres ».

« COMME LE VIN A DE SA LIE
POUR SA CONSERVATION »

Montaigne pose une question importante à son pot de chambre : peut-on y lire le rapport entre le remède et la guérison, et, par extension, le lien entre la cause et l'effet ? La méthode de l'essai, en tant qu'expérience réitérée et effort réflexif renouvelé, s'applique au transit. Métaphore pour les *Essais* et site thérapeutique dans le *Journal de voyage*, l'excrément est le résultat d'un processus de transformation. Après tant de purgations, tant de verres d'eau, et tant de moments passés sur sa chaise percée, Montaigne tire une conclusion sur la nature des fécès :

> Et, à dire vray, de toute cette diversité et confusion d'ordonnances, quelle autre fin et effet apres tout y a il que de vuider le ventre ? ce que mille simples domestiques peuvent faire. Et si ne sçay si c'est si utillement qu'ils disent, et si nostre nature n'a point besoing de la residence de ses excremens jusques à certaine mesure, comme le vin a de sa lie pour sa conservation (II, 37, 767)

Les excréments ne doivent pas être sujets à une évacuation totale ; au contraire, le résidu de la digestion reste comme garant de la préservation. L'estomac, pour Paracelse, est un alchimiste à l'intérieur du corps qui opère la fermentation des aliments. Le médecin suisse postulait qu'un résidu pathogène, le tartre, restait dans le corps à tout jamais à

---

1 Montaigne semble hésiter, par exemple, sur le bien fondé de la théorie des contraires, « *contraria contrariis curuntur* » : « et icy faut la regle commune, que les choses se guérissent par leur contraires, car le mal y guerit le mal » (II, 30, 200) et « On va troublant et esveillant le mal par oppositions contraires » (II, 37, 767).

la suite de la digestion. À la différence de Paracelse, Montaigne décide que la substance dans ses intestins restaure et conserve. Ce résidu dans le transit constitue la source même d'un contact prolongé avec tout ce qui l'a nourri, et, par extension, un contact soutenu avec tout ce qu'il a été. Puisque ces excréments ne quittent jamais le corps, ils forment une couche de la matière première de son esprit créateur. Ces « excremens d'un vieil esprit » sont alors consubstantiels à leur l'auteur, et c'est en ce sens de « residence » qu'ils demeurent « indigestes ». Dans les entrailles de Montaigne, la digestion s'avère être une affaire de patience : « laissons un peu faire » (II, 37, 767).

Amy C. Graves-Monroe
State University of New York
at Buffalo

LA TENTATION HISTORIQUE
DANS LE *JOURNAL DE VOYAGE*
DE MONTAIGNE

> J'ayme les Historiens, ou fort simples, ou excellens : Les simples, qui
> n'ont point dequoy y mesler quelque chose du leur, et qui n'y apportent
> que le soin, et la diligence de r'masser tout ce qui vient à leur notice, et
> d'enregistrer à la bonne foy toutes choses, sans chois et sans triage, nous
> laissent le jugement entier, pour la cognoissance de la verité [...]. C'est la
> matiere de l'Histoire nue et informe : chacun en peut faire son profit autant
> qu'il a d'entendement[1].

Riche d'informations en tous genres sur l'Italie, le *Journal de voyage*
de Montaigne peut être rapproché des écrits scientifiques et historiogra-
phiques en tant que document historique[2], témoignant des lieux, des
faits et des hommes. Montaigne, en voyage alors en Italie, y consigne
maintes observations.

Le *Journal* a suscité d'éminentes réflexions sur les motifs réels et la
dimension symbolique du détour du voyageur français par la péninsule
comme : accomplir quelques missions diplomatiques secrètes, soigner sa
gravelle, se délecter de livres et d'art ou encore « limer sa cervelle contre
celle d'autrui », etc. Mais pour Montaigne l'Italie est avant tout un rêve
humaniste, sorte de passage obligé, cristallisant sa soif de culture et
d'altérité, soif qu'il entend étancher au fur et à mesure des pérégrinations
qui le conduisent à Rome.

---

1   *Essais*, éd. Jean Balsamo, Michel Magnien et Catherine Magnien-Simonin, Paris, Gallimard,
    coll. « Bibliothèque de La Pléiade », 2007, II, 10, 438.
2   « L'histoire est pour lui un pêle-mêle d'actions, de gestes, de brefs entretiens, de situations
    morales ou sociales, de coutumes, de traits de caractère. Il présente tout cela dans de
    beaux tableaux qui frappent les sens, mais en lui laissant son incohérence, sa gratuité,
    en dehors de toute perspective chronologique », Hugo Friedrich, *Montaigne*, trad. Robert
    Rovini, Paris, Gallimard, 1968, p. 216.

Aussi, voir le pavé de Rome (*JV* 90)[1] et mourir pourrait être le vœu[2] intime du voyageur périgourdin, ce « nouveau venu qui cherches Rome en Rome et rien de Rome en Rome n'apperçois[3] », dirait un autre. Montaigne convenant – non sans amertume – que de la belle cité antique ne subsistent que des monceaux de ruines, que va-t-il alors décrire, que va-t-il consigner dans son *Journal* ? Qu'est-ce qui pourrait être « digne d'estre sceu[4] ? », « digne de mémoire[5] ? » Les choses ayant déjà été dites ou peu s'en faut par ses prédécesseurs dans le traditionnel voyage italien[6].

Montaigne tend à privilégier l'actualité vive, immédiate et directe, dont il se veut être le mémorialiste ou encore le chroniqueur[7]. Cela est d'autant plus significatif qu'il note des incidents divers, en particulier ce qu'il perçoit d'insolite ou d'anecdotique dans son quotidien italien[8]. Se déplaçant d'une cité à l'autre, il épie le détail inaccoutumé, étrange, unique et tâche de le consigner dans son aspect originel. Au fil de ses observations on peut déceler une tentation de l'histoire. Il y a en effet comme un *essai* à l'écriture de l'histoire qui se faufile dans les rets de son discours ; l'Italie est dès lors appréhendée comme « un objet historique », « un prétexte » ou encore « un support[9] » à un exercice à l'historiographie.

Loin d'être un répertoire d'antiquités ou un catalogue de choses désuètes, l'histoire dans le *Journal de voyage* se veut une interception de ce qui advient de « vivant », dans le moment présent, moment n'étant pas encore entré dans l'histoire[10]. Elle tire fondamentalement son origine

---

1   « Tant il avoit envy de voir le pavé de Rome », *Journal de voyage de Michel de Montaigne*, éd. François Rigolot, Presses Universitaires de France, 1992. Nous donnons les références à cette édition dans notre texte, sauf indication contraire.

2   Montaigne rêve aussi à des terres plus lointaines, comme la Grèce et la Pologne.

3   Du Bellay, *Œuvres poétiques*, éd. Daniel Aris et Françoise Joukovsky, Paris, Bordas, 1993, II, 3, p. 7.

4   *Essais*, II, 10, 438.

5   Theodore Zwinger, cité par François Rigolot, *Journal de voyage, op. cit.*, p. xx.

6   On renvoie particulièrement à ses compatriotes comme Rabelais, Du Bellay ou encore Olivier de Magny.

7   Auteur de mémoires à caractère historique.

8   Voir entre autres la querelle survenue à l'Église Saint-François entre les Prêtres de la Cathédrale et les Religieux au sujet de la messe (*JV* 264).

9   Les termes sont de Claude-Gilbert Dubois, *La Conception de l'histoire en France au XVIe siècle (1560-1610)*, Paris, A.-G. Nizet, 1977, p. 12.

10   « Il peut sembler curieux en effet de voir un historien privilégier le moment qui n'a pas fait encore son entrée dans l'histoire, celui dans lequel l'histoire se fait. C'est que pour

d'une expérience pleinement menée et vécue en Italie au cours des années 1580-1581. Cette expérience prodigue au diariste un matériau réel, sensible ou comme se plaît à l'appeler Alain-Marc Rieu « brut[1] », susceptible de constituer le fond de ses chroniques[2] italiennes. Montaigne se saisit des faits observés et les transmet tels quels, sans y apporter de modifications ni en tirer de conclusions. Sa volonté de s'abstenir de tout jugement personnel quant à la situation qu'il relate est remarquable. En arrière plan de ses observations se profilent cependant des réminiscences de lecture – relatives à l'Italie – qu'il confronte aux choses vues et vécues dans son quotidien italien. Dans tous les cas, c'est en vivant de plus près l'Italie, en l'essayant et en l'expérimentant[3], qu'il entend fonder son *essai* à l'histoire. Aussi connaît-il son sujet historique par expérience personnelle.

De nombreuses singularités passent donc au crible de l'observateur français : les singularités de la pierre, c'est-à-dire de ses monuments, mais aussi – et surtout – les singularités de l'homme, sorte de matière première de son étude historique ou plutôt de ses chroniques italiennes.

Chez Montaigne la tentative de contenir les singularités que recèle l'actualité italienne dans son *Journal* est frappante ; elle porterait à croire à une ambition encyclopédique tant il est vrai que sa tentation historique s'accompagne d'une tentation géographique ; on se rappellera ici les propos d'Érasme : « il faut bien posséder la géographie qui rend des services même aux historiens[4] ». Montaigne repère les spécificités géographiques des régions qu'il sillonne : reliefs, végétations, climats, etc. ; il donne des superficies approximatives des cités italiennes en les rapprochant de celles des villes françaises : « Vérone, douze milles. Ville de la grandeur de Poitiers, et ayant ainsi une closture vaste sur ladite

---

lui l'histoire n'est pas un musée de choses mortes... », *ibid.*, p. 130.

1   « Physiologie de la mémoire et du langage dans le *Journal de voyage en Italie* », dans François Moureau et René Bernoulli (dir.), *Autour du Journal de Voyage de Montaigne, 1580-1980*, Genève, Slatkine, 1982, p. 57.

2   Récits mettant en scène des personnages réels, tout en évoquant des faits sociaux et historiques authentiques.

3   D'après Claude-Gilbert Dubois, une étude historique est « une recherche réflexive, à base expérimentale », voir *La Conception de l'histoire en France au XVIᵉ siècle, (1560-1610), op. cit.*, p. 12.

4   Érasme, cité par Jean-Claude Margolin, voir « La conception de l'histoire selon Jean-Louis Vivès », dans Marie-Thérèse Jones-Davies (dir.), *L'Histoire au temps de la Renaissance*, Paris, Klincksieck, 1995, p. 17.

riviere d'Adisse qui la traverse, et sur laquelle elle a trois ponts » (*JV* 63) ;
Ferrare « la ville est grande comme Tours » (*JV* 75), etc.

À l'aide de « diverses cartes et livres » (*JV* 100), il parcourt la
Rome ancienne, cherchant à voir de plus près ce qu'il en reste. La *Roma
illustrata sive antiquitatum Romanarum breviarium* de Georg Fabritius
(Bâle, 1550), *Les Antichità della città di Roma* de Lucio Mauro[1] (Venise
1558) ainsi que la *Cosmographie universelle* de Münster sont entre
autres les lectures à la lumière desquelles il observe la topographie
de la Rome qu'il découvre et dont le « plan mesme estant infiniment
changé de forme » (*JV* 101) ne correspond pas à l'image « mentale »
qu'il s'est forgée de la cité antique. Celle-ci n'est plus qu'un sépulcre.
Montaigne n'est pas le premier à avoir conclu à une telle vision.
Sur les pas d'un Castiglione, d'un Janus Vitalis ou encore d'un Du
Bellay, il confirme les dires de ses prédécesseurs, s'inscrivant ainsi
dans leur lignée. Épris d'exactitude et de vérité, il tente de consigner
de manière rigoureuse ce qu'il voit. Le besoin pressant de voir la cité
antique s'accompagne d'un vif désir de repérage et d'inventaire ; il
y a comme une tentative d'effectuer un état des lieux. Le passage
descriptif suivant en dit long :

> Il disoit ne pouvoir aysement faire convenir, veu le peu d'espace et de lieu que
> tiennent aucuns de ces sept monts, et notamment les plus fameux, comme
> le Capitolin et le Palatin, qu'il y rangeast un si grand nombre d'edifices. À
> voir seulement ce qui reste du Temple de la Paix, le long du *Forum Romanum*,
> duquel on voit encore la chute toute vifve comme d'une grande montaigne,
> dissipée en plusieurs horribles rochiers, il ne semble que deux tels bastimens
> peussent [tenir] en toute l'espace du Mont du Capitole, où il y avoit bien 25
> ou 30 temples, outre plusieurs maisons privées. [...] ; aucuns de ces vallons
> estant comblés, voire dans les lieux les plus bas qui y fussent ; comme pour
> exemple, au lieu du Velabrum, qui pour sa bassesse recevoit l'esgout de la
> ville et avoit un lac, s'est tant eslevé des monts de la hauteur des autres monts
> naturels qui sont autour de là, ce qui se faisoit par le tas et monceau des
> ruines de ces grands bastimens ; et le Mont Savello n'est autre chose que la
> ruine d'une partie du theatre de Marcellus (*JV* 101).

---

1   « Un exemplaire de cet ouvrage, conservé à la bibliothèque municipale de Bordeaux,
     porte au titre la signature de Montaigne. Il est probable que c'est un des guides dont
     Montaigne s'est servi lors de sa visite à Rome. Peut-être l'avait-il acheté à Venise à cet
     effet », Pierre Villey, cité par Raymond Esclapez, « Montaigne : l'image de Rome et sa
     fonction », dans Claude-Gilbert Dubois (dir.), *Montaigne et l'histoire*, Paris, Klincksieck,
     1991, p. 58.

Montaigne fait ici allusion au mont Testaccio dont la hauteur atteint trente-cinq mètres et qui est formé par l'accumulation de tessons d'amphores déchargées au port du Tibre, donnant ainsi un aperçu du nombre considérable de la population de la cité antique, qui contraste avec la dispersion de la population de la Rome du XVIᵉ siècle. À l'époque, plus des deux tiers de la ville sont vides et flottent dans l'enceinte d'Aurélien. Quant au forum républicain, il devient « le champ aux vaches » où l'on vend des porcs et l'on fabrique des chars et des jougs. D'ailleurs, des fresques contemporaines de Sixte Quint montrent des porcs paissant dans les rues et sur les places de Rome[1].

Ce ne sont pas les ruines elles-mêmes, du reste éparses et peu nombreuses, qui suscitent la curiosité de Montaigne, mais la bigarrure qu'il repère au sein de la configuration urbaine de la capitale italienne. La Rome « neufve », qu'il qualifie de « bastarde » (*JV* 100), édifie palais et maisons sur « des vieilles masures ou voustes », « sur les brisures mesmes des vieux bastimens » de la cité antique et dont « plusieurs rues sont à plus de trente pieds profond au-dessous de celles d'à cette heure » (*JV* 101), écrit-il. La topographie de la cité s'est tellement transfigurée qu'« un ancien Romain ne sauroit recognoistre l'assiette de sa ville quand il la verroit » (*JV* 101).

Le secrétaire note que Montaigne ne s'attarde pas sur les lieux antiques et leurs ruines. Chez lui le rêve de l'homme l'emporte sur le rêve de pierre[2]. En vérité, il a trouvé dans la variété chatoyante que lui prodigue l'actualité immédiate de quoi assouvir sa faim de la péninsule[3]. Une Italie pittoresque haute en couleurs surgit alors comme pour conjurer la figure sépulcrale de la cité antique. On pense ici à la fileuse de soie en pleine activité à Florence[4], aux paysans et aux bergères qui y récitent de l'Arioste[5] ou encore aux rimeurs de Fano[6]. Les notations du diariste sont

---

1   Voir Jean Delumeau, *La Civilisation de la Renaissance*, Paris, Arthaud, 1984, p. 275.
2   « Tout ce à quoi s'intéresse Montaigne se ramène à une seule question fondamentale : qu'est-ce que l'homme ? Ou plus exactement : que sont les hommes ? », Hugo Friedrich, *Montaigne, op. cit.*, p. 13.
3   Le secrétaire écrit au sujet de l'impatience de Montaigne de voir Venise : « la faim extreme de voir cette ville » (*JV* 71).
4   « Je vis les boutiques de Fileurs de soie qui se servent de certains devidoirs, par le moyen desquels une seule femme, en les faisant tourner, fait d'un seul mouvement tordre et tourner à la fois 500 fuseaux » (*JV* 257).
5   « Je fus ici frappé [...] de voir ces paysans un luth à la main, et de leur côté les bergeres ayant l'Arioste dans la bouche : mais c'est ce qu'on voit dans toute l'Italie » (*JV* 258-259).
6   « Il se treuve quasi à toutes les hostelleries des rimeurs qui font sur le champ des rimes accommodées aus assistans » (*JV* 145-146).

conditionnées par ses détours et ses flâneries[1]. C'est ainsi que rencontres et faits divers constituent un gage de vérité à ses chroniques italiennes ; celles-ci s'écrivant au gré du hasard. Projeté de plein pied dans l'ici-maintenant italien, Montaigne note ce qu'il voit et entend, en particulier ce qui est susceptible de faire sensation ; aussi le voit-on aux aguets du fait insolite et anecdotique. L'historiette du soldat génois capturé par les Turcs – qui s'est fait Turc afin de retrouver sa liberté – rentré chez lui, « après dix ou douze ans », en est un exemple saisissant d'étrangeté ; Montaigne lui-même trouve que c'est « un accident memorable » (*JV* 160-161).

S'il y a une singularité en Italie, objet de toutes les attractions, durant cette époque, c'est bien la courtisane[2]. Figure emblématique, elle s'associera longtemps à la péninsule et à Rome en particulier. À Venise, à Florence ou encore à Rome, Montaigne porte une attention particulière à la prostitution, phénomène répandu et considéré comme ordinaire dans l'Italie de la Renaissance. Le *Journal* transmet quelques échos de ce libertinage ambiant auquel l'église catholique – soucieuse alors de l'ordre moral – a essayé pourtant de faire face en adoptant une politique de réforme dans quelques villes italiennes ; d'ailleurs un décret d'un plan d'austérité a même été pris[3]. À ce propos, le jour du jeudi saint à Rome, Montaigne note :

> Les dames sont ce jour là en grande liberté ; car toute la nuit les rues en sont pleines, et vont quasi toutes à pied. Toutesfois, à la verité, il semble que la ville soit fort reformée, notamment en cette debauche. Toutes œillades et apparences amoureuses cessent (*JV* 124).

Mais Venise[4] échappe à ce plan d'austérité. Bénéficiant d'un emplacement géographique exceptionnel et d'une politique souple, elle occupera

---

1   « Moy qui le plus souvent voyage pour mon plaisir, ne me guide pas si mal. S'il faict laid à droicte, je prens à gauche [...] Ay-je laissé quelque chose à voir derriere moy, j'y retourne : c'est tousjours mon chemin. Je ne trace aucune ligne certaine, ny droicte, ny courbe », *Essais*, III, 9, 1031.

2   C'est aussi une manière d'approcher la ville, voir Pierre Sansot, *Poétique de la ville*, Paris, Klincksieck, 1971.

3   Sur ce point, voir Paul Larivaille, *La Vie quotidienne des courtisanes en Italie au temps de la Renaissance*, Paris, Hachette, 1975.

4   « Dans notre cité [...] le nombre des prostituées a augmenté dans des proportions si excessives, et, délaissant toute pudeur et vergogne, elles se montrent en public dans les rues, les églises et ailleurs, si bien vêtues et parées que, souvent, les patriciennes et les autres femmes de notre cité n'étant pas vêtues différemment d'elles, non seulement les étrangers

pendant longtemps le statut de l' « unique temple et refuge de la liberté[1] »,
ce qui est une véritable aubaine pour les courtisanes de l'époque. C'est en
termes de chiffres, de catégories[2] et de conditions de vie et de travail que
Montaigne relate la présence imposante des courtisanes italiennes. Aussi
tente-t-il de les classer, de les répartir par cité et par catégorie, donnant des
estimations quant à leur nombre, peignant parfois les lieux où elles résident,
etc. À Venise, la prostitution est un véritable « traficque », constate-t-il :

> Mais cela luy sembla autant admirable que nulle autre chose d'en voir un
> tel nombre, comme de cent cinquante ou environ, faisant une despense en
> meubles et vestemens de princesses ; n'ayant autre fonds à se maintenir que de
> cette traficque ; et plusieurs de la noblesse de là mesme, avoir des courtisanes
> à leurs despens, au veu et sceu d'un chacun (*JV* 69).

D'après Paul Larivaille[3], le chiffre donné par Montaigne ne serait que
les quinze millièmes des prostituées exerçant leurs activités à Venise
en 1580 ; c'est dire l'ampleur de ce phénomène. Montaigne donne un
aperçu du mode de vie des courtisanes florentines, qu'il compare à celui
de leurs congénères romaines et vénitiennes :

> Ce jour-là, j'allai seul, pour mon plaisir, voir les femmes qui se laissent voir
> à qui le désire. Je vis les plus renommées : rien de rare. Leurs logements
> rassemblés dans un quartier particulier de la ville, et pour cela dévalorisés,
> sont des plus misérables et sans comparaison possible avec ceux habités par les
> putains romaines ou vénitiennes, comme elles mêmes leur sont incomparables
> en beauté, grâce ou dignité. Si l'une d'entre elles veut habiter hors de ces
> limites, il lui faut être insignifiante et exercer quelque métier pour se cacher.
> De même que les putains romaines et vénitiennes se montrent aux fenêtres
> pour leurs amants, celles-ci aux portes de leurs maisons, où elles s'exposent
> en public aux heures propices ; et vous les y voyez, en plus ou moins grande
> compagnie, parler et chanter[4] dans la rue, faisant cercle[5].

---

mais les habitants même de Venise ne distinguent pas les bonnes des mauvaises [...],
non sans murmure et scandale de tous », *Le Sénat vénitien*, cité par Paul Larivaille, *La Vie
quotidienne des courtisanes en Italie au temps de la Renaissance, op. cit.*, p. 39.

1   Pétrarque, cité par Paul Larivaille, *ibid.*, p. 34.

2   Paul Larivaille recense trois types de courtisanes : les « honnêtes », celles dites de « bas-
étage », ou encore « à la chandelle... », *ibid.*

3   *La Vie quotidienne des courtisanes en Italie au temps de la Renaissance, op. cit.*, p. 127.

4   « Baller, chanter, sonner, folastrer dans la couche / Avoir le plus souvent deux langues
en la bouche / Des courtisanes sont les ordinaires jeux », Du Bellay, *Œuvres poétiques*, II,
92, *op. cit.*, p. 85.

5   *Michel de Montaigne, Journal de voyage, partie en italien*, éd. Élisabeth Schneikert et Lucien
Vendrame, Paris, Classiques Garnier, 2012, p. 133-135.

Par ses détails précis, ce passage s'apparente aux chroniques de l'époque. D'ailleurs, les archives du chapitre de Saint-Pierre signalent que de nombreuses courtisanes opèrent dans des quartiers luxueux où afflue une clientèle de qualité. À Rome certaines s'achètent même des palais et habitent à proximité de la Curie. Leurs congénères vénitiennes s'installent dans des palais somptueux qui longent le Grand Canal. Quant aux courtisanes florentines, étant de « bas-étage », elles logent dans de sordides maisons et exercent dans des quartiers populaires.

Montaigne évoque aussi des courtisanes « honesta » qui font preuve de culture et de raffinement, comme la vénitienne Veronica Franco[1], connue pour sa maîtrise de l'art de la conversation et par les vers qu'elle compose, dont elle offre un volume à Montaigne[2]. Détail intéressant, l'évocation de cette courtisane en dit long sur la présence d'une catégorie de femmes qui valent autant par leur beauté que par leur culture. Mieux encore : certaines se targueraient de piété. Une courtisane pieuse est une trouvaille bien insolite méritant d'être consignée par Montaigne, qui écrit « en liberté de conscience » – mais non sans une vive délectation – qu'une courtisane, en entendant l'*Ave Maria* sonner, « se jeta tout soudain du lit à terre, et se mit à genouils pour y faire sa prière ». « La bonne mere », furieuse, « vient heurter à la porte », arrache du col de la courtisane un pendentif de Nostre Dame, « pour ne la contaminer de l'ordure de son peché » (*JV* 110). L'épisode est éloquent quant à la constance des pratiques de dévotion – pour le moins curieuses et surprenantes – des courtisanes, qui loin de mettre cette ferveur religieuse au service d'une quête de salut, l'instrumentalisent afin de « se faire valoir auprès de leur clientèle[3] ». Il est en outre très fréquent à l'époque que des courtisanes se repentent et entrent même au couvent, comme celles que décrit Du Bellay dans les *Divers jeux rustiques*. Ceci étant, cette historiette anecdotique dévoile chez Montaigne un réel plaisir

---

1   Montaigne l'aurait probablement rencontrée à Venise. C'est une grande habituée du palais des Venier, illustre famille vénitienne qui accueille et reçoit constamment les hommes de lettres italiens les plus brillants et les plus raffinées tels que le prince de l'Académie de Padoue, Sperone Speroni, l'imprimeur Paolo Manuzio ou encore le célèbre Pierre Arétin.

2   Les deux écus que Montaigne donne au domestique chargé de lui remettre le recueil seraient un clin d'œil quant au prix du service d'une courtisane à l'époque. Sur ce point, voir Concetta Cavallini, « Montaigne à Venise : rencontres et hypothèses », *Montaigne Studies*, vol. XXIV, 2012, p. 163-174.

3   Paul Larivaille, *La Vie quotidienne des courtisanes en Italie au temps de la Renaissance, op. cit.*, p. 160.

de conteur. Le diariste se délecte en relatant l'univers des courtisanes. Encore faut-il rappeler que Montaigne fut un habitué des courtisanes en France ; ses fredaines lui ont d'ailleurs valu un rappel à l'ordre de la part de son père. S'il juge que les courtisanes italiennes ne sont pas aussi attrayantes qu'on le dit, il n'en est pas moins fasciné par l'ampleur et la normalité de la prostitution en Italie. Ainsi, le plus vieux métier du monde est considéré comme une partie intrinsèque de l'Italie, une part de son patrimoine, au point de mériter d'être mis en mémoire, comme se plaît à le déclarer la courtisane romaine de Du Bellay :

> Rome, feignons qu'on nous chasse d'icy,
> Soudainement tu te voyras aussi
> Abandonner, car ceste seule perte
> Pourra suffire à te rendre déserte :
> Soudain de toy l'estranger s'enfuira,
> D'y demeurez le moyne s'ennuira
> [...]
> Des monuments par le temps dévorez
> Nous sommes seuls ornemens demeurez,
> Seuls ornemens de l'antique memoire ;
> Et de ce lieu la renaissante gloire[1].

L'intérêt de Montaigne pour l'insolite se manifeste également lors de la scène spectaculaire d'exorcisme à laquelle il assiste, à la date du 16 février 1581, lorsque dans une petite chapelle, il rencontre un prêtre en train de guérir « un spirito ».

> C'estoit un homme melancolique et comme transi. On le tenoit à genouils devant l'autel, ayant au col je ne sçay quel drap par où on le tenoit attaché. Le prestre lisoit en sa presence force oraisons et exorcismes, commandant au diable de laisser ce corps, et les lisoit dans son breviaire. Après cela, il destournoit son propos au patient, tantost parlant à luy, tantost parlant au diable en sa personne, et lors l'injuriant, le battant à grands coups de poing, luy crachant au visage. Le patient respondoit à ses demandes quelques responses ineptes : tantost pour soy, disant comme il sentoit les mouvemens de son mal ; tantost pour le diable, combien il craignoit Dieu et combien ces exorcismes agissoient contre luy [...]. Et à dix ou douze gentilshommes qui estions là, fit plusieurs contes de cette science, et des experiences ordinaires qu'il en avoit, et notamment que le jour avant il avoit deschargé une femme d'un gros diable (*JV* 109).

---

1   « La contre-repentie », *Œuvres poétiques*, II, *op. cit.*, p. 238.

Le grotesque si éclatant de la scène laisse entrevoir l'ironie du diariste, ironie qui rappelle à bien des égards la verve satirique de son compatriote Du Bellay, ayant assisté à un fait similaire. En 1554, il aperçoit en effet dans l'hospice des Orphelins à Rome un moine occupé à guérir des possédées démoniaques ; pour ce faire, il leur tâte « le ventre et le tetin[1] », en proférant des formules liturgiques.

Si le scepticisme de Du Bellay est fort criant, celui de Montaigne se fait un peu plus discret. À l'époque, ces scènes d'exorcisme sont courantes et font généralement l'objet des plaisanteries les plus salaces, par la forte présence de la dimension érotique, particulièrement à travers les contorsions du corps féminin qui offrent un spectacle des plus grivois aux Italiens et aux visiteurs étrangers. Montaigne ne dit pas ce qu'il pense[2] réellement de ces pratiques, il ne fait que transmettre ce qu'il voit ; mais il aura probablement noté que la cité qui ne cesse de promouvoir la pensée rationnelle[3] abrite également de drôles de superstitions et croyances au surnaturel.

Toutefois, son regard n'est plus amusé lorsqu'il assiste à l'exécution de Catena, célèbre bandit italien :

> À la potence, qui est une poutre entre deux appuis, on luy tenoit tousjours cette image contre le visage jusques à ce qu'il fust eslancé ; il fit une mort commune, sans mouvement et sans parole ; estoit homme noir, de trente ans ou environ. Après qu'il fut estranglé on le detrancha en quatre quartiers. Ils ne font guiere mourir les hommes que d'une mort simple, et exercent leur rudesse après la mort. M. de Montaigne y remarqua ce qu'il a dit ailleurs, combien le peuple s'effraye des rigueurs qui s'exercent sur les corps morts ; car le peuple, qui n'avoit pas senti de le voir estrangler, à chaque coup qu'on donnait pour le hacher, s'escrioit d'une voix piteuse (*JV* 98).

La deuxième exécution concerne deux frères accusés d'avoir assassiné le secrétaire du Castallan, fils du pape.

---

1   « Mais quand je voy un moine avec son Latin / Leur taster hault et bas le ventre et le tetin, / Ceste frayeur se passe, et suis contraint de rire », *Œuvres poétiques*, II, 97, *op. cit.*, p. 87.
2   « Le refus de juger est un attribut essentiel du scepticisme », voir Alain-Marc Rieu, « Montaigne : physiologie de la mémoire et du langage dans le *Journal de voyage en Italie* », art. cité, p. 57.
3   L'Italie a beaucoup donné pour promouvoir la pensée rationnelle notamment à travers d'éminents humanistes, mathématiciens et physiciens, comme Luca Pacioli (1445-1517), Rafael Bombelli (1526-1572), Giovanni Battista Benedetti (1530-1590), Léonard de Vinci (1452-1519), Girolamo Fracastoro (1478-1553), etc. Voir Jean Delumeau, *La Civilisation de la Renaissance*, *op. cit.*, p. 437.

> Je vis defaire deux freres [...]. On les tenailla, puis coupa le poing devant ledit palais, et l'ayant coupé, on leur fit mettre sur la playe des chapons qu'on tua et entrouvit soudainement. Ils furent defaits sur un eschafaud et assommés à tout une grosse massue de bois et puis soudain esgorgés. C'est un supplice qu'on dit parfois usité à Rome (*JV* 98).

Les deux scènes d'exécution sont relatées par le secrétaire. En réalité, Montaigne honnit les spectacles de torture. « Les executions mesme de la justice, pour raisonnables qu'elles soient, je ne les puis voir d'une veue ferme », écrit-il dans les *Essais*[1]. Le secrétaire insiste sur l'intérêt porté par son maître au spectacle de l'exécution et en particulier à l'acharnement du bourreau sur le cadavre du condamné. Dans les deux scènes rapportées avec force détails, on ne relève aucun jugement de la part de Montaigne, dont on connaît pourtant le point de vue énoncé dans les *Essais*, au sujet de la pratique de la torture[2]. Les scènes d'exécution ne lui sont pas étrangères ; elles sont également fréquentes en France et il lui est sans doute arrivé d'y assister. Toutefois, on peut deviner que désapprouvant « ailleurs » et clairement les actes de torture qu'il juge injustes, il va de soi que l'acharnement sur les cadavres des condamnés lui paraisse inutile, voire inhumain. Ce ne sont pas les exécutions publiques qui l'étonnent mais probablement l'acharnement violent sur les charognes[3]. Aussi ne pourrait-on pas y voir l'indignation de l'humaniste face à ces pratiques encore *usitées* à Rome ? Barbarie et civilisation coexistent, ce qui confère à l'Italie un aspect des plus étranges. Montaigne s'aperçoit sans doute qu'à la même époque et dans le même pays, réputé pour sa culture, sa douceur et son raffinement, on continue non seulement à dresser potence et échafaud, mais à s'acharner sur des charognes. Et

---

1   *Essais*, II, 11, 452.

2   « C'est une dangereuse invention que celle des gehennes, et semble que ce soit plustost un essay de patience que de verité. Et celuy qui les peut souffrir, cache la verité, et celuy qui ne les peut souffrir. Car pourquoy la douleur me fera elle plustost confesser ce qui en est, qu'elle ne me forcera de dire ce qui n'est pas ? Et au rebours, si celuy qui n'a pas faict ce dequoy on l'accuse, est assez patient pour supporter ces tourments, pourquoy ne le sera celuy qui l'a faict, un si beau guerdon, que de la vie, luy estant proposé ? [...] Plusieurs nations moins barbares en cela que la Grecque et la Romaine, qui les appellent ainsin, estiment horrible et cruel de tourmenter et de desrompre un homme, de la faute duquel vous estes encore en doubte. Que peut il mais de vostre ignorance ? Estes-vous pas injustes, qui pour ne le tuer sans occasion, luy faites pis que le tuer ? », *Essais*, II, 5, 387.

3   Pour Érasme, la « sauvagerie » ou l'inhumanité émane d'un esprit inculte, voir Jean-Claude Margolin, « Les Traités de civilité », art. cité, p. 208.

s'il ne dit rien c'est que d'après lui, les meilleurs historiens sont ceux qui s'abstiennent de tout jugement. Les deux scènes d'exécution sont relatées dans toute leur brutalité. Ainsi, « c'est la matiere de l'Histoire nue et informe », celle des mœurs qu'il préfèrerait consigner, laissant au futur lecteur le soin de juger par lui-même[1].

Quoi qu'il en soit, Montaigne est le protagoniste d'une histoire individuelle, intégrant celle d'une cité, ce qui soulève la question de l'édification d'un mythe personnel. Au-delà de l'humilité qu'il tend toujours à faire valoir, il y a chez lui une tendance à se raconter, à se dire et à se mettre en scène lors de ses pérégrinations et dans ses observations. Cette mise en scène s'exprime tantôt *via* le je narrant, tantôt *via* le je narré. Dans le passage suivant, c'est le secrétaire qui rapporte les dires de Montaigne au sujet du « jugement d'autruy » ; aussi avance-t-il non seulement la prédisposition de son maître à s'ouvrir sur les autres mais en plus le plaisir qu'il y trouve :

> M. de Montaigne disoit qu'il s'estoit toute sa vie mefié du jugement d'autruy sur le discours des commodités des pays estrangiers, chacun ne sçachant gouster que selon l'ordonnance de sa coustume et de l'usage de son village, et avoit fait fort peu d'estat des avertissemens que les voyageurs luy donnoient ; mais en ce lieu, il s'esmerveilloit encore plus de leur bestise (*JV* 55).

De l'immersion dans l'histoire immédiate de l'Italie, découle l'histoire personnelle et particulière d'un voyageur étranger – un français – mimant par ses attitudes, ses usages et ses réflexions, le savoir-être humaniste, tant sur le plan matériel que sur le plan intellectuel. Le voyage italien est d'ailleurs l'occasion de mettre en pratique certaines de ses idées, sorte de mise en épreuve de son *humanitas* que l'on peut décrypter lorsque, sans être dans une logique d'hostilité et sans porter de préjugés, il choisit de loger dans une auberge espagnole[2], ou lorsqu'à sa manière il récompense le talent des comédiennes de Pise, en leur envoyant du poisson (*JV* 263).

---

1   Parlant des historiens, Montaigne écrit : « qu'ils estalent hardiment leur eloquence et leur discours : qu'ils jugent à leur poste, mais qu'ils nous laissent aussi dequoy juger apres eux : et qu'ils n'alterent ny dispensent par leurs racourcimens et par leur choix, rien sur le corps de la matiere : ains qu'ils nous la r'envoyent pure et entiere en toutes ses dimensions », *Essais*, II, 10, 438.
2   « L'auberge de l'Ours », à l'angle de la rue de l'Ours et de la rue Monte-Brianzo, à proximité du Tibre.

Les processions hautes en couleurs auxquelles il assiste à Florence de même que son entrevue avec le pape (*JV* 94) – et le portrait qu'il fait de lui – sont à entendre au sens de « j'y étais, je l'ai vu… ». L'historique n'est pas tant dans l'événementiel qu'il observe que dans sa rencontre *personnelle, sa propre rencontre* avec les faits[1]. Sa volonté de s'inscrire dans le monde et d'y marquer sa participation est très papable, précisément à travers son engagement dans la vie publique et politique[2]. De la même manière, en abandonnant à Lorette le tableau[3] et l'ex-voto[4], ne cherche-t-il pas à laisser une trace de lui-même, une empreinte de son passage en Italie dont il veut bien qu'on se souvienne?

L'Histoire est censée retenir qu'au cours des années 1580-1581, un certain Michel de Montaigne, humaniste français, à cheval et accompagné entre autres d'un secrétaire, a sillonné la péninsule. De ce parcours itinérant émaneront quelques chroniques, historiettes et anecdotes.

Montaigne connaît déjà l'histoire italienne par ses lectures et ses études. Ce qu'il cherche se trouve désormais ailleurs, en particulier dans ce que l'histoire des mœurs de l'Italie comporte de pittoresque : ses courtisanes à la fenêtre, sa troupe de comédiens ambulants, ou encore son prêtre exorciste et ses bourreaux sanguinaires… Autant de choses – peut-être anodines pour un italien de l'époque – mais qui semblent, par leur puissante singularité, captiver l'attention du visiteur français. Ainsi, le voyage en Italie lui permet l'acquisition d'une culture à base d'histoire immédiate, concrète et directe, ce qui sous-tend chez lui un souci de vérité, qui n'irait peut-être pas sans un souci de postérité[5] : le désir de transmettre cette vérité à un tiers, qui pourrait éventuellement être le futur lecteur des *Essais*[6].

---

1   Sur ce point, voir l'article d'Élisabeth Schneikert, « Les fêtes de la Saint Jean de 1581 à Florence dans le *Journal de voyage* de Montaigne », dans Cécile Huchard (dir.), *Représenter l'événement historique*, Nancy, Presses Universitaires de Nancy, 2011, p. 47-59.

2   Voir Philippe Desan (dir.), *Montaigne politique*, Paris, H. Champion, 2006.

3   « J'y peus trouver à toute peine place, et avec beaucoup de faveur, pour y loger un tableau dans lequel il y a quatre figures d'argent attachées : celle de Nostre Dame, la mienne, celle de ma femme, celle de ma fille » (*JV* 139).

4   « Ce fut le 25 d'Avril que j'offris mon vœu » (*JV* 143).

5   Considéré d'après Claude-Gilbert Dubois, « comme un idéal d'ordre littéraire », dans *La Conception de l'histoire en France au XVIe siècle, op. cit.*, p. 127.

6   En effet, Montaigne aurait envisagé de se servir un jour des notes du *Journal* pour étayer lesdits *Essais*. C'est d'ailleurs l'hypothèse de François Rigolot qui note à ce propos : « Montaigne aurait accumulé des matériaux sous forme de notes en vue d'une réutilisation

Si le *Journal* ne répond pas entièrement aux exigences du genre historique, l'effort d'écrire *à la manière* d'un historien, voire d'un chroniqueur reste tangible. Montaigne n'est sans doute pas un historien[1], mais
l'attitude qu'il adopte face à la réalité immédiate le présente comme
tel. Sa tendance à vouloir situer dans le temps et l'espace les faits qu'il
observe, fussent-ils les plus banals, son ambition d'embrasser la richesse
de l'ici-maintenant à travers une démarche de recensement[2], de classe-
ment, mais aussi la tentative de tout enregistrer, de tout dire, en « toute
foy historiale[3] » – bien qu'il soit parfois enclin au silence – soulignent à
bien des égards sa tentation historique. Seulement, la maladie avec les
contrariétés qu'elle implique ainsi que la discrétion qu'exige son statut
de parlementaire font qu'il ne mène pas à bon port cette entreprise, ce
qui justifie ce discours discontinu et cette « vision partielle et fragmen-
tée » de la réalité[4]. Ainsi conçu, le *Journal* serait une amorce, un essai
à l'histoire laissé au demeurant en chantier.

Pour Montaigne, entrer en Italie correspond à s'introduire dans le
vif du sujet : l'actualité de ses mœurs, ce qui est en soi un événement
exceptionnel. À travers les rencontres qu'il fait, les lieux qu'il visite,
les faits divers auxquels il assiste, son voyage italien relève du mémorable parce qu'il est marquant. Mais avec les vicissitudes de l'âge, la

---

ultérieure dans son livre. Ces notes seraient donc des essais en puissance, la description
primitive pouvant faire place à tout moment à une élaboration réflexive », voir *Journal
de voyage*, p. XXII.

1   D'après Michel Perronet : « Montaigne est un historien de l'histoire immédiate, c'est-à-dire
un auteur qui traite de l'actualité en la replaçant dans son contexte », voir « Montaigne
et l'histoire immédiate », dans Claude-Gilbert Dubois (dir.), *Montaigne et l'histoire*, Paris,
Klincksieck, 1991, p. 117.

2   Il en est ainsi quand il décrit la cérémonie des pucelles, en tentant de donner des chiffres :
« le dimanche de Quasimodo, je vis la ceremonie de l'aumosne des pucelles. Le Pape
a, outre sa pompe ordinaire, *vingt cinq* chevaux qu'on mene devant luy, parés et houssés
de drap d'or, fort richement accommodés, et *dix* ou *douze* mulets, houssés de velours
cramoisy, tout cela conduit par ses estafiers à pied ; sa litiere couverte de velours cramoisy.
Au devant de luy, *quatre* hommes à cheval portoient, au bout de certains bastons, couvets
de velours rouge et dorés par le poignet et par les bouts, *quatre* chapeaux rouges. Luy
estoit sur sa mule. Les Cardinaux qui le suivoient estoient aussi sur leurs mules, parés
de leurs vestemens pontificaux, les queues de leurs robes estoient attachées à tout une
aiguillette à la testiere de leurs mules. Les pucelles estoient en nombre *cent et sept* ; elles
sont chacune accompagnées d'une vieille parente » (*JV* 126).

3   *Essais* I, 20, 109.

4   Élisabeth Schneikert, « Les fêtes de la Saint Jean de 1581 à Florence dans le *Journal de
voyage* de Montaigne », art. cité, p. 47-59.

mémoire risque l'usure et le balbutiement[1]. Alors, il faut noter, enregistrer, graver. « À faute de memoire naturelle, [écrit-il] j'en forge de papier[2] ». Il y va de sa probité d'écrivain, et de la conscience historique qu'il revendique.

Olfa ABROUGUI
Université de Tunis

---

1   Montaigne se plaint sans arrêt des insuffisances de sa mémoire, voir les *Essais*, I, 9 ; II, 17 ; III, 13.
2   *Essais*, III, 13, 1141.

LA CITOYENNETÉ ROMAINE
DE MONTAIGNE

La *supplica* des archives dans son contexte

Durant l'été 2009, j'ai obtenu la photographie d'un document provenant de l'Archivio Storico Capitolino et qui n'avait, jusque-là, jamais été découvert par les spécialistes de Montaigne. À ce moment-là, les archives étaient fermées pour des travaux de rénovation. D'abord cité en 1991 par l'archiviste Paola Pavan, le document se présente sous forme d'une *supplica* de Montaigne pour l'obtention de la citoyenneté romaine[1]. Datée du 11 mars 1581, avec un accusé de réception du 13 mars 1581, cette *supplica* comporte une signature originale. J'ai transmis la reproduction photographique à Alain Legros, juste à temps pour que sa transcription puisse être publiée dans son *Montaigne manuscrit*[2]. J'ai pu retourner à Rome durant l'été 2011 afin d'étudier plus en détail le volume de *suppliche* et le registre séparé des privilèges. Ce dernier inclut une brève entrée consignant la gratification de la citoyenneté romaine accordée à Montaigne[3].

À cette époque, j'avais conclu que la *supplica* de Montaigne était atypique à certains égards, du moins si on la compare à d'autres *suppliche* présentées à la même période. La plupart des *suppliche* étaient soumises par des Italiens originaires d'autres régions, avec une simple signature, et étaient approuvées par trois *deputati*. Ces Italiens déclaraient simplement avoir vécu à Rome pour un certain nombre d'années et précisaient qu'ils comptaient y mourir, etc. La *supplica* de Montaigne fait partie des très rares documents à avoir été soumis par des étrangers qui ne cherchaient

---

1   Paola Pavan, « Cives origine vel privilegio », dans Luigi Spezzaferro et Maria Elisa Tittoni (dir.), *Il Campidoglio e Sisto V*, Rome, Edizioni Carte Segrete, 1991, p. 37-41. Lettre conservée à Rome, Archivio Storico Capitolino, Camera Capitolina, cred. IV, t. 64, f. 179r⁰ (anciennement 176r⁰).

2   Alain Legros, *Montaigne manuscrit*, Paris, Classiques Garnier, 2010, p. 665-667.

3   Archivio Storico Capitolino, Camera Capitolina, cred. I, t. 1, f. 188v⁰.

ni à posséder une propriété à Rome ni à résider dans la Ville éternelle. Parmi ces étrangers on compte Diego Lopez de Montoya, un canon d'Avila, sur le point de rentrer en Espagne. Il représentait l'Inquisition espagnole à la cour papale et requit la citoyenneté romaine en janvier 1579[1]. Il y avait aussi plusieurs autres postulants espagnols. Montaigne, cela dit, est le seul « suppliant » français enregistré entre 1577 et 1585[2]. Dans le contexte de ce volume considéré dans son ensemble, la présence de cette signature originale d'un Français noble, accompagné de ses titres complets, mais sans signatures des *deputati*, semble assez inhabituelle. Jean-Robert Armogathe a conduit une enquête plus complète concernant les documents en tant que tels et les a analysés dans le contexte des archives[3]. Je me concentrerai pour ma part d'étudier le contexte plus large, tenant compte de la Rome de l'époque, mais aussi du *Journal de voyage* et du chapitre « De la vanité » des *Essais*. La Rome du pape représentait un marché riche en capital culturel. Les étrangers cherchaient à s'intégrer afin d'obtenir des offices, des titres, ou tout simplement le savoir nécessaire pour pouvoir accéder aux intermédiaires de la cour et de la curie romaine. Le traitement des étrangers ainsi que de leurs livres était fondamental dans la campagne de reconquête catholique, promue par le pape. Les intellectuels pouvaient être utilisés pour fournir des preuves tangibles à l'appui de la culture catholique, voire démentir les accusations de ses adversaires[4]. La campagne de Rome pour récupérer des représentants et pour renouveler des textes défendant le catholicisme gallo-romain était particulièrement urgente, étant donné les efforts de la monarchie française pour pacifier les troubles religieux au moyen d'édits attribuant une liberté de conscience limitée aux Huguenots.

L'intégration de Montaigne dans la noblesse romaine n'avait pourtant pas bien débutée. À la Porta del Popolo, au nord-ouest de Rome, l'entrée des étrangers était sévèrement contrôlée, en partie pour endiguer la « peste » venant de Gênes. Montaigne fut soumis à une fouille

1   *Ibid.*, f. 181v°-182r°; Henar Pizarro Llorente, *Un gran patrón en la corte de Felipe II : Don Gaspar de Quiroga*, Madrid, Universidad Pontificia Comillas, 2004, p. 322-330.
2   Philippe Desan, *Montaigne. Une biographie politique*, Paris, Odile Jacob, 2014, p. 374.
3   Voir son article dans ce volume.
4   Irene Fosi, « *"Roma patria comune"* ? : foreigners in early modern Rome », dans Jill Burke et Michael Bury (dir.), *Art and identity in early modern Rome*, Aldershot/Burlington, Ashgate, 2008, p. 27-43, p. 39.

approfondie de ses bagages par les douaniers (*JV* 90)[1]. Nous savons cela, car, selon son habitude, environ un mois après son entrée réussie dans la ville, le secrétaire enregistra ce que Montaigne avait dit. Il n'était pas d'accord avec « ceux qui luy comparoient la liberté de Rome à celle de Venise » (*JV* 92). Cela n'est guère étonnant, venant de quelqu'un ayant récemment fait l'expérience de l'oppression du pouvoir papal, exercé au travers des autorités municipales aux portes de la ville.

Nous ne savons pas exactement avec qui il n'était pas d'accord. Mais la renaissance de l'image de la ville de la fin du XVe siècle à la fin du XVIe siècle reposait sur deux éléments complémentaires. Ces deux éléments étaient en tension l'un par rapport à l'autre, mais se retrouvaient également dans un langage dérivé de l'histoire et des reliques ayant survécu à l'ancienne Rome républicaine et impériale. Ce langage comprenait les concepts de *Romanitas*, de *Roma communis patria* (Rome en tant que « patrie commune » de toutes les nations), de Rome en tant que la mère de tous les peuples. D'un côté, l'image du peuple romain renaissait, puisant dans la tradition de liberté attachée au gouvernement municipal de la colline du Capitole. C'était le siège du « Sénat et du peuple de Rome », qui faisait entendre sa voix et se drapait d'une identité civique en face même de la domination de la cour et de la curie papale[2]. Un groupe de nouveaux citoyens romains, appartenant à la noblesse et habillés uniformément à la manière des anciens romains, bénéficiait d'une reconnaissance papale importante dès 1590[3].

D'un autre côté, la Rome du pape s'était forgé la réputation d'une ville allant à contre-courant de la tendance européenne en reconnaissant et en accueillant une extraordinaire diversité de nations. Alors que les craintes des autres villes concernant les étrangers augmentaient, Rome s'accommodait de la diversité d'une manière qui « en rien ne perturbait

---

1   Montaigne, *Journal de voyage*, éd. François Rigolot, Paris, Presses Universitaires de France, 1992. Nous donnons dans notre texte la pagination de cette édition.

2   Laurie Nussdorfer, *Civic Politics in the Rome of Urban VIII*, Princeton/Oxford, Princeton University Press, 1992 ; Alessandra Camerano, « Le trasformazioni dell'élite capitolina fra XV e XVI secolo », dans Maria Antonietta Visceglia (dir.), *La nobiltà romana in età moderna : profili istituzionali e pratiche sociali*, Rome, Carocci, 2001, p. 1-29 ; Alessandra Camerano, « La restaurazione cinquecentesca della romanitas : identità e giochi di potere fra curia e Campidoglio », dans Biagio Salvemini (dir.), *Gruppi ed identità sociali nell'Italia di età moderna : percorsi di ricerca*, Bari, Edipuglia, 1998, p. 29-79, p. 35-39.

3   Elisabetta Mori, « *"Tot reges in Urbe quot cives"* : Cittadinanza e nobiltà a Roma fra Cinque e Seicento », *Roma moderna e contemporanea*, 1996, t. IV, p. 379-401, p. 381-382.

ou ne blessait la paix publique, l'ordre public, la vie partagée de la ville et l'autorité du pontife et du gouvernement[1] ». Vue sous cet angle, la Rome du pape pouvait se targuer d'avoir une noblesse singulièrement ouverte et socialement mobile, ainsi que d'un accès plus aisé à la citoyenneté, quelque soient les origines du demandeur[2].

Si cela nous donne une certaine idée de ce qu'on pouvait dire de la liberté à la romaine, l'inventaire des arguments que Montaigne opposa à cette opinion en décembre 1580, dressé par le secrétaire, nous donne à voir l'envers du décor. Cette liste nous invite à définir la *liberté* comme l'effort des magistrats de la ville pour permettre aux citoyens de poursuivre leurs propres objectifs sans insécurité ou interférence non nécessaire, et de posséder leur propriété librement et sans méfiance. Mais ces libertés concernant la propriété et la sécurité que les lois et la paix devraient aider à mettre en place, se mélangent aux libertés qui appartiennent à la catégorie de la liberté de conscience, de jugement, de parole. Ainsi, d'un côté, Montaigne affirme que les libertés de Rome ne sont pas compatibles avec celles de Venise, car les maisons y sont tellement peu sûres qu'on conseille à ceux qui ont avec eux beaucoup d'argent de le confier aux banques, et aussi car sortir la nuit est dangereux. D'un autre côté, il évoque le cas du général des Franciscains renvoyé de son poste et enfermé pour avoir condamné l'oisiveté et la pompe des prélats lors d'un sermon à l'église. D'une part les autorités de la ville ne réussissent pas à protéger les propriétés et les personnes, et d'autre part ils restreignent la circulation de la propriété intellectuelle commune – les lieux communs utilisés par les prédicateurs (*JV* 92).

Le passage qui suit, dans le même extrait, renvoie directement à l'intégration des étrangers dans la ville. Les bagages de Montaigne avaient été inspectés dans les moindres détails aux portes de la ville, ce qui n'avait pas été le cas à l'entrée d'autres villes italiennes. De plus, les douaniers avaient décidé d'inspecter tous les livres qu'ils avaient trouvés dans les bagages.

D'où vient le changement d'opinion de Montaigne sur la liberté à Rome à la fin de son séjour dans cette ville (*JV* 126-127)? La réponse la plus simple est que la plupart de ses livres lui furent retournés et que la

1   Fosi, « *"Roma patria comune"*? : foreigners in early modern Rome », art. cité, p. 27 ; Camerano, « La restaurazione cinquecentesca », art. cité, p. 52 n. 50.
2   Nussdorfer, *Civic Politics in the Rome of Urban VIII, op. cit.*, p. 95-98.

« liberté de Rome » lui fut directement accordée. Car cette liberté survi-
vait plus concrètement en tant que privilège de la citoyenneté romaine.
Le sénat et le peuple de Rome conservaient le droit formel d'accorder la
citoyenneté, même si en pratique le pape avait le pouvoir d'en choisir les
bénéficiaires si besoin – pouvoir qu'il exerça via son majordome dans le cas
de Montaigne[1]. L'élite établie du Capitole essayait d'utiliser la citoyenneté
comme un instrument pour réguler les changements dans la composition
de l'oligarchie et contraindre les nouveaux arrivants. Le pape l'utilisait
comme un instrument pour honorer les membres de la maison pontificale,
consolider les fondations cosmopolites de la cour et de la curie et faire une
faveur aux ambassadeurs et chercheurs étrangers sous la forme d'un cadeau
prestigieux[2]. Les relations avec certaines nations pouvaient bien évidemment
se dégrader, ce qui rendait plus difficile l'obtention de la citoyenneté. Au
début du XVIᵉ siècle, Christophe de Longueil avait dû combattre le préjugé
qui entourait l'idée même d'une possible citoyenneté gallo-romaine. Pendant
les guerres de religion dans le dernier tiers du XVIᵉ siècle, il existait encore
à Rome une très grande méfiance envers les Français[3].

Mon argument principal est ici que, pendant son séjour à Rome,
Montaigne s'est assimilé à la société de la noblesse romaine. C'est dans
les circonstances particulières de la Rome pontificale qu'il a développé la
liberté et l'oisiveté propres à une certaine noblesse. Comme Ann Hartle
l'a montré, certaines caractéristiques des *Essais*, telles que le langage
païen et le refus apparent de l'auteur de se repentir, ne sont pas des
signes d'indifférence envers la religion. Elles sont plutôt des indications
de la manière dont Montaigne vivait sa foi comme il la comprenait. Elle
en déduit que la condition de possibilité d'une vie libre est un héritage
chrétien de la république romaine, qui reconnaît l'égalité humaine
et la liberté de jugement de la part de ses citoyens[4]. Montaigne trouvait cette condition réalisée dans la Rome de Grégoire XIII, avec sa
noblesse laïque et ecclésiastique ouverte à toutes les nations et à tous les
peuples, indépendamment de leur origine, y compris les Français. Cette
section du *Journal* offre un récit de vie dans une monarchie catholique

---

1   Philippe Desan, *Montaigne. Une biographie politique, op. cit.*, p. 370-376.
2   Mori, « *Tot reges in Urbe quot cives* », art. cité, p. 381.
3   Fosi, « *"Roma patria comune"* ? : foreigners in early modern Rome », art. cité, p. 31.
4   Ann Hartle, *Michel de Montaigne : Accidental Philosopher*, Cambridge, Cambridge University
    Press, 2003, p. 122, p. 226-239.

romaine absolue, dans une ville où l'expression d'une véritable piété coexiste avec l'oisiveté et la licence de la noblesse, sous l'égide d'un souverain qui fait montre d'une réelle libéralité. Ceci donne un aperçu des conditions politico-religieuses qui, du point de vue de l'auteur, garantissent implicitement la légalité et la noblesse de la liberté quasi païenne qui caractérise les *Essais* de 1588.

Montaigne était conscient de cela, comme l'indique sa requête pour la citoyenneté romaine, qui lui fut accordée le 13 mars et remise en personne le 5 avril. Approchant la fin de son séjour à Rome, et se souvenant de ce qu'il avait dit au début des événements aux portes de la ville, il rapporte dans son *Journal* ce qu'il a dit plus récemment à propos de la ville dans laquelle il a vécu pendant quatre mois. Il a entre-temps fait une *supplica* auprès des autorités municipales romaines demandant formellement les libertés liées au privilège de la citoyenneté, et en retour s'engageant lui-même au service du peuple romain. Il la signe en tant que noble français, chevalier de l'ordre chrétien du roi français Henri III, et gentilhomme ordinaire de sa chambre.

Pendant ce temps, dans le *Journal*, Montaigne fait à nouveau allusion aux libertés accordées aux étrangers de Rome et les compare avec celles de Venise. Son ton a changé de manière assez remarquable. Il affirme que, en dépit de tout l'« art » et des « soins » qu'il a pu déployer, il n'a connu Rome qu'à travers le visage public qu'elle présente au plus « chétif étranger ». Et c'est précisément ce qui a changé son regard sur Rome, dans un sens positif. La ville est la plus universelle dans ce sens qu'elle est commune à tout le monde, c'est un endroit où le mérite a par définition plus d'importance que les origines. L'étrangeté et les différences de nationalités ne sont pas prises en compte car la ville est un *patchwork* d'étrangers ; tout le monde se sent chez soi, comme Montaigne en a lui-même fait l'expérience. En même temps, la juridiction du prince de la ville, le pape, s'impose aux étrangers chez eux tout comme à Rome. Ainsi, bien que la fameuse liberté de Venise et ses avantages commerciaux attirent beaucoup d'étrangers, l'accès à l'assimilation et la naturalisation y sont effectivement fermés. En revanche, les postes à la cour romaine et à la curie sont ouverts aux étrangers de toutes nationalités :

> Je recherchay pourtant et employay tous mes cinq sens de nature pour obtenir le titre de Citoyen Romain, ne fust ce que pour l'ancien honneur et religieuse memoire de son authorité. J'y trouvay de la difficulté ; toutesfois je

la surmontay, n'y ayant employé nulle faveur, voire ny la science seulement
d'aucun François. L'authorité du Pape y fut employée par le moyen de Filippo
Musotti, son Maggiordomo, qui m'avoit pris en singuliere amitié et s'y peina
fort. Et m'en fut depesché lettres 3e Id. Martii 1581, qui me furent rendues
le 5 d'avril, très-authentiques, en la mesme forme et faveur de paroles que les
avoit eues le Seigneur Jacomo Buoncompagnon, Duc de Sora, fils du Pape.
C'est un titre vain ; tant y a que j'ay receu beaucoup de plaisir de l'avoir
obtenu (*JV* 126-127).

Montaigne nous donne ici bon nombre d'informations importantes.
Ce privilège ne lui fut pas attribué au même titre que les citoyennetés
honoraires conférées aux nobles, princes, souverains, ambassadeurs, pro-
fanes ou ecclésiastiques, sans le besoin d'une *supplica*. Tout commença
avec une initiative de sa part. Il dut faire parvenir une requête formelle,
requête qui fut dûment inscrite dans le registre du Capitole. Ce privilège
fut peut-être bien le seul des titres de noblesse obtenus par Montaigne
qu'il chercha activement à obtenir. Il était très conscient des personnes
qui figuraient sur la liste des citoyens d'honneur quand il devint plus
tard maire de Bordeaux, et citait l'exemple classique d'Alexandre, qui
accepta la citoyenneté de Corinthe lorsqu'il apprit que les noms de
Bacchus et d'Hercules se trouvaient sur la liste de cette ville[1].

Il est donc plus que probable qu'il chercha à acquérir la citoyenneté
romaine avec en tête ce tableau d'honneur, de l'antiquité jusqu'à maintenant, et peut-être avec en tête le fait qu'il était traditionnellement plus
difficile pour des Gaulois « barbares » de l'obtenir. La motivation de
Montaigne semble avoir été la même que celle des autres qui voulaient
devenir Romains à la même période. Le titre avait de la valeur et de
l'honneur dans le contexte de la tradition quasi religieuse de l'ancienne
république de Rome. C'est cela, avec en parallèle la tradition de l'église
romaine de Saint Pierre, qui définissait la noblesse si ouverte de la cité
contemporaine. À Rome, peu après la visite de Montaigne, fut publiée
une édition des louanges poétiques de Rome du Gallo-Romain Claudius
Rutilius Namatianus lors de son voyage en Gaule. Elle contient une
dédicace au citoyen romain dont Montaigne proclame fièrement (mais
erronément) qu'il a reçu son statut de la même manière qu'il a reçu
le sien : Signore Giacomo Boncompagni (nommé le « Castellan »), le

---

1   Montaigne, *Les Essais*, éd. Jean Balsamo et al., Paris, Gallimard, coll. « Bibliothèque de
     la Pléiade », 2007, p. 1050.

fils du Pape. Le poème et son commentaire n'ont de cesse de vanter l'ouverture de Rome aux étrangers, au point que le Gaulois Rutilius exprime le regret d'avoir à quitter la ville pour son pays d'origine (*JV* 127)[1]. Dans les études antiquaristes en France, l'ancien titre de *Bourgeois de Rome* – les grandes libertés qu'elle conférait, le concept juridique associé selon lequel *Roma communis nostra patria est* – était la référence des discussions sur les « libertés » dont jouissaient les différents ordres de France[2].

Une autre information importante est que l'autorité du pape fut utilisée pendant cet événement, via une personnalité importante de son entourage. Montaigne ne nous dit pas quelle « difficulté » il a rencontré, mais les lois stipulaient que le demandeur devait avoir sa résidence principale à Rome, ainsi qu'y être propriétaire. Ce qui n'était bien évidemment pas le cas de Montaigne. Seuls les *viri illustres vel clari* étaient exemptés de cette obligation, et les compte rendus des délibérations du conseil montrent que ce dernier mettait un point d'honneur à ce que ces critères soient maintenus et respectés. À partir de 1562, des rapporteurs furent envoyés pour établir que les requérants qui cherchaient cette exemption devaient faire preuve de noblesse en termes de dignité et de vertu[3].

C'est sans doute là la « difficulté » dont Montaigne parle. Il insiste sur le fait qu'il n'a pas surmonté cela, comme on aurait pu s'y attendre, en demandant à ses contacts en France ou aux officiels représentant la France (c'est-à-dire l'ambassadeur, le cardinal protecteur, les cardinaux français et la curie) de se porter garant de son statut d'« illustre noble », comme Jacques Auguste de Thou le fera un quart de siècle plus tard. De la même manière que les clercs sont assimilés via la curie, Montaigne est parvenu à obtenir une assimilation rapide et indépendante grâce à la cour papale, ce qui implique non seulement la reconnaissance de son statut social en tant que noble, mais aussi celle de son identité confessionnelle, peut-être avec l'aide de ses relations jésuites[4].

---

1   Claudius Rutilius Namatianus, *Itinerarium. Ab Iosepho Castalione emendatum, et adnotationibus illustratum*, Rome, excudebat Vincenzo Accolti, 1582, f. A2r°, f. A5r°, f. D4v°.
2   Étienne Pasquier, *Les Recherches de la France*, éd. Marie-Madeleine Fragonard et François Roudaut, Paris, H. Champion, 1996, t. 2, p. 894-915.
3   Mori, « *Tot reges in Urbe quot cives* », art. cité, p. 384-387.
4   Fosi, « *"Roma patria comune"?* : foreigners in early modern Rome », art. cité, p. 36-41 ; Alfred Soman, *De Thou and the Index. Letters from Christophe Dupuy, (1603-1607)*, Genève, Droz, 1972.

En fin de compte, Montaigne pensait recevoir son noble titre de citoyen en tant que membre d'honneur de la *famiglia* du pape, ce qui en théorie lui donnait le même statut que celui des membres de la dynastie Boncompagni, auxquels le titre est accordé par l'autorité directe de leur parent Grégoire XIII. Le népotisme avait permis à Boncompagni d'intégrer la haute aristocratie romaine. Le Duc de Sora (qui devint le titre de Giacomo Boncompagni) était le fils du roi et un général auquel les Espagnols avaient confié la défense de la ville[1].

En réalité, les termes employés dans la bulle sont conventionnels et convenus – et moins grandioses que ceux employés pour le fils naturel du pape (en 1573), cela est certain. Ils ressemblent davantage aux termes utilisés, vers la fin de l'année 1580, à l'intention d'un obscur Medici, Cosimo di Francesco, et d'autres bénéficiaires[2]. Le format de la lettre est néanmoins prestigieux («pompeuse en seaux, et lettres dorées»), et celle-ci lui fut livrée directement, sans qu'il ait besoin de se présenter en personne pour remercier le Sénat et le peuple de Rome[3].

Dans l'ensemble, il s'agit d'une importante confirmation étrangère de la validité des titres de noblesse de Montaigne. Sa publication dans l'édition de 1588 suggère que nous ne devrions pas dissocier le projet des *Essais*, qui marquent l'avènement d'un style de pensée *nouveau* et *libre*, des efforts de l'auteur pour s'autodéfinir en tant que noble à la fois en France et dans la Rome pontificale, comme Jean Balsamo l'a montré de façon convaincante[4].

Bien sûr, Montaigne retranscrit les termes des lettres patentes non dans le *Journal*, mais à la fin des *Essais*, dans le chapitre III, 9, où une page entière leur est consacrée, en italiques. Il nous dit que cela lui a été attribué avec une «gracieuse libéralité» comme beaucoup d'autres titres qui lui ont été conférés sans qu'il les ait sollicités. Une remarque qui paraît bien hypocrite quand on considère la *supplica* signée dans les archives! Il ne révèle pas que la libéralité en question a effectivement été rendue par le majordome de la maison pontificale. Dans la pratique, ce

---

1   Thomas James Dandelet, *Spanish Rome 1500–1700*, New Haven/Londres, Yale University Press, 2001, p. 76.
2   Voir l'article de Jean-Robert Armogathe dans ce volume; et Maria Luisa Napolitano, «Hubertus Goltzius e la *Civitas almae urbis Romae*», *Anabases*, vol. 11, 2010, p. 55-94.
3   *Essais*, p. 1045.
4   Jean Balsamo, «Montaigne's noble book : book history and biographical criticism», *Journal of Medieval and Early Modern Studies*, vol. 41, 2011, p. 417-434.

titre de noblesse était tout autant le don d'un monarque que ses titres français ; tous étaient également honorifiques. Il remarque : « N'estant bourgeois d'aucune ville, je suis bien aise de l'estre de la plus noble qui fut et qui sera onques[1] ». Cette remarque quelque peu vaniteuse l'amène à réfléchir sur sa propre vanité ainsi que celle des hommes, tout en s'arrogeant un certain mérite pour « regarder dans soi » aussi attentivement qu'il le fait, contrairement à la plupart des autres gens.

Nous pouvons conclure en revenant sur le contexte de l'insertion de la bulle de citoyenneté dans l'édition de 1588 au chapitre « De la vanité ». Bien avant la fin du chapitre, Montaigne parle en tant que citoyen noble de Rome. Il nomme d'autres citoyens romains antiques, tel Sénèque, et converse avec eux, en utilisant leur langage païen qui met l'accent sur la Fortune. Mais il modère leurs conceptions néo-romaines et stoï- ciennes de la liberté en évoquant son tempérament, qui ne le dispose à rien faire d'autre qu'à vivre agréablement comme un homme libre, affranchi des offices et des obligations. Chose difficile à faire là où il vit en France. Là-bas, il doit sa sûreté non aux lois qui régissent tous les citoyens de France, mais aux protecteurs locaux qui lui font cette grâce parce que sa *légalité* et sa *liberté* leur plaisent : « Si mes deportements et la franchise de ma conversation, obligent mes voisins […] c'est cruauté qu'ils s'en puissent acquitter, en me laissant vivre ». Dans le passage qui suit, il réaffirme l'autonomie de sa conscience, et son engagement à ne s'adonner qu'aux actions qui ont pour elles quelque « splendeur de liberté[2] ».

D'ici à la fin du chapitre, Montaigne aura implicitement esquissé un scénario qui contraste avec le précédent : celui de son expérience dans la Rome contemporaine, où sa légalité et sa liberté, sa franchise et sa conscience, lui ont permis d'obtenir des libertés et des immunités spéci- fiques. Mais ceux qui lui ont attribué ces libertés l'ont fait (dans l'esprit de Montaigne) en appliquant scrupuleusement la loi, sans recourir au système officiel de représentation des intérêts français à Rome. L'honneur lui a été conféré comme si c'était *eux* qui en étaient les débiteurs, le laissant libre de toute dette, en libre possession de lui-même, d'exercer sa conscience, de faire une introspection, et de contempler sa propre vanité. Ils l'ont fait noblement, l'ennoblissant davantage dans le processus.

---

1 *Essais*, p. 1047.
2 *Essais*, p. 1011-1012.

Montaigne arrive à la fin du chapitre par une voie détournée qui nous laisse le soin de recoller les morceaux. La séquence des événements et des expériences à Rome en 1580-1581 nous fournit le cadre qui replace la liberté de style et de conscience de Montaigne dans le contexte de son double statut de citoyen noble de Rome et de sujet de la monarchie papale, et tisse un complexe scénario de dettes et de faveurs. L'un des nombreux citoyens romains qui se font entendre dans ce chapitre, Virgile, enjoint Montaigne de laisser là ses digressions et de revenir au thème de la vanité. Avant cela, cependant, il fait une pause pour revendiquer la « licence » d'errer caractérisant la meilleure prose ancienne, qui brille avec vigueur et audace, libre de toute obligation de donner des directions aux lecteurs, libres de suivre les inclinations naturelles de l'auteur. Puis Montaigne commence à parler de Rome sans la nommer, comme si, tout ce temps, il n'avait parlé que de ce sujet, et était demeuré en ce lieu : « J'ay veu ailleurs des maisons ruynées, et des statues [...]. Tout cela est vray ; et si pourtant ne sçauroy revoir si souvent le tombeau de cette ville, si grande et si puissante, que je ne l'admire et revere[1] ». Le passage qui suit, souvent cité, est celui dans lequel il parle du sentiment de familiarité que lui inspirent depuis toujours les citoyens de la Rome antique, et de sa sollicitude pour leurs *imagines*, comme s'il évoquait son affection pour son propre père, ainsi que son souci de préserver sa mémoire. Ces lignes prennent un sens quelque peu différent si nous observons la façon dont la familiarité et la parenté avec les anciens Romains servait à ennoblir les citoyens contemporains de la Rome papale. Cela rend également moins surprenant le fait que Montaigne, juste après avoir décrit la Rome antique comme « libre, juste et florissante », déclare

> cette mesme Romme que nous voyons merite qu'on l'ayme, confederée de si long temps et par tant de tiltres à nostre couronne : seule ville commune et universelle. Le magistrat souverain qui y commande est reconneu pareillement ailleurs : c'est la ville metropolitaine de toutes les nations Chrestiennes ; l'Espaignol et le François, chacun y est chez soy. Pour estre des princes de cet estat, il ne faut qu'estre de Chrestienté, où qu'elle soit. Il n'est lieu çà bas que le ciel ayt embrassé avec telle influence de faveur et telle constance. Sa ruyne mesme est glorieuse et enflée[2].

---

1   *Essais*, p. 1042.
2   *Essais*, p. 1043-1044.

Montaigne fait ici l'éloge de la ville contemporaine comme un bon citoyen romain, répétant les lieux communs (tels que *Roma communis patria*) qui étaient activement employés afin de restaurer l'image de Rome sous Grégoire XIII et son successeur. Il fait également allusion à son rôle mineur et officieux dans la reconsolidation de l'alliance traditionnelle entre la couronne de France et la papauté. Et bien sûr, il reconnaît la compétence universelle de la souveraineté papale. Il peut sembler, à la lumière de l'analyse qui précède, que Montaigne rembourse ici une dette, celle qu'il a envers Rome pour les honneurs qu'elle lui a accordés, les libertés qu'elle lui a données. Mais, pour se purger de la souillure de l'endettement, il a un dernier tour dans son sac. Le langage de la Fortune reprend le contrôle à la fin du chapitre. C'est le langage que les censeurs romains avaient expressément demandé à Montaigne de supprimer alors qu'il exerçait sa liberté de conscience en vue de la prochaine édition de son texte : « Au demeurant, si la fortune ne m'a faict aucune offence violente et extraordinaire, aussi n'a-elle pas de grace. [...] Elle m'a faict quelques faveurs venteuses, honnoraires et titulaires, sans substance ; et me les a aussi à la verité, non pas accordées, mais offertes, Dieu sçait[1] ! ». Il exerce sa liberté de conscience, mais en substituant la Fortune au pape lui-même. Dans les *Essais*, c'est la Fortune qui lui offre la Bulle, et non pas Montaigne qui fait la *supplica* et Grégoire XIII qui la lui accorde[2].

Warren BOUTCHER
Queen Mary University of London

---

1 *Essais*, p. 1045.
2 Trad. Estelle Paranque et Benjamin Bâcle. Mes remerciements vont à Philippe Desan, Sébastien Greppo, Daniela Ronzitti, Irene Fosi, et Elisabetta Mori.

MICHEL DE MONTAIGNE,
CIUIS ROMANUS

Le séjour romain de Montaigne, du 30 novembre 1580 au 19 avril 1581, fut riche en péripéties[1]. Dans sa grande thèse, Jean Delumeau a montré tout l'intérêt du *Journal de voyage en Italie* pour la connaissance de la ville de Rome[2]. L'entretien de Montaigne avec le Maître du Sacré-Palais, le 20 mars 1581, et les censures officieuses portées sur les *Essais*, qui venaient de paraître et dont l'exemplaire destiné au Pape fut saisi à son entrée dans les États pontificaux ont déjà fait l'objet de nos recherches[3]. Scruté en détail par Philippe Desan[4], le séjour romain procura à Montaigne une grande satisfaction, celle de recevoir la citoyenneté romaine, accordée par la Ville. Il s'est exprimé à ce sujet à deux reprises : dans son *Journal de voyage en Italie*[5] et dans l'édition 1588 des *Essais* (III, 9).

Dans son *Journal de voyage*, Montaigne écrit :

---

1   Voir en dernier lieu Philippe Desan, *Montaigne, une biographie politique*, Paris, 2014 (je remercie Ph. Desan pour sa courtoise et impeccable érudition). Nous avons utilisé le *Journal de voyage de Michel de Montaigne*, éd. Fr. Rigolot, Paris, Presses Universitaires de France, 1992 (cité *Journal...*, éd. Rigolot) et la reproduction du *Journal*, publiée avec une introduction de 70 pages de Ph. Desan, Paris, Société des textes français modernes, Paris (cité *Journal ...*, éd. Desan, avec la pagination de l'édition de 1774).

2   Jean Delumeau, *Vie économique et sociale à Rome dans la seconde moitié du XVIe siècle*, 2 vol., Paris, 1957 et 1959.

3   *Journal...*, éd. Rigolot, Ire partie, VII, p. 92 ; éd. Desan, p. 87-88 ; J.-R. Armogathe et V. Carraud, « Les *Essais* de Montaigne dans les archives du Saint-Office », dans J.-Cl. Waquet et J.-L. Quantin, (dir.), *Papes, princes et savants dans l'Europe moderne, Mélanges Bruno Neveu*, Genève, Droz, 2007, p. 79-96, à corriger et compléter par J.-L. Quantin, « Les censures de Montaigne à l'Index romain : précisions et corrections », *Montaigne Studies*, vol. XXVI, 2014, p. 145-162 ; voir aussi J.-R. Armogathe, « Montaigne et la censure romaine : Julien l'Apostat », dans Ph. Desan (dir.), « *Dieu à notre commerce et société* » *: Montaigne et la théologie*, Genève, Droz, p. 251-258.

4   Philippe Desan, *op. cit.*, ch. VII : « L'appel de Rome, ou comment Montaigne ne devint jamais ambassadeur (1580-1581) », p. 317-394.

5   *Journal...*, éd. Rigolot, IIe partie, VIII, p. 127 ; éd. Desan, p. 200-203.

Je recherchai pourtant et amploiai tous mes cinq sans de nature pour obtenir le titre de Citoyen Romein, ne fût-ce que pour l'antien honur, & religieuse mémoire de son authorité. J'y trouvai de la difficulté ; toutefois je la surmontai, n'y ayant amploïé nulle faveur, voir ny la sciance sulement d'aucun François. L'authorité du Pape y fut emploïée, par le moïen de Philippo Musotti, son Maggior-domo, qui m'avoit pris en singuliere amitié, & s'y pena fort ; et m'en fût depesché lettres 3°. Id. Martii 1581, qui me furent randues le 5 d'Avril très-autantiques en la meme forme & faveur de paroles que les avoient eues le Seigneur Jacomo Buon-Compagnon, Duc de Sero, fils du Pape. C'est un titre vein ; tant-y-a que j'ai receu beaucoup de plesir de l'avoir obtenu.

Il y revient sept ans plus tard dans l'essai « De la vanité » (III, 9) :

parmi ses faveurs vaines [de la Fortune], je n'en ay poinct qui plaise tant à cette niaise humeur qui s'en paist chez moi, qu'une bulle authentique de bourgeoisie Romaine, qui me fut octroyée dernierement que j'y estois, pompeuse en seaux et lettres dorées, et octroyée avec toute gracieuse liberalité. Et, parce qu'elles se donnent en divers stile plus ou moins favorable, et qu'avant que j'en eusse veu j'eusse esté bien aise qu'on m'en eust montré un formulaire, je veux, pour satisfaire à quelqu'un, s'il s'en trouve malade de pareille curiosité à la mienne, la transcrire icy en sa forme[1].

Montaigne reproduit ensuite le texte latin de la bulle de citoyenneté.

Cet épisode est désormais documenté par trois pièces conservées dans l'Archivio Storico Capitolino :

1 – la requête signée par Montaigne, déjà signalée en 1991 et publiée en 2010 par Alain Legros[2]. Nous ajouterons seulement au commentaire d'Alain Legros que les quelques mots autographes de Montaigne révèlent un italien approximatif.
2 – son inscription sur le registre des privilèges, qui est un document inédit.
3 – une expédition de la « bulle », portant d'intéressantes corrections, et également inédite. On connaissait seulement une version française de ce texte, conservée à la Bibliothèque de l'Arsenal et publiée en 1856.

Nous étudierons les deux derniers documents. Mais il convient de s'arrêter un instant sur ce que pouvait signifier au XVIe siècle l'octroi de la citoyenneté romaine.

1   *Essais*, éd. Villey, Paris, Presses Universitaires de France, 1965, p. 999.
2   Alain Legros, *Montaigne manuscrit*, Paris, Classiques Garnier, 2010, p. 665.

La citoyenneté romaine à l'époque moderne a été peu étudiée, depuis une note de Ferdinand Gregorovius (1821-1891)[1] à l'Accademia dei Lincei en 1877. La Rome moderne distinguait trois catégories : les *incolae* (les simples habitants), les *cives ex origine*, les *cives ex privilegio*. Les *cives ex privilegio* sont des étrangers, *advenae sive forenses*, qui, sur la proposition de quatre nobles députés et avec l'accord du Conseil secret, ont obtenu des Conservateurs ce privilège : ils doivent posséder des biens et résider *pro majore parte temporis* à Rome. Cependant, les Conservateurs sont autorisés à concéder le privilège « *honoris gratia Illustribus vel claris viris postulantibus* », simplement « *publico consilio adhibito, et assentiente*[2] ». Ce fut le cas de Montaigne, à sa requête, sur la proposition des trois Conservateurs de la Ville, qui étaient les vrais magistrats civiques (probablement parce que la demande était appuyée par les Conservateurs et non par des nobles délégués). La plupart des demandes, de surcroît, sont des demandes de résidents : « *essendo molti anni che io son vissuto in questa alma città...* ». Montaigne était très conscient de bénéficier d'une procédure très honorifique, destinée à un tout petit nombre d'étrangers.

À partir des années 1520, le « Sénat romain » accordait entre vingt et trente citoyennetés par an. Ce chiffre resta à peu près stable entre 1530 et 1580. Les registres révèlent que 1 104 citoyennetés romaines furent octroyées entre 1560 et 1608, soit une moyenne de vingt-trois par an, avec néanmoins des années plus fastes[3]. Parmi les heureux élus, on trouve majoritairement des nobles Italiens ; les étrangers représentent une très faible minorité. On recense par exemple 43 citoyennetés romaines octroyées pour l'année 1579 et 38 en 1580, dont seulement deux étrangers, apparemment diplomates. En 1581, année où Montaigne fut reçu citoyen romain, 45 citoyennetés furent accordées. Ce fut une bonne

---

1   Ferdinand Gregorovius, « Alcuni cenni storici sulla cittadinanza romana », *Atti della Reale Accademia dei Lincei*, CCLXXIV, 3ᵉ série, *Transunti*, vol. 1, 1876-1877, p. 200-201 (résumé) et Rome, 1877, 35 p.

2   *Statuta Almae Urbis Romae*, Rome, dans *Aedibus Populi Romani*, 1580, L. I, c. XV, p. 10-11 ; et L. III, cap. LVII, c. 172 : « *quando advenae civium Romanorum privilegio uti possint* », qui reprend les statuts antécédents (1519, 1 ; III, c. XXIX, pc. 7r, rappelé dans la décision du Conseil du 28 mars 1547 : « *reservato che non fusser persone illustre e nobil'huomioni* ».

3   Ces chiffres sont donnés par Elisabetta Mori, « 'Tot reges in Urbe Roma quot cives'. Cittadinanza e nobiltà a Roma tra Cinque e Seicento », art. cité, p. 388. Paola Pavan recense quant à elle 580 citoyennetés romaines décernées (mais avec seulement 321 privilèges envoyés) entre 1580 et 1595, dans « Cives origine vel privilegio », art. cité, p. 38.

année. De façon typique pour cette année, une bulle datée du 13 janvier décerne la citoyenneté à trois nobles italiens : un Bolognais (Ridolfo Bonfiglioli), un Piémontais de Turin (Ercole Arcatori), et un Vénitien (Antonio Stella). En mars, Montaigne reçut à son tour cet honneur.

Les lettres de citoyenneté (les « bulles ») comportaient plusieurs modèles : la bulle originale, « pompeuse en seaux et lettres dorées », n'a pas été retrouvée, mais l'incipit du document, *incipienti privilegio ut sequitur* : « *cum veteri more et instituto cupide illi semper studioseque suscepti sint etc.* », correspond bien au début du texte reproduit par Montaigne dans les *Essais*.

Il semble bien que ces règles de citoyenneté, qui étaient tombées en désuétude, ont été rétablies au XVIe siècle ; les motifs en sont donnés au début du registre[1] : repeupler la Ville après le désastre de 1527 « *ut deficientem variis humanis casibus, quos haec civitas gravissimos perpessa est, civium numerum suppleamus* » et, comme les Romains anciens, créer des citoyens romains jusqu'aux confins de la terre[2]. Quand Montaigne arrive à Rome, en 1580, les nouveaux statuts urbains qui venaient d'être proclamés par Grégoire XIII confirmaient bien cette possibilité.

L'incipit le plus fréquent est d'ailleurs « *ad augendam Rempublicam* » – ce n'est évidemment pas celui qui a été choisi pour Montaigne, qui n'allait pas résider à demeure dans la Ville : « Et m'en fût depesché lettres 3°. Id. Martii 1581, qui me furent randues le 5 d'Avril très-autantiques en la meme forme & faveur de paroles que les avoient eues le Seigneur Jacomo Buon-Compagnon, Duc de Sero, fils du Pape ». Le registre retrouvé infirme malheureusement le propos avantageux de Montaigne : en effet, nous avons bien retrouvé la bulle de citoyenneté accordée en 1563 au jeune (15 ans) Giacomo Boncompagni, un fils qu'Ugo Boncompagni (un juriste, élu pape Grégoire XIII en 1572), avait eu à Bologne en 1548 (Ugo le reconnut devant l'évêque de Feltre le 5 juillet 1548, et fut ordonné prêtre dix ans plus tard, en 1558) ; elle est d'un autre modèle, apparemment plus solennel (*Cum ab ipso Romanae Urbis primordio praeclare fuerit primum a Regibus institutum*[3]...).

1 ASC Camera Capitolina, *Registro di privilegi di cittadini romani*, cred. I, t. 1.
2 L'étude classique sur la citoyenneté romaine (des origines au IVe siècle après J.-C.) est celle d'Adrian N. Sherwin-White, *The Roman Citizenship*, [1939], Oxford, The Clarendon Press, 1980.
3 [f. 123v°] *Privilegium ro : ci : obtentum per Ill.mum et Excellent.mum Jacobum Buoncompagni Bononiensem Pedestris Equestris Militiae S. R. E. Gubernatorem et Castri Sti. Angeli Praefectum.*

La bulle de Montaigne est en fait presque la même que celle qui fut la même année accordée à un Médicis, peu connu par ailleurs, Cosimo « di Francesco », capitaine au service de l'Empire, fils de Francesco (1519-1584), né entre 1552 et 1563, mort en Hongrie entre 1616 et 1619[1] : une de ses filles, Catherine, épousa en 1629 le malheureux Louis de Marillac, Maréchal de France (qui fut exécuté en 1631). Un « formulaire » honorable, certes, mais qui n'avait rien d'exceptionnel.

Dernier document : il s'agit d'une attestation, ou *expédition*, établie en 1689 – on en connaissait une traduction française, certifiée par Matthias Van der Spict, notaire et tabellion public à Bruxelles (18 janvier 1692) et conservée aujourd'hui à la Bibliothèque de l'Arsenal (MS 2152)[2]. Le

---

Quod Antoninus Ciocius Octavianus Crescentius Camillus Clephantutius de Jacobo Boncompagno bononiensi Pedestris et equestris militia S.R.E. Gubernatori ac Castri Sti. Angelis Praefecto ad senatum retulerit SPQR de ea re ita fueri censuit [f. 124r°] *Cum ab ipso Romanae Urbis primordio praeclare fuerit primum a Regibus institutum, deinde a Republica perpetuo observatum, non modo ut cives ipsi et cuiusque merito honoribus ac praemiis decorati, caeteros ad egregiam bene de Patria merendi consuetudinem excitarent, verum etiam ut peregrinis hominibus quorum perspecta nobilitas aut insigni aliquo facinore cognita uirtus esset, in civitatem adscriptis, eadem, quae veteribus civibus cura, privilegia, suffragia, immunitatis nullo discrimine impertirentur ; nos, animum ac mentem ad ea saepe referentes, quibus majores nostri decus immortale consecuti non finitimis modo gentibus, verum ultimas quoque terras incolentibus leges dederunt, eandem communicanda civitatis consuetudinem libenter imitamur, animadvertentes in primis, ut hunc honorem ni temere, nullo delectu sed in eos potissime conferamus, quorum nobis prudentia, ingenium, industria quasi parem aliquando gratiam referat, sic, ut Illustri civium romanorum nomine, perennique et contestata gloria digni fuisse videantur. Ex hoc numero cum* [f. 124v°] *unum vehementer excellere cognoverimus, nostra civitatis amantissimum, omni virtute ac laude cumulatum, Jacobi Boncompagni Bononiensem Pedestris Equestris Militiae S. R. E. Gubernatorem et Castri Sti. Angeli Praefectum placuit SPQR ut exstet judicii, amoris, observantiae suae testimonium, donare eum amplissimo civitatis iure ut iisdem rebus, commodis, ornamentis, utatur, fruatur, potiatur et gaudeat, quibus Patritii Cives nostri, ac Senatores uti, frui, potiri et gaudere consueverunt. Quam voluntatem, ac sententiam, singulari omnium consensu ac laetitia comprobatam, per scribas eiusdem sacri senatus in publicas litteras ad aeternam memoriam referri, eidem SPQR ita placuit, ut beneficium, honoremque non magis dare, quam accipere videretur. Anno ab Orde redempto MCIXCCXXIII VI kal Sept* (au dessous : MDLXIII, 27 Aug.) / *H. Fuscus sacri SPQR scriba / Vinc. Martholus, sacri SPQR scriba.*

1 Pompeo Litta, *Famiglie celebri di Italia – I Medici di Firenze*, vol. 6, tavola XVIII, Milan, 1819 (je remercie J.-Cl. Waquet de ses précieuses indications).

2 « Translation authentique de certaines lettres patentes du sacré Sénat et peuple Romain octroyées au très illustre homme seigneur Michel de Montagne, chevalier de St Michel et gentilhomme de la chambre du roy très chrestien, par lesquelles est déclaré que le devant dit seigneur at esté créé citoyen, noble et patricien Romain, ensemble avecq touts ses enfans, descendans et successeurs en infiny, etc., comme plus amplement cy dedans es dits lettres est contenu », publiée pour la première fois par J.-F. Payen, *Recherches sur Montaigne. Documents inédits, n° 4*, Paris, Techener, 1856, p. 61-63, Bibliothèque de l'Arsenal,

texte que j'ai retrouvé comporte des corrections – qui correspondent bien au texte traduit et transcrit.

La bulle d'origine accordait les droits et privilèges de la citoyenneté à « l'illustrissime Michel de Montaigne, orné de tous les genres de mérites et très cher à ce noble peuple » ainsi qu'à ses descendants (*ipsum posterosque*)[1]. L'expédition étend les privilèges « *cum omnibus suis liberis, nepotibus, posteris et successoribus in perpetuum* ». Les armes en tête de ce document portent les mêmes pièces que celles de Montaigne, mais dans un ordre différent[2]. Quant à la devise « Vertu peut monter », ce n'est pas celle de l'écrivain. Il s'agit bien d'une expédition établie pour un descendant soucieux de faire valoir ses droits de citoyenneté romaine – et ne disposant plus de la bulle remise à son ancêtre.

Depuis la lettre de demande de Montaigne jusqu'à l'expédition, un siècle plus tard, en passant par la bulle elle-même, nous avons le miroir d'une vanité d'autant plus explicite qu'elle portait sur des privilèges factices : comme le remarque Philippe Desan, « Montaigne trouvait refuge dans l'Antiquité après s'être vu écarté par les acteurs politiques de son temps ». À défaut d'entrer dans Rome comme ambassadeur, il en repartait comme citoyen.

L'épisode lui permit du moins un trait de morale désabusée qui garde toute sa saveur aujourd'hui :

n'étant bourgeois d'aucune ville, je suis bien aise de l'être de la plus noble qui fut et qui sera oncques[3]. Si les autres se regardaient attentivement comme je

---

ms. 2152 (ancienne cote : 179 J. F), 6 feuillets sur parchemin, 238 x 190 mm. Au folio 1v°, armoiries peintes de Montaigne, demi-reliure en basane. L'extrait des registres du Capitole est du 14 mai 1689. – La traduction a été reconnue bonne et authentique, à Bruxelles, le 18 janvier 1692, par Matthias Vander Spict, qui a signé. Ce manuscrit a été signalé pour la première fois dans G. F. Haenel, *Dictionnaire des manuscrits qui se trouvent dans les principales bibliothèques d'Europe*, *Nouvelle Encyclopédie Théologique* (Migne), t. 41, 1, 1853.

1   Dans sa requête, Montaigne demande aux autorités que « *si degnino conumerare me et miei figlioli fra loro Cittadini* ».

2   Voir l'article « Armoiries », dans Ph. Desan (dir.), *Dictionnaire de Michel Montaigne*, Paris, H. Champion, 2007.

3   Il convient de remarquer deux choses à ce propos : a – la bulle octroyait la « citoyenneté romaine » (une distinction sans réelle portée matérielle), et il ne s'agissait pas d'une « bulle de bourgeoisie » (qui accordait des privilèges matériels) ; b – J.-Fr. Payen rapporte qu'être bourgeois de Bordeaux ne semble pas avoir été nécessaire pour en devenir maire et que, par ailleurs, Montaigne devint bourgeois d'honneur de Libourne : « cette bourgeoisie conférait un grand avantage : les bourgeois avaient seuls la faculté de faire entrer leurs vins sans payer aucun droit au roi, et les vins autres que ceux de la sénéchaussée ne

fais, ils se trouveraient, comme je fais, pleins d'inanité et de fadaise. De m'en défaire, je ne puis sans me défaire moi-même. Nous en sommes tous confits, tant les uns que les autres ; mais ceux qui le sentent en ont un peu meilleur compte, encore en sais-je[1].

Jean-Robert Armogathe
Académie des Inscriptions
et Belles-Lettres
École pratique des hautes études

---

pouvaient descendre à Libourne que vers Noël, afin de donner le temps aux Libournais de se défaire des leurs », *Recherches sur Montaigne, op. cit.*, p. 39.

1   Une version brève de ce texte a été présentée comme note à l'Académie des Inscriptions et Belles-Lettres, le 17 janvier 2014.

À LA RECHERCHE DU « PONT DU CANAL À DEUX CHEMINS » DÉCRIT PAR MONTAIGNE DANS LE *JOURNAL DE VOYAGE*

Si la vision centrale maculaire permet d'analyser avec précision la structure et les couleurs d'un objet, la vision latérale, par contre, est plus sensible aux mouvements. Ce regard oblique permet par exemple aux adeptes du fleuret d'analyser le comportement et la psychologie de leur adversaire, puis de prédire ses actions[1]. Nous pourrions établir ce parallèle pour le *Journal de voyage*, volontiers considéré comme une œuvre située à la périphérie des *Essais*, mais jetant un éclairage indirect et inédit sur Montaigne. En l'observant par le prisme de ses actions, de ses mouvements, nous pouvons mieux appréhender la nature profonde de l'écrivain.

Mais la démarche se heurte très vite à des difficultés d'interprétation dues à la langue, à l'écriture, à des copies incohérentes de l'original aujourd'hui disparu. En outre, le *Journal de voyage* ne devait servir à priori que d'aide-mémoire destiné à alimenter les futurs chapitres des *Essais* et n'a jamais subi de formatage en vue d'une édition. La vision latérale est donc altérée, elle nous livre une image plus floue, comportant de nombreuses zones d'ombre, dont certains aspects méritent d'être précisés par une vision frontale.

L'une des pages les plus énigmatiques du *Journal de voyage* est cette description compliquée du *Pont d'un canal à deux chemins* qui se situerait entre Padoue et Ferrare. Voici l'affaire.

---

1   Sur le regard oblique, voir Laurent Gerbier, « Des Rencontres aux Cahiers : la SIALB et les lectures périphériques de Montaigne et de La Boétie », conférence prononcée lors de l'assemblée générale de la Société Internationale des Amis de Montaigne, le 16 novembre 2013.

BATTAILLE

Des voiles dans la brume de novembre. Elles glissent imperceptible-
ment sur le long canal et semblent survoler un paysage de nouveau monde,
une terre maudite au limon marécageux et putride d'où s'échappent
des émanations soufrées. Un petit groupe composé de cavaliers et d'une
poignée d'hommes à pied progresse tranquillement sur le chemin. Ils
trainent derrière eux un mulet lourdement chargé. Chargé comme les
gabares d'où s'élèvent des chants. La troupe s'arrête, les cavaliers mettent
pied à terre, ils regardent...

Montaigne emmène avec lui une troupe composée de trois jeunes
nobles, le secrétaire et les valets : au moins une douzaine de personnes.
Il est accompagné de son plus jeune frère, Bertrand-Charles sieur de
Matecoulon, lequel n'avait que vingt ans. Charles d'Estissac fit ce voyage
accompagné d'un gentilhomme, monsieur du Hautoy et de plusieurs
domestiques (un valet de chambre sur un mulet, et à pied un muletier et
deux laquais). Il était le fils de cette veuve d'Estissac à laquelle Montaigne
avait dédié son chapitre « De l'affection des pères aux enfants ». Quant
au sieur de Cazalis, le beau-frère de Montaigne, il venait de quitter la
compagnie à Padoue pour y poursuivre des études.

Ils arrivent à Battaglia le dimanche 13 novembre 1580. Depuis le
départ de Beaumont, le lundi 5 septembre, ils ont parcouru environ
1 400 kilomètres, traversant la Suisse, l'Allemagne, l'Autriche, la Haute
Adige, le Trentin, et la Vénétie. Repartis de Venise par la Fusina et
Padoue, ils cheminent vers le sud, longent l'Adriatique et traversent la
région volcanique des collines euganéennes, une contrée mystérieuse,
enfumée, où s'échappent des émanations de vapeurs soufrées et grouillent
des sources d'eau en ébullition aux vertus thérapeutiques.

Ils gardent à main droite le long canal de Battaglia qu'ils appellent
la Frassine[1], del Fraichine. Ce canal rectiligne de 18 km relie le fleuve
Bacchiglione au canal Bisatto à Monselice. Il fut achevé peu après la
guerre qui opposa Padoue à Vicenza pour le contrôle des voies navi-
gables et l'accès à la mer par Chioggia. Les Padouans l'ayant emporté,

---

1   Il prendra le nom de canal Bisatto (ou Bisato en dialecte local) au-delà de Monselice.

ils construisirent entre 1189 et 1201, suivant le tracé d'un ancien fossé romain, cette « autoroute » fluviale reliant directement l'avant-poste fortifié de Monselice et les collines euganéennes à la ville de Padoue. Cette voie d'eau était d'une importance économique primordiale car l'essentiel des transports et des échanges s'effectuait par voie fluviale. Battaglia Terme est située à l'endroit où le canal de Battaglia donne naissance au canal Vigenzone s'écoulant vers Bovolenta, Pontelongo et finalement Chioggia.

Battaglia est donc un village sur le canal de la Frassine « qui, n'ayant pas de profondeur, deux ou trois pieds parfois, conduit pourtant des bateaux fort étranges[1] ». Le *burcio* (sorte de chaland) et la *gabàra* (gabare) étaient les navires de transport les plus utilisés pour les chargements importants. Ce sont des bateaux à fond plat, relativement larges, semblables à d'actuelles péniches, dont l'apparence devait paraître étrange aux yeux d'un bordelais habitué aux navires de haute mer ou aux gabares de la Dordogne. Les plus grands *burcio* atteignaient une longueur de 24 mètres et pouvaient charger jusqu'à 58 tonnes de marchandises. Ils transportaient des produits agricoles, du vin, du bois, des pierres – dont la précieuse trachite extraite des monts Lispida –, du papier produit dans les minoteries de Battaglia. Les bateaux utilisaient la voile ou étaient tirés par des chevaux, plus rarement des bœufs. Le bateau voguait au centre du canal et, de la rive, le cheval effectuait une traction oblique (sghembo). Ce type de halage rendait les pauvres haquenées inaptes à tout autre remorquage car elles devenaient incapables de tirer une charge sur une route en ligne droite, d'où l'expression populaire de *caval da barca* qui s'applique à tout réfractaire à la nouveauté, celui qui ne peut pratiquer qu'un seul métier. Les bateaux étaient conduits par les *barcari*, terme général qui désignait les transporteurs fluviaux et leur famille. Les populations sédentaires les considéraient comme des nomades, des saltimbanques, des *truffaldini*. Ils appartenaient à une catégorie à part, sans maison, vivant sur leur bateau, se mariant entre eux, s'exprimant dans leur dialecte. Les *barcari* formaient cependant des groupes structurés, intégrés dans des corporations ou fratries, les *fraglie*. Ces organismes exerçaient une fonction de représentation politique, de gestion, d'entraide et de discipline sur fond de pratique religieuse. La

---

1   Michel de Montaigne, *Journal de Voyage*, éd. François Rigolot, Paris, Presses Universitaires de France, 1992, p 72.

plus ancienne corporation, celle de San Giovanni, contrôle les *barcaroli* s'occupant du transport des personnes de Padoue à Venise, principalement sur la Brenta[1].

DES *BOTTE*

Le canal de Battaglia, tracé en ligne droite, est un aqueduc surélevé sur un terre-plein surplombant de six mètres la campagne avoisinante. De direction nord-est sud-ouest, il longe le pied des collines euganéennes qui forment une sorte d'amphithéâtre, isolant ainsi toute une zone marécageuse. Il interrompt l'écoulement vers la lagune d'un large réseau hydrique composé de fossés, de canaux, de rivières issues du versant sud et sud-est des collines. La construction du canal a donc certainement aggravé la situation déjà problématique de la région : la zone restera pour environ 300 ans un marécage insalubre, non exploitée et déshabitée.

Tout changea sous l'influence combinée de la guerre opposant la Ligue de Cambrai (France, duché de Milan, Saint Empire Romain, Hongrie, États Pontificaux) à la République de Venise, et de l'appétit territorial insatiable de l'empire Ottoman. La République, vaste empire maritime, se sentant menacée et éprouvant des difficultés économiques, change de stratégie et se tourne vers sa *terraferma*. Elle enjoint aux propriétaires fonciers d'intensifier le développement agricole et se dote par un décret du 10 octobre 1556 d'une nouvelle magistrature : les *Provveditori sopra i luoghi inculti* ou Magistrats des Terres Incultes, chargés de faire fructifier les terres inutilisées. La première opération de bonification des terres voulue par le gouvernement vénitien fut celle du *Retratto di Monselice*, l'arrière-pays de Monselice comprenant une surface de 2500 hectares, comprise entre le versant sud-est des collines et le canal Bisato-Battaglia. Débutée en 1557, l'opération fut menée à bien en quatre ans seulement.

C'est ainsi que furent créés ou aménagés des canaux de drainage passant sous le niveau du canal de Battaglia. Ces véritables tunnels

---

1   Claudio Grandis, « Uomini e barche, navigazione e trasporto », dans Pier Giovanni Zanetti et Claudio Grandis (dir.), *La Riviera Euganea, Acque e territorio del canale Battaglia*, Padoue, Editoriale Programma, 1989, p. 111-148.

permettant l'écoulement des canaux collecteurs sont appelés *botte*, voûte en berceau ou en tonneau, pour leur forme vaguement cylindrique. On les appelle également *botte a tromba* en raison du pavillon (tromba) que constitue le mur qui tapisse l'entrée du tunnel. La *botte a tromba* est donc un tunnel souterrain qui passe sous le niveau d'un canal sans se mêler à lui. Le tunnel peut avoir un trajet rectiligne ou concave, en siphon. C'est l'ensemble de l'édifice que forment le canal navigable du dessus et le tunnel qui le traverse en-dessous qui se nomme *ponte-canale*[1].

Deux *botte* furent construites près de Battaglia. La première se situe devant le Castello del Catajo et livre passage au canal collecteur Rialto (Rivo Alto), au lieu-dit Pigozzo. Cette *botte di Pigozzo* suit un trajet oblique sous le canal de Battaglia, sur une longueur de 66 mètres. Sa largeur est de 5,5 mètres et sa hauteur est limitée à moins de 3 mètres. La seconde *botte*, appelée *botte di Rivella*, est située entre Battaglia et Monselice ; elle permet le passage sous le canal principal des eaux du *canale delle Pietre*.

AU CENTRE D'UN EMPIRE HYDRIQUE

Battaglia est ainsi la capitale d'un important réseau hydrique dont deux structures sont encore opérationnelles : la *Conca di Navigazione* et *l'Arco di Mezzo*. En effet, à proximité du Castello del Catajo, se trouve un extraordinaire ouvrage d'ingéniérie en parfait état de marche nommée la *Conca di Navigazione*. Cette écluse de navigation inaugurée en 1923 par Benito Mussolini et récemment restaurée établit la liaison entre le canal de Battaglia (le territoire padouan et les collines euganéennes) et le Vigenzone (la lagune), en surmontant un dénivelé qui atteint les 7,4 mètres. Le canal Vigenzone quitte Battaglia et conflue avec le Bacchiglione dans la localité de Bovolenta, pour ensuite gagner la mer à hauteur de Chioggia. Au centre du village, la cascade de *l'Arco di Mezzo* règle le flux des eaux issues du canal de Battaglia en se jetant dans le lit du canal Vigenzone après un plongeon de sept mètres. L'édification

---

1   Niccola Cavalieri, *Istituzioni di Architettura statica e idraulica*, Florence, San-Bertolo, 1833, t. I, seconde partie, p. 184-186.

de *l'Arco di Mezzo* date de l'époque de la construction du canal. Il s'agit d'une bâtisse dont la base est formée de trois arches permettant, par un système de portes, la régulation et le passage de l'eau excédentaire du canal de Battaglia. La manœuvre de ces vannes était relativement difficile et nécessitait les efforts d'une douzaine d'hommes[1]. Les deux vannes latérales servaient à alimenter les roues de moulins et seule la vanne du milieu servait de décharge aux eaux du canal, d'où le nom d'*Arco di Mezzo*. La régulation hydrique était particulièrement délicate car il fallait assurer un tirant d'eau d'un minimum de deux mètres pour permettre le passage des *burcio*. Les vannes de *l'Arco di Mezzo* demeuraient donc fermées en cas de sécheresse. Par ailleurs, la structure de l'*Arco di Mezzo* ne permettait absolument pas le passage des embarcations.

Comme Battaglia est située dans la zone la plus déclive du système, les eaux du canal reliant Padoue à Monselice présentent la particularité de suivre deux courants contraires : les eaux s'écoulent de Padoue jusqu'au niveau de l'Arco de Mezzo selon une direction Nord-Sud, tandis que dans le dernier tronçon de 5 km de Battaglia à Monselice le courant est de sens opposé.

LE CANAL À DEUX CHEMINS

Tout près de Battaglia, Montaigne et ses compagnons rencontrent le pont du canal nommé le *Canal à deux chemins*. Nous avons ici une des descriptions les plus énigmatiques du *Journal de voyage*. Voici le texte dans son intégralité, y compris les commentaires de l'éditeur placés entre parenthèses, tel qu'il fut publié par de Querlon en 1774 :

> Bien près de là ils rancontrarent le pont du canal qu'on nomme le canal à deus chemins, élevés d'une part et d'autre. En cet endroit on a fait des routes (des chaussées) par le dehors, de la hauteur desdicts chemins, sur lesquelles les voyageurs passent. Les routes par le dedans se vont baissant jusques au niveau du fond de ce canal : là où il se fait un pont de pierre qui soutient ces deus voutes, sur lequel pont coule ce canal. Par le dessus d'une voute à l'autre, sur ce canal, il y a un pont fort haut, soubs lequel passent les bateaux qui suivent le canal, et au-dessus ceus qui veulent traverser ce canal.

---

1   En cas de crue nocturne soudaine, ceux-ci étaient appelés au son d'une cloche.

Il y a un autre gros ruisseau tout au fond de la pleine, qui vient des montagnes, duquel le cours traverse ce canal. Pour le conduire, sans interrompre ce canal, a été faict ce pont de pierre sur lequel court le canal, et au-dessous duquel court ce ruisseau et le tranche sur un planchier revestu de bois par les flancs, en manière que ce ruisseau est capable de porter bafteaus ; il aroit (auroit) assés de place et en largeur et en hauteur.

Et puis sur le canal d'autres bateaus y passant continuellemant, et sur la voute du plus haut des ponts des coches, il y avoit trois routes l'une sur l'autre. (Toute cette decription n'est pas fort claire. Ces ponts, ces voûtes, ces routes, ces coches, ces canaux, ce ruisseau qui vient les traverser, l'embrouillent un peu ; mais avec quelque attention on s'en tire, et l'on conçoit à-peu-près la chose.) De là, tenant tous iours ce canal à mein droite, nous couteïames (cotoyames) une vilete nommée Montselise (Montcelese) [...]¹.

Cette longue description peut se scinder en trois parties. La première, « Bien près de là ils rancontrarent [...] ceus qui veulent traverser ce canal », évoque la structure de l'édifice visible au premier abord : les deux chemins de part et d'autre du canal, le canal et le pont qui le surplombe. Elle décrit un canal sur lequel passent les bateaux. Les deux rives de ce canal sur lesquelles se situent des routes sont réunies par un pont fort haut sur lequel passent les voyageurs. La seconde partie « Il y a un autre gros ruisseau tout au fond de la pleine [...] il aroit (auroit) assés de place et en largeur et en hauteur » est consacrée à ce qui fait la particularité de cette architecture, à savoir le tunnel-canal (le *pont de pierre* ou *botte*), cet autre cours d'eau navigable qui traverse la base du talus de l'aqueduc de Battaglia. Montaigne désigne ici par « pont de pierre » un tunnel de pierre ménagé dans le terre-plein du canal. La dernière partie résume l'impression générale faite d'étonnement et d'admiration : « Et puis sur le canal d'autres bateaus [...] il y avoit trois routes l'une sur l'autre ».

La première partie est difficile à comprendre en raison de parti pris éditoriaux qui en masquent le sens. La seconde partie se conçoit plus facilement mais nécessite d'être replacée dans son contexte géographique. Alessandro d'Ancona², habituellement fort bien documenté, avoue pourtant qu'il est difficile d'illustrer cette description vu que les grands travaux hydriques exécutés par la République de Padoue et complétés ensuite

---

1   *Journal du Voyage de Michel de Montaigne en Italie, par la Suisse et l'Allemagne en 1580 et 1581*, 3 vol., Paris, Le Jay, 1774, t. II, p. 22-23.

2   Alessandro d'Ancona, *L'Italia alla fine del secolo* XVI. *Giornale del viaggio di Michele de Montaigne in Italia*, Castello, S. Lapi editore, 1889, p. 146.

par les Vénitiens furent entièrement refaits en 1830 sous la direction de
l'ingénieur G. A. Volpi. Pour Fausta Garavini, « les éditeurs ont parfois
modifié ce passage, sans parvenir à rendre plus claire cette description
complexe et embrouillée. On peut comprendre qu'il y avait là un pont-
canal surmonté d'un pont pour les voitures et un aqueduc passant dans
une conduite en bois[1] ». Alberto Cento nous donne l'interprétation la plus
audacieuse et la plus exhaustive de ce paragraphe. Il cite d'Ancona et
admet que « *invero il buon segretario s'è imbrogliato un poco in questo passo[2]* ».
Il avance l'hypothèse que l'ouvrage était formé de trois cours d'eau
superposés : a) un torrent ou une rivière issus des collines euganéennes (la
« *Fossa Paltana* ») ; b) le canal de Battaglia, suivant l'axe Padoue-Monselice,
flanqué de deux chaussées (nos voyageurs suivent la route de gauche) ;
c) au troisième niveau un autre canal, en direction de la lagune. En effet,
les *coches* sont considérés par Alberto Cento comme des *battelli*, des *coches
d'eau* ou diligences aquatiques. Il imagine donc, outre un premier torrent
provenant des collines euganéennes qui croise sous le canal de Battaglia,
un autre *ponte-canale* situé sur un troisième niveau et permettant la navigation de *battelli* vers la lagune. Cette sorte de diligences était courante
mais on s'explique mal pourquoi, outre un canal navigable traversant par
le dessous le canal de Battaglia, il fallait construire un second canal le
surplombant. Il y aurait donc trois cours d'eau superposés, ce qui constitue
un défi à la logique et à la technologie de l'époque.

Aucun éditeur ne peut donc nous éclairer sur l'existence de ce *canal
à deus chemins* ni, à fortiori, nous en fournir une description plausible.

ROUTES OU VOUTES ?

Des difficultés d'interprétation[3] contribuent à obscurcir ce texte
déjà compliqué. On connaît les aléas du manuscrit original *du Journal*

---

1   Montaigne, *Journal de Voyage*, éd. Fausta Garavini, Gallimard, coll. « Folio classique »,
     2013, p. 416.
2   Montaigne, *Giornale del viaggio di Michel de Montaigne in Italia, traduzione*, éd. Alberto
     Cento, Florence, Edizioni Parenti, 1958, p. 120.
3   Des variantes éditoriales, pouvant modifier complètement la compréhension du texte,
     émaillent le *Journal de voyage*. Ainsi, dans le Camposanto de Pise, Montaigne mentionne

de voyage. Joseph Prunis, chanoine régulier de Chancelade en Périgord, avait découvert dans un vieux coffre clouté du château de Montaigne le texte original du *Journal de voyage*, un petit volume in-folio de 278 pages. Le manuscrit fut déchiffré, décodé avant de pouvoir être retranscrit. Des quelques copies du document prises durant les quatre années qui précédèrent la publication, une seule fut retrouvée : la copie Leydet. En effet, l'abbé Prunis s'était adjoint son confère de l'abbaye de Chancelade, le chanoine Guillaume-Vivien Leydet auquel il confia le manuscrit original. Ce dernier le copia à Chancelade au cours du mois de juin 1771, soit un an après sa découverte et trois ans avant sa publication[1]. Cette copie, au demeurant fort incomplète, fournit à peu près le tiers du texte connu du *Journal de voyage*. Quant à l'original, après avoir été exposé chez le libraire Le Jay, il fut déposé à la Bibliothèque du Roi et disparut.

L'édition de de Querlon sur laquelle se basent François Rigolot[2], Maurice Rat[3], Alessandro d'Ancona[4] et Fausta Garavini[5] mentionne des *routes*. La signification accordée à ce terme est d'ailleurs renforcée par l'addition entre parenthèses du synonyme « des chaussées ». Dans l'édition corrigée de Lautrey[6] reprise par Alberto Cento[7], le terme *routes*

« entre autres Gondi de Florence, tige de la maison de ce nom ». Cette précision placée en marge du manuscrit revêt une toute autre signification selon qu'on la resitue derrière la phrase « Les murs sont couverts d'anciennes peintures » (Montaigne, *Journal de Voyage*, éd. François Rigolot, *op. cit.*, p. 260) ou à la suite de « Il y a les noms et armes des familles jusqu'à 400 » (Michel de Montaigne, *Journal de Voyage*, éd. Louis Lautrey, Paris, Hachette, 1906, p. 397). Dans la première hypothèse, Montaigne aurait confondu Gondi avec Taddeo Gaddi, peintre d'origine florentine, fondateur d'une véritable dynastie d'artistes et auteur de la fresque des *Histoires de Job* (Fausta Garavini, « Deux notes sur le *Journal de voyage* : Gondi, Gaddi, Gozzoli et une bévue de Montaigne », *Bulletin de la Société des Amis de Montaigne*, VIIᵉ série, n° 39-40, 1995, p. 75). Dans la seconde, il s'agit bien d'un Gondi dont il avait fréquenté la famille à Florence, et dont il a reconnu les armes parmi l'une des 400 tombes qu'abritent les corridors du Camposanto.

1 François Moureau, « La copie Leydet du 'Journal de voyage' », dans François Moureau et René Bernoulli (dir.), *Autour du Journal de voyage de Montaigne 1580-1590*, Genève/Paris, Slatkine 1982, p. 107-185.

2 Montaigne, *Journal de Voyage*, éd. F. Rigolot, *op. cit.*, p. 73.

3 Montaigne, *Œuvres complètes*, éd. M. Rat, Paris, Gallimard, coll. « Bibliothèque de la Pléiade », 1962, p. 1187.

4 Alessandro d'Ancona, *L'Italia alla fine del secolo* XVI, *op. cit.*, p. 146.

5 Montaigne, *Journal de Voyage*, éd F. Garavini, *op. cit.*, p 167.

6 Montaigne, *Journal de Voyage*, éd. L. Lautrey, *op. cit.*, p. 175. Louis Lautrey est un écrivain et historien français né à Cousance (Jura) le 24 juillet 1864, mort en Meurthe et Moselle en 1915, tué pendant les combats au lieu-dit *Le Bois le Prêtre*. Il fit paraître un certain nombre de recueils de poésie et nous gratifia d'une édition corrigée du *Journal*.

7 Montaigne, *Viaggio in Italia*, éd. Alberto Cento, *op. cit.*, p 119.

est corrigé par *voutes* ou *archi*, ce qui rend le texte plus intelligible. Les détails de cette correction attentive basée sur une connaissance approfondie de la langue de Montaigne et sur les multiples variantes du texte fournies par les éditions successives sont décrits dans l'introduction de l'ouvrage[1]. Nous avons ainsi, dans la première interprétation : « En cet endroit on a fait des routes (des chaussées) par le dehors, de la hauteur desdicts chemins, sur lesquelles les voyageurs passent. Les routes par le dedans se vont baissant jusques au niveau du fond de ce canal ». Au contraire, dans l'interprétation de Lautrey, nous obtenons : « En cet endroit on a fait des voutes par le dehors, de la hauteur desdicts chemins, sur lesquelles les voyageurs passent. Les voutes par le dedans se vont baissant jusques au niveau du fond de ce canal ». Afin de mieux saisir ces différences éditoriales, nous avons comparé sous forme de table croisée la première partie de la description, en fonction des trois principales éditions (voir le tableau comparatif en annexe).

On comprend mal comment « des routes par le dedans se vont baissant jusques au niveau du fond de ce canal » : l'examen des lieux et des documents disponibles ne permet pas d'envisager des routes atteignant le fond du canal. Par contre, avec le terme voûtes, le texte prend tout son sens. En effet « des voutes par le dehors, de la hauteur desdicts chemins, sur lesquelles les voyageurs passent » désigne fort bien l'embranchement ménagé à hauteur des chemins vers la courbure externe d'un pont arqué. Il s'agit du tablier en forme de dos d'âne d'un pont en arc qui permet aux piétons et aux cavaliers de transiter par-dessus le canal de Battaglia, entre les deux chemins qui suivent ses berges : la strada Regia (l'actuelle Strada Adriatica, SS 16) et la strada alle parte delli Monti (l'actuelle Via delle Terme). D'autre part, avec « les voutes par le dedans se vont baissant jusques au niveau du fond de ce canal : là où il se fait un pont de pierre qui soutient ces deus voutes », ces *deus voutes* prennent un tour logique : elles désignent les voûtes précédentes et non les routes. Ces voutes internes sont les arches du pont qui se prolongent de part et d'autre jusqu'au fond du canal constitué par le toit du tunnel, le « pont de pierre qui soutient ces deux voutes » (dans le *Journal de voyage*, *pont de pierre* désigne une *botte*). Elles constituent la partie inférieure en forme d'arc du pont dont les charges sont transférées

1   Notes sur les précédentes éditions du *Journal* de Montaigne et sur cette édition nouvelle, Montaigne, *Journal de Voyage*, éd. Louis Lautrey, *op. cit.*

verticalement aux appuis des rives, les culées, pour finalement reposer sur le toit du tunnel ou « pont de pierre ». Enfin, la dernière édition de François Rigolot s'écarte de celle de de Querlon, ce qui ajoute à la confusion. En effet, dans le troisième paragraphe, alors que de Querlon avait noté « des voutes », il est mentionné « des routes ». D'autre part, « soutient ces deux voutes » devient « joint ces deux routes ». Et la phrase « sur lequel pont coule ce canal par le dessus d'une vouste à l'autre » qui appartenait au paragraphe suivant est raccrochée au paragraphe précédent. Toutes ces modifications donnent au texte une allure plus rationnelle mais le rendent irréaliste.

ILS PARTIRENT DE BATTAILLE APRÈS DESJEUNER

La localisation de ce *Canal à deux chemins* n'est donc pas aisée. Comme nous l'avons vu, les activités agricoles, artisanales et industrielles du territoire padouan ont été valorisées depuis le moyen âge par un réseau dense et sophistiqué de canaux de liaison, de digues et de divers ouvrages hydriques donnant accès aux cours d'eau majeurs que sont les fleuves Brenta et Bacchiglione. Néanmoins, le texte du *Journal* est explicite : « Ils partirent de Battaille après desjeuner et suivirent ce canal. Bien près de là ils rencontrerent le pont du canal qu'on nomme le *Canal à deux chemins*, eslevés d'une part et d'autre ». L'ouvrage ne peut donc se trouver que sur le canal de Battaglia entre Battaglia et Monselice, la prochaine destination. L'*Arco di Mezzo*, situé au centre du village et ne permettant pas le passage des embarcations, n'est pas concerné. Sont également à exclure les deux structures situées au Nord de Battaglia : la *Conca di Navigazione* dont la construction ne remonte qu'à 1923 ainsi que la *botte di Pigozzo* dont les dimensions modestes ne permettent pas la navigation.

Or, à un kilomètre au sud de Battaglia, il est un lieu nommé Rivella où, sous le canal, est creusée une *botte a tromba*, dans laquelle passe un cours d'eau issu des montagnes (fig. 1). Le canal de Battaglia se rétrécit là où le tunnel le croise, en raison du renforcement des parois correspondant sans doute aux anciennes fondations des arches d'un pont.

Mais il n'y a pas de pont. On rencontre, à un centaine de mètres en direction de Monselice, un pont métallique amovible de construction moderne. À quelques mètres, le canal de Battaglia donne sur sa gauche une dérivation (*incile*) qui coule vers l'est, en direction de Pernumia. L'écoulement des eaux a servi de force motrice à trois moulins exploités par plusieurs monastères dont Santa Maria di Lispida. Ces *mulini della Rivella* ou *mulini de Pernumia* ainsi que leurs annexes ont disparu.

DES PIERRES ET DES LETTRES

Mais revenons à la *botte a tromba*. Sur la strada statale Adriatica – le chemin qu'empruntait Montaigne – on trouve, à hauteur du croisement de la *botte*, une plaque apposée sur la paroi externe du canal où se lit le texte suivant : « *COLLAPSUM AQUIS HYSPIDAE ADVER(SANTIBUS) HIERONIMUS CIVRANUS PATAVII PRAEFE(CTUS) QUOD OMNES OPTABANT SPERABAT NEMO A FUNDAMENTIS CELERRIME RESTITUIT ANNO MDCXXXIV DIE XX MENSIS IANVARII ITERUM COLLAPSUM RESTITUTUM FUIT ANNO MDCCLII*[1] ». Une seconde plaque portant un texte identique, mais moins lisible, est fixée à la paroi opposée du canal. Elle est surmontée d'un bas-relief fort endommagé évoquant la forme d'un lion. En outre, sur la *tromba* du côté est (d'un accès assez difficile), se trouve une plaquette parfaitement conservée, où figure le classique lion emblématique de la Sérénissime (le symbole de l'évangéliste Saint Marc, patron de la République de Venise), trois blasons, et la date de 1557 (fig. 2). On peut y lire « *CONCORDIA RERUM PERFECTIO* ». Les trois blasons sont entourés de gauche à droite des initiales HI P, L L et N Z. Ces lettres et ces blasons permettent l'identification des trois *Provveditori sopra i Beni Inculti* chargés par la République de Venise de réaliser l'ouvrage d'art. Le premier blason revient à la famille Priuli et désigne plus spécifiquement Hieronimus ou Gerolamo Priuli qui sera doge de 1559 à 1577. Les secondes initiales sont celles de Leonardo

---

1   « Geronimo Civrano préfet de Padoue, le 20 janvier 1634, fit reconstruire très rapidement sur ses fondations, chose que tous désiraient et personne n'espérait, l'ouvrage tombé en ruine suite à la violence des eaux de la Lispida. Écroulé une seconde fois, il fut restauré en l'année 1752 ».

Loredan, un descendant homonyme du 75e doge[1]. Les dernières armes appartiennent à Nicolo Zen, un descendant des frères Antonio et Nicolo Zeno, célèbres navigateurs qui firent naufrage au large des îles Féroé et prétendirent avoir découvert l'Amérique.

UN *PONTE-CANALE* À RIVELLA

La description de Montaigne de cette *botte di Rivella* a suscité l'intérêt des historiens padouans Francesco Selmin[2], Claudio Grandis[3], Pier Giovanni Zanetti[4], Gianni Sandon[5] et Patrizio Quintili[6]. Ce sont leurs travaux qui permirent de reconstituer l'histoire du pont à trois niveaux.

Sur la carte du territoire padouan réalisée en 1534 par Nicolo Dal Cortivo[7] figure déjà un petit canal, nommé alors *Rivella*, passant sous le canal de Battaglia. Dans le cadre des grands travaux entrepris en 1557 par les trois *Provveditori sopra i Beni Inculti* furent creusés des canaux de drainage destinés à récolter les eaux de ce bassin délimité à l'Ouest par les collines, au Sud par Baone, au Nord par Battaglia et à l'est par le canal. Ce réseau confluait dans le petit canal de *Rivella*, également nommé *Fosson* ou *Paltana*, qui passait dans le tunnel ménagé sous le canal de Battaglia et rejoignait le bassin hydrique s'évacuant dans la lagune. Outre sa fonction de drainage des terres marécageuses, le tunnel fut adapté pour permettre le passage des embarcations lourdement

---

1   Leonardo Loredan, doge de 1501 à 1521, qui mena la guerre contre la Ligue de Cambrai.
2   Francesco Selmin, « I Colli Euganei nel 'Grand Tour', Terra d'Este », *Rivista di Storia e cultura, Gabinetto di lettura Este*, vol. IX, n° 18, 1999, p. 7-26.
3   Claudio Grandis, « I colli coltivati nei secoli dell'età veneziana », dans *I Colli Euganei*, Cierre Edizioni, 2010, p. 168-208 ; *Id.*, « La via fluviale della Riviera Euganea », dans Donato Gallo et Flaviano Rossetto (dir.), *Per terre e per acque. Vie di comunicazioni nel Veneto dal Medioevo alla prima età moderna*, Poligraf, 2003, p. 267-298.
4   Pier Giovanni Zanetti, « Una difficile regolazione delle acque », dans Giovanni Zanetti et Claudio Grandis (dir.), *La Riviera Euganea, Acque e territorio del canale Battaglia*, Padoue, Editoriale Programma, 1989, p. 183-222.
5   Gianni Sandon, « La tutela e la valorizzazione : storia e problemi », dans *I Colli Euganei, op. cit.*, p. 386-413.
6   Patrizio Quintili, « Il Ponte-Canale del Montaigne, Una nuova attrazione turistica a Battaglia », *La Finestra*, n° 3, septembre 2005, p. 2.
7   Archivio di Stato di Venezia, Savi ed esecutori alle acque, serie Diversi, dis. 2.

chargées de la précieuse trachite extraite des carrières du mont Lispida. Cette roche volcanique fut longtemps utilisée pour le pavement des rues de Venise et la protection des rives du Lido contre l'effet des marées. Le tronçon fut donc appelé *canaletto* ou *condotto delle pietre*. Le tunnel fut également muni de portes ou de vannes destinées à protéger les territoires d'amont du reflux des eaux en cas de précipitations intenses dans la vallée située à l'est ou d'*aqua alta* dans la lagune[1]. C'est l'ensemble de l'ouvrage comprenant l'alvéole du canal navigable de Battaglia et le *canaletto delle pietre* qui constitue le *ponte-canale di Rivella*. Un pont de pierre réservé aux piétons, aux coches et aux chevaux fut construit au-dessus du canal de Battaglia. Sa voûte en plein cintre s'appuyait sur des culées reposant sur le fond du canal et le toit du tunnel.

Une carte réalisée en 1673 par Giuseppe Ceroni et reproduite en 1802 par Carlo Rampin[2] décrit avec précision la topographie à l'époque du *Journal de Voyage* (fig. 3). La rose des vents italienne était utilisée par les marins méditerranéens : elle indique les vents dominants de la région. Ainsi, le Nord est désigné par la lettre T (Tramontana), le Sud par la lettre O (Ostro), l'Est par le L (Levante) et l'Ouest par P (Ponente). Ici, le levant désignant les Lieux Saints, est remplacé par une croix de Malte. On suit donc le canal de Battaglia du nord vers le sud. Il est indiqué de deux manières différentes à partir de l'*Arco di Mezzo* : *fiume che vien da Padova* et *fiume che vien da Este* en fonction du sens du courant. On identifie de droite à gauche Battaglia, avec la botte di Pigozzo et l'Arco di Mezzo, les thermes de la colline Santa Elena[3] et enfin le *ponte-canale* sous lequel passe le *condotto dalle piere*. La carrière du *monte di Lispida*, utilisée pour l'exploitation de la trachite, a une forme en croissant. Tout à gauche est figuré le lieu-dit *molini della Rivella* avec le petit canal de Pernumia issu de la rive orientale du canal de Battaglia.

---

1   Ces portes seront démolies en 1905 et remplacées par un dispositif électromécanique d'évacuation des eaux de la zone d'Acquanera et de Pernumia dans le Vigenzone.
2   Archivio di Stato di Venezia, miscellanea mappe, dis. 1318, 001185.
3   La colline, les thermes et la petite église portent le même toponyme de Santa Elena. La villa bâtie sur la colline vers 1600 par la famille des marchands d'Este Salvadego s'appelle Villa Selvatico.

L'AQUARELLE DE FRANCESCO BACIN

Cet ouvrage de conception fort audacieuse pour l'époque était cependant fragile. Ainsi, le *ponte-canale* s'écroula et fut reconstruit à deux reprises, en 1634 et en 1752. Le pont de briques fut remplacé en 1634 par un pont de bois construit 100 mètres plus au sud, à l'emplacement de l'actuel pont métallique amovible. Une aquarelle (retrouvée récemment par Claudio Grandis[1]) représentant la structure complète du *ponte-canale* fut réalisé en 1751 par Francesco Bacin[2], à l'occasion d'ultimes travaux de reconstruction (fig. 4). On y voit clairement le long tunnel, la *botte a tromba*, dont les ouvertures en pavillon livrent passage aux eaux du *canale delle pietre* sous le niveau du canal de Battaglia. La voûte en plein cintre du pont, marquée C, surplombe le canal de Battaglia. La structure en gradins rejoignant le fond du chenal n'est pas un escalier mais une construction destinée à ralentir le courant et à renforcer le toit du tunnel qui fait saillie dans l'alvéole du conduit.

L'esquisse matérialise l'ouvrage complexe évoqué dans le *Journal de voyage*. Le premier niveau est donc constitué par la *botte a tromba*, le *pont de pierre* traversé par le canal de drainage, le « gros ruisseau tout au fond de la pleine, qui vient des montagnes, duquel le cours traverse ce canal ». Ce ruisseau est cependant assez large pour permettre la navigation des barques chargées de trachite : « au-dessous duquel court ce ruisseau et le tranche sur un planchier revetu de bois par les flancs, en manière que ce ruisseau est capable de porter bafteaus ; il aroit (auroit) assés de place et en largeur et en hauteur ». Le second niveau est formé par la voie navigable fort fréquentée de Battaglia : « sur le canal d'autres bateaus y passant continuellemant ». Le troisième niveau est le *pont fort haut* qui franchit le canal de Battaglia : « Par le dessus d'une voute à l'autre, sur ce canal, il y a un pont fort haut, soubs lequel passent les bateaux qui suivent le canal » et permet la circulation des piétons, des cavaliers et des coches, « ceus qui veulent traverser ce canal ». De part et d'autre, deux routes donnant accès au pont passent au-dessus de la maçonnerie

---

1   Francesco Selmin, « Il Bacchiglione e gli scrittori », dans Francesco Selmin et Claudio Grandis (dir.), *Il Bacchiglione*, Vérone, Cierre Edizioni, 2008, p. 394.
2   Archivio di Stato Padova, Notarile, vol. 6991, c. 4-29.

du tunnel : « on a deus chemins, élevés d'une part et d'autre ». Le dessin
de Francesco Bacin, réalisé à murs nus durant les travaux de réparation,
permet donc de mieux comprendre les trois structures évoquées dans
le *Journal de voyage* et l'émerveillement de Montaigne : « il y avoit trois
routes l'une sur l'autre ».

Il persiste cependant un détail troublant. En effet, comme mentionné
plus haut, le pont de briques reliant les berges du canal de Battaglia ne
fut pas reconstruit après l'écroulement de 1633 mais remplacé par un
pont de bois érigé 100 mètres plus au sud sur le site des moulins de la
Rivella. Une lettre[1] du 14 juin 1634 émanant du sénat vénitien rapporte
les faits suivants : « En l'an 1633, début octobre, le pont situé au-dessus
du canal reliant Este et Battallia s'écroula et entraîna dans sa chute le
pont canal situé en-dessous ». Elle est suivie d'une lettre du 13 octobre
signalant que le *ponte-canale* n'était pas complètement détruit et qu'il
avait pu être reconstruit ; cependant, en échange, le vieux pont situé
au-dessus de la *botte* fut remplacé par un pont de bois près des moulins
de la Rivella. Une carte[2] de 1696 décrivant les propriétés foncières du
monastère de Santa Maria di Lispida, montre bien un pont de bois situé
plus au sud, aux moulins de la Rivella, et l'absence de pont à hauteur
du *ponte-canale*. En 1751, un deuxième effondrement implique le toit
de la *botte* comme le montre le dessin d'expertise[3] de Pietro Brandolese
(fig. 5). On y distingue encore les culées de l'ancien pont de pierre mais
celui-ci a déjà disparu. Par contre, la voussure que forme le toit du
tunnel dans le lit du canal est bien visible. Les indications manuscrites
permettent de localiser le schéma : à droite la portion nord du canal
de Battaglia *fiume che vien da Padova*, à gauche le segment sud *fiume che
vien da Monselice*. Le *canale delle pietre* est désigné comme *Canaletto alla
parte delli Monti* en amont du passage dans le tunnel et comme *fiume
chiamato l'aqua Nerra* en aval[4]. Le chemin emprunté par Montaigne est
la *Strada Regia*, l'actuelle strada statale Adriatica, et sur la rive opposée
la *Strada alla parte delli Monti*. Cette expertise de Pietro Brandolese permet

1   Archivio di Stato di Venezia, Archivi Propri G. Poleni, filza 6, p. 1-2.
2   Lispida, dessin de Giovanni Nardi, Archivio di Stato di Venezia, Rason Vecchie, ds.
     1260.
3   Perizia di Pietro Brandolese, Archivio di Stato di Padova, acque diverse, b. 18, ds. 6.
4   *Aqua Nera* est un toponyme encore utilisé. Il est désigné par *Aqua Nerra* sur l'esquisse
     de Brandolese. En effet, dans le dialecte vénitien, les consonnes sont souvent redoublées.
     C'est le cas de *fiumme* pour fiume, *canalle* pour canale et ici, *nerra* pour nera.

d'envisager le mécanisme qui provoqua l'effondrement du *ponte-canale*. La première structure à avoir cédé serait le toit de la *botte* sous la strada Regia. Par la suite, la pression de l'eau a entraîné vers la vallée la paroi Sud de la *botte*, dont on distingue un pan entier sur le schéma. C'est dans cette brèche que les eaux du canal se sont engouffrées et l'écroulement complet de l'édifice s'en suivit.

L'aquarelle de Bacin datant de la même année 1751 et d'ailleurs titrée *Il vechio Ponte Canalle della Rivella* ne peut être qu'une vue idéalisée de cet antique pont tel qu'il était à l'origine. Sur cette représentation, le pont en arc qui traverse le canal paraît beaucoup trop petit pour permettre le passage de gabares. Le pont est d'ailleurs qualifié de « fort haut », dans le *Journal de voyage*[1].

S'agissait-il de la copie d'une représentation plus ancienne ? Devait-elle servir d'esquisse à un projet de reconstruction de l'ensemble de l'ouvrage initial ? Pour tenter de répondre à cette interrogation, inté-ressons-nous à l'auteur de l'esquisse. Francesco Bacin était un expert actif à Padoue d'octobre 1742 à août 1773. Les experts publics étaient des techniciens, particulièrement topographes et géomètres ; certains exerçaient même la fonction d'ingénieurs ou d'architectes. Bacin tra-vaillait pour l'administration de Padoue et de Venise, ainsi que pour des propriétaires privés[2]. En 1751, il fut chargé par le gouvernement de Venise d'un rapport d'expertise sur la structure du *ponte-canale*, alors en situation précaire – il venait de s'écrouler pour la seconde fois – en vue de planifier sa réparation. Il décide d'effectuer un relevé de l'ancienne carcasse avant qu'il ne soit procédé à sa démolition et à la construction d'un nouveau *ponte-canale*. Il n'enverra jamais son relevé au bureau véni-tien des *Provveditori sopra beni inculti* mais le conservera. C'est pourquoi, il ne figure pas parmi ses autres documents aux Archivio di Stato di

---

1   La seule référence du *Journal de voyage* à un pont similaire de « hauteur inusitée » concerne un pont en dos d'âne d'une portée de 38 mètres et d'une hauteur de 18 mètres, construit vers 1300 : le Ponte della Maddalena ou Ponte del Diavolo qui traverse la rivière Serchio, près de Borgo a Mozzano dans la province de Lucca : « Nous passasmes plusieurs villages et deux fort gros bourgs, Reci et Borgo, et au deçà ladite riviere que nous avions à nostre main droite, sur un pont de hauteur inusitée, embrassant d'un surarceau [arc unique] une grande largeur de ladite riviere ; et de cette façon de ponts nous en vismes trois ou quatre », Montaigne, *Journal de Voyage*, éd. F. Rigolot, *op. cit.*, p 155.

2   Il a notamment effectué le relevé cadastral de tous les biens immobiliers de la famille padouane Pimbiolo.

Venezia, où est détenu notamment un de ses dessins représentant l'état du *ponte-canale* après sa réparation[1]. Le dessin de 1751 est actuellement conservé aux Archivio di Stato di Padova (fondo Notarile). Nous devons ce fait aux dispositions de la ville de Padoue qui imposait la sauvegarde de toutes les archives des experts publics retrouvées dans leur étude après leur décès. Ainsi, l'Archivio di Stato di Padova possède les documents, cartes, et autres dessins de soixante experts locaux en activité depuis la moitié du XVIe à la fin du XVIIIe siècle[2].

IL PONTE-CANALE DEL MONTAIGNE

Il faut donc reconnaître que cette description du *Journal de voyage*, rédigée de la main du secrétaire de Montaigne, est fidèle et moins embrouillée qu'il n'y paraît. Elle est probablement le seul témoin de cette période et a permis de conserver la mémoire d'une prodigieuse œuvre d'ingéniérie hydraulique. La description éclipse par son ampleur celle des sites avoisinants tels que le Castello del Catajo et la colline de Monselice. Elle témoigne de l'intérêt que porte Montaigne aux réussites technologiques et aux entreprises humaines. Le *ponte-canale di Rivella* représente pour l'époque, vu la hardiesse et la complexité de la réalisation, une sorte de pont de Brooklyn, de Golden Gate auxquels le compare Patrizio Quintili[3].

Il n'y a pas de description analogue dans le *Journal de voyage*. Montaigne mentionnera, durant son voyage de retour de Rome vers le Mont-Cenis, un *pont double* près de Sienne[4] : « Près de Sienne (et cela se voit en beaucoup d'autres endroits), il y a un pont double, c'est-à-dire, un pont sur

---

1   Archivio di Stato di Venezia – Progetto Divenire, Savi ed esecutori alle acque, Disegni, Atti (secc. XV-XVIII), Battaglia (Canale), Ponte-canale, 12/12/1757.
2   Nous devons toutes les informations concernant Francesco Bacin à Claudio Grandis.
3   Patrizio Quintili, « Il Ponte-Canale del Montaigne, una nuova attrazione turistica a Battaglia », art. cité, p. 2.
4   Cet ouvrage est situé à *Ponte a Tressa*, sur la via Cassia, à 13 kilomètres du centre de Sienne. À cet endroit, la via Cassia longe le fleuve Arbia dans lequel se jette un torrent : la Tressa. Ce torrent est lui-même croisé par un petit canal nommé Gora di Monteroni construit vers 1400 pour amener de l'eau au moulin de Borgo Vecchio, au sud de Monteroni d'Arbia.

lequel passe le canal d'une autre riviere[1] ». La singularité de ce pont est d'être constitué du croisement de deux cours d'eau, un torrent et un petit canal, qui ne se mêlent pas. Mais ceci, aux dires de Montaigne, n'est pas une rareté « come in infiniti altri luoghi » et ne se compare nullement à l'imposant édifice du *ponte canale di Rivella* formé de trois niveaux de construction.

Les habitants de la Rivella ont disposé une plaque célébrant le « Ponte-canale del Montaigne », rendant hommage à la récente restauration de 2005 et au travail de tant de générations dont les riverains bénéficient encore aujourd'hui. Cette plaque est un des rares témoins – mais combien émouvant – du passage de Montaigne et de la puissance évocatrice de ses écrits. Enfin, c'est aux recherches rigoureuses des historiens padouans que nous devons la compréhension de l'une des pages les plus hermétiques du *Journal de voyage* et l'étude topographique d'un ouvrage d'art resté à ce jour à l'état d'utopie, c'est-à-dire sans lieu.

Yves LOUAGIE
Université catholique de Louvain

Patrizio QUINTILI
Università di Padova

---

1   Montaigne, *Journal de Voyage*, p. 288.

ANNEXE
Tableau comparatif de trois éditions
du *Journal de voyage*[1]

Meunier de Querlon (1774 – 3 vol.)	Louis Lautrey (1906)	François Rigolot (1992)
Ils partirent de Bataille, après desiuner, et suivirent ce canal. Bien près delà ils rancontrarent le pont du canal qu'on nomme le canal à deus chemins, élevés d'une part et d'autre.	Ils partirent de Bataille apres des-juner, et suivirent ce canal, *qu'on nomme le canal à deus chemins*[1], élevés d'une part et d'autre. Bien pres de là ils rancontrarent le pont du canal.	Ils partirent de Battaille après desieuner et suivirent ce canal. Bien près de là ils rencontrerent le pont du canal qu'on nomme le *Canal à deux chemins*, eslevés d'une part et d'autre.
En cet endroit on a fait des routes (des chaussées) par le dehors, de la hauteur defdicts chemins, fur lesquelles les voyageurs paffent.	En cet endroit on a fait des *voutes* par le dehors de la hauteur desdicts chemins, sur lesquelles les voyageurs passent.	En cet endroit on a fait des routes par le dehors, de la hauteur desdits chemins, sur lesquelles les voyageurs passent.
Les routes par le dedans fe vont baiffant jufques au niveau du fond de ce canal : là où il fe faict un pont de pierre qui foutient ces deus voutes, sur lequel pont coule ce canal.	Les *voutes* par le dedans se vont baissant jusques au niveau du fonds de ce canal : là où il se faict un pont de pierre qui soutient ces deus voutes, sur lequel pont coule ce canal.	Les routes par le dedans se vont baissant jusques au niveau du fond de ce canal ; là où il se fait un pont de pierre qui *joint* ces deux *routes*, sur lequel pont coule ce canal *par le dessus d'une vouste à l'autre*.

---

1   Les mots corrigés ou les phrases déplacées sont en italiques.

Par le deffus d'une voute à l'autre, fur ce canal, il y a un pont fort haut, foubs lequel paffent les bateaux qui fuivent le canal, et audeffus ceus qui veulent traverfer ce canal.	Par le dessus d'une voute à l'autre, sur ce canal, il y a un pont fort haut, soubs lequel passent les bateaux qui suivent le canal, et audessus ceus qui veulent traverser ce canal.	Sur ce canal, il y a un pont fort haut, sous lequel passent les bateaux qui suivent le canal et, au-dessus, ceux qui veulent tra- verser ce canal.

FIG. 1 – Tunnel ou *botte a tromba* du *ponte-canale di Rivella* vu
par son ouverture ouest. Dans le tunnel passe le cours d'eau issu
des montagnes appelé *canale delle pietre* (Photo Yves Louagie).

Fig. 2 – Face est de la *tromba*, plaque figurant le lion
emblématique de la Sérénissime, trois blasons,
et la date de 1557 (Photo Patrizio Quintili).

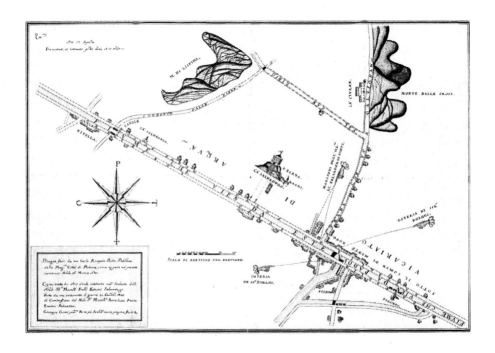

FIG. 3 – Carte réalisée par Giuseppe Ceroni en 1673, reproduite
par Carlo Rampin en 1802, décrivant avec précision la topographie
peu après l'époque du voyage (Archivio di Stato di Venezia,
miscellanea mappe, dis. 1318, 001185).

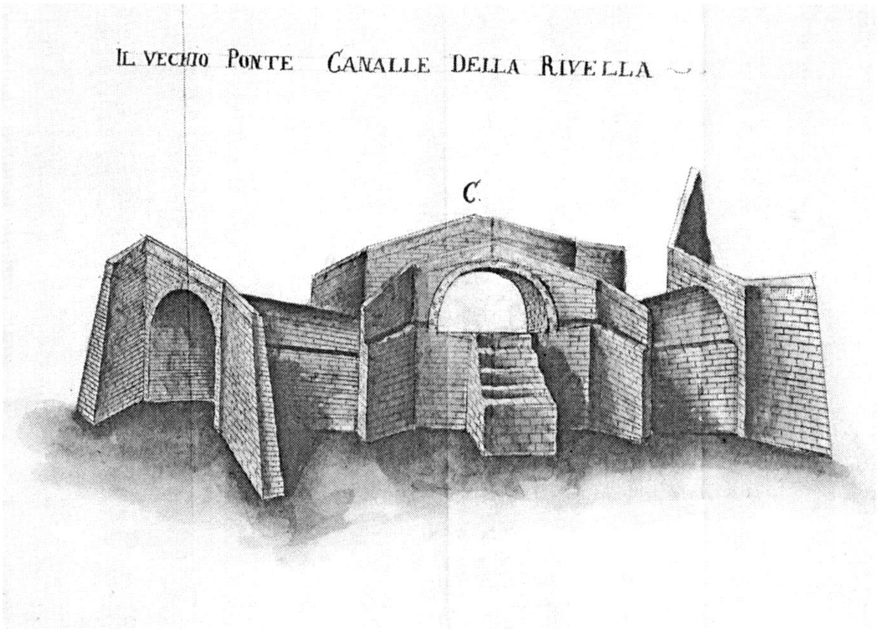

FIG. 4 – Esquisse représentant la structure complète du *ponte-canale*
réalisée en 1751 par Francesco Bacin (Archivio di Stato
di Padova, Notarile, vol. 6991, c. 4-29).

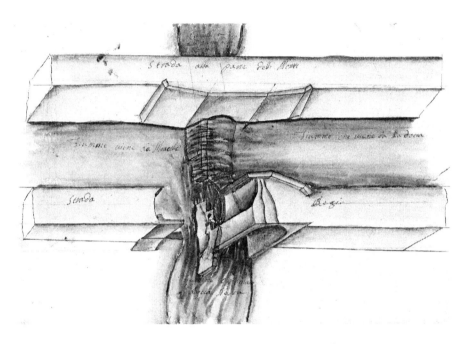

FIG. 5 – Dessin d'expertise de Pietro Brandolese effectué en 1751
à l'occasion du second effondrement du toit de la *botte*.
(Perizia di Pietro Brandolese, Archivio di Stato di Padova,
acque diverse, b. 18, ds. 6).

INDEX NOMINUM

PARÉ, Ambroise : 260-264, 268, 271
PASINI, Maffeo : 222
PATRIZI DA CHERSO, Francesco : 199, 200, 201
PAUL (saint) : 174
PAUL III : 185
PAUL IV : 151
PAULINI, Capitaine : 56
PAULMY D'ARGENSON, Antoine-René de Voyer, marquis de : 221
PAUSANIAS : 110
PEIRESC, Nicolas de : 18
PÉTRARQUE : 226, 283
PETRUS, Heinrich : 217-219
PHIDIAS : 104
PHILIPPE II : 142, 168
PHILLIPS, Thomas : 19
PIBRAC, Guy du Faure de : 126
PICOLOMINI, Silvio : 52
PIE IV : 151
PIERRE (saint) : 174
PIERRE D'EBOLI : 252
PINELLI, Gian Vincenzo : 135
PLANTIN, Christophe : 168
PLATINA, Bartolomeo : 158, 161, 173
PLATON : 106, 111, 164, 201, 203, 204
PLATTER, Félix : 31, 68, 125, 128
PLINE : 27
PLOTIN : 106
PLUTARQUE : 106, 109, 159-161, 176-177, 181
POLYBE : 109
POMPÉE : 101
POSTEL, Guillaume : 130
PRAXITÈLE : 104
PRIULI, Gerolamo : 324
PRUNIS, Joseph : 13, 43, 44, 321
PSEUDO-DENYS : 167
PUTEANO, Ericio : 135
PYRCKMAIR, Hilarius : 33

RABELAIS, François : 164, 264, 278
RAMPIN, Carlo : 326
RAMUS, Petrus : 32
RESKE, Stanislas : 120

RIGAUD, Jean-Antoine : 18, 21
ROHAN, duc de : 21
ROMEGAS, Mathurin : 142
RONSARD, Pierre de : 202
RUTILIUS NAMATIANUS, Claudius : 20, 299-300

SAINT AUGUSTIN : 85
SAINTE-BEUVE, Charles-Augustin : 74
SALLUSTE : 134-136, 138, 148
SALVIATI, Lionardo : 199
SAN VITO, Bartolomeo : 161
SAUVAGE, Denis : 119
SAVONAROLA, Michele : 252, 254
SCALIGER, Juste-Joseph : 163
SCANDERBERCH : 102
SEBOND, Raimond : 89, 125, 166-167, 170, 179
SECCHI, Niccolò : 150
SECHEL, George : 119
SÉJANE : 183
SÉNÈQUE : 159-161, 174, 176-178, 189, 302
SERVIUS : 173
SIMLER, Josias : 77, 89-98
SIRLETO, Guglielmo : 160, 177, 184-185
SIXTE IV : 161, 173
SOLIMAN (le Magnifique) : 141
SOLON : 108
SOPHOCLE : 107, 109
SOUBISE, prince de : 15
SOZZINI, Lelio : 124
SPERONI, Sperone : 284
SPON, Jakob : 101, 105
SSEU-MA KOUANG : 162
STELLA, Antonio : 308
STENDHAL : 174
STOBÉE : 108-109
STRABON : 107, 109
SUÉTONE : 185
SYNÉSIUS DE CYRÈNE : 108

TACITE : 94, 181-192
TALBERT, abbé : 15
TARDE, Jean : 23

RÉSUMÉS

Jean BALSAMO, « Le *Journal* du voyage de Montaigne dans la tradition littéraire du récit de voyage en Italie »

S'il existait bien des discours en français sur l'Italie vers 1580, il n'y avait pas alors de formes codifiées pour rendre compte d'un voyage privé en Italie, fréquent chez les membres de la noblesse. L'ouvrage auquel Montaigne se consacra pendant plusieurs mois, en reprenant un chantier ouvert par son secrétaire, ressortissait à un genre inchoatif, représenté aujourd'hui par une dizaine de textes analogues. Seule une perspective comparative permet de mettre en évidence son originalité.

Frédéric TINGUELY, « Moments apodémiques dans le *Journal de voyage* de Montaigne »

Cet article s'attache à dégager, dans ses modalités et dans ses lieux privilégiés, l'expression d'une pensée du voyage dans le *Journal* de Montaigne. Il récuse ainsi l'idée selon laquelle ce texte fournirait seulement un matériau brut qu'il appartiendrait ensuite à l'essai, en particulier « De la vanité » (III, 9), d'interroger en profondeur. Dans la foulée, il plaide en faveur d'une conception élargie de l'apodémique qui ne se réduirait pas au seul genre de l'*ars apodemica* institué par Zwinger.

Philippe DESAN et Carl FRAYNE, « Données quantitatives sur le *Journal du voyage* de Montaigne »

Le journal du voyage de Montaigne en Italie représente un périple de 5 100 kilomètres. Sur les 450 jours de voyage entre Mours et le retour au château de Montaigne, 126 consistent en déplacements à cheval et 324 en étapes et séjours dans des villes ou aux bains, dont 152 jours en résidence à Rome. Pour mieux comprendre les enjeux du *Journal*, cet article présente un ensemble de données quantitatives qui posent des questions qui dépassent les préoccupations littéraires liées au genre des récits de voyage.

Wolfgang ADAM, « "Si grand plaisir à la visitation d'Allemaigne". Montaigne en terres germaniques »

Montaigne décrit dans une lettre adressée à François Hotman, rédigée à Bolzano au moment où il quitte l'espace germanophone, ce qui le fascine tout particulièrement dans le mode de vie en Suisse et dans l'Ancien Empire. Il mentionne précisément : la commodité et le confort de la vie quotidienne, la courtoisie des habitants, l'organisation de vie commune par des normes juridiques et la sécurité qui règne dans les villes.

Jean-Étienne CAIRE, « Montaigne lecteur de Simler »

À partir de l'unique mention indirecte figurant dans le *Journal de voyage* de Montaigne, cet article examine comment et pourquoi Montaigne a acquis, lu, utilisé puis abandonné entre les mains des censeurs romains l'*Histoire des Suisses* de Josias Simler, premier historien de la Suisse, publiée en 1576 et traduite l'année suivante par Innocent Gentillet, protestant français.

Alain LEGROS, « Comme un désir de Grèce »

Montaigne aurait préféré gagner la Grèce plutôt que de descendre vers Rome. C'est du moins ce que nous dit son secrétaire dans le *Journal de voyage*. Pour aller où ? Par quelles routes ? Dans quelle intention ? La culture grecque de Montaigne n'était pas négligeable, loin de là. Ses allégations et ses livres en font foi, où il reproduit parfois, d'une main alerte, telle citation grecque. Sa curiosité pour la diversité humaine est sans limite. Offrons-lui donc ce voyage qu'il n'a pu faire.

Élisabeth SCHNEIKERT, « Montaigne et l'appel de la Pologne. Pourquoi Montaigne désirait-il aller à Cracovie ? »

Lors de l'étape de Rovereto, le secrétaire fait état du désir de Montaigne d'aller à Cracovie. Comment l'expliquer ? Trois hypothèses sont explorées : selon la première, Cracovie nourrirait un appel de l'imaginaire ; l'histoire même de Cracovie, en particulier le traitement de la question religieuse, serait une seconde piste ; enfin l'histoire immédiate, avec l'affaire d'Henri d'Anjou, est interrogée.

Concetta CAVALLINI, « *"Alla bottega dei Giunti [...] comprai un mazzo di Commedie"*. Montaigne voyageur et bibliophile italianisant »

Lors de son voyage en Italie, la curiosité poussa Montaigne à la recherche de livres rares et précieux, quelquefois pour trouver une meilleure édition d'un livre qu'il possédait déjà. Cet article examine d'abord la rencontre de Montaigne avec Vincenzo Castellani da Fossombrone et la production de cet auteur. Ensuite sera étudié le « *mazzo di commedie* » que Montaigne dit avoir acheté à Florence, pour enfin s'interroger sur d'autres livres peut-être achetés à cette occasion.

François RIGOLOT, « Montaigne lecteur romain cosmopolite. Hasard et curiosité »

Lorsque Montaigne visite la bibliothèque Vaticane en 1581, les ouvrages qu'il consulte sont d'une diversité cosmopolite. Est-ce un assemblage hétéroclite ou peut-on déceler un projet cohérent dans les documents que le conservateur remet au visiteur ? Montaigne adopte-t-il à Rome le principe de « nonchalance » ? Il dit se désintéresser de la science et du savoir qu'il peut tirer des livres. Continue-t-il à se soumettre au hasard et se laisse-t-il toujours aller au gré de ses « fantasies » ?

Eric MACPHAIL, « Montaigne étudiant à l'étranger. Les leçons de Marc Antoine Muret sur Tacite et le tacitisme des *Essais* »

Montaigne séjourna à Rome lors des conférences de Marc Antoine Muret sur les *Annales* de Tacite à l'Université de Rome. Ces discours contribuèrent à lancer la mode de Tacite comme penseur politique et conseiller aux princes en Europe à l'âge de l'absolutisme. Profitant de cette mode, et de sa fréquentation de Muret, Montaigne fera une place de choix à Tacite dans ses *Essais*, où l'historien tend un miroir à une époque viciée par la persécution et l'intolérance.

Anne DUPRAT, « Montaigne et l'étranger napolitain. Retour sur la rencontre de Ferrare (15 novembre 1580) »

Dans l'une des lacunes du *Journal du Voyage en Italie* se loge l'entrevue qu'aurait eue Montaigne avec Torquato Tasso. En revenant sur l'exhibition de cette rencontre manquée, dont le romantisme allait dramatiser les enjeux, dans la critique paradoxale de la folie développée par l'« Apologie de Raimond Sebond », mais aussi sur l'usage volontairement discret que fait ailleurs Montaigne de la poésie du Tasse, il s'agit de mesurer la place qu'accorde l'écriture de soi à l'imaginaire de l'autre.

Anna BETTONI, « Venise et Padoue dans le récit du *Journal de voyage* »

Dans le cadre du paradigme urbain qui intègre la ville universitaire, Padoue et Venise, le récit du *Journal* contient deux présences familières à Montaigne : deux livres faisant différemment partie de sa culture, le gros livre des *Opera* de Nicolas de Cues (1565) et le petit livre des *Lettere familiari* de Veronica Franco (1580). Une enquête sur les exemplaires possibles ou avérés de ces objets du récit dessine les contours d'une atmosphère vénitienne où Montaigne trouva surtout une solidarité intellectuelle.

Chiara NIFOSI, « Une langue de voyage. Étude quantitative sur l'italien de Montaigne »

Cet article aborde la partie en italien du *Journal de voyage* de Montaigne à partir d'une analyse quantitative visant à décerner les intentions qui se cachent derrière la décision d'abandonner le français à la suite de l'échec politique du séjour à Rome. Les données quantitatives présentées révèlent l'intérêt que Montaigne portait au thème du corps et de la maladie, ce qui invite à concevoir le *Journal* comme un chantier d'écriture du moi qui sera ensuite développé par l'auteur dans ses *Essais*.

Richard E. KEATLEY, « L'écriture des bains. Montaigne lecteur des *De Balneis* »

L'analyse des traités balnéaires cités dans le *Journal de voyage* permet de mieux comprendre le comportement et l'attitude de Montaigne aux bains. Si l'auteur souligne les contradictions des traités de Franciotti et de Donati, l'article identifie aussi des points qui relient le discours balnéaire à sa pensée. Le relativisme particulariste de Montaigne se trouve déjà chez ces deux auteurs pendant que l'esthétique topographique et littéraire contribue à la création d'un *locus amoenus* pour la négociation de sa maladie.

Amy C. GRAVES-MONROE, « Le transit de Montaigne. La digestion du terroir »

Cet article examine le pot de chambre de Montaigne pour accéder au corps. Il voit dans la diététique, les bains et la médecine du *Journal de voyage*, les gestes d'un corps qui s'offre comme le site de l'expérience scientifique et méthodique de l'ingestion des éléments du paysage. L'excrément et les mouvements intestinaux provoqués par les eaux laxatives sont analysés comme métaphore de l'écriture. Cette conception de la digestion évolue vers une acceptation d'un excrément résiduel servant à conserver le corps.

Olfa ABROUGUI, « La tentation historique dans le *Journal de voyage* de Montaigne »

En voyage en Italie, et tenté par l'écriture de l'histoire, Montaigne se convertit en mémorialiste et en chroniqueur. Tout en s'abstenant de tout jugement personnel, il consigne dans son *Journal de voyage* des observations de scènes pittoresques et insolites de l'actualité vive de la péninsule, en particulier celle de ses mœurs. Dans le flux de cette histoire immédiate et concrète, il essaye de marquer sa présence. Aussi son histoire individuelle s'imbrique-t-elle dans celle de l'Italie.

Warren BOUTCHER, « La citoyenneté romaine de Montaigne. La *supplica* des archives dans son contexte »

Cet article examine le contexte et la signification de la *supplica* de Montaigne pour l'obtention de la citoyenneté romaine en 1581. Provenant de l'Archivio Storico Capitolino de Rome, le document présenté change radicalement notre perspective sur le *Journal de voyage*, plus particulièrement l'évolution de l'opinion de Montaigne concernant les libertés dont jouissaient les citoyens et les étrangers à Venise et à Rome et ses méditations sur la Ville éternelle dans le chapitre « De la vanité ».

Jean-Robert ARMOGATHE, « Michel de Montaigne, *ciuis romanus* »

L'épisode de la citoyenneté romaine de Montaigne est documenté par trois pièces conservées dans l'Archivio Storico Capitolino. Cet article étudie l'inscription de Montaigne sur le registre des privilèges, ainsi que l'expédition de la « bulle ». Quand Montaigne arriva à Rome, en 1580, les nouveaux statuts urbains qui venaient d'être proclamés par Grégoire XIII avaient pour but de repeupler la Ville après le désastre de 1527. La citoyenneté romaine de Montaigne se situe dans ce contexte.

Yves LOUAGIE et Patrizio QUINTILI, « À la recherche du "Pont du canal à deux chemins" décrit par Montaigne dans le *Journal de voyage* »

Le *Pont du canal à deux chemins* décrit en 1580 par Montaigne dans le *Journal de voyage* fut ignoré des éditions successives. La description complexe de ce pont utopique semble opaque, voire énigmatique. Mais l'analyse critique des variantes éditoriales livre une description intelligible et la confrontation topographique confirme la cohérence du texte original. Les contraintes hydrographiques expliquent l'importance encore actuelle de cet ouvrage d'art, une merveille technologique pour l'époque.

TABLE DES MATIÈRES

IMPRIM'VERT®

Achevé d'imprimer par Corlet Numérique,
à Condé-sur-Noireau (Calvados). N° d'impression : 134595
Imprimé en France